叢書・ウニベルシタス　933

文化の意味論

現代のキーワード集

マーティン・ジェイ
浅野敏夫 訳

法政大学出版局

Martin Jay
CULTURAL SEMANTICS : Keywords of our Time

Japanese Translation rights arranged with
The University of Massachusetts Press in MA
through The Asano Agency, Inc. in Tokyo.

シャナとネッドに

目次

凡例

一、行間の（1）、（2）などは原注を示す。
一、行間の＊は、その箇所に訳注を作成していることを示している。本文の頁数を付して、巻末に一括掲載した。
一、くくり符号のうち、〔　〕は訳者による補足説明である。

謝辞《アクノレッジメント》

「アクノレッジする」〔acknowledge〕という言葉にはさまざまな意味があって、それまで隠してきたことをしぶしぶながら明らかにすること（たとえば、長いこと知らぬ顔を決めこんできた子どもをわが子として認知すること）もその意味のひとつであろう。かりに不承不承の認知というのがその言葉のただひとつの意味であるとすれば、学者先生が書く謝辞の見た目にどこまでも慇懃である部分ですら、謝意の対象たる相手に自分がお世話になったことを本音では認めたくない気分をその先生がそれとなくあらわしていることになるだろう。とはいえ、そもそも意味は戯れるのであるから、「アクノレッジメント」は公にするだけの価値のある事実を力強くはっきりと明言することをも意味するのである。もっぱらその意味において、ここでわたしは、本書が公刊されるにあたって、助言、支援、鞭撻をあたえてくれた人びとと関係機関を明らかにしておきたい（ここでわたしがお名前を失念している場合があれば、罪意識に苛まれすぎて、受けた恩義のかならずしも全部をわたしが明言できないのだとお考えになって、その方々にはどうかお許しいただきたい）。

まず、本書に収めた論考の初出になった雑誌や論文集に感謝申し上げる。本書第一章は『セオリー・アンド・ソサイティ』誌〔*Theory and Society*〕、第四章は『レヴィヤタン』誌（アテネ）〔*Leviathan*〕、『ニュー・

フォーメーションズ』誌〔*New Formations*〕、マイケル・ロス編『再発見する歴史——文化的政治学と精神』〔*Rediscovering History: Cultural Politics, and the Psyche*, ed. Michael S. Roth (Stanford: Stanford University Press, 1994)〕、第五章は『コンステレーションズ』誌〔*Constellations*〕、ドゥニ・オリエ編『ジョルジュ・バタイユ』〔*Georges Bataille*, ed. Denis Hollier (Paris, Belin, 1995)〕、第八章は『ティクン』誌〔*Tikkun*〕、第一一章はゲルトルート・コッホ編『眼と情動——知覚と相互行為』〔*Auge und Affekt: Wahrnehmung und Interaktion*, ed. Gertrud Koch (Frankfurt: Fischer, 1995)〕、トム・フーン/ランバート・ザイダーヴァート編『主観性の装い——アドルノの美学理論』〔*The Semblance of Subjectivity: Adorno's Aesthetic Theory*, ed. Tom Huhn and Lambert Zuidervaart (Cambridge, Mass.: MIT Press, 1997)〕、第一五章は『モダニズム/モダニティ』誌〔*Modernism/Modernity*〕、第二、三、六、七、九、一〇、一二、一三、一四、一七章は『サルマガンディ』誌〔*Salmagundi*〕がそれぞれ初出になった。

数多くの章が『サルマガンディ』誌のコラムとして初出になったわけで、長く温かく支援していただいたその編集者ロバート・ボイヤーズ氏にとくに感謝申し上げる。ペギー・ボイヤーズ、マーク・ウッドワースの両氏も、同誌との一〇年間のわたしのおつきあいを楽しいものにしてくださった。論文を書くのを求められたり、論文を批評して元気づけてくださった以下の知人、同僚の方々にもお礼申し上げたい。フィリップ・ブレイディ、スーザン・バック＝モース、ロバート・ディートル、エドワード・ディメンドバーグ、アレクサンダー・ガルシア・デュットマン、アンドルー・フィーンバーグ、ハル・フォスター、ジャン・グールドナー、ドゥニ・オリエ、デイヴィッド・ホリンガー、ビル・ホニグ、ロバート・ハロット＝ケントア、アントン・カエス、ゲルトルート・コッホ、アキバ・ラーナー、マイケル・ラーナー、ローラ・マーカス、マーク・ミケール、リンダ・ニード、シーリー・ウェバー・ニコルセン、マーク・ポスター、アンソン・ラビンバック、ポール・ラビノー、ロレンス・レイニー、アヴィタル・ロネル、ポール・

トーマス、ジョウエル・ホワイトブック、リチャード・ウォーリン。

「クリティカル・パースペクティヴス・オン・モダン・カルチャー」叢書を主導しているデイヴィッド・グロスとウィリアム・ジョンストンの発案がなかったら本書は日の目を見ることがなかっただろう。わたしは喜んで本書を同叢書の一冊にしていただいた。みごとな編集手腕を発揮してくれたマサチューセッツ大学出版局のクラーク・ダウガンとパム・ウィルキンソン、研究を巧みに援助し索引を作成してくれたベンジャミン・レイジアーにも感謝を。わたしの娘であるシャナ・ギャラガー（本書刊行と同時にシャナ・ギャラガー・リンゼーと名前が変わった）とレベッカ・ジェイは、生活がコンピューター画面と無縁でも成立しうるとわたしに気づかせてくれるというすばらしいことをやってのけた。最後に、まぎれもなき迷惑をかけるばかりで、なにほどのお返しもできていない人に謝罪したい。わが妻キャサリーン・ギャラガーである。妻はわたしが書くものにいつも最初に目を通してくれ、かならずまことに的確な批評をしてくれる。わたしの妻への謝意には、意味の戯れはまったくないけれど、強い感情の自然な発露はたっぷりある。

序文

「ひとつの言葉の生涯ともろもろの冒険をめぐって、ずいぶんとすばらしい本が書かれるだろう！」とバルザックは『ルイ・ランベール』で感嘆の声をあげた。「ひとつの言葉からその機能、効果、運用力を抽出するまでもなく、その言葉をただひたすら考察するだけで、わたしたちはその考察をどんどん広げることになる(1)」。以後、これまで多くの著述家たちがバルザックの課題を引き受けるかたちで、歳月が経るなかでいろいろな言葉が変化するありようについてねばり強くも学究的な言語学的考察をし、新たな外延と内包を獲得したり、すでにあった外延、内包を捨てたり吸収してきた。「語源というロマン(2)」と呼ばれてきたものが、言葉の起源を跡づける「科学的」試みと「大衆的」試みの両方を生み出してきた。しばしば、それらの試みの最終目標は、いろいろな「原初《ウル》」言語にある表向きの「本来の」原初的意味を見つけることであった。それらの「原初」言語から現在の言語のバベル的状況が生じているわけだ。ひとつの言語体系にあるいろいろな構成要素のひとつの通時的な歴史と対立するものとしての、その言語体系の共時的な諸作用のほうが、多くの人の目に、言語研究の重要な目標であるかに見えたときにあってすら、意味の変化にたいする興味は薄らぐことはなかった。事実として、『ニューヨーク・タイムズ』のウィリアム・サファイアのようなアマチュアの言語研究の実践者の成功になんらかの意味があるとすれば、言語研究は学者の慰めになるだけでなく、しろうとの慰めにもなってきたことになる。

とはいえ、言語分析が、イデオロギーに染まっていないまったく純粋無垢な企図であることは決してなかった。モーリス・オランデールが最近明らかにしたように、われこそは純粋に科学的なりと標榜していた一九世紀におけるもろもろの言語分析は、いろいろな人種差別的神話が生まれるのに深くかかわっていた。そして、それらの神話の無気味な影響を、二〇世紀のわたしたちは知りすぎるほど知ってきたわけだ。(3) 「セム系」と「アーリア系」と名づけられた言語集団はいとも簡単に永続的な宗教的・文化的種族に変えられてしまった。反感を呼ぶような目立った属性をあれこれもった種族に変えられたのである。そして、その種族が現在まで見た目には存続してきたことで、不吉な結果がいろいろと生じてきた。文献学の勉強から生まれた面もあるニーチェの「系譜学的」方法が、潜在的にはさほど人種差別的ではない意味合いを示していたことはまずまちがいがない。その方法は、それがたどる意味の変化についてのいろいろな叙述の目的論的立場をとっているのではなく、それらの叙述の偶発的な立場にたいするひとつの感受性の上に立っていた。(4) しかしながら、「善悪」といういわゆる「奴隷道徳」の起源についてのニーチェの説明ですら容易に濫用されうるものだった。

現在に近いところでは、レイモンド・ウィリアムズがかれの言う「キーワード」の繁栄ぶりをたどっている。かれのその先駆的な試みは、ある種の基軸となる用語にかかっているイデオロギー的負荷を素直に認知することの価値を明らかにしている。その「キーワード」をウィリアムズは、「ある種の活動やその解釈における意味を限定する重要な用語」とか「ある種の思考における重要な直説法的用語」と定義づけている。(5) いまは古典的研究になっているかれの『文化と社会』(6) は、「文化」という確定しにくい用語にかかわる批評産業とでも呼べるものを立ち上げた。その文化は、いまようやく、歓迎されなくなる徴候を示しはじめている。実質的に、人文科学のあらゆる学問が自分を「カルチュラル・スタディーズ」と呼ばれるものに変えようとあせっているいま、文化はその徴候を示しはじめている。

ウィリアムズのイデオロギー的に繊細である語源探求が数多くの批評による批判の的になってきた点は否めない。『キーワード集』の初版を書評してクエンティン・スキナーが述べているように[7]、ウィリアムズが示唆している言葉と概念とのあいだの固く結ばれた関係はゆるめる必要がある。ある概念を等身大にあらわす用語――いまのわたしたちにとって自明であるかに見える用語――がなくても心配することもないのであって、その概念はちゃんと別のかたちで、実際にはいくつかのほかの言葉で、考察もされ表現もされうるのである。それにまた、長い時期にわたって「キー」と呼びうる「強い」言葉を選び取るための基準はなにか、についても明確ではない。その「強い」言葉が置かれている言説のいろいろなシステム、すなわち、外延と内包とのあいだの微妙に変わりうる諸関係を生み出すであろうシステムの連なりのなかで、その言葉がもつ相異なるもろもろの機能を探ってみることが必要なのではないか。さらにここがもっとも重要だろうが、言葉の歴史を探る仕事を徹底させるには意味だけでは不十分だということにわたしたちは気づくべきである。残念ながらウィリアムズはそのことに気づいていなかった。それにまたわたしたちは、言葉が指し示したり意味するものに注意するだけでなく、言葉が行為し演じるものにも注意を向けなければならない。すなわち、「発語自体の《ロキューショナリー》」機能だけでなく、J・L・オースティンやジョン・サールなどの言語行為《スピーチ・アクト》論の理論家たちの言う「発語内の《イロキューショナリー》」機能にも注視しなければならない。「あい闘う言葉」という概念をめぐる昨今の公然たる論争に加わった者ならだれしも知っているように、コンテクストこそが意味を決定もすれば、遂行的な力をも決定するのである。こうして、「文化の意味論」にはかならず「文化の語用論」とでも呼べるものがともなっているはずなのだ。

しかし、そのような手続きがとられるさいには用語の「発語内の」機能を明らかにしたいという願いがあるわけで、その手続きでは、用語のもつ不可避的な発語の開放性がかならず認知されるはずである。たぶん用語にある誤用的な不確定性すら認知されるだろう。脱構築のつねに変わらぬいろいろな教えには種々もろもろがあるけれども、そのひとつに、言葉の遊びを控えつつごく狭い定義づけをするのは破綻するにきまっている、という教えがある。時間の経過のなかでの言葉の履歴に応用されるとき、その狭い定義づけはいっそう問題をはらんでくる。その点を心にとめているなら、語源学はイデオロギー的に疑わしい語源探しになることを避けられるし、また、デリク・アトリッジが述べているように、語源学は、

イデオロギーを不安定にすべく、変化するいろいろな可能性を明るみに出すべく、絶対的なものや権威を傷つけるべく——それも、別の真実の主張を立てることなく傷つけるべく——利用される。……わたしたちが日々出会うもろもろの言葉、(固定した単純な概念を表現している) 固定した単純な全体性としてわたしたちが扱うもろもろの言葉が、明確な境界も明瞭な中心もないなかで、分裂し、たがいに融け合い、自己アイデンティティにおいて分断し欠損しているものとして自分からたちあらわれるのだが、そのようにもってゆかれるそのあり方に、語源学は依拠している。(8)

さらに、たがいに融け合うことによって言葉は自分の機能を果たすだけではなく、ほかの言葉でもって力の場〔force fields〕を変更させるのであり、また、ある範囲の多少とも近似のもろもろの同義語をつくったり、反対概念や反意語の予期せざる組み合わせをつくることによっても、言葉は自分の機能を果たす。語源学だけでは、言葉の意味、機能を明らかにするのに不十分である。言葉どうしの差異的ないろいろな

関係が、もちろんたんなる語彙の集合体をはるかに越えるものであるいろいろな言語システムにおける言葉の役割のひとつの本質的な位相にほかならないかぎりにおいて、やはり語源学だけでは不十分なのである。それゆえ、総体としての社会における包含、除外および——これからこの本で論じられる用語を前面に出すなら——排除《アブジェクシオン》を通じて、言語がアイデンティティ形成のより大きなプロセスに参加し、またそのプロセスに貢献するそのあり方に、文化の意味論はどうしても敏感にならざるをえない。

わたしも思想史を研究しているわけだが、その思想史という学問を研究してきた人たちを、以上述べたいろいろな規範にとくになじんでいる学者たちの仲間ととらえることができる。[9]というのも、思想史家たちは昔から、重要でありながらしばしばコンテクストに依拠するいろいろな機能を言葉が結晶化させて取り込み、みずから陳腐あるいは意味過重になり、結果として自分の効力をなくする、といった言葉のあり方に同調してきたからである。あらゆる歴史家の感受性を高めて以上のような問題に関心を振り向けさせたいわゆる言語学の転換点[10]の前には、思想史家たちは、アーサー・ラヴジョイが先導した旧来の「観念史」〔a history of ideas〕の実践家たちが「歴史の意味論」と名づけたものに強い関心を示した。[11]近ごろ思想史家たちがハイデガーやガダマーの解釈学に関心を示しているのだが、それはかれらの偉大な先人ヴィルヘルム・ディルタイもまた精神史〔*Geistesgeschichte*〕を創始した人であったことによるところが大きい。もっと近年では、ラインハルト・コゼレックに近いドイツの学者たちが概念史〔*Begriffsgeschichte*〕を系統的に追究した。その概念史は、概念を生みだす言葉の歴史とほとんど同一のものであることが多い。言語学の展開を論じた思想史の初期の著作のなかには、近年の、言語をめぐる記号論、構造主義、ポスト構造主義、実践論、言語行為論に照らして未熟とみえるものもあるが、それらはそれらなりに、現在の文化の意味論を刺激してくれる重要なものととらえていいものである。

少なくともこの本に収録したもろもろの論文では、思想史初期のいろいろな著作にわたしはしかるべき意味づけをすることにする。というのも、程度の違いこそあれ、わたしの論文の全部がある種のキーワードの意味を探る願いにつき動かされて書かれたことに自分で気づくことになったのは、それらの論文を書いたあとのことだったからである。ちなみに、その場合のキーワードというのは、現在ないし近年の文化を論ずる著作の言葉が為したよりもたくさんのことを為してきた言葉の謂である。考えてみれば、いろいろなキーワードの意味を探りたいというわたしの願いはわたしの研究で目新しいものではない、ということもすぐにわかってきた。西欧マルクス主義の代表的人物たちが「全体性《トータリティ》」という荘厳な概念を引き出したさいのいろいろな方法を追求することによって、その西欧マルクス主義の歴史を追ってみた早い時期の本がわたしにはあるのだが、じつは、その本はひとつの言葉の「冒険」という隠喩そのものを利用したものだった。その本の副題に「冒険」という言葉を使ったのだが、もちろん、それはバルザックから借りたのではなくモーリス・メルロ＝ポンティから借りたものである。(12) わたしはまた、「主権＝至高性」〔sovereignty〕「テクスト」といった言葉に占有されている、わたしの専門外の領域にふみ込んでもみた。(13) こんどのこの本に収めた論文のなかには、現代欧米の思想における「経験」の予測できない変転に関連して、しばらくわたしが従事してみたもっと内実のある研究の陰で結実することになったものがある。だから、わたし自身がつねにはそれと意識しないうちに、わたしのこの本の主題はいわば主題化されざる文化の意味論のごときものになった、ということかもしれない。

この本のかなりの部分はまた、外国語というものがもっている特殊な役割をめぐって、テオドール・W・アドルノが述べた議論に影響を受けている。もともと一九三〇年代初期に書いた論文で、アドルノは、完璧に意思疎通できる平明さを求めつつ「純粋で有機的な」ドイツ語を称える者たちに対抗して、外国語を混ぜて使うのを良しとした。アドルノはつぎのように述べている。「言語は主題と思考とを分離するという意味で、抽象を実体化させることに貢献する。その点で、自然らしさという習慣の連なりにわたしたちはともすればだまされてしまう。語られることは意味されることにぴったり重なるという錯覚を、自然らしさは誘発してしまう。外国語は自分をひとつの記号だと認めることによって、現実の言語はすべて記号のようなものをそれ自身のなかにもっていることにわたしたちをして気づかせてくれる。外国語は自分を言語のスケープゴートにする。すなわち不協和音の持ち主にする。そして、言語はそのスケープゴートをたんに体裁よくするのではなく、それに形式をあたえなければならない」(14)。この本のいろいろな論考で表に出てくる言葉のほとんどはごく普通の英語であるが、それらをわたしは、アドルノの言う意味で外国語であるかのようにして扱っている。すなわち、それら英語の自明である自然らしさがぐらつきはじめるところで——ときには、ほかの国語では一見同じ意味である言葉と、その英語の言葉との関係を考えることによって——それら英語の言葉に圧力を加えてみるのである。それをするのはいわば意味論的に異化させる目的があるからである。異化させることによって、ありきたりと見える言葉——「理論」「転倒」「経験」「模倣《ミメーシス》」「ペイガニズム」「美学」などなど——に本来の意味とは違った意味をもたせる一方で、最近まで不可解に見えていた言葉——「排除《アブジェクシオン》」「無気味なもの《アンカニー》」「心理主義《サイコロジズム》」など——を改めて問い直し、それらの言葉が内々にもっている意味の少なくとも二つ、三つを浮かび上がらせるわけである。

この本に収めた論文が書かれた事情はそれぞれに異なっているので、書かれた背景を少しばかり明らかにしておくのがよかろうと思う。この本の読者がまず気づくであろう点は、どちらかといえば学究肌の読者を想定して書かれた論文と、『サルマガンディ』誌のコラムに書いた文章とのあいだで、文章の調子がふぞろいで、紙幅がまちまちであることだろう。『サルマガンディ』誌編集者ロバート・ボイヤーズ氏の寛大な勧めがあって、わたしは一九八七年から同誌に「力の場《フォース・フィールズ》」の題で年に二回寄稿してきた。コラムという形式によって、わたしの知見ではかならずしもカバーしきれないはずである領域をかなり勝手きままに歩きまわり、学術雑誌に書く場合とは違って、日常の自分流の言葉遣いで――ときには非礼ではすっぱな言葉遣いで――書くことができた。コラムの利点として、学術色の強い頁の下半分をかき乱すことで、学術論文という正統な装置の大半をあらい流して、もって自分自身の直感にいっそう自信をもつことが書き手としてできる点がある。反面の欠点として、書かれた内容が薄弱な根拠のもとに書かれたとか、たんなる主観的印象で書かれたのではないか、と見なされがちになるということがある。しかし、わたしとしては、コラム書きという楽な仕事であっても議論は喚起したいわけで、だから、コラムの内容をふくらませたり、引用の出典をきちんと記載したり、文章のトーンを高めたり（あるいはトーンを低める？）、の操作は、あえて控えることにした。

実際のところ、ふたりの著述家の意見を体裁にこだわらずに並べてみるのが有効であるかもしれない。ただし、その不均衡でもって、知識人たちが、とくに広く認知されることになにほどか関心をもっている知識人たちが、自分を表明し自分の意見を表明するさいに自覚しつつ行なう遂行的な選択をめぐるひとつの文章で出される論点が、読者に納得してもらえるものになるかぎり、での話であるが。文章の調子がふぞろいであることによってまた、キーワードであるかに見える言葉がときに「バズワード」でしかないことが結局はわかってくるという事実に読者は気づくことになるかもしれない。その「バズワード」というのは、わたしの手元にある辞書によると、「集団内の人びとが遣う言葉ないし語句であって、集団の外の人にとっては、それらしい響きはあるものの、ほとんど無意味であるか、あるいは曖昧な意味しかない言葉・語句」である。いろいろな言葉がそれぞれ、キーワード、バズワードのどちらに属するのか（あるいは、文脈によっては両方に属するのか）を決めるのは読者にゆだねたい。

冒頭の論文「理論を奉じて」には、学術的と主観的の両面があって、やや雑種的な論文になっている。これはカリフォルニア大学デイヴィス校での一九九五年二月のシンポジウムに用意したものである。『セオリー・アンド・ソサイティ』という雑誌があって、その二一年にわたる刊行時期の大半をわたしは編集者として過ごしたのだが、その雑誌の発刊二〇年を祝うシンポジウムに用意したのがこの論文である。[15] その雑誌の歴史と雑誌の創刊者である社会学者アルヴィン・グールドナーの遺産について考察しているこの論文では、現代においてたいへん熱っぽく議論されているひとつのキーワードの有為転変ぶりをたどってみた。そのさい、著述家、批評家によって「理論《セオリー》」がさまざまな意味あいをもたされて提起される結果、しばしば「理論」が相矛盾する顔を見せることにわたしは注目した。「理論を奉じて」はビル・レディングズを追悼してかれに捧げられている。有能なる文学批評家であったかれが三七歳にして、昨年、飛行機事故で亡くなったことに、いまも広い範囲の知人、学者が痛恨の思いをいだいている。わたしが頑固にかれのことを「並はずれた理論家」と呼ぶ皮肉を、ビルだったらまちがいなくおもしろがってくれるだろう。リオタールを論じたかれの刺激的な本の一節、「理論にさからって」と明示されている一節で、かれは「一九六八年以降、理論を盤石の解決法ととらえるのではなく、問題の一部ととらえるべきである」[16] と断言しているのだが、それを承知で、わたしはあえてかれを「並はずれた理論家」と呼ぶのである。

一九九二年の『サルマガンディ』のコラムが初出である次の論文は、「多文化主義」と呼ばれるようになった事象、議論を巻き起こしているその事象を軽いタッチで扱っている。その事象はキーワードのカテゴリーよりはバズワード〔はやり言葉〕のカテゴリーのなかにあってしかるべきものである。この論文は、ヨーロッパの思想史という学問に向けられている非難から、その学問を救出してみようとしている。思想史という学問が物故した白人のヨーロッパ人男性に集中的に眼目を置くことは、「西洋文化」なるものをエリートの高みから擁護することとその学問が共謀していることの証明だ、という非難からその学問を救い出そうというわけである。この論文では、わたし自身のそれをふくめた「主体的立場」と認識とを結びつけることはどうあっても避けて通れぬとわたしは考えたのだが、思想がその出発点にある関数にだけ還元される必要はさらさらない、という大前提に、その論文は立っている。見た目保守的であるヒエラルキーという概念のもつ批評的契機を論じたわたしの初期の論文[17]でそうしたように、この論文は、いくつかの言葉をとり囲んでいる保守的なオーラからあわただしく引き出されてきたイデオロギー的・政治的諸結論をさらに精緻なものにしようとしている。

「経験の歌――日常史をめぐる論争」は、バークレー校ドイツ語学科主催のシンポジウムのためのペーパーであった。過去のナチスを常態的なものととらえることをめぐるいわゆる「歴史家論争」の跡をたどったのがそのシンポジウムだった。このペーパーは一九八九年に『サルマガンディ』に掲載されたのだが、もともとは論文であったために、通常のコラム記事にしては学術的な色彩が濃くなっている。ナチズムを基本的に弁解する立場から分析するものとして一部のドイツ人によって提唱された考え方に日常史というものがあるのだが、その日常史のもつ政治的含意にある副次的問題に焦点をあてつつ、この論文は「経験」という概念をとり囲んでいる黒い水（わたしがいまもその上にただよっているように心がけているその水）のなかにもぐりこんでもいる。この論文は、日常史という概念、とくにドイツ語の用法でのその概念にある別の意味、正反対ですらある意味を明らかにしようとしている。この論文の目的は、歴史家が説明するさいに日常的な「経験」を特権化することは、必然的にもろもろの構造的な力を低く見積もることにつながるという主張を精緻なものにすることである。ちなみに、もろもろの構造的な力とは、経験をする人たちのうしろで、しかもその人たちの意思に反して作用している力の謂である。

経験にあたる二つのドイツ語、エアファールンク〔*Erfahrung*〕とエアレープニス〔*Erlebnis*〕は、ヴァルター・ベンヤミンの著作を別にすれば、主題として意識されつつ並置されて用いられることはたぶんなかっただろう。そのベンヤミンは次の論文の中心人物になる。かれの生誕一〇〇年を祝って、一九九二年に数多くのシンポジウムが開催されたのだが、そのひとつ、ロンドンのバークベック大学でのシンポジウムのために用意したこのペーパーは、初め『レヴィヤタン』誌にギリシア語訳で掲載され、ついでシンポジウムの要約つきの『ニュー・フォーメーションズ』誌に掲載され、最終的に、著名な思想史家カール・ショースキーに捧げられた、マイケル・ロスの編集になる記念論文集に収録された。(18)この論文をわたしは、主体なきエアファールンク（経験）の復権を求めるベンヤミンの願いという、いまだ神学的である前提にとっての世俗的な代理物を見つけたいという願いにつき動かされて書いた。エアファールンクが近代に消失したことをベンヤミンは心から嘆いたわけだ。文法の「中間態」と「自由間接話法」の意味を大きな文化的問題として自由な発想の手続きで考察したヘイドン・ホワイトとドミニク・ラカプラの導きに従って、この論文では、その代理物を、ベンヤミンがそれを見出すことを拒んだ場所、すなわち小説に据えることにする。それをしつつ、「主体なき経験」というものの意味について考えてみたい。不毛なユートピア主義だという非難に傷つきやすかったと多くの人には見えてきた救済としての経験という解釈よりは妥当と思われる説明を、わたしとしてはしてみたい。

その次の論文「限界‐経験の諸限界——バタイユとフーコー」は、フランスのオルレアンでの「結局、ジョルジュ・バタイユ」と題された、ドゥニ・オリエの企画による一九九三年のシンポジウムのために用意されたものであって、のちにその報告集に掲載された。そしてまもなく新しい雑誌『コンステレーションズ』に英訳が掲載された。[19]「経験」はつねに、現象学的「本来性」の不確かな特権化を暗にふくんでいるという主張、反省なき直接性についてポスト構造主義の批評家たちによってなされたその主張に抵抗しつつ、ポスト構造主義の基礎を据えたバタイユとフーコー自身が「内的経験」ないし「限界経験」という入り組んだ概念に頼って、文化的・言説的・言語学的構成のたんなるひとつの関数とは解釈できないものを提示しようとしたのだが、そのことをこの論文は明らかにしようとしている。「経験」を扱っているほかの論文でもそうなのだが、ここの目的もたんに歴史を修正するにとどまるものではない。経験という言葉の素直な用法にたいして向けられた強力な批判を改めて招くかもしれぬような、その言葉のいくつかの用法を浮かび上がらせることも、この論文の目的である。そうした救済の試みがどうしたら成功するのか、という点については、経験を論ずる著書を待つしかないわけで、わたしとしてそれが書かれるのを期待したい。

「経験」が、現在においてたいへん熱っぽく論争されるキーワードのひとつにもう一度なったと言えるなら、「ソヴィエト」〔労働者会議〕という言葉ははっきりとその価値を失ってしまった。『サルマガンディ』の一九九一年のコラムが初出になる次の論文では、その「ソヴィエト」を主題にしている。レーニンの有名な（そして評判の悪かった）「ソヴィエト連合にいっさいの権力を」というスローガンを辛辣にひっくり返した「ソヴィエト連合に権力をあたえるな」というこの論文の表題は、ソヴィエト連合の凋落を反映させているわけだが、それだけでなく、官僚主義的国家社会主義、資本主義に対立する労働組合、議会制民主主義、に代わりうるものとしての「労働者評議会」や「労働者会議《ソヴィエト》」というモデルをめざした左派の希望が徹底的に挫折したことをも反映させている。完全に自立した自己管理を解放といまだに考えている頑固な人物がいないこともないのだが、[20]にもかかわらず、会議という理念が、資本主義のいろいろな悪弊にたいする現実的な解決としてポスト共産主義社会のなかにまで生き延びることは実際にはなかった。会議を主導する可能性をもつ労働者たちに依拠しないですむような会議という理念を擁護したハンナ・アーレント。彼女のその政治理論に昨今、関心が高まっているわけだが、だからといって、ソヴィエトというモデルから大きな刺激を受けたがゆえのその関心の高まりではなかった。[21]

その次の論文「クリスタ・ヴォルフなんか恐くない――文化を転倒する力学について」もまた共産主義の崩壊を受け止めて書かれ、一九九一年の『サルマガンディ』のコラムとして発表されたもの。東ドイツの小説家ヴォルフの個人的事実をめぐる論争がこの論文を書くきっかけになったものの、「転倒《サブヴァージョン》」という非常にたくさんのものが込められている言葉の意味を追うという広い視点をこの論文にはもたせている。転倒という問題はドイツのその論争のなかで提示されたものだが、このコラムは、アメリカの学界が転倒というレトリックを流用する流行に着目してみようともしている。そのアメリカの学界では、転倒というレトリックは、いよいよその政治的影響力を低下させてきた左派の生き残りの人たちにとっての慰めの作用を果たした。

シュタージ（東ドイツ国家保安警察）とのつながりを否認していたフンボルト大学のわたしの友人について述べたこの論文冒頭の話を無気味にも確認する追記をここに書いておく。自分の将来を危うくするようなことをその友人がやっていたことを、一年ほどのちにかれが認めた（あるいは認めざるをえなかった）という展開があった。すなわち一九八〇年代の一時期、東ドイツ政府のために国外でスパイ活動をしていたとかれが認めたのである。いろいろ曖昧な点はあるものの――たとえ他国の法律違反になるにせよ、自分の国の公安局の仕事をするのは不道徳なのか？　その国がもう存在せず、だからその人がそこの法律を犯した国（あるいは同盟国）がもうその人を咎めることができないとき、どういう事態にたちいたるのか？――その人の経歴はずたずたになっている。ヴォルフの事例そのものが、彼女が早いころシュタージに関与していたことが明らかにされて複雑なものになった。その関与については、わたしがこの論文を書いていたときには明らかになっていなかった。はっきり言って、転倒の真の意味を判断し、転倒に失敗するときに人が払わねばならない代償のなんたるかを判断する場合、さまざまな利害が重くのしかかってくる。

ドイツ統一の余波はまた、その次の論文「ポストモダンのファシズムか？――抑圧されたものの回帰について」にも刺激をあたえた。この論文はもともと、当時わたしの教え子であったアキバ・ラーナーが主導し、『ティクン』誌と「ユダヤ主義と社会正義のためのバークレー学生団体」とが主催した一九九三年のシンポジウムで発表したものである。父親が発行している『ティクン』誌の一九九三年一一／一二月号に、その息子のエリオット・ニーマンの応答論文ともども掲載されたこのわたしの論文によって、のちの号に反論が載り、また怒りの投書がいくつか載ることになった。[22]「ファシズム」ほどの負荷を積んでいるひとつの用語の意味範囲を限定し、ある特定の状況にたいするその用語の歴史的効果を限定しようとする試みはどうしても、歴史は繰り返すという可能性に目を閉ざしていると見られてしまうのだろう。それは予想できる。実際、「無気味なもの」を論じているのちのいくつかのわたしの論文のひとつで、まさにそうした抑圧されているものの復活という問題が持ち出される。その論文が書かれて以来、いまのところまだ、再統一されたドイツは抑圧されたその特定のものがうまく回帰をなしとげられるにふさわしい場所ではないという、その論文のあまり自信のない楽観的な結論をくつがえすだけの事態は生じていない。

どのように転倒を解釈するかという問題は、その次の論文「教育者たちを教育する」でも様相を変えてではあるが出てくる。一九九四年の『サルマガンディ』のコラムになったこの論文は、カリフォルニアの教育委員会教育長ビル・ホニグの裁判と免職に触発されて書かれたものである。そこでは「批評」という議論の沸騰している問題に主眼を置いている。批評を、当事者たる知識人たちの実践から、普通教育におけるもっと広い意味をもった力のほうへと移して意味拡大をしたうえで、とくに「批評」というものを考えてみる。批評家たちの、ものを暴露し仮面を剝ぐいろいろな傾向を、大衆文化がまことじょうずに取り込んで、それらの傾向をユートピア的な方向ではなくシニカルな方向にもっていったために、前衛的で、政治的に進歩的なエリートを、高級文化の保守的支持者と体制順応的な低級文化の調達人の両方とに対抗させ、そんなふうに対抗させることが真の否定をもたらすことになると考えてこと足れり、とはもうならない――昔はそれで足りていたかもしれないが。わたしたちは袋小路にいる、とわたしには思われる。正しい批評と誤った批評とを区別する仕方が知られるようになり、進歩的変化の地平をつくっているものについての強い感覚が失われているいま、わたしたちは袋小路にいるのだ。この論文につけるべき嬉しい注釈をひとつ。一九九六年一二月、ホニグは減刑され罪は減じられた。裁判が始まってから、かれがめざましい社会奉仕を行なったがゆえの減刑であった。

一九九二年の『サルマガンディ』に載った「美学のアリバイ」と題された次の論文もまた、キーワードがもつ力の腐食という問題を取り扱っている。かつてあてがわれていた重要な仕事を実行するキーワードの力が腐食しているという問題を扱っているのである。そのキーワードは「芸術」であり、そこでの問題は、独特な人間行為としての芸術自体の特権的な地位がもう自明のものではないとき、自由な発語の多様性を正当化するものとしての芸術の伝統的な機能はいかにして維持できるのか、というものである。しかし、かつて「芸術」が生み出し、いまは「芸術」を絶滅の危機に追いこんでいるより大きないろいろな文化的制度と物的諸条件のなかに「芸術」が十把一からげに落ちこむがゆえに、芸術が地位を喪失するにいたっていると認めるのではなく、現状に代わりうる未来の姿を支持するものとしての芸術の力を救出する手立てをひとつ、この論文は提出しようとしている。その名前をわたしは出さないけれども、アドルノの姿はこの論文の全体につきまとっている。

アドルノによる美学擁護の少なくとも一端なりをもっとはっきりと探るのが、次の論文の意図である。この論文ではアドルノのミメーシス概念をフランスの脱構築派フィリップ・ラクー＝ラバルトのその概念と比べている。一九九四年、ドイツのエッセンの「文化学術局」でゲルトルート・コッホによって企画された会議のために用意され、その会議録[23]に掲載されたこの論文は、人類学者マイケル・タウシッグの著作でとくに周到に論じられたミメーシスにたいして近年に関心が高まっていることに触発されて書かれたものである。わたしは『ヴィジュアル・アンソロポロジー・レヴュー』誌でタウシッグの二冊の著書を批判的に書評したことがあり、そのさいに、かれが曖昧にしているとわたしとして考えている事柄を明白にしてみたいという強い希望をもっていた。[24]ラクー＝ラバルトはそれと同じ問題にたいして有益な対位法的方法をひとつ提出している。それが有益である理由をとくにあげれば、愚直な現実主義にすぎないとしてフランスのポスト構造主義者たちがこぞって反対してきた因習的な知恵に、ミメーシスについてのラクー＝ラバルトの積極的な評価がゆさぶりをかけたからである。一般に同義語とされている「模倣《イミテーション》」からミメーシスを切り離し、反意語とも想定できる「理性《リーズン》」と同じ言葉群のなかにミメーシスを入れることによって、わたしはこの論文で、ミメーシスが不確かな「共感呪術」のようなものに意味を限定されるのを避けたいと願った。

ミメーシスという問題は、仮装と意図的な擬態をからかうという形で、次の論文にも登場する。「パフォーマンス・アーティストとしてのアカデミズムの女性」という表題のこの論文は一九九三年の『サルマガンディ』に載ったものである。「パフォーマティヴィティ」は最近の文化批評のキーワードに現になっている。そして、その言葉は、コミュニケーション——あるいは歪んだコミュニケーション——が生じる場所である発語そのものの形ではなく、発語内の形を前面に出す働きをしている。何人かの著名な女性学者が大学の伝統的な作法につきつけた挑戦状の意味をじっくりと考えているこの論文は、あけすけな調子の表現を用いて事の核心をつこうとしている。事の核心というのは、より良い議論という、ほかから妨げられることのない論理だけがかならずしも唯一の手段ではない、という点である。その手段を用いて、推定としては合理的なものである「批評言説という文化」が機能を発揮するといった、そういう手段だけにかならずしも限定されないということである。しかし、アドルノとラクー＝ラバルトを論じた論文におけるミメーシス擁護の場合にもそうだったのだが、この論文も、力を求める闘いのまさに手立てに、知をシニカルに還元する名目では、ミメーシスという文化を否定するまでにはいたっていない。以前のいくつかの論文でわたしは普遍的語用論としての合理的言説についてのハーバーマスの考え方を擁護したことがあるが、その考え方における、遂行的モーメントについてもこの論文は考察する。実際のところ、真実であり誠実であり、コンテクストから見て妥当であり、などなどの暗黙の約束が、非戦略的なモードにおけるコミュニケーション行為の基礎をなしているわけだ。この論文では、「カミール・パーリア」という固有名詞が、ナルシシズム的・権力志向的・戦略的視点でのみパフォーマティヴィティを理解してはならぬ、という警告として前面に出される。

　言うなれば、パーリアは、ほとんど一切合財のものを取り込もうとするせいで排除されるような、アカデミズムのパフォーマンス・アーティストになっている。犠牲となったスケープゴートとしての彼女は、この論文が擁護しうる行為として受け入れるもののいろいろな境界を同定する役を担ってくれる。「排《アブジェク》除《シオン》」それ自体がその次の論文の主題になる。一九九四年の『サルマガンディ』に初出になったこの論文は、その概念にたいする近年の関心について考察し、部分的にはその関心に反対している。この論文で中心になるのは、論議を呼んだ一九九二年のホイットニー美術館〔ニューヨーク市〕での『アブジェクト・アート』展である。この展覧会について『オクトーバー』誌で盛んな論争が巻き起こり、いまもその論争の余韻は残っている。[25] そんな展覧会は公費のむだ使いだと非難する文化の警察官たちの合唱にわたしは加わるつもりはなかったが、粗っぽい転倒のレトリックが、わたしが以前に「美学のアリバイ」と呼んだものと結びついて、問題をはらんだ結果をひとつ生みだすにいたったことにわたしは動揺してしまった。

「力ずくで抑えられたアブジェクシオン」に興味深い注釈をひとつつけておくのがいいだろう。翌一九九三年にポーランドのブロツワフ州にわたしが旅行したおり、ポーランドの映画作家マリア・ツマルツ＝コチャノヴィツがわたしのその論文を素材にしたテレビ映画を演出した。彼女の夫である哲学者レゼク・コチャノヴィツにわたしは長時間のインタビューを受けた。ある芸術家の肖像画を描く教室をうしろにしてのインタビューであった。できあがった映像は、ポーランド語のナレーションがかぶり、さまざまなアブジェクト・アートから選ばれた刺激的な映像がいくつか散りばめられるものになった。いまのわたしは確信をもって言えるのだが、散乱した肉体の部分や人間の排泄物と同列にテレビ解説者が並べられることほど、その解説者が魅力的に見えることはない。そのテレビ映画の視聴率はびっくりするほど高かったのではなかろうか。ポスト共産主義の東ヨーロッパでは労働者会議《ソヴィエト》には力が残されていないかもしれない。しかし、その力をいまも深いところにもっているブルジョワ文化——もっと正確には、大衆文化——のいろいろな敬虔さに挑んでそれらを乗り越えるかもしれないものへの強いあこがれは、なおそこにある。

かりにアブジェクシオンが現在の文化の意味論においてポジティブな概念としての機能をもってきたの

だとしたら、その次の論文の基礎になっているキーワードにとっても、同じことをもっと自信をもって言えることになる。一九九五年に『サルマガンディ』に載せたその論文「無気味な九〇年代」は、「無気味《ダス・ウン》なもの《ハイムリッヒ》」(字義的には、家郷的ならざるもの)という広範に広がった呪文を探ってみようとしたものである。どんどん数を増していて、たがいに重なり合っている心理学的・哲学的・美的・政治的言説の主要な比喩相としての「家郷的ならざるもの」という呪文を探ってみようとしたのである。世紀末に先行した何十年かにおけるいろいろな妄想的執念、招かれざる幽霊たちのように戻ってくる妄想的執念を、どの世紀末も繰り返すわけだが、その場合のいろいろな繰り返し方にかかわるひとつのメタレベルをめぐって、このたびの世紀末が考察できることを世紀末自身が示してきたのは、ことさら驚くほどのものではない。ハル・フォスター〔アメリカのイラストレーター(一八九二―一九八二年)〕の最近の作品集の題名を借りて言えば、その事実が「現実のものの回帰」を意味しているのだとすれば、その現実は、いろいろな無気味な反復をかならず特徴づけてきた、幽霊のような親しさをもったオーラをともなっている現実であった。しかしながら、この論文の結末では、現実でもあり隠喩でもあるいろいろな現象を、とくにはホームレスという現象を、完全にひとつにまとめてしまうことを戒めるようにうながしている。そんなふうにひとつにまとめてしまうと、「無気味な九〇年代」にいるわたしたちを麻痺させて文字通りの不幸な思いを味あわせてきたかにみえる冷淡な無関心を、あまりにも簡単に正当なものと認めてしまうことになるのである。

　文化の反復という問題はその次の論文でも持ち出される。「心理主義という幽霊とモダニズム」というその論文はイエール大学の人文学部ホイットニー・センターでの一九九五年の「モダニズムの精神」という題のシンポジウムのために用意したもので、翌年、『モダニズム/モダニティ』に掲載された。[26] ここで主眼になったのは、一世紀前に哲学の分野で大騒ぎになり、ひいてはモダニズム美学のなかにまで波及した論争における非常に強力なひとつの用語である。この論文は、その用語がモダニズム美学に波及したあたりのことを探っている。「心理主義」とは、初めは論理的・数学的真実を、ついで倫理的・美的真実を、その真実の産出なり受容なりのコンテクストに格下げしようとするいかなる試みをもけなすために用いられた、評判の悪いほど曖昧な通り名である。その「心理主義」はもともと二〇世紀初頭の心理主義の分野にあったものだが、その幽霊は回帰してきて、ポストモダニズムの哲学的・美学的実践にとりついている——あるいは、その実践をうながしている。モダニズムの反心理主義そのものが、死ぬのを拒んで黄泉《よみ》の国から戻ったものなのかどうか、というのがこの論文で提起されている問題である。ただし、その問題には論文の結末でも解答をあたえられていない。

抑圧されていると見えたものの回帰も同然のものが、次の論文の前面に出てくる。この論文では、モダンの世界とポストモダンの世界における「異教徒《ペイガン》」[27]という概念の弾力的エネルギーについて考えてみる。著名な思想史家ピーター・ゲイのための記念論文集に寄稿したこの論文では、「近代における異教性《ペイガニズム》の台頭」としての啓蒙主義を擁護するゲイの考え方を、ジャン＝フランソワ・リオタールのポストモダンの「異教性の教訓」と対置させてみた。執筆構想を立てているさいのわたしの予想とは逆に、異教性という概念についての、ふたりによる立論の類似している部分のほうが、相違している点よりも重要であることが判明する結果となった。それらの類似部分をきちんと認知することによって、モダンのものとポストモダンのものとの関係を精緻に理解することができるだろう。すなわち、モダンのものを、合理的に要約してすませてしまう無気味な企図として悪霊扱いする人たち、あるいは、ポストモダンのものを、反啓蒙主義的非合理性のたんなる嫡子であるとして激しく非難する人たち、の考え方に示されている理解よりはニュアンスに富んだ理解が得られるだろう。

最後のエッセイ「ガヴリロ・プリンツィプの手枷」は一九九五年の『サルマガンディ』が初出であって、これはこの論文集でもいちばん個人的色彩の強いものだろう。ここで強調される言葉は現代における非常に意味の凝縮された言葉である「あのホロコースト」である。「あの《ザ》」という定冠詞は、歴史上のあらゆる虐殺事件から——筆舌に尽くしがたいいろいろな恐怖にわたしたちがあてはめるようになったいまだ熟していないいろいろな言葉のひとつを用いるなら——ショア〔ナチスによるユダヤ人大虐殺〕を区別するためにつけられている。ホロコーストが行なわれた非常に悪名高い場所のうちのひとつであるテレージエンシュタット強制収容所への旅を語っているこのエッセイは、「あのホロコースト」がいやおうもなくそのほかの二〇世紀の集団虐殺劇にかかわりをもっていることに思案をめぐらしている。そのほかの集団虐殺劇の代表例として、たとえば、わたしがその旅をしているさいに旧ユーゴスラビアで行なわれていた虐殺があげられる。このエッセイの最終部分の舌足らずの文章には、半世紀も昔に消えてしまったかに見えたトラウマなのに、いまもわたしたちの生活に影を落としているそのトラウマの意味を理解しようとするにあたってのわたしの深い焦燥感があらわれているだろう。

　以上の、文化の意味論をめぐる雑多な文章からなにほどかの事情が見えてくるとすれば、それは、ニーチェが述べて有名になった「言語という牢獄」というものがあることによって、わたしたち入獄者たちはある程度のゆとりをもって、わたしたちがいる牢獄のどこまでが牢獄なのかを検証できるはず、という事情であろう。もうひとつ周知の隠喩を持ち出すなら、蝿が入っている瓶からいっぺんに全部の蝿を逃がすことはできないかもしれないが、何匹かを逃がすことはできる。しかし、何匹かを逃がしているわたしたちは、いまもより大きな言語という牢獄のなかに蝿たちが閉じこめられていることにいやでも気づかざるをえないだろう。つまり、その牢獄はどこからどこまでも蝿の瓶にほかならないのである。

第1章　理論を奉じて

並はずれた理論家たるビル・レディングズの思い出に

記憶のたしかな読者なら、この論文の表題から一九七三年に出た『セオリー・アンド・ソサイティ』誌の創刊編集者の論文集の書名を思い出されるかもしれない。アルヴィン・W・グールドナーの『社会学を奉じて』〔邦訳では『社会学のために』村井忠政訳、杉山書店、一九八七年〕は、論議を呼んだ自身の『西欧社会学の来るべき危機』〔邦訳は『社会学の再生を求めて』岡田直之ほか訳、新曜社、一九七八年〕の跡を追って書かれたものである。かれによるタルコット・パーソンズ批判が、政治的行動主義、とくにマルクス主義の一変種にくみするあまり社会学を放棄している面があるという非難に反論するのを目的の一部にしているのがその本であった。ルイ・アルチュセールに『マルクスを奉じて』〔邦訳は『マルクスのために』河野健二ほか訳、平凡社ライブラリー、一九九四年〕という著作があって、グールドナーのその本の表題はそれにならったと思われるのだが、そのアルチュセールとは違って、グールドナーはかれの言う「反省の社会学《リフレクシヴ》」の批評的潜在力を称える方向で議論をしている。「反省の社会学」にはいろいろな意味があるが、そのひとつとして、著作が実践行動に影響を及ぼすことがあるにしても、実践的行動とは距離を置きながら――「党員《パルチザン》」ではないにしても――政治的立場は明らかにしている理論家たちの、学問分野横断的共同体にしっかり足をふん張っている社会学、という意味がある。グールドナーが書いている。「とことん理論家である者なら、自分自身の社会的集団を確立することにみずから関与してゆくべきである。合理的言説と人間の解放を保証する諸条件を知的に理解し、また諸条件を実際につくり出すために、それに関与すべきなのだ。そして、共同体という保護装置のなかで、その理論家とかれの同僚たちは、歴史的にかれらの目の前にある具体的な社会的総体を理解すべく仕事をするべきである(1)」。

グールドナーの仮説の多くが現在かなり怪しいものに見えているのは、その本が書かれてから二〇年弱のあいだにわたしたちが歩いてきた距離がそう見せるのであって、それとしてやむをえない面がある。伝統的なジェンダー用語をどう見ても無意識のうちにグールドナーが使っていることはさておき、「具体的な社会的総体」を知るという目標をかれがあっさりと前面に出していることによって、かれが西欧マルクス主義の一学派に忠実であることが容易に見てとれる。いまはほとんど人から支持されていないルカーチのネオ・ヘーゲル的ヒューマニズムからおもに派生した学派に忠実なのである。それで、合理的思考なり、かれが別のところで言う「批判的言説の文化(2)」なりの原則に従って、理論家たちの共同体をかれが求めることがまた、多くの人には単純な普遍主義《ユニバーサリズム》に根ざしているものと見えるだろう。その普遍主義にあったただれが見ても明らかな長所は、多文化主義の断片化の跡を追うなかで弱体化してしまった。わたしたちがいま住んでいる共同体といえば、インターネットのヴァーチャル共同体くらいのものだろう。それは、顔も見えず、ときには名前すらわからぬ他者たちとの共同体である。それでもなお、少なくともシニシズムが増大しているこの時代の多くの人にとって、大きく言えば「人間の解放」とでもいうべき企図そのものが問題になってくる。その企図をことさらに目標とするなら、理論家たちがその目標達成にりっぱに貢献してくれるかもしれない。

反省の社会学者たちの共同体をつくろうという訴えをグールドナーがして以降、理論そのものが、ほんのいっときは見た目には勝利をおさめたかに見えたものの[3]、まことさまざまな方向から間断なき批判を被ってきた。抽象的理論にある危険なほどユートピア的であるいろいろな主張にたいする古くからある保守的な攻撃が、一九七〇年代末と八〇年代初期には、政治領域の側から出てきたこれまた無気味な批判として繰り返された。その保守的な攻撃の源は、少なくともエドマンド・バークによるフランス革命評価まではさかのぼることができる。理論は支配ゲームと同じものになった。超越論主義、基礎づけ主義、本質主義などの害悪と接合したり、メタ言語を求めるという不毛なる探求と接合することによって、汚れた支配ゲームに理論は成り下がった。その場合の害悪とか不毛なる探求のことごとくは、傲慢にも全体のために語ると称している者たちの特権的位置からみた保証もない推測だとされたのである。好戦的であったアルチュセール支持者たちは、領袖自身が「理論主義」と名づけた不毛なる「逸脱」に自分がおちいっていたと当の領袖が明言したことに[4]、水を浴びせられた。フランクフルト学派の熱心な思想家たちは、自分たち版の〈批評理論〉が官僚的エリート主義やひ弱なユートピア主義という非難に屈しやすいことに気づいた[5]。記号論を一例とするいろいろな主要理論の主唱者たちは、自分たちの研究の虚しさに気づくことになった[6]。

一九八六年のアメリカ近代語協会〔ＭＬＡ〕の会長就任演説においてはまだ、脱構築派のＪ・ヒリス・ミラーは「理論の勝利」を自信をもって語ることができた。ただし、その場合の「理論」はそれ以前の思想家たちが意味した理論とはまるで異なる意味をもった言葉であったことはたしかである[7]。しかし、事実上同じ時期に、スタンリー・フィッシュはかなり特異なつむじ曲がりの喜びを感じつつこう語っていた。

「理論が色あせてゆく場合、沈黙がその兆候になるのではなく、ますますの饒舌、ますますのジャーナリズム、ますますの討論、理論の物語を総括する権利をめぐる論争へのますますの参加、がその兆候になる。……理論の時代は衰退に向かっている。理論はもう時代遅れになっている。理論家としてただひとつ言えることと、それは理論が衰退しているということである」(8)。その後まもなく、ミラーのカリフォルニア大学アーヴァイン校での同僚であったポスト構造主義者デイヴィッド・キャロルは、「人によっては、芸術、人文科学、社会科学の現在の到達水準において、まちがっているとその人たちが考えることごとくの責めを『理論』に押しつけたがるだろう」と、悲しげな調子で書いている(9)。ヨーロッパでも同じような風潮があり、一九九一年にはジャーナリストのマイケル・ハラーがハーバーマスにインタビューをして、次のように述べることになる。「現在、理論そのものにかんして倦怠感のようなものが見られます。とくに感受性の強い人びとから見ての、断念の調子を帯びた理論的疲弊のようなものが見られます」(10)。

その倦怠感によるなりゆきのひとつとして、「文化《カルチャー》」という、曖昧なときもあるとはいえ、力強いカテゴリーが出現した。文化的異種混淆性の上に、あるいはそれを越えたところにあると考えられるいろいろな普遍的理論に代わるひとつの選択肢として、「文化」というカテゴリーが出現したのである。フーコー、ハーバーマス、アルチュセール、ガダマーなどを支持する人たちが死闘に（あるいは少なくともアメリカ近代語協会で大々的に自分を売りこむ闘いに）たずさわった時代である、一九七〇年代および八〇年代初頭におけるいろいろないわゆる理論戦争が、一九八〇年代末および九〇年代におけるいろいろないわゆる文化戦争にとって代わられた——あるいは文化戦争に吸収された。その転換は、『セオリー・カルチャー・アンド・ソサエティ』という雑誌が一〇年ほど前に発刊されたことにくっきりとあらわれていた。その雑誌は、わたしたちの雑誌〔『セオリー・アンド・ソサエティ』〕の誌名にある空白をカルチャーという言葉で埋めたことになる。

社会科学においても人文科学においても、かならずしも完全に名誉剥奪になっていたわけではない理論は、守りの姿勢をとりつづけていた。死亡する少し前に文学批評家ポール・ド・マンが述べた増大する「理論への抵抗[11]」なるものが、かれが戦時中に政治的発言〔ユダヤ人差別発言〕をしていたことが一九八七年に発覚した事件によってくっきりと浮き彫りにされた。その抵抗はとりわけ「新歴史主義」の台頭のなかにはっきりとあらわれることになった。その新歴史主義はみずからの理論的先端を、また、リチャード・ローティ、スタンリー・フィッシュの著作に刺激を受けた結果としてのプラグマティズムへの関心の復興を、前面に出すのを拒んだ。ネオプラグマティズムを主導したふたり、ウォルター・ベン・マイケルズ、スティーヴン・ナップは「理論にさからって」という刺激的な題の宣言を行なった。この宣言によって、反論、反反論が突風のように沸き起こった[12]。

そのプラグマティズムの伝統がここアメリカに生まれたことが、理論への抵抗というものは自国の理論を称えて外国のそれを嫌う雰囲気に一脈通じるものだというド・マンの嘆きに、ある種のもっともらしさを添えた[13]。理論がアメリカほどもてはやされることのなかったイギリスでは、その外国の理論を嫌う雰囲気は、実際のところ、サミュエル・ジョンソンが大きな石を蹴っとばした有名なエピソード*を思わせる雰囲気に簡単になりえた。そのどちらの国の場合でも、当面の敵は理論それ自体として特徴づけられるのではなく、「フランス理論《フレンチ・セオリー》」と称され、まるでそれで一語であるかのように発音されるものとして特徴づけられることになった。「フランス理論」なるしろものが、アングロサクソンの偉大なる創作物たるフレンチトーストと同じほどパリで見かけるのがたとえむずかしいにしても、そういう目で見られているのである。

一九八〇年代末には、かつて「フランス理論」の高僧と目されたフーコーを一例とする人びとについて、かれらこそは隠れ反理論家であるからという理由ひとつで弁護がなされる状況があらわれた。ある批評家が憤ってこう述べている。「フーコーの著作が理論重視だという考え方――かれの著作ならもっと精密な理論をいくつも生み出すことができる、なじみの事柄や古い概念から新鮮にして改良された理論をいくつも生み出せる、新しく発見された本質や概念をめぐるいろいろな理論をつくり出すことができる、あるいは、理論化という活動それ自体を復権させるというか再活性化させることができる、といった考え方――は、ひとつの理論的方法と現代のいろいろな形態の主体性とのあいだの構造的接合、言説的同形性を不用意に見落している」[14]。自分自身の近代的主体の立場を捨てたか、あるいは少なくともそれを問題化した人たちに、過去はみずからのいろいろな秘密を明らかにしたわけだが、その過去を――フーコーの用語でいえばひとつの「解釈学」ないし「系譜学」を――まったく理論を使わずに探ることから、おそらくいろいろな形態の主体性をめぐる認識は生まれたのである。さきの批評家は次のようにも述べている。「断片性、非接合、差異性、多様性、複数性に系譜学が関心を寄せることは、理論がごく自然に求める単一化と単純化にたいする激しい攻撃になるしかない」[15]。

しかしながら、逆説のような言い方になるが、かつて付いていた(「文学の」「社会学の」「政治の」などの)限定詞を「理論」が捨て、それ自身の力で開店営業を始めたときに、まさに「理論」という概念にある、とことん統一化を嫌い融通無碍である意味こそが断然明らかになったのである。ちなみに、自身の力で開店したことは、理論自身に疑問をぶつけることになったかもしれない。伝統理論と批判理論はひとつにできるものではない、とマックス・ホルクハイマーが一九三七年に述べたことは有名である。伝統理論が「ひとつの主題をめぐるいろいろな陳述、たがいに連結しているがゆえに基本となる一部があってそのほかはその一部から生まれているいろいろな陳述の総計」の謂であるのにたいして、批判理論とは「現実がいまあるものである必要はないので、人は現実を変えることができる」という「ただひとつの存在論的判断の展開」である。[16] 一九七三年にグールドナーが「理論」について述べたときに、かれはそれをはっきりとホルクハイマーの言う批判理論の意味に受けとめている。挑戦的な価値をもっているひとつの社会科学を支えるものとしての批判理論と受けとめたのだ。しかし、理論を奉じるそのほかの多くの人は、世界をめぐる抽象化を増すいろいろな普遍化のひとつの構成物と同義であるのが理論だとあいかわらず考えてきた。かれらは、そうした構成物は自然科学の理論化ではあたりまえに具体化されている、と考えたわけだ。

とはいえ、その二つの意味のどちらであれ、ド・マンのような脱構築派が考えている意味とは大きな隔たりがある。ド・マンの主張によれば、「理論への抵抗とは、言語にあるレトリックの次元あるいは比喩の次元への抵抗であって、すなわち、どの言語表現の前景におけるよりも（広い意味での）文学の前景でこそはっきりと見えてくるであろう次元、あるいは――すこし明確な言い方をすれば――言語事象がテクストとして読まれるときどの言語事象にも明らかになってくるはずである次元、への抵抗である」。[17] その二つはマイケルズとナップの用法とはさらに大きな隔たりがある。ひとつのテクストの意味と、それに先行するとされる作者の意図といったような、「事実として分離できぬ概念を分裂させる」[18] ものとして、ふたりが断固として反対するさいに、ふたりが念頭に置いている理論の定義からは隔たりが大きいのである。ふたりは理論を「外部から実践を支配するために、実践の外に人びとが設けようとしてきたありとあらゆる手立てを指し示す名前」[19] というふうに簡単に定義づける――そして理論の仮面を剝がす。理論が以上のような意味をもたされ、またさらに多くの意味をもたされている現状からして、カリフォルニア大学アーヴァイン校での一九七六年の「批評理論協会」の設立シンポジウム、「『理論』の諸状態」をテーマにしたそのシンポジウムが、ごくわずかな引用のなかに理論という用語を宙吊りにして、その用語がいかに問題をはらむものになっているかを示す結果になったのも、無理からぬことであった[20]。

しかしながら、事実上いっさいの形の理論に向けられる不満を、理論を批判する多くの人びとが共通にいだいてきた。どういう形の理論も同じ原罪で汚れている、という不満である。その原罪というのは、古典ギリシア語のテオリアにある、視覚に限定される遠くからの注視という意味にまでさかのぼるものである。視覚の距離《ディスタンシエーション》をとる作用にたいする敵意、「デカルト的遠近法主義」という視覚による支配体制において近代的主体をつくってきた眼、視覚のひややかな実体なき眼、にたいする敵意[21]。その敵意が実際のところ、現在の反理論的風潮において強力なものになってきた。反射、監視、(「男性による」という形容詞がつくことの多い)凝視といった、目下のところ評判の悪い用語を連想させることで、視覚の体制は罪あるものという印象をあたえてもいる。典型的な例としてミシェル・セールの発言を引用すれば、「パノプテス理論*」は、「メッセージの時代」にあってはいろいろな新しい形のコード化された情報にとって代えられるはずである。視覚の場にある事物とはまったく違った形にコード化された情報にとって代えられるのだ[22]。

ここは、反-視覚中心主義の風潮の根拠やその風潮の含意を改めて述べる場所ではない。それらについては最近出した本でわたしが述べていることもある[23]。ただし、理論としての視覚の優位に反対する議論の多くは、かれらの著作自体がとんでもなく理論偏重だとして非難を受けているその当のフランス人思想家たちから出てきたという皮肉は、最低限押さえておくべきだろう。たとえそうであっても、理論への批判は、理論家たちによって仕掛けられたと思われる喧嘩を上のほうから見ている神のような存在の眼による視線を拒絶することによって、ますます燃えあがることになると言える。

しかしながら、理論を擁護するにあたって、テオリアという視覚のもつ距離をとる作用を、あるいは、もっと問題が大きくなるが、視覚の高貴さという伝統的観念を、なにも同量だけ擁護する必要はないだろう。理論を擁護することは、通常は理論にたいして反対概念として作用するものを検討し、反対概念自体の盲点を探るという戦略をよりどころにしてなされうる。というのも、理論に代わりうるいろいろな選択肢の不十分さを明らかにするなかで、世界の意味を理解するどのような試みにおいてもある種の理論がかならずついてまわるひとつの要素になっていることの理由を、わたしたちはおそらく理解するからである。

これはなにをさておいてもわかっておくべきなのだが、理論というのはつねに、理論ではないもの、あるいはむしろ理論以外のいろいろなものとの緊張関係のなかにある概念であった。その場合の理論以外のものは、広い視点で言えば三つの形態をとってきた。そのうちのひとつは、その理論が探る対象であって、つまり、理論のもつ距離をとる作用そのものを要求するというか少なくともそれをそそのかす、媒介されておらず問題もふくんでいない信念にとっての厄介な障害物である。かなり早い時期の理論概念は参加という契機をもっていたかもしれない。すなわち、かりにガダマーが正しいとすれば、「聖体拝領」(24)という契機すらもっていたのかもしれないが、その理論概念はまもなく、主体と客体のあいだのより厳然とした分断を暗にふくむようになった。総じて言えば、客体が不透明であることによって、理論はどこまでも直観的である理解をするように誘われてきた、と言えるかもしれない。その不透明さのなかに、概念の媒介やカテゴリーの配置という手続きを通じて理論家は入りこもうとしているわけだ。かならずしもそれだけではないにせよ、特徴を際立たせて言えば、ある特殊なカテゴリーがより総体的であるカテゴリーの一審級——法律や医療の用語で言えば、一判例《ケース》、一症例《ケース》——であると見なされるような包摂行為を通じて、理論は不透明な客体のなかに入ろうとしている。言語という一次的な概念作用をめぐって二次的に考察することが、すなわち、言葉と呼ばれる通常の言語的抽象物をさらに自意識的に抽象化することが、いろいろな理論なりと見なされもするだろう。

ある意味で、概念化自体にある均質化させる力そのものだけに挑戦するために採用されたり理解されたいろいろな言葉の能力をめぐる考察が理論なり、とされることもしばしばあった。脱構築が「理論」という用語を使う場合、その挑戦が前面に出されることになった。たとえば、最近刊行になった論文集『読み書き能力《リテラシー》の文化』での、著者ウラード・ゴジッチの「概念に向けて書く」という反抗において、その挑戦が鮮明になっている。ゴジッチによれば、かれが反弁証法的「差異中心理論」と呼ぶもの——バタイユの言う「異質理論《ヘテロロジカル》」にあたるもの——は、かたや概念的同一性《セイムネス》と、かたや他者性にたいする政治的抑圧との無気味な共謀を非難する。「国家、統一性、全体性、永遠の存在」の名でなされる共謀を非難するのである。[25] ここでは「理論」は、普通なら理論で通るものがもっている均質化する諸傾向について二次的な考察をするものという含意になっている。

以上の議論で明らかになるのだが、そのような理論は自分の本質に矛盾してでも一種の同一性の概念をこっそりと持ちこむことがありうる。当の理論が転覆させたいと願っている概念的思考に似ている同一性の概念をその理論がこっそりと持ちこむのだ。ゴジッチ版の理論が「哲学における〈体系《システム》〉という概念と社会学における〈国家《ステイト》〉という概念との操作上の等価性」を帯びてくるのをゴジッチ自身が認めることにもなる。[26] ただし、いかにすればそうした等価性自体が概念的均質化の見本にはならないのか、とゴジッチはすぐに問うのだが。脱構築派の人たちが使うもっと微妙ないろいろな理論のとらえ方は、純粋なる差異という名目で同一性から完全に無縁になりたいという願望のむなしさを、現実として察知している。

それはそれとして、概念に賛成する理論であれ反対するそれであれ、同質理論であれ異質理論であれ、ともかく理論を擁護する多くの人たちにとって、普遍性と特殊性との、また同質性と異質性との、実りある均衡というか生産性のある緊張こそが、だれはばかることのない目標になっている。均衡を求めるその願望は、古いところではカントの「経験的直観（考察）なき概念はむなしい語句であり、概念なき経験的直観（考察）は盲目である」[27]という名高い考え方にはっきりあらわれていた。『判断力批判』において、規定的判断力、すなわち一般的法則からの類推ではなく範例的諸例からの類推に基づいている判断力、に対立するものとしての反省的判断力のほうにカントが目を転じた、そのいまは広く称賛されているかれの認識転換には、おおげさな概念そのものになっている、理論についての支配的な意味合いをめぐる用意周到さがはっきりあらわれている。

しかし、抽象化、包摂という手続きが、また範例的諸例からの類推という手続きさえもが、対象がもっている意味を明らかにするものと理解されるのではなく、対象を支配し圧倒する威しと理解されるときに、抵抗が生まれてくる。いろいろな対象はいろいろな概念に強制的に包摂されるとか、いろいろな範例として類推されると考えられているわけだが、それらの概念にも還元できない、範例にも還元できないようないろいろな対象の特殊性という名目で、抵抗が生まれてくるのだ。テオドール・W・アドルノが『否定弁証法』において「対象の優位性」と名づけたいと思ったものこそ、まさにその抵抗を求める願いそのものであった。特殊な事物と一般的な概念との非同一性という視点でアドルノはその抵抗を理解していた。抵抗を求めるその願いに促されて、アドルノは、言語にある模倣する諸能力を特権化することによって、言語にある概念化するいろいろな力の裏をかこうとした。晦渋なあまり読み解くにはなかなかむずかしい表現ではあるが、とにかくアドルノはそれらの力の裏をかこうとしたのである[28]。

反理論の立場の懐疑論者たち——むろん、アドルノは懐疑論者ではなかった——の手で徹底して推し進められた場合、抵抗は表現不可能なパトスとでも言えるものにつながりうるだろう。その表現不可能なパトスにおいては、いっさいの概念とさらにいっさいの理論とが、それらからみての客体を侵害するものと見なされるわけだ。反理論の批評家たちは、わたしたちの言う「現実のもの」にある能力、すなわち、理論による支配を通じて「現実のもの」をわかりやすいものにしようとするいろいろな試みの裏をかくその能力を嘆くのではなく、その逃げの姿勢にまさに自分たちを一体化させている。それはまるで、警察と、実際のものとは異なるまちがったレッテルを貼られ、そのレッテルに暴力的に合わせるように強いられる無実の容疑者たる警察の対象とを指し示す別名が理論であるかのようだ。こうして、かなり現実的であるものが、ときとして、想像もできないものや理論化できぬものと密接に一体化することになっている[29]。

理論という第二の「他者」は、客体そのものと関係をもっているよりも、主体が客体と関連しているその関連の仕方と関係をもっている度合いのほうが大きい。その点で、見た目にわかる五つのヴァリアントがわたしとして思い浮ぶ。その五つを、実践《プラクティス》、主体的経験、客体的（ないし相互主体的）経験、ストーリーテリング（ないし語り《ナラティヴ》）、解釈技術〔hermeneutic arts〕、と名づけていいだろう。いろいろな客体にたいする理論的分析というものの反対概念であるのは、なによりもまず、実践的分析という概念だろう。「実践」という言葉にあるいろいろな意味をときほぐすには、それだけで論文が書けるだろう。なにしろ、そこには道具としての意味、機能としての意味があり、道徳としての意味すらある——カントの第二『批判』〔『実践理性批判』〕を想起されたい——のだから、それも当然である。とはいえ、総じて言えば、「実践」という言葉は、手近な喫緊の問題にたいする非反省的で直接的で特定の関係性を含意する、と言っておけばとりあえず足りるだろう。はっきりと道具的なものである実践か、過去のいろいろな試行錯誤をふまえて蓄積された知恵（ギリシア語でいうフロネーシス〔実践知〕）とでも理解される実践か、の違いはあっても、とにかく実践は、視覚の知識を意味するのではなく、触覚の知識、すなわち「実地の《ハンズ・オン》」知識をこそ意味している。理論は、距離をとるという贅沢を含意し、いろいろな結果を喜んで断念するというか、少なくとも結果を喜んで先延ばしにすることを含意しているけれども、実践はそういう理論とは違って、即座の応答を求めるさまざまな事柄に身軽にかかわってゆくことを前提としてふくんでいる。古代の人びとが世界におけるヴィータ・アクティヴァ〔能動的な生〕という存在の仕方と好んで呼んだ事柄の中心のところにあるのが実践である。ちなみに、ヴィータ・アクティヴァはヴィータ・コンテンプラティヴァ〔思索的な生〕の対極にあるものだ。そのヴィータ・アクティヴァのことを、ハンナ・アーレントは、かなり以前に『人間の条件』で、複数の存在様態をもっていると述べている[30]。

錯綜した「理論と実践との関係」というのは言うまでもなく、理論家にとっても実践家にとってもずっと昔からの難問であった[31]。理論家と実践家はたがいに支え合っていると考えられることもこれまで少なくなかった。たがいに相手の正体を定かにしあっていると考えられてきたのだ。とはいえ、理論家よりも実践家が優位にいるということにともない、理論より実践が優位にあるということが、強く主張されることがこれまでときにあった。一九六〇年代と七〇年代初頭は政治の季節というべき時代であって、自分はひたすら理論に生きていると自覚していた知識人ですらが、自分としてどう状況に関与すべきかに思い悩んだ時代であったが、その時代を生き抜いてきた人であったら、知的エリートの専門用語で語られた難解で抽象的な理論を、自由闊達な実践にただちに移す手法を知るべきだと主張する講演が終わったあと、聴衆席から挙げられた矢継ぎばやのいろいろな疑問、質問を今後も忘れることはないだろう[32]。みずからを「プラクシス－アクシス〔実践軸〕」とか「アクション－ファクション〔行動党派〕」と冗談半分に呼んでいるさまざまな集団どうしの争いを「ニュー・レフト」が率先して誘導した時期にあっては、理論は軽視されることになった。実践を導くのが理論だと見なされるのではなく、たんに実践を二番煎じにしたものが理論だくらいに見られて、軽視されたのだ。マルクスの「フォイエルバッハにかんするテーゼ」の初めの一〇テーゼはいつのまにか忘れられ、有名な一一番目のテーゼ*のみが逆に絶対優位の地位に高められた。さる著名な哲学者が次のように述べて、理論の起源についての伝統的な考え方に挑んだ。

ギリシア人たちにとってテオリア〔理論〕とはなんであるか？　テオリアとは純粋思惟であるとされています。思惟の対象だけにどっぷりとまた積極的につながっているのがテオリアであるとされているのです。この思惟行為はその行為自身のために生じるという考え方を、ギリシア人たちはとっているとされています。しかし、その考え方はまちがっています。というのも、ひとつには、「理論」は理論そのもののために生じることはないからです。すなわち、存在しているものに密着していたい、存在しているものにつきまとわれていたいという情熱の結果としてのみ、理論は生じるからです。しかしながら他方で、ギリシア人はこの思惟という問題を、ひとつの——実際には特定の——最高の様態になった人間のエネルゲイア、すなわち人間の「仕事状態」、と理解し、その問題を実行に移すように努めてきました。実践を理論に合わせるというのがギリシア人たちの願いではなかった。そうではなく、純粋な実践が究極的に実現したのが理論だと理解するのがかれらの願いだったのです。(33)

この引用文のように、思惟ではない実践の一形式、存在しているものに密着しつきまとわれたいというひとつの情熱、が理論であるととらえ直すなら、そのとらえ方はまずまちがいなく退行する。退行して反知性主義になってしまうだろう。「思慮なき行動主義」の批評家たちが倦まずその退行を繰り返してきたのがその例になった。今わたしが引用した著名な哲学者が一九六〇年代の左派ではなく、マルティン・ハイデガーであったことは、理論と実践という問題にとって示唆的であるだろう。理論を実践の実現と見なして、それを賛美するハイデガーのその賛美は、一九三三年の名高い総長就任講演につながった。その講演でハイデガーは、ナチ党の政治改革をプロメテウス的行動だとして擁護し、講演を聞く学生たちに、かれらの「知的奉仕」を労働奉仕や兵役奉仕につなげるように勧めた。新秩序を実現するためにハイデガーはそう勧めたのだ。「実践」の正体がなんであれ、理論から見て優位にいる「他者」としての「実践」、すなわち理論の源泉でもあり理論のテロス〔究極目的〕でもあるものとしての「実践」は、よく知られた安楽椅子にゆったりとおさまりつつ、かれらのこれまたよく知られた中心課題を凝視している知識人たちのさまざまな不毛なる黙想にいらいらしている人たちのあいだでいまも反響している。昨今のネオプラグマティズムへの関心の大いなる高まりもそのことを示しているだろう。

かならずしも政治にどっぷりとは浸かっていないような、理論というもうひとつの「他者」から、「経験」という概念が前面に出てくる。「経験」は「実践」と同じほど議論が分かれるものであり、同じほど多義的であって、また「経験」は「実践」と二つでひとつになるときもあるわけだが[34]、さてその「経験」は、おおざっぱに言って二つの目立ったヴァリアントに分けられる。そのひとつは、特殊で特異で、同じ規準で測れないいろいろな事象に関連している経験である。すなわち、個人としてのあるいは集団としての主体に生じ、それらの主体個々の生活史をつくり出すようないろいろな事象に関連している経験である。こちらの経験は、特異なものであり言葉ではなかなか説明できないものであるから、それらの経験を一般的な理論カテゴリーに包摂しようとするなら、そのほかの、同じくほかには還元できない経験とのそれらの経験の質的差異が見えにくくなってしまう。そう考えられているのが第一の経験である。経験が、頑として抵抗する問いの対象として――カテゴリーに包摂してしまおうとする理論家の試みを拒否するものとして――理解されるか、あるいは理論家が理論をつくる営為そのものの主体的源泉として――遠いところから思惟しようとすると避けられない偏向を生み出すものとして――理解されるか、いずれにせよ、経験を、自分は偏向なき普遍性をもっているという顔をしている理論の高慢な鼻をへし折るのに用いることができる。現在のいろいろな文化的闘いにおいて、理論は、生まれるべくして生まれる自民族中心主義の舌鋒にとくに弱みを見せてきたかに見える。自民族中心主義によるさまざまな一般化がかならず特定の経験のもつその特定の地の利からつくり出されていることを認識できない、という失敗である。

経験の二つ目のヴァリアント。それはひとつ目より相対的なものであるが、反理論的である点ではひとつ目にひけはとらない。わたしはいま経験論的証拠という昔から確立してきた概念のことを語っているのである。経験論的証拠とは、見た目「堅実」である諸事実であって、当然ながらそれら諸事実に大きな意味を吹き込もうとする試みより前に存在するものである。経験のこの概念は客観的なものであるか、少なくとも相互主観的なものであって、主観的、自民族中心主義的なものではないのだが、この概念もまた理論的・概念的媒介のヘゲモニーに挑むものである。強力な現実主義・実証主義・経験主義の方法がかなり広範に不信の念をつきつけられてきたとはいえ、また、自然科学さえもがかなりの程度に自分たちの観察の「理論偏重」という性質を受け入れるようになったとはいえ、一部のフランスの自然哲学者を別にして、現在の学者の大半は、理論は理論が動くことによってのみ理論の対象をつくり出すという考え方を否定しているのが事実なのである。純粋な理論から見ての経験論的他者のことをわたしたちは通常「事実《ファクト》」と呼んでいるのだが、その他者にたいする偏向なき公平無私ととらえられる経験。その経験が、理論がなんらかの検証を声高に求める範囲において、きわめて重要な役を演じている。その場合に求められる検証の目的は、実証することである。ただし、偽証することもあるだろうし、たんに修正するにとどまることもあるだろう。

対象と関係をもつことの三番目の非理論的モードは、社会科学や自然科学よりは人文科学により適合するモードであって、当該の対象にとって特定のものとみえる動作の動詞にからんでいるモードである。たとえば、美術史ではこのモードは「見ること」という名目で通用するし、文学批評では「読むこと」、音楽では「聴くこと」で通用する。これらの動詞はみな、一般化をさまざまなたくさんのコンテクストに応用する能力が必要とされる理論的思惟を含意するのではなく、対象との親密で身近な関係を、すなわち教育ある消息通の関係をこそ含意している。理論は簡単にジャンルからジャンル、文化から文化に移動する、とわたしたちは思っているが、しかし、見る・読む・聴くという学習によって獲得された技術――それを解釈技術と名づけよう――のほうが、それらの技術でもって解釈する対象により密着した関係をもっている。理論のいわゆる外来性をめぐるド・マンの言説をふまえて述べているビル・レディングズによれば、「理論を外来のものと位置づけることによってのみ、読みが自国の生来のものだといえる。すなわち、フランス風でない読みはテクストの内面性を尊重し、それに一致する」[35]。ここでは異論が出てくるだろう。まったく外部のものであるいろいろなカテゴリーを理論が非論理的におしつけることによって、その理論はテクストの内面性を侵害する、という異論が出てくるだろう。その場合のまったく外部のものであるカテゴリーは、プロクルステスのベッドのたとえのように、いろいろな対象をむりやりひとつの規準に合わせようとする結果、それらの対象の質的個性を見逃してしまう、という異論が出てくるわけだ。

理論にとって代わるもうひとつの強力なものに語り《ナラティヴ》がある。特定の物語《ストーリー》について語る《テリング》ことがその語りである。その語る《テリング》ことが明晰であるとすれば、その明晰さは、プロットや教訓《レッスン》がそなえているもっともらしさから生まれている。そして、そのプロットや教訓を、物語がそれらをちゃんと理解できる人たちに伝えてよこすわけだ。「大きな物語《グランド・ナラティヴ》」*というものは、大きな理論《グランド・セオリー》と同じほどまことにたちの良くない均一化であるとはしばしば言われるわけだが、ミクロ物語であれ、あるいは信用されざるマクロ物語の場合ならその破片であれ、それらはやはり、共時的なレベルで説明的理論を標榜するものの正体を、通時的なレベルであばくものであるととらえることができる。ハンナ・アーレントを論じている最近の論文が、アーレントの著作を「語りにおける救いの力」ととらえるところまで行っている。物語にこめられている過去のいろいろな行為を救い出すことに彼女の著作の主眼がある、と考えるがゆえに、そうとらえられているのである。[36] 外の分野から理論的一般化が侵入してくることに歴史家たちはまず例外なく抵抗するわけだが、語りひとつあれば十分だという前提でその抵抗の姿勢が表明されることが多い。過去についての支配的な言説によって沈黙を強いられてきた人びとの、すなわちたとえば理論的一般化につけこまれてきた人びとの「声」を取り戻す企図は、多くの場合、個々の物語を大きな定型に単純には還元できないことを信じることから出てきたのである。

理論にとっての最後の「他者」は、わたしが議論に持ち出してきた人びととは反対の方向を目指す。すなわち、問いの対象から、あるいは対象との関係のあり方から離れてゆく方向を目指し、問いを具体的に発する者のほうに顔を向ける。すでにわたしが述べたように、経験が反理論的仕方で導入される仕方のひとつは、個々の理論家の主観的偏向を明らかにすることである。それよりもっと野心的な方針は、理論化にかかわるいろいろな制度と理論家共同体全体とに関心を集中させることである。ここにきて、凝視する・概観する・沈思するにあたるギリシア語動詞の語源が思い出されるのだが、それだけでなく、世俗の出来事と聖なる現象を目撃する権威ある者たちとして機能する代表者共同体にあたる名詞のギリシア語語源も思い出される。[37] そこにおいて関心がどこに向けられるかといえば、理論を実践に移す者たちのさまざまな権力関係において、理論の根拠がどこにあるかという点に向けられるわけだ。グールドナーが言っているように、その関心の意図はかならずしも完全にあらわになることにはならない。つまり、グールドナーが考えたのは、「批評的言説の文化」は、文化の典範《プロトコル》を取り仕切ってきた者たちによる、たんなる弁解にとどまるものではない、ということだった。ピエール・ブルデューやスタンリー・フィッシュといった批評家の場合には、引き出されるいろいろな含意はより縮減したものと言っていいかもしれない。このタイプの批評家たちにあっては、理論は道具にすぎない場合があるかに見える。文化的諸分野における差別《ディスタンク》化《シオン》や解釈者共同体における権力を求める闘いのなかで使う道具にすぎない場合があるのだ。

ここまでのわたしの議論を要約しておこう。理論というものは、理論以外の多種多様な他者がからんでいるひとつの意味的ネットワークのなかに据えられるべきものである。その場合の多種多様な他者とは、包摂されるのを拒むいろいろな事象、ある理論の妥当性を前もってあるいは後から検証するものである種々の実践と経験、一般的普遍化を拒む読む・見る・聴くなどの解釈技術、語りがもつ独特な明晰性、理論化を行なう理論家たちの共同体性ともろもろの制度、などである。ほかにもまだ挙げられるだろうが、ともかくそれらの理論への対抗概念をもってすると、理論優先主義が現在のおもなる逸脱のひとつになっていて、その逸脱はアルチュセールに追随する者たちの小さい集団だけを導く逸脱ではないことに、なんの不思議もないのではないか？　理論を主張することそれ自体とほとんど同時に、理論への抵抗がだまっていても生じてくるのだが、そのことも不思議なことではない。

理論の正体をすっぽぬくことへの反応がなんであれ、その反応をするさいに、理論にとってのさまざまな他者の力を見て見ぬふりするわけにはいかない。それらの他者は、理論が自己満足的に自分を完全であると思いこんでしまわないようにする。つまり、自分は十分に超越的で思索的になっていると思い上がってしまわないようにするわけだ。理論がどのような仮面をかぶっているにせよ、自己目的的なものとか自律的なものとしては理論は正当化されえない、ということはただちに承認されていいはずである。事実として、理論が自分から距離をとっているものに自分から寄生する関係を自分が本来的にもっていることを自認するとき、そのときにのみ理論は自分なりの効果を発揮することができる。不明瞭であるが解釈されて明瞭になる対象、引き出されるのを待っている具体的な含意、理論的考察に先行してある経験、一般的理論の諸原理に還元できないいろいろな形の表現や認識、理論化という営為それ自体を可能にする制度的コンテクスト。それらをなにひとつもっていない理論というものは存在しない。

ところがまた、不十分な理論であれ、ともかく理論が必要になってくるのは、理論にとっての他者たちがかなり目立った不完全性をもっているからである。すなわち、わたしたちが住んでいるこの世界では、過ちを犯しがちな人間たちが営んでいる世界ならどの世界でも、自足した内在性の可能性は、実践、経験、解釈、語りの明晰性、経験的事実性、などのレベルではありえない、ということである。別の方向で考えても、理論家共同体を権力の戦略そのものに還元させることはできない。文化的資本、社会的差異、制度的優位を獲得する場合にのみ機能を発揮する権力の戦略には還元させることができないのだ。というのも、その還元をさせるにおいて、理論家共同体自体が制度に埋め込まれていることについて考察する能力をわたしたちはまさに見逃してしまうからだ。ちなみに、制度に埋め込まれていることで、理論家共同体は同じ世界にいる他者たちからどうしても引き離されることになる。

自足した内在性などはありえない、とわたしが言うことの意味は、わたしたちが事象、実践、経験、解釈的理解、経験的事実、語り、共同体と呼ぶものにおける、さまざまな破砕、緊張、矛盾について検分してみれば明らかになってくるだろう。いま挙げた、事象から共同体までの用語のどれにしても、意味論的に不安定であり、歴史的に揺れてきた用語であって、それぞれを取り囲んだり、それぞれに侵入したり抵抗している一群の用語との関係性においてようやく、それぞれの用語の意味は明確になってくる。その点について理解を得られるのはさほどむずかしくないものとわたしは考えている。その関連性でそれらの用語の意味を明確にする紙幅はここにはないが、しばらくここでたちどまって、ひとつなじみの例について考えてみたい。人文科学における理論的問いの主要な対象、すなわちいわゆる芸術作品にかかわる例を考えてみたいのである。

自律していると見なされている芸術作品に、いわゆる外部にあるいろいろな理論的美学概念が押しつけられることに反対する考え方はまちがっているのだが、その点については、美学の言説が少なくとも部分的には、創作の天才による表現以上のものであるような作品自体の構成要素になっていることにわたしたちが気づくならただちにわかることである。その考え方がまちがっているという認識は、アヴァンギャルドによる、芸術という制度にたいする批判、作品の自律性という考えにたいする攻撃があって以後、ようやく自覚的に前面に出てくることになった。アヴァンギャルドによる批判といえば、マルセル・デュシャンという固有名をひとつ出しておけばここでは十分だろう。とはいえ、美学という概念に理論的自覚がきちんとまとわされる以前でも、一八世紀以来、芸術と芸術をめぐる言説とは、「美学」という名称でいっしょくたにされてきた。つまり、その理論によって理論化される作品から見て、自分が完全に外部にあると、美学理論自身が考えることができていないことになる。それができていない原因は単純であって、芸術作品はジャンル、メディア、価値評価についての理論的考察によって、あれこれの度合いで、つねにすでに媒介されているからである。

どう考えても、芸術作品を理論的考察の一機能だけに還元できるものではない。なにしろ、一九六〇年代、七〇年代のいわゆるコンセプチュアル・アートですらが最終的にはその種の還元性は否定したのだから。コンセプチュアル・アートの源泉であるデュシャンの「レディメイド」はつまるところ、「これが芸術だ」という芸術家のパフォーマンス的発言のいろいろな効果を指し、また、そのパフォーマンスを目に見える物に適用することをも指していた。その場合の目に見える物は、あまり理論的でない言葉での形式的なあるいは象徴的な解釈に開かれているものである。実際、アヴァンギャルド芸術のパワーの多くをもたらしたのは、その二つの機能どうしの緊張関係であった。ダニエル・ハーウィッツがその著書『理論をつくる／芸術をつくる』で教えてくれているように、アヴァンギャルドの芸術作品は、作品を生み出すいろいろな理論を現実化するものでもあり、いろいろな理論を乗り越えるものでもある。(38) そうした意味の積み重なりは、経験、実践、事実、解釈共同体など、理論にとってのほかの「他者たち」にもはっきり見られる。それらの「他者たち」はみな、理論に押されているかもしれないが、理論だけに還元されることには抵抗するものである。

わたしが強調しておきたいのは、わたしたちが「理論」と呼んでいるものは、内省して自分から距離を設けるひとつの契機《モーメント》であるということ、すなわち、わたしたちがたまたま語っているものが自足した内在性をもっているということをくつがえす契機であるということである。ネオプラグマティズムの人たちの言い分には反するが、ほかならぬその内的距離があるからこそ、いろいろな信仰心ですらが、それらの外にあると見なされるものによってどこまでも乱されることのない状態ではいられないことになる。というのも、内と外との二分法そのものが、見た目内在的である信仰体系のなかにも生きているからである。ニクラス・ルーマンがしばしば述べていることだが、どういう体系でも盲点をいくつももっているから、すなわち矛盾する前提をいくつももっているから、解釈者はその体系の内部に全身を置くことができず、かといってその外部に全身を置くこともできないでいる。ひとつの完全に内在的な立場を切望している人ちは迷妄におちいっている。その点、完全に超越的な立場を自分は見つけることができると考えている人たちが迷妄にはまっているのと同じことである。乱れのない完全性を求める人たちのその願望そのものが、優位に立とうという錯覚というか、望ましい支配権を求めるゲームにおける目標物なのである。そうした錯覚や目標物は、完全性を求める人たちが、理論の調達者たちがおちいっていると考えている錯覚と同じ程度にとことんむなしいものである[39]。というのも、絶対的近接というものは実現が困難なものであるからだ。その点、理論的思索を遠いところから可能にしているとされる距離、見ている者から見ての架橋できない距離、が実現困難であるのと同じことである。

以上と同じ欠点の指摘が、日常の言葉を、すなわち日々の実践や経験についての会話形式を、専門家たちの難解な専門語よりも高いところに置きたいと思っている人たちにも向けられうる。というのは、これ以上なく日常的である言語であっても、概念的均一化、比喩のずれ、レトリックの曖昧性がともなうからだ。そしてそれらが、日常言語が伝えるものと想定される意味に申し分なく適合する表現形式を見つけようとする試みを阻むからでもある。わたしたちはみな、そうと自覚せずに文を話しているだけでなく、理論的契機、反省して自分から距離を設けるひとつの契機をともなっている文をも話している。透明な直接性をもった失われた言語へのノスタルジーがどれほど強くても、それでもって償うことのできない契機をともなう文を話しているわけだ。だから、理論的言説は、日常言語にとっての他者なのではなく、日常言語を潜在的に自己疎外して表面化してきたもの（逆説的な意味で詩的言語にかんしてしばしば言われているもの）が理論的言説なのである。

しかしながら、以上と同じ理由で、絶対的反省、純粋反省の契機としての「理論」そのものが今後つねにその土台から切り崩されるだろう。その理論を、それにとっての他者とかならずからみ合っているものとわたしたちがとらえるときに、すなわち、ド・マンが言いそうな表現で言えば、理論そのものにたいする抵抗とかならずからみ合っているものととらえるときに、「理論」は土台から切り崩されるだろう。理論がそれに抵抗するものよりなんとか上位にいて、理論自体が絶対に高いところで君臨する営為になり、理論が把握し説明しようとしているものの分身そのものになることが、理論という一般的概念それ自体を抽象化することであるなら、わたしたちは実際に不安になるだろうが、それも無理からぬことである。(40)ほかならぬこの不安感こそが、この章の始めのところでわたしが述べた理論の肥大化に反対する反応の基礎のところにあって、その反応を正しいものとみなすわけだ。その不安感はまた、脱構築することによって、「理論」という用語を反概念的エクリチュールを意味するように援用する場合の、初めこそ混乱していた援用を、まったく適切である挑発に変えるものでもある。というのも、「理論」そのものが、より高度なところにあるメタ理論的命題を通じて、理論自身と矛盾するいろいろな衝動を包含することができないことは明らかであるからだ。フレッド・ボティングが最近述べているのを引用すれば、その不安感は「いないいない／あった」〔fort/da〕遊び*をするさいの不安感に似ている。「肉体、精神、心象、記号、事象、そのほかを支配下に置きたいという主体の願望を、異種混淆性が繰り返し実演してみせるさいにすら、理論の支配を拒否するその異種混淆性の一部になっている」(41)のがその遊びである。

しかしながら、神の視点という幻想を下敷きにしている、信用の置けない視覚優位主義の一例が理論にすぎないのではないかという非難があがれば、理論はその力の大半をなくしてしまう。理論は完全には超越的でもないし自律できてもいないことが認められ、理論が遠いところから観察しようとしている世界に解きがたくからんでいるのが理論という主題だと考えられ、理論と理論に抵抗するいろいろなものとがたがいに相手を必要としていると考えられるなら、理論はその力の大半をなくしてしまう。そうなれば、いっさいの知を自分の足元にひれ伏させようとする支配的理論は恐れるに足りなくなる。そうしたまちがった理論概念を擁護するとか攻撃するとかの意気込みをなくしてしまえば、現在に優勢を誇っている、また今後確実に出現するであろう壮大な理論、さほど壮大でない理論、伝統的理論、批評理論、文学理論、社会学理論、などおびただしい数の理論を仕分けし交雑させて、そこからなにかを創造するというもっと興味深く生産的である仕事のほうに、わたしたちはおもむくことができる。堅固な土台の上にがっしりと組み立てられ、また、もっと緻密な抽象化のレベルで上流階級めかして構成されている壮大な理論をつくりあげるのを目論むのではなく、わたしたちのまわりに、またわたしたちのなかで渦巻いているいろいろな理論と理論以外のものたちとが織り成しているダイナミックな力の場《フォース・フィールド》に入ってゆくことがわたしたちにはできる。二〇年前にグールドナーは、反省の社会学にかかわるかれの学者共同体の目標は「人間の解放」だと熱っぽく語ったわけだが、その解放が最終的に達成されることはなかろうにしても、その達成が、不可能ではないにせよ、なぜそれほどむずかしいのか、がわたしたちには今よりすこしばかりはっきりとわかるのではないか。というわけで、まだまだやりがいのある仕事がいくつもわたしたちの前にある。

第2章　ヨーロッパ思想史と多文化主義という亡霊

一九九〇年にH・スチュアート・ヒューズは『紳士の反抗』という自伝を刊行した。(1) この本のなかでヒューズは、名家の家系――かれの祖父は一九一六年の大統領選挙で共和党候補になり、のちに最高裁の主席裁判官になったチャールズ・エヴァンズ・ヒューズである――の子孫から政治的急進派に転身した事情をくわしく書いている。政治的急進派としては、一九六二年のマサチューセッツ州選出上院議員選挙においてエドワード・ケネディ、ジョージ・キャボット・ロッジを相手に激しい選挙運動を展開した。精神分析へののめり込みによって裏打ちされた、自嘲ぎみの皮肉と告白の虚心坦懐さでもって語られたヒューズのこの自伝は、上流階級から左派政治家がしばしば出てくる事情を活写している。

しかし、今のわたしとしていちばん興味があるのはその本の中心になっている話ではなく、いくつかある脇のテクストのひとつである。政治活動がさまざまあったにもかかわらず、ヒューズの職業はヨーロッパ思想史を専門にする学者であった。その華麗な教職歴はスタンフォード大学、ハーヴァード大学、カリフォルニア大学サンディエゴ校に及んだ。かれとわたしの道が初めて交差したのは思想史の分野においてだった。フランクフルト学派を主題にしたわたしの博士号論文執筆を指導してくれたのがヒューズであった。わたしのその論文は一九七一年に書き上げられている。『紳士の反抗』はヒューズの学者歴の変転についてはほんのわずかしかふれておらず、一二冊の著書の内容についてはさらに記述は少ないのだが、この自伝であれこれ考えさせられるのは、ヨーロッパ思想史学者としての生活の部分によるのであって、上流階級を離脱した人間の生活の部分によるのではない。

正典《カノン》、高級文化《ハイ・カルチャー》、「西洋」思想の優位をめぐる文化戦争という現在のコンテクストにおいては、ヨーロッパ思想史が、ヨーロッパ中心主義のヘゲモニーを非難する人たちにとっての大きな標的になっているかに見える。ヨーロッパ思想史ほど、物故した白人男性たちの遺産を、弁解もせずに取り扱う分野はほかにあるだろうか？「文化」という用語のもつ、より大きな文化人類学的意味での文化的意味づけによって、エリートのいろいろな思想に人民主義がとって代わったことに、ヨーロッパ思想史という分野ほど抵抗している分野はあるだろうか？ E・D・ハーシュ〔アメリカの解釈学批評家。一九二八年生まれ〕やアラン・ブルーム〔邦訳に『アメリカン・マインドの終焉』（菅野盾樹訳、みすず書房、一九八八年）がある〕のような人物の心を温かくするであろうようなふところの広い文化的教養を学者たちにはっきりと求める分野は、ヨーロッパ思想史のほかにはあるだろうか？

それでいてしかし、つぶさに検分してみれば、ヨーロッパ思想史は、いま軽い調子で述べたよりずっと精緻な仕方で機能してきたし、また機能しつづけている。たぶん偶然なのだろうが、ヨーロッパ思想史の複雑さはヒューズの自伝『紳士の反抗』という書名にさらりと反映されている。つまり、あるレベルで、ヨーロッパ思想史という分野は、ヨーロッパのいろいろな知的伝統についての、とんでもなく広くはないとしても、とにかく広い知識を求める人たちには魅力のある分野である。その広い知識は「紳士らしい」文化という化粧張りを見せてくれるだろう、とその人たちは考えている。そういうものとしてのヨーロッパ思想史という分野は、伝統的な人文科学モードの、領域をゆるやかに横断する一般教養教育の典型と呼ばれうる。ここにおいて、哲学、文学、政治理論の「偉大な著作」は、西洋思想の「時代を超えた古典」に由来する敬いの信心をもって読まれる。

しかし別のレベルでは、思想史は、同じ偉大な著作にある諸概念の多くがもつしばしば転倒した含意を喜ぶ人たちを引きつける。この場合の諸概念は、それらの著作がおかれていたもともとの環境をめぐる広く認められている見識に異議を唱えてきて、現在も異議を唱える力をしばしばもっているものである。思想史はまた、それらの思想をつくり出し磨いてきた人物たちの、体制の外で戦闘態勢をとっている立場に、公然とあるいはひそかに賛成している人たちにも魅力あるものであった。というのも——より観念論的な「観念史」〔history of ideas〕とは反対であるものとしての——思想史〔intellectual history〕は、思考と生活との、テクストとコンテクストとの、意図された生産と意図されざる受容との、入り組んだ交差に焦点をあてることが多いからである。そこに焦点があてられることから、「精神の生活」〔ハンナ・アーレントにこの書名の著作がある〕はかなり劇的な緊張を味わうことになる。

思想史という分野の機能が多義的であることは、現在の理論的論争をもはや活性化させることのない「古ぼけた」いろいろな思想を扱うその扱い方においてもよく見てとれる。ある視点からすると、もはや現在への関係性をなくしている過去という安全なものへとそれらの思想を重ね合わせることによって、それらの思想を無力なものにしているとして、思想史が非難されてもやむをえない面がある。死者が生者に語りかけることを妨げ、生者が死者とかかわり合うことを妨げることで、人が非難されてもやむをえないのと同じことである。思想にたいする歴史的な接し方と現在における接し方とのあいだの分業を、ある種の紳士協定が妥当なものと認めていると考えられる。

しかし、別の視点から見れば、思想史は、それらの思想を温存し、それらの思想の激しい潜在能力を貯えておくものと考えられる。それまで予期されなかった新しい目的のために、のちの世代の人びとによってそれらの思想が用いられるまで、思想史はそれらの思想を温存してゆく、と考えられるのだ。たとえば、主流である心理学部においてフロイトを教える、あるいは主流である経済学部においてマルクスを教えることが事実としてできなかった場合がこれまであったのだが、思想史学者たちは歴史そのものへの関心を越えるような共感をもって自分たちの考えを提出することが許されてきた。広い視野で言えば、同じことが、英米の哲学学科で長く継子《まま こ》扱いされてきた大陸ヨーロッパの哲学についても言えるかもしれない。哲学の分野でも、思想史はさまざまな考え方や方法論を生きたものにしてきた。ただし、そうした考え方や方法論を、最近優勢になっている大学の主流はまじめに受けとめてはいないのだが。

さらに言えば、ヨーロッパ思想史にはさまざまな要素が入っているがゆえに、大学の古くさい学問的決まりごとに居心地の悪い思いをしている学者たちにとって、この学問は魅力あるものになっている。ヨーロッパでは思想史がほとんど学問分野として確立していないために、ヨーロッパの歴史学部ではヨーロッパ思想史が受け入れられる余地があまりないのだが、それに比べればアメリカの歴史学部ではかなり広く受け入れられている。とはいえ、そのアメリカでも、あまりに理論偏重だとか難解にすぎるとしてヨーロッパ思想史が冷たい目で見られたり、「高度《ハイ》な」観念に関心を寄せることでエリート的にすぎるとして非難されている。一方で、哲学者たちは思想史学者たちの仕事が現在のいろいろな問題を解決することにつながるとはまず考えていない。そして文学批評家たちは、思想史学者たちがテクストを広い見地から緻密に読むことができていないことに不満をいだいている。

さらにまた、ヨーロッパ思想史学者たちが、アメリカ社会の異種混淆の、それだけにアンビヴァレントな状況に置かれている集団から出てくるケースが、次第に多くなってきている――そして、そのことこそが思想史をめぐる重要な事実である。観念史の先駆者たちは西ヨーロッパの系統の出自である場合が多かった。たとえば、ジョンズ・ホプキンズ大学の「観念史クラブ」のアーサー・ラヴジョイとその同僚たち、ハーヴァード大学のクレーン・ブリントン、コロンビア大学のジャック・バーザンなどがその例になる。しかし、ファシズムの時代にヨーロッパから亡命者たちが流入してきて、思想史の分野の代表になる人たちに変化が見えてきた。ジョージ・モッセ、ピーター・ゲイ、ゲオルグ・イッガース〔『ヨーロッパ歴史学の新潮流』晃洋書房、一九八六年〕などのドイツ系ユダヤ人が、レナード・クリーガー〔『プーフェンドルフの政治思想』時潮社、一九八四年〕、フランク・マニュエル〔『ニュートンの宗教』法政大学出版局、二〇〇七年〕、ハーヴェイ・ゴールドバーグ、カール・ショースキー〔『世紀末ウィーン――政治と文化』岩波書店、一九八三年〕（ショースキーの場合は片親がユダヤ人）などのアメリカ生まれのユダヤ人に加わった。それ以後につづいたわたしに近い世代でも、ヨーロッパ系の学者がアメリカ人学者に加わる傾向がさらに強まった。すなわち、アンドルー・アラート、デイヴィッド・ビアール〔『カバラーと反歴史――評伝ゲルショム・ショーレム』晶文社、一九八四年〕、ポール・ブライネス、デイヴィッド・ジェームズ・フィッシャー、ヤン・ゴールドスタイン、メアリー・グロス、ジェラルド・アイゼンバーグ、ラッセル・ジャコビー、ハリー・リバーゾーン、ユージェーン・ラン、マーク・ポスター、アンソン・ラビンバック、マイケル・ロス、ジェロルド・シーゲル、デボラ・シルヴァーマン、デイヴィッド・ソーキン、リチャード・ウォーリン〔『ハイデガーの子どもたち』新書館、二〇〇四年〕、ルイス・ワーガフトなどの学者がこの分野に参入することになった。

別の出自のヨーロッパ思想史学者で重要な人物ももちろん少なくないのだが、やはりユダヤ人の数が圧倒的に多いわけで、そのことが思想史という学問の異種混淆性のはっきりとした裏づけになっている。同時にそのことが、文化面での上向きの動きを促すものになっており、潜在的に転倒的な諸概念を保存し、反体制的な人びととひそかに同一化する手段になっている。またそのことは、ジョン・マレー・カディヒーがヨーロッパのユダヤ人知識人たちの特徴と考えた「礼儀の試練」(2)を切り抜ける（あるいは改めてそれを活性化させる）ための比較的楽な手立てとして機能してきた。というのも、主流であるヨーロッパ文化にいわば同化することを、思想史は認めてきたからだ。それを認めるということは、支配的なヨーロッパ文化のいろいろな動きに外部の人が向ける批評としての怒りを、思想史はむしろ引き出してきた、ということでもある。

現在では、以上と同じ動向が、多少ゆるんだ形、和らげられた形で繰り返されているという意味で、世代的変化が生じているように見える。わたしの物言いは裏づけに乏しく、カリフォルニア大学バークレー校での経験だけから出ているのだが、バークレー校では人種の混淆性がほかの有名大学よりも大きいわけで、そんな環境にいるわたしには、ヨーロッパ思想史を支持する層はまちがいなく広がっているように見える。これまでとは異なり、大陸ヨーロッパ以外のところの共同体まで巻き込んで広がっているようなのである。以前にも大陸ヨーロッパ以外の共同体から思想史の分野に参入した著名人がいたこと――オリヴァー・W・ホームズ、ドナルド・M・ロウ、ハロルド・マーなどの名前がすぐに浮んでくる――はまちがいないが、新しい動向が最近に目立っているのもまちがいないのである。わたしが教える大教室での受講者数はここ二〇年さして変わっていないのだが、教室にいる顔を見ると、人種・民族性の混在の度合いがどんどん強まっていることがわかる。それに、大学院のわたしのゼミ教室には、わたしたちが知っている人物たちの文化的遺産とはまったく異なる遺産をもっている院生たちが数多くいる。

しかし、昔から変わらない部分もあって、わたしたちが知っている人物やその人たちが生み出したいろいろな考え方にたいして院生たちが強い関心をいだいている点がその変わらぬ部分である。ポリティカル・コレクトネス*の「アイデンティティ・ポリティクス」のおかげで、マイノリティの出自をもつ学者たちがほかの文化のいかなるものも真剣に受け止めることができないのではないか、という心配が広がっているのとは逆に、かれら学者たちは、ヨーロッパの知的伝統、その否定的遺産もふくめた肯定的遺産がもっている内的ないろいろな複雑さを評価するにおいて非常に見識が高いために、簡単にはその伝統を無視することはないのが実情であるかに見える。それにかれら学者は、その知的伝統が大いなる価値をもっているだけに、その伝統の出自がただヨーロッパであるというだけでそれを無視してすますわけにはいかない、ということが十分にわかっているものと思われる。理論の後継者（あるいはその人の知的代弁者）が語るとき、そこに出てくるいろいろな考え方は少なくともある程度はマルクス、フロイト、ニーチェ、フーコー、デリダ、イリガライ、などの言葉で語られることになる、ということをかれらは十分よく承知しているのだ。ポストモダンでポストコロニアルの世界では、エドワード・サイードの言う「旅をする《トラヴェリング・》理論《セオリー》」がその出自に閉じこもっていることにさからい、予期しないコンテクストで新しくも創造的なもろもろの表現を見出すのだが、そのことをかれら学者は知っている。正典的ないろいろな主要テクストですらがその本質とは違うふうに読まれ、そう読まれることで著者たちが考えていなかったメッセージをそれらのテクストが届ける。そうした意味での正典的テクストがもっている潜在能力に、かれら学者ははっきりと気づいている。

　いうまでもないことだが、後継の学者たちが先行テクストの素材に向けて出す問いは、その先行テクストの著者たちの問いと同じものになるだろうし、あるいは後継の学者たちが提出する答えは伝統的な知恵を是認するものになるだろう。伝統的な知恵という場合の伝統における主人公的人物像に一体化する若い後継学者たちの能力が、今後軽々と発揮されるという推移にはならないだろう。マルクス、フロイト、ルカーチ、アドルノなどのなかに模範的なモデルを見出すことができたのがわたしと同じ世代の学者たちであって、かれらの目にはその能力は軽やかに発揮されると思われるケースもあったのだが、今後の学者はなかなか簡単には自分の能力を発揮できないだろう。学者とその学者の主体との転移的相互作用とドミニク・ラカプラが呼んだものは、今後、その二つのあいだの距離が大きくなることで、これまでよりたぶんその力を弱めるだろう。ヒューズの世代の著作がはっきり刻みつけていた、概念の心理的あるいは社会的コンテクスト化から、わたしの世代の歴史学者たちにおいて始まった、言説的あるいは相互テクスト的パターンにたいする、より没個性的な関心のほうにシフトしてゆく傾向が今後強まるだろう。大きな論争を引き起こした、思想史における「言語論的転回」は今後さらにはずみをつけてくるものと思われる。コンテクストを重視する解釈の限界性と、経験を理論より優位に置くさいの還元的な危険性とにたいして若い学者たちが感じるであろう疑念によって、「言語論的転回」はいっそう促されるものと考えられる。

ひとつの学問分野の今後をあれこれ予想するのは、もちろん危なっかしい作業であって、あて推量からかなりの程度に確実な結論を引き出したいとはわたしも思わない。まず確実であること。それは、戦闘準備を整えた「西洋文化」を擁護する人たちと、その人たちに反対する立場の多文化主義者たちとの盛んな論争という対決があっても、少なくともこのひとつの学問分野の進歩が正しく認知される事態にはまだなっていない、ということである。アメリカの学界では、ヨーロッパ思想史は高級文化《ハイ・カルチャー》に敬意をもちつつそれを保存する目的だけのクラブになったことはない。この思想史は正典として受け入れられているものにたいして不遜な姿勢を見せる場合が多々あった。正典の見た目時間を超えた性質に、歴史をコンテクスト化することを重視する思想史の部分が衝突するがゆえに、そういう事情になったわけだ。そして、思想史が扱ういろいろな概念を新しいコンテクストにおいて創造的に援用することをその思想史は奨励してきた。過去の「紳士の反抗」は、ちょっと見にはどうやら紳士の後継者ではなさそうな民衆――むろん、しばしばまったく紳士ではない民衆――に置き換えられている。しかし、かれら民衆のエネルギッシュな登場は、現在の文化戦争においてまことうんざりするほど繰り返される不毛な対立を乗り越えたいと願っている人たちによってのみ歓迎されているのである。

第3章　経験の歌——日常史をめぐる論争

ナチス時代についての「常態化《ノーマライゼーション》」ないし「歴史化」を推し進めるひとにぎりのドイツの歴史家たちによって最近引き起こされた論争ほど、政治的な意味あいをもって熱っぽく議論された学者の論争もないであろう(1)。ホロコーストに先行したいろいろな歴史的事件——代表的なものとして、革命後のソ連の恐怖政治——やのちの事件——東ドイツへのソ連による侵攻と占拠——になぞらえて、そのホロコーストの恐怖を相対化することで、それらの歴史家たちは、ナチズムにたいして時間という冷めた「視点《パースペクティブ》」を導入しようとした。遠い過去の悲しむべきいろいろな出来事にかなう視点を求めたのである。ビトブルクの軍人墓地で被害者も加害者もひっくるめて名誉を称えようとした西ドイツの首相コールとレーガン大統領の試みの学者版であるこの動きにたいしては、ドイツでもそのほかの国でも異議をさしはさまれずにはすまされなかった。ユルゲン・ハーバーマスなどの哲学者たち、ハンス＝ウルリヒ・ヴェーラーなどの歴史家たちは、今は「汚染を除去された」過去の「損害のかたをつけ」ようとするこうした呼びかけに激しく論駁した(2)。かれらから見て、またドイツ以外の国のほとんどの学者から見て、頑固に「過ぎ去ろうとしない」(3)ひとつの過去によって提起されている深い混迷状態にあるいろいろな問題が、自分とは無縁になったと考えるにはまだ時期尚早である。

わたし自身の考えは、ナチス時代を「常態化」しようとする試みに抵抗する人たちとまったく同じである。しかし、同意見である理由を並べたててみたり、チャールズ・メイヤーやリチャード・エヴァンズといったドイツ以外の国の見識ある人びとがすでに見事に解明している部分に論述を加えるのではなく、わたしとして、この機会にこの論争において比較的見逃されている部分に焦点をあててみたい。広い展望をもった歴史記述面《ヒストリオグラフィ》でのいろいろな問題を解明するのに資するであろう部分を考えてみるのである。Alltags-geschichte というドイツ語を訳して「日常史」と呼ばれるものの役割にかかわるのがその部分である。ナチズムを理解するための適切な方法にかかわる論争において、日常史は思いもよらない形で重要な役割を演じることになった。ドイツにおけるナチズムという悲劇についての有力な解釈は、ドイツの近代化に向けた異常な道ゆき（いわゆるSonderweg）の副産物がその悲劇なりととらえるものであったが、その解釈はおもにビーレフェルト学派の歴史家たちが採ってきたものである。左寄りで社会科学的なこの解釈伝統は、ワイマール時代にエクハルト・ケールが先鞭をつけ、アメリカに亡命していたさいにハンス・ローゼンベルクが展開させ、ヴェーラー、ユルゲン・コッカ〔『マックス・ヴェーバー』未來社、一九七九年〕、またかれらのビーレフェルト大学の同僚たちの著作によって一九六〇年代にその隆盛を迎えた。「歴史家論争」の起源についてのエヴァンズの説明によれば、この正統的伝統は「左派から攻撃された」。「その多くが学界の外の人である比較的若いドイツの歴史家たちが、社会科学のパラダイムを捨て、政治史の優位と民族国家〔比較的同質の集団が居住する主権国家〕モデルとをくつがえし、過去における日常の主観的経験を、地方的・地域的・個人的レベルで再現しようとする企てに着手した」のである。[6]

エヴァンズの記述の意味合いをめぐってはさまざまな意見がありうるだろう。たとえば、「素足の」しろうとと呼ばれるようになった人たちによる専門家たる歴史家への異議申し立てや民族国家モデルの転覆にかんして、いろいろな意見が出てくるだろう。ちなみに、その民族国家モデルは、古い「歴史主義的」正統性にかかわって、ビーレフェルト学派の人たちがつくり出したものと考えていいだろう。しかしながら、紙幅の関係で、わたしはエヴァンズの論述の二つの部分だけに話を限定する。日常史を採用する人たちが左派出身であるとエヴァンズが述べている点と、その人たちの、主観的な歴史的経験を再現しようとする姿勢にエヴァンズが加担している点、の二つである。

日常を重視することの背景に左派の理念があるとする考え方は、過去のナチスを常態化し、あまつさえ矮小化する弁解がましい傾向と日常史とのつながり、日常史を批判する人たちがしばしば認めるそのつながり、を勘案した場合に感じられるかなり大きな驚きの結果として出てくるはずのものであろう[7]。そんなつながりがありえぬものではないことは確実である。というのも、日常のいわゆる「常態性」が強調されるなら、伝統を重んじる歴史家たちが主張するところとは違って、時代が一様に常軌を逸したものとは見えなくなるだろうからだ。ひとつ断絶があったように思われる。一方に、体制のひどい諸政策があり体制を支えるもろもろのエリート集団の群があり、他方に、諸政策の被害をいやでもこうむった無数の「庶民たち」の毎日の経験があって、そのあいだに断絶があったのだ。そういう図式では、完全に全体主義である社会が存在することがいやでも前提になる。悪名高いナチスの用語で言えば、いっさいのセクターが協和させられているような全体主義社会の存在が前提になるのである。

そのとらえ方には、上のほうから大衆に押しつけられてきたいろいろな事件において、無知なるドイツ人大衆は非共犯であったとして、周到に大衆を弁護することもあらかじめふくまれているかもしれない。他方、ドイツ大衆の大半の人にたいしてひとつの「常態である」経験を体制がうまく保証した、とくに一九三〇年代なかばの比較的経済が好況であった時期にはかなりうまく保証した、と主張する人たちに、そのとらえ方は武器をあたえるかもしれない。日常史をそういうものとしてとらえた場合、その日常史は、大衆文化における同じように弁解的である諸傾向のひとつであることになる。その例として、広い議論の対象となったエドガー・ライツ〔西ドイツの映画監督。一九三二年生まれ〕の記念碑的な映画『祖国』を挙げよう。二つの農家の二〇年にわたる日常を追った映画である。ケネス・バーキンがこの映画を批評した見識に富んだ文章でわたしがいま述べた点と同じことを述べている。「この、二〇世紀における地方中心のドイツ史において、ナチズムとヒトラーはもう中心的な場所を占めてはいない。ナチズムとヒトラーを隠すのは、手品師のトリックである。村の手品師ですらとても成功できまいと考えるようなトリックである」(8)。

小さな村の生活についての文化人類学的研究を引き出すような歴史記述をもってきて、社会経済的構造、政治的エリート、国家の絶対的優位性に立脚した歴史記述をやめることに、日常史がもつ弁解がましい意味合いを批判する者たちが警告を発するとき、その批評家たちに理があることは否定できないだろう。マック・ウォーカーの言葉を借りれば、ドイツの「郷里人たち《ホーム・タウナーズ》」(9)の視点は昔から後退的で狭隘であったという限りで言えば、ひたすら郷里人たちの経験に感情移入しようとし、その経験をひとつの時代の中心的関心事にもってゆく歴史記述というものが、大きな問題をはらんだ政治的な意味合いをもっているのは当然であろう。

ところがしかし、エヴァンズが正しく述べているように、日常史を初めて論争の場にもち込んだのは、正統派ビーレフェルト学派という左派の批評家たちにほかならなかった。政治的に多岐にわたる意味において、日常史はどういう機能をもつはずであるか、と問うべきだろう。日常の歴史における弁解的ならざる力とはなんであるか？　生きられた経験に関心を寄せることが、ビーレフェルト学派の批評家を例とするような歴史批評家たちが肯定する理論武装した構造的説明を無視することにかならずつながるものなのか？　つまり、問題になるのは「日常生活史」それ自体なのか、それともナチス時代をめぐるドイツでの論争という特定のものにおける「日常生活史」の機能だけが問題であるのか？　わたしたちはそう問うてみるべきである。

それらの問いに答えを出すためのひとつの手立てとして、わたしの主題をめぐるドイツ以外の議論を簡単に見てみるという手がある。というのも、日常生活の歴史はほかの国の歴史記述の伝統においてこそむしろ歓迎されてきた事実があるからである。たとえば、フランスのアナール学派やイギリスの「ヒストリー・ワークショップ」〔歴史研究会〕グループがその伝統の例にあたる。ナタリー・ゼモン・デイヴィス、ウォレン・サスマン、ロバート・ダーントンといったアメリカの学者たちもまた文化的な「下からの歴史」の価値を重視した。そうした歴史家は、ナチズムほどは明確でない現代のいろいろな問題に関心を寄せる傾向を見せる。たとえばフランスの歴史家たちは中世か近世のいろいろな問題に論述を展開させている。しかしながら、かれらが分析してきた日常生活のなかに、かれらは「常態性」以外にはるかに多くのものを見出してきた。ドイツ人歴史家たちがもっぱら日常史に関心を集中させてきたのとはそこが違っている。日常がいかに異常であって、分裂を秘めているかを知るためには、カーニバルというさかさまの世界をドイツ人以外の歴史家たちが分析していることを思い合わせるだけでいい。結果として、かれらはガートルード・ヒメルファーブのような保守的な批評家たちによってしばしばとがめられている。その点、かれらよりずっと左翼的である人たちによってかれらがとがめられる以上なのだ。(10)

ミシェル・ド・セルトーの『日常生活の実践』やアグネス・ヘラーの『日常生活』(11)のような、「日常性」という概念についてのもっと理論的である議論を展開している本に目を転じるなら、日常生活という現象それ自体にある政治的複雑性を認知することができるだろう。というのは、日常というのは、毎日のきまり事という意味に収斂されるものととらえられるものだが、上から支配されることと、下にいて服従させられることの両方に、さまざまな形で抵抗することを内容にもっているのが日常であると考えることもできるからである。たとえばセルトーは、規範化する力のミクロ物理学というミシェル・フーコーの暗い概念に正面きって反対し、「反規律のネットワーク」[12]とかれ自身が言うものに賛成している。「反規律のネットワーク」というのは、支配的なイデオロギー、ヘゲモニーになっている文化、有形の体制、に支配されていない集団なり個人の創造性を指している。拘束するいろいろなメカニズムを消費する者たちが採用している想像上のいろいろな装置を綿密に探ることによって、セルトーは日常生活にある反常態化する力を示し、受身の適応の力と日常の力との非共犯関係を示してみせる。さらにかれは、その力が近世だけでなく近現代にも存在していると言っている。ドイツの歴史家たちがそれを近世にだけあてはめる傾向があるのと、そこが違っている。もちろん、その力はその力としてあるのかもしれないが、しかし、日常とは、上のほうから締めつけてくるいろいろな圧力に気づいていない、政治に無縁の常態性という孤立した部分であるにすぎない、と頭から決めつけるのはまちがいだろう。

こうして、この議論はまた初めに戻っていくことにもなり、また、日常生活にある反規律の抵抗力を強調するのではなく、体制のレベルもしくは支配側エリート層のレベルで展開されてきた悪意あるいろいろなイデオロギーと実践とが日常生活に実際にどっぷりと染み込んでいたことを、人は示すことができる。ドイツの歴史家デートレフ・J・K・ポイカートが述べているのは、第三帝国のとき、日常生活は常態性という無害な孤立した領域としてとどまったのではなく、体制の公式の政策のレベルで登場したのと同じ多くの思考と実践は日常生活にもあった、ということになる。[13]日々の差別や人種偏見とあの最終的解決

〔ナチスによるユダヤ人絶滅計画〕とのあいだには決定的なつながりがひとつあった、とポイカートは主張する。ハンナ・アーレントに賛意を示しつつわたしたちが陳腐さという悪と呼んでいいかもしれないものが、同じ土俵で論じられない二つの歴史的領域のあいだの決定的分断というイデオロギーを揺るがす。言い換えれば、テロルは上からやってくるだけではなかった、ということになる。

さらに、ポイカートがつぎのように述べている。見た目には政治とはかかわりのない私的な領域に人びとが引きこもることは、ナチスによる大量動員の要求にさからうものだったではあろうが、その引きこもりでさえ、機能としては体制との共犯関係をもつことになった。「私的なところへの後退そのものがありうべき抵抗を無効にし、体制の暴挙から受ける、人びとの不安感を弱めることになった」(14)。だから、第三帝国における見た目私的である領域に関心を寄せるからといって、その領域が意味したもののナチス版を受け入れることにはかならずしもならない。

こうして、日常生活を、反規律や抵抗が活動する場所ととらえるか、体制の公式の政策と薄気味悪くつながっているものととらえるか、それとも、もっとありえることと思われるが、その両方が複雑に混合したものととらえるか、のいずれであっても、わたしたちは日常生活を、温和な常態性という、ほかの領土に囲まれた飛び地ととらえる必要はない。境界の外で起きる出来事とは無縁であるような飛び地ととらえる必要はないのである。日常史観を弁解的なひとつの歴史記述的傾向なりと大雑把にとらえるのではなく、その史観の批判的な力をそれと認知することがわたしたちにはできる。そう認知するためには、わたしたちは日常を、特定の時代の歴史におけるそれぞればらばらである流れに複雑につながっているいろいろなつながりと相争う争いの場と理解するべきであって、あのもっと大きな歴史によって汚されていない無垢の逃げ場が日常なりと理解してはならない。すなわち、全体主義の時代における日常生活にたいする興味とその時代の弁解的な常態化とのつながりは、必然的なものではなく偶然的なものである、というふうに考えるべきなのである。

さらに、強調しなければならぬもうひとつの問題は、だれの日常生活を分析すべきかという問題である。『祖国』のような映画では、いまだ十分には近代化していないドイツにおける地方の寒村の生活に焦点があてられる。ナチスの民族共同体という理念も、「ドイツ性」というイメージを特別視していた。しかし、好んでよく描かれる主題である都市生活者の日常生活を無視していい理由はまったくない。実際、ジークフリート・クラカウアやヴァルター・ベンヤミンなどの批評家の著作では、ワイマール時代における都市の生活が好んで描かれたわけである。ナチスの時代には、都市生活が腐敗したことにたいする公式の敵意はあったものの、ドイツでは、ある歴史家の言う「壮観ですらありまた着実である都市の成長(15)」がとぎれることはなかった。だから日常史観というものは、都市化に向かうこの流れの外にあるいろいろな地方性のもつ、汚されていないもろもろの歴史を発見する「素足の」歴史家を意味するものではないのである。

それにまた日常史観は、ジプシー、同性愛者、ユダヤ人など、体制によって周辺に追いやられた集団の歴史を無視するものではありえない。ダン・ディネアが鋭く指摘しているように、ナチズムによる犠牲者たちもいろいろな生活をおくったが、「常態の」生活だけはおくれなかった(16)。犠牲者たちの状況は危急の度合いを増す状況であり、例外的事態がつのる一方であった。戦前に多数派の人びとがもった和らいだ経験がありえない状況だった。日常史観では、体制に脅迫された人びとを顧みないで、体制に目をかけてもらった人びとだけに焦点をあてるべきだという理屈はまるで成り立たない。日常生活についての日常史観による記述において、民族的《フェルキッシュ》な共同体という、ナチス自身の衛生無害化された共同体を日常史観が再生産するはずだという理屈はまるでありえない。むしろ、犠牲者、加害者、そのどちらでもなかった幸運な人、とにかくあの時代のさまざまな出来事を生き抜いたすべての人びとの経験を深く探ることができるのが日常史観なのである。

最後の論題に入ると、以上述べたようなカテゴリーのどれにもきちんとは収まらない大きな集団がひとつある。全部のカテゴリーにまたがっているためにひとつのカテゴリーだけに収まらないわけだ。すなわち、ナチス時代の女性たちである。総じて言えば、日常史観は、ビーレフェルト学派が解き明かした社会科学的・構造主義的歴史に関心をもつよりは、女性たちの歴史のほうに関心を寄せた。クラウディア・クーンツが最近教えてくれたように、第三帝国において女性たちは複雑な役割を担ったのであり、その役割を理解するためにはどうしても彼女たちの日常生活を探らなければならない。[17] ここでもまた、日常史観と弁解的な常態化とを安易に同等視するべきではない。というのは、さまざまな文化圏のフェミニズムの歴史家たちが解き明かしているように、ジェンダーの問題を適切に取り扱うなら、伝統的に公的領域、私的領域と言われてきた二つの領域をどうしてもまたぐ必要があるからである。

日常生活史の政治的含意が不確かであるとすれば、日常生活史の基礎になっている鍵概念である経験という概念から出てくるいろいろな含意も不確かであることになる。アントン・カエスが戦後のドイツ映画を論じた最近の本で述べているように、「日常史観は経験史である」[18]。というのも、すでに引用したリチャード・エヴァンズの言葉をもういちど引けば、日常史観は「過去における日常の主観的経験を、地方的・地域的・個人的レベルで再現しようとする企て」であるからだ。

主観的経験というものには、感情移入する追体験《ナッハーレーベン》（再経験）というヴィルヘルム・ディルタイの概念の影響がまちがいなく入っているわけだが、その主観的経験を再現するのを強調する点は、まことに意外なことに、ヴェーラー、コッカなど、社会科学を重視する、日常史観の反対者たちの側の批判の標的にはならなかった。[19] というのは、主観的経験がもつ、解釈学的にソフトな方法が存分に感得されるいろいろな風味は、感じられた経験への還元に逆らう歴史的構造や歴史的力についての、輪郭のくっきりした、概念として厳格な解釈に基づくのではなく、要は過去の経験についての理解《フェアシュテーエン》に基づいていたからである。ビーレフェルト学派にとって、どの歴史的解釈でも必要になるさまざまな分析的概念は、自分を歴史的主体としてとらえることのみから生まれてくることはありえない。かなりの程度、分析的概念はつねに過去の現実の外部からもたらされている。そして、わたしたちはその概念を使って、わたしたち自身の解釈用語でその外部を改めて記述することになる。こうして、主観的な生きられた経験を重視し、その経験を再現するべく歴史的な「厚い記述*」をどこまでも試みるわけだが、しかし、そこからは歴史のいろいろなプロセスの全体性についての、きちんと因果関係に基づいた機能的な説明は求められない。ちなみに、「厚い記述」というのはクリフォード・ギアツの有名な用語である。どうしてそこから機能的な説明が求められないかといえば、歴史というものは、フィクション化したメタ語りの形で個々のもろもろの物語を総合的に改めて語ることにとどまるものではないからだ。

経験を重視することからは歴史の全体性についての説明は得られないという批判は、なにも目新しい感じがするものではないだろう。過去の動因を意識するについての感情移入できる再経験を擁護する人たち、たとえばR・G・コリングウッドがそうだが[20]、その人たちと、マルクスの有名な言葉にある「人びとの背後で、また人びとの意思に反して」機能している一個の歴史を構造主義あるいは機能主義の面から支持する人びととのあいだに、途絶えることのない議論があることを知っている人にとっては、その批判は先刻承知のものだろう。たとえば、労働者階級の歴史にとっての理論（おもにはアルチュセールの理論）の有効性をめぐって、イギリスのマルクス主義歴史家であるE・P・トムソンとペリー・アンダーソンとのあいだで最近行なわれた活発な論争において[21]、その批判が前面に出てきた。同じくその批判がはっきり前面に出てきたのは、女性たちの失われた経験を取り戻そうとするアメリカのフェミニストたちと、その経験の推定上の主体性を理論面から主題にしているフランスのフェミニストたちとの現在の論争において、である。そして、この批判は今も、黒人文学、黒人文学の著者・読者の経験、外国由来の文学理論、の三者のあいだの関係性をめぐっての旺盛な論争において繰り返されている。その論争では、ジョイス・A・ジョイスやバーバラ・クリスチャンなどの学者と、ヘンリー・ルイス・ゲイツ・ジュニアやヒューストン・ベイカーとが対立することになった[22]。以上の、またそのほかのこうした論争では、生きられた経験が、想定上は外国のものであるひとつの理論体系の押しつけへの対抗馬にさせられている。

長期にわたってきたその論争に決着をつけるのはたぶん不可能だろうが、しかし、経験という概念にかんしてなにがしか有効な意見はありえるだろう。ただし、マイケル・オークショット〔イギリスの政治思想家。一九〇一—九二年〕の言葉を借りれば、「哲学的語彙におけるいっさいの用語のなかで」経験という概念が「いかにも扱いにくい[23]」という面はある。経験という用語は、特定のもの、具体的なもの、特殊なもの、口で言いあらわせないもの、そして一般的概念に還元されることに抵抗するもの、のいっさいとの同義語として使われることがときにあるのだが、その用語をつぶさに検討してみれば、そのような使い方が実際には適切ではないことがわかってくるだろう。どこまでも自然科学的である経験の使い方があって、それは直接感覚による観察を意味させる使い方である。そのさいの観察とは一般的に、その観察の意味についてあれこれと考察される以前に存在するものである。そうした経験を「生《なま》の感情」ないし感覚と哲学者たちが呼ぶ場合もある。そういう経験を知覚対象そのものと同一視する人たちと、たとえばカント学派など、意識になんらかの構成的な役割があると考える人たちとのあいだにはむろん違いはあるのだが、経験と概念との二項対立はどちらにせよ維持されていると思われる。

しかし、その用語はまた、現実についての先行した理解を修正・訂正することを意味させるように使われることもある。ヘーゲルからガダマーまでの哲学者たちが経験をめぐる「弁証法的な」観念と呼んだのが、その使い方である。(24) その用法では、先行した誤認を否定することが経験ということになる。であれば、経験には時間の経過における発見のプロセスがともなうことになる。その延長上に、経験を無垢の喪失ととらえる考え方がある。性的経験という場合がそれだ。洞察や知恵を獲得することを経験ととらえることもある。洞察や知恵は「経験とともにのみやってくる」と考える場合がそれである。ここでは経験は、直接的な理解の様態ではなく、歴史的な理解の様態の一部なりと考えられる。抽象的概念と具体的特定物とを仲介することが経験だとも考えられる。その場合、わたしたちは「経験から学ぶ」ことができる。わたしたちが学ぶものは、概念だけとか特定物だけには還元できない。むしろ、概念と特定物との相互行為が学ぶ対象なのである。最近、解釈学によって復活してきたアリストテレス的語彙においては、経験がフロネーシスまたは実践知と呼ばれる場合がある。読書から得られるのではなく、世界に前向きに参加することで獲得される学びがその実践知である。

ディルタイやベンヤミン以降の学者たちが述べたように、経験にあたる二つのドイツ語、エアレープニス〔*Erlebnis*〕とエアファールンク〔*Erfahrung*〕とは、経験の歴史的プロセスがどのように生じうるのかについてのたがいに異なる言外の意味をもっている。(25) 前者エアレープニス〔日本語では「体験」に近い〕の意味は、外部からの刺激の、反省される前に登録された流入、あるいは内部からの、肉体的ないし精神的刺激の殺到、である。生の哲学の立場をとる人たちの手にかかると、経験は特権的な地位をあたえられることになった。その哲学は「生を否定する」知性より優位のところに経験があると推定するからである。そういう意味での経験は、のちのナチスの語彙では敬意を寄せられる言葉になった。一方のエアファールンク（日本語では「経験」に近い）の意味は、内部・外部からの刺激がもっと複合的に仲介され、歴史的に統合され、文化のフィルターを通されて、ひとつの有意味な型になったもの、である。こちらでは「生」と「知性」とは対立したカテゴリーとは見なされない。エアレープニスが外部からと内部からの刺激の衝撃にたいする現実的で短期の反応を意味するのとは違って、エアファールンクは、個々ばらばらの出来事を累積的に、潜在意識的に織りあげて、首尾一貫性やときには目的論的意味を取り込んだひとつの語りの総体になったもの、である。

いうまでもなく、近代において、経験のいろいろな様態は、エアファールンクではなくエアレープニスを重視したために歪んでしまった、というのがベンヤミンの考えだった。過剰になりがちな刺激がますますつのってそれに圧倒されることになった個人は、生きてゆくためにエアレープニスという短期の装置に依存せざるをえなくなり、そうなると日常生活のさまざまな衝撃を統合して意味あるエアファールンクにまとめあげる能力を個人は欠落させることになった。批評家ペーター・ビュルガーによれば、その結果として「経験の収縮[26]」が見られた。その収縮をビュルガーは、現代性の差異化のプロセスのなかで生の世界から分断された専門知識のさまざまな要素の過剰特殊化に結びつけている。

現代の生のこうした性格づけと、経験と名づけられたものへの現代の生の影響をどう評価するのであれ、肝心な点は現代の生という概念そのものがもう自明のものではないことである[27]。だから、日常史観の話に戻れば、総体としての体制《システム》のいろいろな作用に対立しているものとしての、一般市民の日常経験について記述しようとする人たちには、反省からかなり遠いところにある生の哲学らしい意味での日常史観という、素朴な観念を採りあげる必要はないのである。日常史観に反対する人たちは、その史観には常態化する機能、弁解する機能があると指摘しているわけだが、実際のところ、ほんとうにその史観にそういう機能があるのかどうかを語る語り方のひとつに、日常史観という言葉がどういう意味で使われるかをきちんと問うことがある。常態化させる人たちとは、ナチスの時代に本物の意味をもったエアファールンクが存在していたと安直に考える人たちなり、ということになるだろう。本物の意味をもったそのエアファールンクを、ナチス体制のエリートの下にいる「凡人たち」に感情移入したいという歴史家的願いによって取り戻すことができる、とその人たちは考えるわけだ。その考え方にたいする構造主義歴史家たちの非難は正当なものだろう。というのも、追体験（再経験）という素朴な観念に依拠しているがゆえにその考え方は疑わしいものであるのだが、それだけでなく、傾向的・イデオロギー的方法でナチスの時代の生きられた経験をこしらえるがゆえに、その考え方は問題ありにもなるからだ。

しかしながら、日常生活にかかわる批評家的歴史家たちだったら、構造主義歴史家たちの非難を回避するだろう。なぜなら、批評家的歴史家たちは、経験という、歴史に無関係にして素朴な概念は拒否するからである。普通のドイツ人から見て、本物のエアファールンクはまだありえたと思われたかもしれないが、そんなエアファールンクなどはほとんど、自分の支配力を強めるために体制が宣伝したまやかし物《シミュラークル》だった、と批評家的歴史家たちなら述べただろう。批評家的歴史家たちなら、第三帝国における「主観的経験」とは実際には、現代生活における、物語化も全体化もされていないだけに地味な性格をもったエアレープニスのなかで、最もその分別を見失ったものだったという見立てを受け入れただろう。かれらにとって、「日常史観は体験史《エアレープニスゲシヒテ》」であって、アントン・カエスには失礼ながら、「経験史《エアファールンクゲシヒテ》」ではない。

ナチス政権下の日常生活をそのようにとらえていい証拠を挙げることはできるだろうけれど、わたしが声を大きくして言いたいのは、時代がいつであれ、主観的経験を感情移入して追体験することに基づいた歴史記述と、全体としての体制のいろいろな構造的作用を説明しようとする歴史記述とのあいだの単純な二項対立は有効ではない、ということである。というのは、「経験」という概念を単純に、概念的・解釈的理論の正反対のものとして使うことはできないからだ。直接性をもった記号がみなそうであるように、経験も、わたしたちがその経験のことをじっくり考えるやいなや、かならずなにかに媒介されることになる。弁解的モードではなく批評的モードでの日常史観は、こうして、より理論に傾斜した構造主義的歴史記述にたいする後退的な解毒剤であるのではなく、その歴史記述を補完するものとなる。つまり、その歴史記述にとって日常史観は必要なものである。生が緑色で理論が灰色であるというゲーテの純なる発言*を単純に繰り返すのでなく、あるいは単純に拒否するのでもなく、わたしたちとしては、生と理論を単純に対立させることが示す以上に、生も理論もはるかに多色であると考えるべきである。というのも、第三帝国ほどに根本的に比較を絶した現象を理解するためには、歴史というわたしたちのパレットにありとあらゆる色の絵の具が乗っている必要があるからだ。

第4章　主体なき経験——ヴァルター・ベンヤミンと小説

ハンス＝ゲオルク・ガダマーが『真理と方法』に次のように書いている。「どれほど逆説的な言い方に聞こえようが、経験という概念はわたしにはこの上なく不明瞭な概念だと思われる[1]」。マイケル・オークショットも『経験とその諸様式』で「たいへん扱いにくいのが経験」と書いている[2]。試み、証拠、実験（フランス語では今も実験の意味がある）を意味するラテン語のエクスペリエンティア *experientia* に由来する経験は、さまざまな事象の渦巻きを意味するようになった。結果として、経験という言葉は数多くの論争を引き起こした。フィリップ・ラーブなどの文学批評家たちはアメリカ文学における「経験礼賛」を非難したし、ジョーン・スコットなどの歴史家たちは、R・G・コリングウッドやE・P・トムソンのような広い分野の人物たちの著作において経験が証拠能力として特権的な役を担わされていることを嘆いた[3]。いわゆるアイデンティティ・ポリティクスでは、正統性は人の発言の力から生まれるのではなく、人がだれであるか——流行語では「主体の立場」——から生まれるとされるのだが、そのアイデンティティ・ポリティクスを否定する人たちのすべてにとって、経験と呼ばれるものにともすれば頼る姿勢は、主要な攻撃目標にもなった。

しかし、経験の曖昧さと扱いにくさにもかかわらず、日常言語とさまざまの難解な哲学の用語群の両方において、「経験」は重要な概念であり続けている。事実として、ガダマー、オークショット、そして、マルティン・ブーバーからジョルジュ・バタイユまで、エドムント・フッサールからジョン・デューイまで、エルンスト・ユンガーからジャン＝フランソワ・リオタールまでの数多くの二〇世紀の思想家たちは、経験の数多い意味、あい矛盾したさまざまな意味について思いめぐらさないではいられなかった。しかしながら、経験の多様性をわたしたちがどう値踏みするかにかんして大きい影響をあたえた点で、たぶんヴァルター・ベンヤミンほどの人物はいなかっただろう。それにまた、多様性のうちの少なくともひとつの危機にたいしてわたしたちが敏感になるように導いた点でも、ベンヤミンほどの人物はいなかった。実際、経験が「ベンヤミンの重大な主題……モダニティ、歴史哲学、芸術理論についてのベンヤミンの分析の真の焦点」(4)とされたのもむべなるかな、である。

その結果として、ベンヤミンによる経験の分析をめぐっておびただしい数の研究が生まれてきた。リチャード・ウォーリン、マルレーン・シュテーセル、トルシュテン・マイフェルト、マイケル・ジェニングズ、ミリアム・ハンセン、ミヒャエル・マクロポロウス、などの著作はそのほんの一例である(5)。それらの研究者の議論を繰り返すとか、かれらの考えのくい違いを捌くための手立てを提出するのはここでのわたしの目的ではない。そうではなく、ベンヤミン自身がみずからの経験論の確認をそこでしようとは考えなかったひとつの場所で、ベンヤミンの経験論をわたしたちが確認することができること、またそれが重要な確認になることを、わたしとして解き明かしてみたい。その場所とは、小説という近代文学のジャンルである。ベンヤミンはこのジャンルにたいしてどういう態度をとったらいいか決めかねていた。その確認ができるのは、ベンヤミンは、小説にあるきわめて重要な言語的側面においてであること、それをわたしは論じてみたい。

ベンヤミンは言語に魅力を覚えたものの、小説の言語的側面を探ることはしなかった。

しかしながら、それを論ずる前に、ベンヤミンの経験論をどこまでも一般的である視点で明らかにする必要があるだろう。経験に向けられた関心のほとんどはベンヤミンの円熟した考察になっていった。とくに、エアレープニス *Erlebnis*〔体験〕とエアファールンク *Erfahrung*〔経験〕とを厳密に区別しているのが、その考察のひとつになっている。その区別を論じた著作に、『一方通行路』「経験と貧困」「物語作者《ストーリーテラー》」「ボードレールにおけるいくつかのモティーフについて」などがある。(6) この二つを分けて使うのはベンヤミン自身の創意ではない。ルソーとゲーテに導かれて、ヴィルヘルム・ディルタイが、かれとして「外的知覚経験」を意味させるオィセレ・エアファールンク *äussere Erfahrung* にたいして、「内的に生きられている経験」を意味させるエアレープニス（ときには特定のダス・エアレーベン *das Erleben*）を対置した。(7) オイセレ・エアファールンクが知覚そのものの個別的な刺激に基づいているのにたいして、エアレープニスは、いろいろな知覚が内的に統合されてひとつの有意味な全体になったものである。解釈の対象になるのはそのエアレープニスである。エドムント・フッサールも、概念重視の考察に基づいている、エアファールンクについての科学的・新カント的認識を軽視した。反省される前の「生きられている世界」*Lebenswelt* の、より豊かで直観的な意味をもっているエアレープニスより劣っているものとして、エアファールンクを軽視したのである。(8) そしてエルンスト・ユンガーは、市民・文民の干からびたエアファールンクには存在しない本物のエアレープニスが活動する場所としての戦争を賛美した。(9) 以上の人たちの場合、エアレープニスは、科学のつくられた抽象化ないし知性に先行する世界にたいする、もろもろの主観的・具体的・直観的反応を指す敬意をふくんだ言葉であった。

以上の人たちとあとから出てきたベンヤミンとが違っている点は、エアレープニスの直接性と有意味性をベンヤミンが軽視し、また、実証哲学者や新カント派によって擁護された、過度に合理的で知覚を無視するエアファールンク観をもかれが軽視した点である。かれが重視したのは、ガダマーの言う弁証法的な経験概念に近い経験観であった。ガダマーのその経験概念は、時間経過における学習するプロセスであって、すなわち、不愉快ないろいろな出来事を経た結果のもろもろの否定的なものを、陽性の出来事を経た結果の肯定的なものに結びつけることで、いくつもの世代にわたって伝統によって伝えられうる知恵のようなものをつくり出すプロセスである。[10] ディルタイとは違って、ベンヤミンはそのような弁証法的プロセスにエアレープニスという名前をつけなかった。ベンヤミンの考えでは、直接的・受身的・断片的で、孤立していて統合化していないエアレープニスという内的体験は、伝達しうる知恵というか壮大なる真実の、累積的で統合化する増大とはまるで異なるものだった。そして、かれにとって、その真実の増大こそがエアファールンクだった。その考え方には、旅をするにあたるドイツ語（ファーレン *fahren*）のニュアンスが聞き取れるだろう。ちなみに、旅とは、それまで未知であった場所を探ることであって、その探った結果は語ることができるものである。

さらに、そうした時間という歴史を土台にしたものを経験としてとらえる考え方は、必然的に個人を越える考え方であった。というのも、累積的知恵は共同体の内部にのみ生じうるからである。語りのような口承の伝統によって、部族の物語をその共同体は伝えることができるわけだ。こうして、真実のハガダー〔伝説・民話などのユダヤ教伝承〕的性質こそが、すなわち、過ぎ越しの話が伝えられるように、公式な歴史的記録を通じるのではなく集団の記憶を通じて世代から世代に伝えられうるハガダー的能力こそが、本物の経験を刻みつけるということになった。集団的記憶を意味するザホール *Zakhor* というユダヤの観念と歴史科学との対比を最近ヨセフ・イェルシャルミが提出しているが、その対比は、ベンヤミンによる経験についての二つのあい反する概念にも暗にながら存在していたことになる。[11]

知られているように、ベンヤミンは、近代の資本主義世界において本物のエアファールンクを取り戻せる可能性についてはとことん懐疑的であった。[12] かれはエアファールンクがきれいさっぱり根絶されたという意見には反対したが、とくに第一次世界大戦以後におけるエアファールンクの「萎縮」[13]についてははっきりと語った。都市生活の肥大化によって生活者たちが重圧を覚えたり、退屈に単調に繰り返される流れ作業によって職人仕事が片隅に追いやられることで、エアファールンクという連続体はすでに破れていた。ベンヤミンがマルクス主義的もの言いで主張するところでは、ロシア革命だけが新しい共同体をつくるかも意味に富んだ語りはすでに、マスメディアのでまかせの情報と露骨な煽情性によって追放されていた。ベしれない。それは、失われていた、伝達された弁証法的真実の「中身の廉直さ」[14]がそこで回復されるような新しい共同体をつくるかもしれない、という主張である。

とはいえ、ベンヤミンの経験理論がかなり唯物論的[15]だと見なされうるときですら、本物のエアファールンクの基本構造を回復するにたいしてのかれの疑念は弱まることはなかった。かれがそうした疑念をいだくのは、かれの著作に流れている強固な神学的位相のせいである。その位相がかれのマルクス主義的な位相ときっちりとは折り合いのつくものではなかったのも、かれの疑念の原因になった。かれの経験理論にあるひとつの強力な要素を見出せるのもまたその神学的位相においてである。ゲルショム・ショーレムが「絶対的経験」を求めるベンヤミンの願望と名づけたのがその要素である。[16] 一九一七年から一八年にかけて書かれた「来たるべき哲学のプログラムについて」はその要素が初めて出てくる文章のひとつであるが、そのエッセイでベンヤミンは新カント派的経験理論を正面から批判し、具体的にはヘルマン・コーエン〔ドイツの新カント派の哲学者。一八四二—一九一二年〕の『カントの経験理論』を経験論としても視野が狭く論理のつめが甘すぎるとして批判し、結果として新カント派の形而上学的経験、宗教的経験を退けている。[17]ベンヤミンは「知の、一様に連続している多様性」が本物の経験だととらえたのだが、宗教的経験がその本物の経験のただひとつの源と考えることにはかならずしも積極的ではなかった。[18]とはいえ、宗教的要素がなければ、経験は哀れなほど不毛になるとベンヤミンははっきりと考えていた。そう考える理由はこうである。「もろもろの経験の総和とは絶対に違うものであるような経験の単一性というものがある。その単一性の連続的な動きにおいて、その単一性には理論としての知という概念が直接的にからんでいる。その理論の対象と理論の趣旨、経験の具体的な総体性、は宗教である[19]」。

ベンヤミンの考えでは、宗教的経験はとくに重要である。なぜなら、その経験が主体と客体との問題の多い分裂を乗り越えるからである。経験論的エアファールンクという科学的な観念、エアレープニスという非合理的な観念、のいずれの基礎にもその分裂がある。「神も人も経験の客体でも主体でもなく、その経験が純粋な知に基づいている場合」、それこそが「真の経験である。……今後の認識論の任務は、知のために、主体と客体という概念両方にかかわる完全に中立である領域を見出すことである。言い換えれば、そこでは知という概念が主体と客体という二つの形而上学的存在のあいだの関係性を指しつづけることが決してないようなそういう知の領域、自律した本来のものである知の領域、を発見することが認識論の仕事なのだ[20]」。のちに、もっとマルクス主義的である言い方でベンヤミンは、ロシア革命以後につくられることになる、集団的主体の経験すなわち共同体の経験を、近現代の資本主義の生における孤立した個人的エアレープニスに対比させている。しかし、そこのところでかれは、集団的主体であれ個人的主体であれ、とにかく主体の経験を逆説的にながら乗り越えている経験、本体論的経験とも存在論的経験とも呼べる経験に賛意を示す議論を展開している。エアファールンクという意味での経験についてのベンヤミンによるのちのとらえ方は、かれを論ずる人たちの目には積極的な人間行為と同じものと映ったわけだが、それに比べれば、この段階でベンヤミンが考えるエアファールンクは積極的な人間行為からはずっと遠いものであった[21]。

ウィリアム・ジェイムズ流に「宗教的経験の多様なあり方」をあれこれ考えるのではなく、ベンヤミンはただひとつの宗教的経験を考えた。その経験が存在する場所は、感覚や知覚のなかにあるのではなく、言語のなかにある、とベンヤミンは「来たるべき哲学のプログラム」で書いている。その言語というのは、ドイツの思想家ヨハン・ゲオルク・ハーマンによれば人間の努力の領域である。そのハーマンは理性にたいする言語の根源性を強調することによって初めてカントに対決した人物だった。ベンヤミンが次のように述べている。「知の言語的性質を考察することによって得られる知という概念は、それに対応する経験という概念をつくるだろう。そして、その経験という概念は、カントが自分の思考体系に組み入れることができなかったいろいろな領域を包含するものだろう。宗教という領域はそうしたさまざまな領域のなかで真っ先に論じられるべきである[22]」。ここでは言語はたんなるコミュニケーションの道具以上のものとして存在している。主体の内面の感情、観察、思考は、言語においてほかの主体に自分の正体を明らかにする。ここで、主体としての人間が取り決めるとする規約主義《コンヴェンショナリズム》より前に、聖なる言葉が存在論的にたちあらわれてくる。

主体と客体の二分法が乗り越えられて、存在論的な真実が明らかにされる場所である、宗教の意味を帯びた言語概念、すなわち、ここまでわたしが述べてきたどの経験とも異なる経験概念を初期のベンヤミンははっきりと引き合いに出している。カント的エアファールンクは、超越的・科学的・認識論的主体の経験論的経験である。たいして、ディルタイ的エアレープニスは、理性的反省や科学的認識より以前の、いまだ不確定である主体の内的経験である。語りの連続性を通じて伝えられるユダヤ教の伝説たるハガダー的・叙事詩的真実ですらも、現代生活における孤立化し疲弊した主体たちを越えたところにいるひとつの集団的主体の、ひとつの共同体的メタ主体の真実と理解していいものである。しかし、ベンヤミンの言うように、宗教的（ないし「絶対的」）経験は、主体と客体とが無区別になる一点を前提にしている。すなわち、二つが差異化する前の等価根本原理性 equiprimordiality を前提にしている。ヴィンフリート・メニングハウスが述べているように、「ベンヤミンが強調する経験概念」は「制限なき総合にかかわる、究極的にはメシア的であるカテゴリー」であって、そのカテゴリーは、神話的とも言えるような意味のもろもろの形式につながっている。(23) だからこそ、ベンヤミンの親友であったテオドール・アドルノですらが不安を覚えたわけである。

過剰に肥大したとされる主観主義をベンヤミンは攻撃したのではなく、主観の位相という観念そのものを攻撃したのである。かれの哲学の両極である神話と親和のあいだにおいて、主観は消え去る。かれのメデューサ的視線を浴びて、人は、客観のプロセスが展開する舞台に変わる。その意味で、ベンヤミンの哲学は幸福を約束するものであるに劣らず恐怖を呼ぶ源でもある。(24)

結果として、マルティン・ハイデガーの著作における存在論的経験概念が、有意義な比較対象として思い起こされるだろう。ハイデガーもまた、個人的エアレープニス、科学的エアファールンクという過度に主観的である偏りについて懐疑的であったし、集団的メタ主体たちを必要としなかった。(25) あるいはたぶん、ベンヤミンにもハイデガーにも重要であったヘルダーリンの詩が引き合いに出されてもいいだろう。ベンヤミンとハイデガーがなにを求めているかを明らかにするために、ヘルダーリンの詩を引き合いに出すのである。(26) 主体／客体という二項対立を越える経験をベンヤミンが求めたことを、二〇世紀の芸術家たちが同じものを求めた数多くの事例のなかに据えてみるのも実り多いかもしれない。もともと経験に関心をもっていたとベンヤミンが考えていたシュールリアリストたちのことがまず念頭に浮かぶ。(27) 絶対的経験を非宗教的にながめてみるためにベンヤミンが探索した、麻薬のハシーシのような異端の手段、すなわち、主体と客体とを隔てる壁をこわした冒瀆的な照明法に焦点をあててみるのもいいかもしれない。

しかしながら、人がよく踏み固めてきたそうした道をたどるのではなく、わたしとしては、非主観的な経験の生じる場所だとベンヤミンが示唆した道、つまりは言語という道をたどっていきたいと思う。ベンヤミンの入り組んだ言語理論は、聖なるものに鼓舞されたいろいろな名前や、非感覚的で模倣的ないろいろの類似物を取り戻したいという願望をもっているわけだが、そんなベンヤミンの言語理論のさまざまな宗教的・魔術的支柱のほうをわたしたちが捨てるにせよ、わたしたちはまだ、現代小説のどこまでも世俗のものである言語のなかに、ベンヤミンの議論を支える予想もしなかった根拠を見出すことができる、とわたしは言いたい。主体なき経験についての刺激的な一例をわたしたちは見出すことができる。形而上学的・宗教的真実についての救済的・疑似神話的な観念、あるいは、類推的な照応《コレスポンデンス》についての魔術的観念に縛られていない主体というものを想定した場合、その主体なき経験の刺激的な一例を見出すことができるのだ。シニカルな理性のこの時代にあって、わたしたちの多くはその観念によって不安を感じているのである。

小説についてのベンヤミン自身の、いろいろなものが混合した感情は広く認められているところである。ジェルジ・ルカーチの『小説の理論』に教えられて、ベンヤミンは小説を「超越論的故郷喪失」の時代のためのジャンルと見た。その「故郷喪失」によって、物語の口承の伝承を支えている共同体は崩壊することになった[28]。印刷された本が登場して、多数者への語りを通じて集団の記憶を保存しておこうとする必要性が減少した。そして、叙事詩的なものは消滅の瀬戸際にある物語形式としてのみ生き残ってきた。「小説の誕生の地は孤立した個人である。その孤立した個人とは、自分の最大の関心事の実例を語ることで自己表現することがもはやできず、だれかから助言をもらうこともなければ、自分のほうから助言をあたえることもない人にほかならない。小説を書くとは、人間の生を表現するにおいて、比較を絶したものを極端のところまでもってゆくことである[29]」。

小説は「生の意味」を中心に据えるが、その小説は、情報化時代の生が本来的に無意味になっていることを明らかにするところまでふみこむことはない。ということは、小説が描く経験はかなり空虚になっているエアレープニスとしての経験である。登場人物たちの運命は、実際には登場人物たちの死そのものは、読者たちにせいぜい意味の模造品《シミュラークル》をあたえることができるにすぎない。読者たちの生からその意味は剥奪されているから、意味の模造品だけがなんとかあたえられるわけだ。自明である意味、自分を支えるのに外から解釈してもらう必要のない意味を本来的意味ととらえるなら、叙事詩の世界の本来的意味を描くのではなく、もっぱら心理学的解釈をあてにするのが小説である。プルーストの『失われた時を求めて』を一例とするさまざまな小説が、過去にさかのぼる一貫した意味を回復しようとするときですら、それらの小説は、客観的に見分けられる経験を表現するのではなく、記憶を主観的に解釈することによって、ようやくそれを回復できるにとどまる[30]。プルーストがベルクソンから借りた専門用語である「無意志的記憶」は、真のエアファールンクにおける想起 anamnesis という契機に近かった。少なくとも意志的記憶がそれに近かったよりは近かったのだが、ただし、その「無意志的記憶」は小説家プルーストの命令によって人工的につくられたものであった。

主体なき経験のありうることをベンヤミンは信じているわけだが、その信念の正しいことの確証を小説はどのようにして用意できるのか、を考えてみよう。物語作家のエアレープニスそのもの、あるいは失われたエアファールンクを越えたものである「絶対的経験」の代替物としての機能を小説はどのようにしてもてるのか？　その答えは、小説のひとつの側面にある。わたしの考えでは、ベンヤミンが考えてもいなかった側面にあるのだ。すなわち、事実上先行したどのジャンルにもなかった文体的モードを小説が頻繁に採用するという側面である。その文体的モードは、フランス語で「自由間接話法 *style indirect libre*」、ドイツ語で「体験話法 *erlebte Rede*」*、英語で「描出話法 represented speech」と呼ばれるものである。そのモードは、「中間動詞 middle voice」と呼ばれる文法的変形であって、能動態と受動態から変形したものである。ロラン・バルトなどの批評家たちはこのモードを、モダニズムの「自動詞」的エクリチュールの特徴ととらえている[31]。それらの言語現象があるからといって、ひとつながりの包括的全体ととらえられる小説が「絶対的経験」の原型になるということにはならないが、それらの言語現象があることによって、ある種の小説のなかには、その原型になる契機がいくつか存在しているとは考えていいことになる。かなりユートピア的であったころのベンヤミンが望んだ絶対的経験の完全なる代償版をそうした契機が予示することはないかもしれない。しかし、それらの契機は、非常に暗い時代においてすらわたしたちに許された、「弱いメシア的力[32]」とベンヤミンが呼んだものの実例にはなっているだろう。

「自由間接話法」については、ソシュールの弟子にあたるスイスの言語学者シャルル・バイイ〔アルベール・セシュエとともにソシュールの『一般言語学講義』を編纂した〕が一九一二年に発表した重要な論文で初めてこの言葉を用いて[33]、ついで、プルーストが一九二〇年にフローベールの文体について述べた有名なエッセイで、この話法をとくに重視した[34]。一年後、エティエンヌ・ロルクが同じ話法をドイツ語で「体験話法」と名づけた。一九二四年にはオットー・イェスペルセンが同じ用法の英語のものを「描出話法」と名づけたが、ただしこれは前の二者ほどには文法学者に採用されていない[35]。以来、数多くの言語学者、文学批評家がこの用法のさまざまな側面を探ってきた。V・N・ヴォローシノフ、スティーヴン・ウルマン、ドリト・コーン、ロイ・パスカル、ハンス・ロベルト・ヤウス、アン・バンフィールド、などがその例になる[36]。ドミニク・ラカプラなどの思想史家にしても、その話法を研究して、フローベールの一八五七年に発表された『ボヴァリー夫人』の見た目にみだらな内容がボヴァリー夫人の試練につながったよりも、フローベールの文体のほうがその試練につながった面が大きいと述べている[37]。

経験という問題にとってその話法が重要であることは、ロルクがドイツ語でその話法を「体験話法」と名づけた事実にうかがわれる。ちなみに、そのロルクは個人的主観主義のロマンス語学者カール・フォスラーの教え子であった。ソシュールに反対する立場にいたフォスラーは言語行為の心理学的側面を強調した[38]。実証論／経験論に立った心理学ではなく、生の哲学における心理学の面を前面に出したのである。言語は、非人称的な記号システムを表現するのではなく、話し手の内面的・主観的精神状態を表現すると考えた言語学者フォスラーは、文法ではなく、文体論とシュプラーハゼーレ *Sprachseele*（文体を通じて表現される心）とを研究した。ラカプラが述べているように、したがって、「ロルクが『体験話法』という用語を案出したいちばんの理由は、言語の伝達機能とは対照的なものである、非合理的で熱狂的なものを強調するためだった。ゆえに、『体験話法』は『生』の哲学と直接的『体験』の哲学につながることになった[39]」。

自由間接話法がエアレープニスの実例、強い異議を招くであろうものとしてのエアレープニスの実例であるようにたとえ見えるにせよ、その自由間接話法が、主観と客観とに二分する以前にある「絶対的経験」というベンヤミンの概念の実例であると考えることができるだろうか？　答えを出すべく、自由間接話法のいろいろな含意をもっと細かく検討してみよう。ロルクは「体験話法 *erlebte Rede*」を、かれの命名では「繰り返し話法 ***gesprochene Rede***」という直接話法と、同じくかれの言う「伝達される話法 *berichtete Rede*」という間接話法との両方に対比させた。たとえば舞台の役者などの話し手が自分自身の考えとして発するのが直接話法ないし繰り返し話法である——例をあげれば、ファウストが「ああ法律家よ、哲学をもちなさい」と言う、というのがこの話法である。間接話法ないし伝達される話法は、その文の語り手が発話者の発話を第三者に語る話法である。「ファウストは『ああ法律家よ、哲学をもちなさい』と語った」という文が間接話法である。しかし「体験話法」になると、文の語り手がファウストの意見を自分の心で再構築したいときに使われる。すなわち、「ああ法律家よ、ファウストは哲学をもっている」かあるいは、過去の思考であるなら、「ああ法律家よ、ファウストは哲学をもっていた」というのが「体験話法」である。

もうひとつ、かなりの議論を呼んだ例が『ボヴァリー夫人』のなかにある。エンマが初めての不義を犯したあと、鏡に見入るところである。

エンマは繰り返した。「恋人ができた、恋人が！」。青春がもどってきたような嬉しい気分だった。とうとう彼女は、とうに諦めていた愛の喜び、幸福の熱気を感じるようになった。そこではいっさいのものが情熱であり、恍惚であり、狂乱であるような、そんなめくるめく世界に、彼女は入りこんでいたのだ。(40)

フローベールの批評家たちにとって、この一節がまったく言語道断にして当惑きわまりなかったのは、引用した部分の最後の文章におけるショッキングな感情がエンマの感情なのか著者フローベールの感情なのか、かれらには確信がもてなかったことによる。フローベールはエンマの幻想に思い入れをしているのか、それともたんにそれを読者に報告しただけなのか？　かれの文体からすると、答えはどちらとも確定できない。[41]

ロルクにとって、自由間接話法は、ある人物がほかの人物の経験を再経験する（ディルタイでは、追体験する *nacherleben*）手段だったのであって、[42] 第三者にそれを伝える手段だったのではない。すなわち、自由間接話法は、通常の会話で実際に語られる話法であるのではなく、書かれた文における文章的慣習としてのみあるものである。この話法が声に出して言われる場合、伝達の発話行為としてよりは、むしろ幻覚のようなものとして聞こえるだろう。ゆえに、ロルクはこの話法の機能を、幻想をかきたてるものとして、知性を越えて新しいものをつくる言語の能力の一例として、フンボルトの用語を使えば、死んだエルゴン *ergon*〔作品〕ではなく生きたエネルゲイア *energeia*〔活動性〕たる本質を言語がもっていることの証拠として、強調することになった。

のちに出てきて自由間接話法を探った学者たちは、自由間接話法として用いられる言語の目的は、一般社会での相互主観的なコミュニケーションではない、というロルクの考えに賛成した。かれらは、言語行為のいろいろな新機軸から言語が発達するのではかならずしもないということを述べることによって、自由間接話法は本来的に話し言葉ではなく書き言葉のものであるというロルクの考えにも賛成した。言語には創造的能力があって、その能力は、直接話法と間接話法とのあいだにあるような見た目にはっきりしている差異性であれ、それは本当に差異なのかと改めて問題にするわけだが、自由間接話法はそうした言語の創造的能力の実例になっている、というロルクの見解にもかかれらは同意した。

しかし、かれらは、「体験話法」は非合理的なエアレープニスの追体験であるという、ロルクのフォスラー的な仮説にははっきりと反対した。それに反対したかれらは、体験話法にある主観的機能は語りの機能とつながっていると考えた。たとえばロイ・パスカルは、体験話法の主観的機能は、「語彙やイディオムを通じて、文や節の組み合わせを通じて、またコンテクストを通じて伝えられる」ような語りの機能とつながっている、とした[43]。つまり、語られる人物《キャラクター》と語り手《ナレーター》のあいだに、文体に反映されている微細な差異があることになる。たとえ、その両者の実質が完全に融合しているように見えるにせよ、やはりそこには微細な差異があることになる。同じように、ヴォローシノフ*の主張は、その発話が伝えられる人物はその人物なりの評価的方向づけがあるわけで、一方のその方向づけと、他方、その方向づけによってその滑らかな語りが曇ってしまう語り手とのあいだに対立がある、ということである。「作者のアクセントとイントネーションが、もうひとりの人によってそれらの価値が判断されることで、阻害される。そして周知のように、そこのところで、疑似‐直接話法は代理話法とは異なってくる。そこでは、周囲にいる作者というコンテクストに相対する新しいアクセントはまったく生まれてこない」とヴォローシノフは述べる[44]。バンフィールドがはっきり述べているように、その結果として、自由間接話法で自己の思考が伝えられるその自己は、ひとりの固有の自己中心の主体、その主体のエアレープニスが追体験されうるような主体と等価のものではまったくない。彼女バンフィールドが次のように書いている。「表現される思考というものは、言語という媒体を通じて、非発話としての思考を表現する試みである。言語がその試みを達成可能にする。なぜなら、言語は発話ないしコミュニケーションとは同義のものではないからであり、言い換えれば、話し手と自己とは異なる概念であるからである。すなわち、話し手と自己は両方とも言語理論によって必要とされ、だから、両方とも話し手がもつ内面化された言語知識の一部だと仮定されるのだが、それでいて、話し手と自己は異なる概念であるからである(45)」。

経験についてのこの非人称的な観念をめぐる文体論による解釈のほかに、文法レベルの解釈がある。その解釈をたいへん明確に打ち出しているのは、エミール・バンヴェニストが一九五〇年に書いた論文「動詞における動作態《アクティブ》と中間態《ミドル》(46)」である。かならずしもすべての言語に存在するものではなく、あるいは、中間態があってもかならずしも言語の歴史全体においていつもそれが顕著にあったわけではない、そんないわゆる中間態は、動作態か状態態《パッシブ》かの二者択一しかないところに割って入ってくる。その点、自由間接話法が、直接話法と間接話法との二項対立に割って入ってくるのと同じことである。態《ヴォイス》、専門用語ではダイアセーシス〔態 diathesis〕とは、動作する主体がその動作によって動くその動きという意味である。バンヴェニストによれば、動作態における動詞が、主体が行なう動作の外にその主体がいるプロセスを意味するのにたいして、中間態はそのプロセスのなかにいる主体を意味する。たとえ中間態が客体をも巻きこむ場合があるにしても、やはりそのプロセスのなかにいる主体を意味するのが中間態、というわけである。状態態はのちに中間態から枝分かれして出てきたもので、動作主《エージェント》（主体）と被動作主《ペイシェント》（客体）との区別がはっきりと認識されるようになってから出てきたものである。とはいえ、中間態も完全にはなくなることはなかった。フランス語のよく知られた実例文に、「わたしは生まれた *Je suis né*」「かれは死んだ *il est mort*」がある。サンスクリット語文法の一例は、人物の儀礼としての供犠にかかわるものである。その人物は手にナイフをもって、殺す者と殺される者の二役をこなす（聖職者がその殺しを行なうときは、「ヤジャティ *yajati*」ではなく「ヤジャテ *yajate*」となる）。

中間態が重要だとバンヴェニストが考えたことが最近のフランス理論に多大の影響をあたえた。一九六八年の論文「差延」でジャック・デリダは、中間態を引き合いに出して、差延という脱構築にとって重要になった造語の意味を説明している。差延とは、主体の受動性とも、主体の能動性ともとらえられない作用だとするデリダは、「一種の非他動詞性たる中間態というものは、哲学が最初のところで能動態と受動態とに分配し、分配することで、こんどは中間態を抑圧することによって哲学は自分を構成したのかもしれない」(47)。その抑圧を取り消すこと――ないし、少なくとも脱構築すること――が解放の身振りになる。なにかもっと根源的なものを再生させる解放の身振りになる、ということをデリダは示唆している。

やはりバンヴェニストをふまえて論文を書いた人にロラン・バルトがいる。デリダの論文「差延」が出る二年前に書いた論文で、バルトは、作者の機能が当のテクストに組みこまれる結果、エクリチュールがエクリチュール自体を書いているように見えるのがモダニストたちのエクリチュールなのだが、それらのエクリチュールでは中間態が復権していると述べている。そうしたエクリチュールは、客体をエクリチュールの外にはもっていないという意味で、他動詞的ではなく自動詞的であると言うべきである。ロマン主義的なエクリチュールが、そのエクリチュールが描くもろもろの行為の前に主体を置いているのにたいして、モダニストたちのエクリチュールにおける主体は、エクリチュール自体の内部にいて、しかもエクリチュールと同時にいる。バルトによれば、「書くための現代の中間態の動詞において、主体が当のエクリチュールによって効果をもたされ影響されるという意味で、主体はエクリチュールと直接的に同時的なものとして構成される。プルーストの語り手がその実例になる。かれはエクリチュールによってのみ存在している。記憶らしきものを持ち出すにせよ、エクリチュールだけで存在しているのである」(48)。

無意志的記憶を通して、エアファールンクの過去にさかのぼる主観的なシミュラークルを描いたという、ベンヤミンによるプルースト批評を受け入れるのではなく、バルトは、『失われた時を求めて』というエクリチュール自体がベンヤミンの求めていたものを内にふくんでいると考えた。ここに、主体なき経験、ないし作者なきエクリチュール、の言語学版の実例がある。[49]

バルトは自動詞的エクリチュールを、内的独白のようなさまざまな手法がたびたび採用されるモダニズムと関連づけているけれども、自由間接話法もあらわれる写実的な小説——たとえば、フローベールの小説——に自動詞的エクリチュールの先行例を見ることもできるだろう。こうして、文体のレベルと文法の態のレベルの両方で、ベンヤミンが小説にはないとしたいくつかの属性が小説に存在する証拠があることになる。

ベンヤミンのくせの強い文体（あるいは、いつも文体を変えていたから、いくつもの文体）自体がまさに自動詞的エクリチュールの形式と考えられる、とやや脱線的にとらえてもいいかもしれない。見た目にはどこまでも自伝的であるテクストであっても、かれ自身の表現する主観性はとことん抑制されている。作者としての自分の存在を抹消したいというベンヤミンの願望は、どこにおけるよりも、全面的に引用からなる著作を書きたいという、よく知られたかれの願望において明らかである。

ベンヤミンのエクリチュールを、主体なき経験がいかにして小説の外にあらわれうるのかということの実例と読むのであれ読まぬのであれ、何人かの最近の理論家たちが文学ではない現象のなかにもその実例を見届けたことは意義深いことである。たとえば、アン・バンフィールドは、カメラ、温度計、テープレコーダーなどの記録機器において、いろいろな現象が生じるさいに現実に存在している主体のないところに、知覚をもっていない知覚されうるものが姿を明らかにしうる、と述べた。[50] 彼女バンフィールドはそれらの現象を、ヴァージニア・ウルフの小説とモーリス・ブランショの語りにおける自由間接話法になぞらえ、それらの現象を取り上げることで、知覚されうるものにはかならず知覚をする主体が必要なりとする考えを批判している。彼女が次のように書いている。「小説は、どの人の視点をも代弁しているとは言えない対象指示語をふくんでいる文をもっている。それらの文、すなわち、客体的で中心なき叙述ではなく、主体的でありながら主体なき叙述は、事柄の現象をだれにも還元しない。その点で、それらの叙述は光電性の器具に似ている」(51)。写真における「光学的無意識」のあらわれをめぐるベンヤミンの有名な議論には彼女はふれていないが、彼女の記述からは、主体の認知を逃れる諸現実への関心と同質のものがあることがうかがわれる(52)。

また違う文脈で、哲学者ベレル・ラングと思想史家ヘイドン・ホワイトが、客観的な物語として記述しようとする伝統的な試みを拒むような、たとえばホロコーストなどの出来事をめぐる歴史的語りを展開するのに、中間態での自動詞的エクリチュールが役立ってくれる、と示唆している(53)。ロラン・バルトを評価しているホワイトにとって、モダニズムとは「いかなるリアリズムにおいてもわたしたちがどうしても想定してしまう種類の対立（動作主《エージェント》と被動作主《ペイシエント》、主体と客体、逐語性《リテラルネス》と比喩性、事実と虚構、歴史と神話などのあいだの対立）でもって表現しうる経験を越えたところにある（あるいは、それより前にある）経験という秩序にほかならない」(54)。ホワイトによれば、そのモダニズム的経験は、「頭で考えても想像しえない、考えられない、語りえない、さまざまな側面があるなかでも、ヒトラー主義、最終的解決、総力戦という現象をふくんでいるひとつの現実、そういう新しい形の歴史的現実」としてのホロコーストという経験にとって、ある意味で固有のものである(55)。

二〇世紀の全体主義が行なった語りえないもろもろの行為は、わたしたちが主体なき経験の実例と見なしてきた語りえない文にかなりよくあらわれている、というラングとホワイトの主張は、たしかに議論の余地のあるところだろう。実際、わたし自身その主張にはっきり異論を呈したことがある(56)。しかし、その経験という概念の力がいかに強力であるかを、ふたりは教えてくれている。非合理的なエアレープニスなり科学的なエアファールンクにおける主観性の特権性より前にある、非伝達的な言語に表現される存在論的経験が「絶対的経験」であるが、その「絶対的経験」を求める、ベンヤミンの早いころの願いには、予期せぬ方角から同調の声があがった。ベンヤミンの神学的関心をうかがわせるものはまったくない方角からの同調であった。ベンヤミンとその同調との関連に気づいた評者はほとんどいなかったが——「どの詩も読者のためのものでなく、どの写真も写真愛好家のものでなく、どの交響曲も聴衆のものでない」という「翻訳者の使命」の有名な一節を、自分の論文の題辞に使っているバンフィールドはそのまれな例外になる[57]——、ベンヤミンの初期の経験論から宗教的霊気《オーラ》を抜いたものにたいへんな持続力があることを、その経験論みずからが証拠だててきたのは明らかである。

　結局のところ、ベンヤミンの経験論には説得力があると言えるのだろうか？　わたしがここまで論じてきたいろいろな主題をふまえている最近の論文で、文学批評家ヴィンセント・ペコーラは、中間態をめぐるバンヴェニストの著作が政治の動きについての重大な議論を無効にする機能をもっている、そのあり方に懸念を表明している[58]。差異のない統一性といういわゆる前期状態へのいわば民族的ノスタルジーを思わず知らず漏らしつつ、その状態を称える者たちは、そのユートピア状態にたち戻る手立てをわたしたちがどう見出してゆくかという困難な問題を棚上げにしてしまっている、とペコーラは不満を述べている。「現象学の用語がそうであるように、中間態は主体／客体の関係にかかわる昔からあるいろいろな論理的・倫理的ジレンマを『溶解』させても、うわべだけのことである」[59]とペコーラは言う。結果として、中間態は独裁的な政治学を思わず知らずに幇助するものということになるのかもしれない。主体なき経験を求める衝動を根底に置いていたハイデガー哲学が不幸にして独裁政治を幇助することになったのは、その実例になる。

しかしながら、不吉な要素をやや少なくしたシナリオが、自由間接話法を解釈することで得られる。自由間接話法にある競争的要素を「二重の文体」ととらえる解釈によって、そのシナリオが得られるのである。ヴォローシノフ、パスカル、ラカプラはみな、自由間接話法を感情移入的に解釈するのではなく、対話的に解釈する立場をとっている。すなわち、人物と語り手とがスムーズに融合するというのがフォスラーの追体験論なのだが、それとは違って、人物と語り手とが緊張関係にとどまる、そのあり方をかれらは強調するわけである。ヴォローシノフはソヴィエトのミハイル・バフチンを中心にしたサークルのメンバーだった人物であったから——実際のところ、メンバーたちはみな同一人物だったと考える評者もいる[60]——自由間接話法をカーニバルに重ね合わせるという、今はよく知られている考え方がヴォローシノフにあるのはごく自然なことである。とくに『ボヴァリー夫人』について書いているラカプラによれば、「この小説にある効果は、テクストにおける語りの声のカーニバル化と語り手——ときには、作者——の拡散である[61]」。

さらに言えば、ベンヤミンのいろいろな魔訶不思議な概念を肉づけするのにバフチンのカーニバル概念が導入されたのだが、それは今後もありうることだろう。テリー・イーグルトンが一九八〇年代初頭にそれをしている。ベンヤミンとバフチンの立場の神学的な前提のあいだにいくつか類似性があるとイーグルトンは示唆している[62]。自由間接話法についてのこの読み方の意味あいはたぶん、中間態を主体／客体の二分法を乗り越える方法として採用した人たちが採ったとペコーラが考えた読み方ほどはノスタルジー的でもないし確言的でもないだろう。というのも、前者の読み方は、直接話法と間接話法、動作態と状態態に分裂する前の統一性という比較的不安定である概念を下敷きにしているからである。その読み方では、主体なき経験は、同一空間にいる複数の主体による経験に転化する。

　絶対的経験というベンヤミン初期の概念は、一見してその読み方と同質であるようには見えないが、かれの大変興味深い主張にその読み方はうまく適合する。その主張とは、絶対的経験というオーラには複数の視線の否認しようのない相互作用がともなうというものである。ユルゲン・ハーバーマスが書いている。「そのオーラの裂けた殻から抜け出た経験も、しかしすでにそのオーラ自体の経験のなかにふくまれていた。すなわち、客体が相手に変身するということである。ゆえに、活性的な性質と不活性的な性質とのあいだの意外なる類似性の全体が開示される。そこでは、事象ですらが、壊れやすい相互主体性の構造のなかでわたしたちに対面している」(63)。ハーバーマスの言う相互主体性は、バフチンの対話的多言語混淆《ヘテログロッシア》よりも親和的で互恵的であるのはたしかであるが、しかし、ハーバーマスは、ベンヤミンのエアファールンクという概念における多数主体性（実際には、主体性に変身した客体性）が重要であることをしっかりと認知している。絶対的経験についてのそのような読み方が許され、しかもその読み方が高度に理論的だと見なされるのなら、その読み方は、レオ・ベルサーニなど最近の批評家たちの批判に反論する手がかりになるかもしれない。ベルサーニは、ベンヤミンは失われた全体性というものを想定して、見込みもないのにそれを回復しようと願ったのであって、その願いは、かれが非難した政治学のファシズム的美学化に危険なほど近いものになった、としてベンヤミンを批判したのである(64)。

　絶対的経験、自由間接話法、中間態の政治的含意をどのように解釈するのであれ、経験は多面的であり、内面のうちで争っている概念であるというベンヤミンの主張はこうして、かれ自身は評価しなかった小説の言語論的証拠によって確証されることになった。絶対的経験は実質的にこの世から消えてしまったとわたしたちが結論づけるのか、あるいは、絶対的経験のユートピア的きらめきはいろいろな小説の紙面に隠れて残っていて、予知できないような仕方で読者たちによって表に出されるのを待っていると結論づけるのか、それはだれも自信をもって答えることのできぬ問いである。

第5章　限界－経験の諸限界――バタイユとフーコー

バタイユによれば、キリスト教の弱点は、非推論的ないろいろな作用を言説そのものから解き放つことができぬこと、経験を言説と同じものにしてしまうこと、それによって、キリスト教を大きく超過しているものを言説のいろいろな可能性に還元してしまうこと、である。

――ジュリア・クリステヴァ(1)

最近の英米における文化的論争において、「経験」ほど熱っぽく議論されてきた概念はたぶんないだろう。動作主《エージェンシー》や構造という問題に取り組んだ歴史家たち、信頼できる知の土台を探していた認識論者たち、民族誌的権威の出どころのことを気にかけてきた人類学者たち、アイデンティティ・ポリティクスの含意と取り組んできた政治理論家たち、表象と言説とのからみあったものをつかんで放さない文学批評家たち、それらの人たちのすべてが、ハンス＝ゲオルク・ガダマーが正しくも「わたしたちがもっているうちでたいへん曖昧なもののひとつ(2)」とした概念、すなわち経験、の意味を明らかにすべく努めてきた。

そうした努力の成果を軽々に要約するのはできぬ相談ながら、「言語論的転回」と呼ばれるようになった事情を心にかけ、良くも悪くも、ポスト構造主義としてカテゴリー化された、異種混淆的な思考の総体から学ぶものを学んだ理論家たちは、そうはしなかった理論家たちに比べて、自明のように見える経験の価値をはるかに深く疑っている。経験――ないし、もっとくっきりと言えば、「生きた経験」――と呼ばれるものの権威性をありがたがる動きを、かれらは、早いころの認識論の無邪気なる、実際にはイデオロギー的に有害なる残滓として排斥している。そして、その残滓を、かれらは経験論ないし現象学と同じものと見る場合が多い。

最近の実例として二例を述べておけば十分だろう。[3]「経験の証拠」という一九九一年の論文で、歴史家ジョーン・W・スコットは、自分の語りを展開させるために誤った原理主義的基礎を反省前の経験に据えているとして、R・G・コリングウッド、E・P・トムソン、レイモンド・ウィリアムズ、ジョン・トゥズを批判している。経験という特権的な概念が階級的なものであるかジェンダー的なものであるか人種的なものであるか、いずれにせよ、歴史的経験をある固有のアイデンティティ――歴史的行為者たちのアイデンティティ、ないし、かれらの行為を「再経験」できる歴史家たちのアイデンティティのまわりで単一化させようとする試みはすべてかならずイデオロギー的なものになってしまう、と彼女スコットは述べる。わたしたちの語彙表から経験という語を削除できないことはスコットも認めるが、にもかかわらず、彼女は、『経験』の不定形な性質と『経験』構成の政治学とをあくまでにらみつつ、アイデンティティ創出のさまざまなプロセスに焦点を合わせること」によって、経験の自明と見える性質を脱構築するようにわたしたちに勧める。「経験はつねにすでにひとつの解釈であると同時に、解釈される必要のあるなにかである」。[4]

最近では、フェミニズムの理論家であるエリザベス・J・ベラミーとアーテミス・リオンティスが、イデオロギーで縫い合わせた主体性にたいするアルチュセール的・左派的ポスト構造主義による批判を引き合いに出すことによって、「個人的なものは政治的なもの」という主張に基づいた「経験の政治学」に警戒するよう求めた。[5] ちなみに、引き合いに出される批判のなかで顕著なものとしては、テレサ・ド・ラウレティス、エルネスト・ラクラウ、シャンタル・ムフによる批判がある。経験という概念の発生系統を穏当な手続きで追いかけながら、ベラミーとリオンティスは、「経験」を知と政治学の歴史横断的な基盤として、ふたりの言い方では、「方法なき」直観的認識論として、本質化し実体化する傾向にまったをかけようとしている。[6] とはいえ、経験という言葉を完全には排除することはできないことを、スコットとともに認めつつ、経験の「ポスト構造主義」版に対置されるものとしての「ポストモダン」版とふたりがはっきりと名づけるものをふたりは提起する。「ポストモダン」版では、「敵対関係としての経験が、『女性』というカテゴリーを構成する、性的差異の多様にして葛藤にみちた諸構築の、場所を（容易に、ではなくとも）特定できる交差点、と定義されるだろう」。[7]

こうした区別にもかかわらず、基礎づけ主義と見なされる経験概念を批判するこれらの人たちは特例ではなく、かれらが戦略的道具の多くを、ポスト構造主義の考え方によるいろいろな教えから引き出しているのは明らかである。ポスト構造主義の考え方による教えは、経験の自明性を信ずる考え方の範囲を定める、固有の主体性という概念を致命的にそこなう、とかれらは考えるからだ。そうした批評家どうしに多少の考え方の違いはあるにせよ、言説、テクスト性、言語、権力構造が母型を用意して、その母型から経験が生じる、と考える点でそれらの批評家たちは同じ立場にいる。その逆、つまり経験が母型を用意して、そこから言説以下が生じるとはかれらは考えないわけだ。そこで、経験を経験として据えるために、それ自体がつくられたものであるカテゴリー、といっても、比喩的に、あるいは推論的につくられたにすぎないのだが、ともかくつくられたカテゴリーに、ものをつくる力がそなわっているものと、無理にこじつけて考えなければならぬことになる。わかりにくい考えではあるが、その考えが土台にないと、経験を経験として据えることができないわけだ。

かれらによる、ポスト構造主義の教えについての読み方が、いろいろな批評から信用されていることは確認しておかなくてはならない。ポスト構造主義というカテゴリーの傘の下で押し合いへし合いするのを余儀なくされている、数多くの主導的思想家による経験についての批評から信用を寄せられているのだ。ただしそれは、それらの主導的思想家たちの思考を受容している英米の批評現場での話である。たとえばジャック・デリダは『グラマトロジーについて』で、経験は「形而上学の歴史に属しているから、わたしたちは抹消のもとで［*sous rature*］しか経験を使うことができない。『経験』はつねに現前をともなう関係性を意味してきた。そのさい、その関係性が意識の形式をもっていた場合もあるし、もっていなかった場合もある」と述べている。[8] ルイ・アルチュセールは『レーニンと哲学』で、イデオロギーは「人間存在そのものの『生きた』経験」と同じものであると言っている。[9] そしてジャン＝フランソワ・リオタールは『文の抗争』において、経験は「現象学的弁証法によってのみ記述しうる」と述べ、だからこそ、経験は「（ヘーゲルの）『精神現象学』、すなわち『意識がもつ経験の学』というその言葉にほかならない」と述べている。[10]

以上の例では、統一され、全体論的で首尾一貫したものと解釈される「経験」、またそれ自身に現前する「経験」が分析の対象になっている。もっと正確に言えば、それらの特性を次の二つの装いのうちのどちらかひとつで具体化することが分析の目的となっている。二つの装いとは、エアレープニスという題目のもと、ディルタイ以来の生の哲学の伝統によって特権化されてきた、自我と世界との、反省前に生きられた出会いがもつ直接性がひとつ。一般にエアファールンクと呼ばれる自我と世界との交差によって蓄積され、時間の経過のうちに蓄積された知恵がもうひとつである。後者の知恵は、形成 *Bildung* という弁証法的プロセスの最終段階においてようやくその統一性を獲得するのだが、わたしが引用した批評家たちにとってこれらの概念を問題あるものとしたのは、ともに両者の根源のところにある首尾一貫性、明瞭さ、充実した現前、という仮説である。先発の思想家たちが一方のほうの経験を他方よりも優位に置いた——たとえば、マルティン・ブーバーがエアレープニス〔体験に近い〕をエアファールンク〔いわゆる経験〕よりも優位に置いたのにたいして、ヴァルター・ベンヤミンは逆にエアファールンクを優位と見た[11]——のだが、英米系の後発者たちが援用したポスト構造主義の観点からすると、どちらを優位に置くのも不適切ということになる。現代世界において見失われた本来的な経験を探求することそのものを、英米系の後発者たちは、現前と直接性へのノスタルジックな願望の新版でしかないとして酷評している。そのような現前と直接性などはこれまでも存在したためしがなかったし、今後も存在するはずがない、という視点からの酷評である[12]。

ポスト構造主義の基礎的文献が引用されて経験をめぐる議論一般が堅実なものになりうるというのが正しいにせよ、しかし、ポスト構造主義の権威性に英米系の人たちがひたすら依拠するにおいてときに忘れられていることがあって、それは、同じいわゆるポスト構造主義者でも経験にたいしてかなり穏やかな姿勢をとった人たちがいたことである。ここがわたしのこの論文の眼目になるのだが、ポスト構造主義の中心的な場所にいると広く考えられている主要な思想家たちのうちの少なくともふたり、すなわちジョルジュ・バタイユとミシェル・フーコーにとって、経験——翻訳されると見失われてしまいがちなどこまでも非心理学的な意味での経験——は軽蔑に値するどころか、かなり敬意に値する概念であった[13]。ふたりの、かならずしも十分に首尾一貫しているわけではないにしても、複雑である用法を吟味することによって、かたや、本来の素朴な経験概念を強固に支持する人たち、かたや、素朴な概念というものを冷笑するように拒否する人たち、のあいだで行なわれているますます不毛の度合いを強めている論争をわたしたちは超克できるかもしれない。わたしのこの論文の表題が示しているように、ふたりの「限界《リミット》-経験」という概念には限界があるとわたしは考えているが——その点については、わたしは最後にふれることにする——、にもかかわらず、フーコーとバタイユは、経験という問題をめぐる少なくとも現在の英米の論争の特徴になっている、あれかこれかの二者択一を乗り越える手立てを用意してくれている。[14]

＊

一九七八年、イタリア共産党員ジャーナリストのドゥーチョ・トロンバドリがミシェル・フーコーにインタビューし、かれの知的軌跡について質問した。その数年前、『知の考古学』において、フーコーは『狂気の歴史』などの著作における「経験」にたいする肯定的な姿勢から後退したかのような印象を見せていた。フーコーの説明によれば、それは『知の考古学』は「歴史という匿名の大きな主体」[15]に依拠しているからだ、ということであった。しかし、インタビューでフーコーは、イタリア人対談者には、かれが書いてきた著作の全部が「わたしにとってのひとつの経験になっていまして、わたしとしてはそれができるだけ豊かな経験であってほしいものです。経験というものは、人がそのものから変貌しつつ生まれてくる、当のそのものです[16]」と語っている。フーコーの著作は、世界にかんする真実をとらえたり理論の最先端を示したりするものではなく、自己探求における実験なのであり、かれは読者にその実験に参加することを促したのであった。

あなたの経験のとらえ方を分類するとどうなるかとトロンバドリに問われて、フーコーは、現象学における経験のとらえ方と、かれがはっきりと同調する別の伝統のとらえ方とを区別して次のように答えている。

現象学での経験は基本的には、日々の生きられた経験のさまざまな側面についての認識（反省的眼差し *regard réflexif*）を一時的な形で統合するひとつの手立てなのです。反対に、ニーチェ、バタイユ、ブランショは、経験を通じて、生きることの不可能性にできるだけ近いところ、つまり、限界点ないし末端のところにある生の先端に達しようと試みます。かれらは強度の最高量と不可能性の最高量を同時に求めようと試みるわけです。しかしながら、現象学者の著作は基本的に、日常の経験につながっているいろいろな可能性の全領域を広げてみせることから成っています。[17]

さらにフーコーは、現象学は「主体の、自我の、自我の超越論的諸機能の、基本的性質を再確認すべく、日常経験の重要性を把握しようとすることにおいて」道を誤ったとも語っている。

逆に、ニーチェ、ブランショ、バタイユは、主体を主体自身から「引き裂く」作業をします。結果、もはや主体は主体でなくなる、あるいは、主体はまったくの「他者」になる。その結果、主体は絶滅のところ、分裂のところに逢着する可能性をもちます。[18]

主体を傷つけるそうした経験概念をフーコーは「限界 - 経験」と名づける。というのは、日常生活において機能するさいに、その経験は首尾一貫した主体性がもつ限界を越え、生活それ自体の可能性そのものを現におびやかすからである。

　こうしてフーコーは精力旺盛に経験を防御したのだが、しかし、経験の意味をさらにかれが検討してゆくと、経験はある種の逆説的な意味を帯びてくる。かれは経験についての先を見越したとらえ方――主体を主体自身から「引き裂く」作業――を肯定するだけでなく、経験についての反作用的とらえ方をも承認するから、逆説的になるのである。その後者では、行為を事後に再構築されたものが経験である。経験は「つねにフィクションであり、つくられたものであって、つくられたあとでのみ経験は存在するので、つくられる前には存在しません。経験は『真なるもの』ではなく、それはひとつの現実だったものです(19)」。かれの著作は大きな視点で見れば「直接的・個人的（諸）経験(20)」から生まれたものであるとかれが述べる一方で、狂気、病院、病気、死とのかれの初期の出会い自体が、経験産出としての知的練習であった。というのも、たぶん現象学者たちが考えたようには、経験は単純に生起したのではなく、事後に書かれたものであったからだ。さらにフーコーが説明しているのだが、書くことは自分自身のためだけではなく、他者たちのためのものでもあった。「経験はもちろん人がひとりでもつものです。ですが、他者たちがせめて主体の経験といっしょに道をわたるというか、主体の経験のあとをたどる――わたしはあえて追体験する、とは言いません――ことができるような形で、その主体としての個人が純粋主体性から逃れるように工夫するのでなければ、経験は存分な力を発揮することはできません(21)」。

　そういう次第で、経験についての逆説的なとらえ方――個人の活動的な自己引き裂きという作業であると同時に、その自己引き裂きを他者たちが自分の生のために利用することができるようにする、過去に遡及する書かれたフィクションであるもの――は自分が安直に解釈されるのをこばむ。前者の経験の用法が、主体性という強い概念をもたない経験、主体性とは逆の概念につながっている経験を意味しているのにたいして、後者は、経験を一種の「二次加工」〔secondary elaboration〕[22]として表現するだけの力をそなえた作者のペルソナのようなものを取り込んでいる。その「二次加工」によって、初めのころにはその経験を共有していない人たちをも納得させるだけの首尾一貫性を経験にもたせるわけだ。こうして、フーコーの言う限界‐経験とは、自己拡大と自己消滅とが、直接的で先を見越した自発性と虚構としての過去への遡及とが、また個人としての引きこもりと集団としての相互行為とが、不思議に矛盾する形で混在しているものである。

ジェイムズ・ミラーが最近刊行したフーコーの伝記——もっと正確には「哲学的生活」——は、限界‐経験を重要原理ととらえている本だが、その原理の意味をかならずしも十分に解明できていないのもやむをえないだろう[23]。トロンバドリのインタビューとフーコーの愛人ダニエル・ドゥフェールの証言をふまえつつ、ミラーは、限界‐経験、とくに、精神を弛緩させるドラッグ、サド・マゾ的性癖、現実の死の危険をふくんでいる限界‐経験を求める衝動を基軸にしてフーコーの生涯を再構成している。かれのフーコーは、「経験」という語の含意のひとつである自分の自我をともなう危険な実験（フランス語でとくにはっきりもたされている含意）に喜んで着手する人という意味で、ファウスト的にむこう見ずな人である。ミラーによれば、哲学的・政治的・性的「神秘主義者」たるフーコーは、「存分に解明することはできぬようないろいろなあり方で、個人的なものは政治的——そして政治的なものは個人的——であることを知っていた[24]」。その意味でフーコーは、フーコー自身が取り込んで賞賛していた伝統、ディオゲネス、サド、ヘルダーリン、ネルヴァル、ニーチェ、ヴァン・ゴッホ、ルーセル、アルトー、などのいる伝統に連なる最近の人物ということになる。

しかし、フーコーの経験概念には、混沌から首尾一貫性をもぎ取る手立てとしての、過去遡及的なフィクション化が入っていることも、ミラーは見抜いている。アレクサンダー・ネハマスのニーチェ研究書に、ニーチェの生涯を美的自己形成の自覚的訓練と解釈している本があって、(25)ミラーはこれにならって、フーコーの生涯と著作を織り成している一見不可思議なカーペットの上に立っている一人物を発見しようとしている。故フーコーがセネカ、マルクス・アウレリウス、プルタルコスに関心をもったことに着目して、ミラーは、フーコー自身の個人的軌跡における意味に富んだ生の形式すなわちエトスを描き出すべく、ストア派の、経験をめぐる考察の手続きを見きわめている。かくて、ミラーがわたしたちのためにつくりあげるフーコーはいろいろな限界‐経験を求める旅を自覚的に推し進める。それらの経験がもつ密度と多様性によって、個別化や疎外化の前にあるディオニュソス的単一性を取り返すことになろうけれども、ただし、アポロン的明晰性の兆しを見せている美的形式でのみそれを取り返すだろう。限界‐経験というのはそうした性質をもっている経験である。つまり、ミラーのフーコーは、ニーチェが古代ギリシアに見たあの有名な悲劇的洞察を現実のものにする――あるいは、現実のものにしたいという願いのなかで死ぬ――フーコーである。ちなみにその洞察とは、その洞察のなかの個人的なものの顕現がわたしたちの内なるダイモーンと、すなわち宿命がわたしたちに割り当てていた類なき運命と、決定的に和解する、そのような洞察にほかならない。

フーコーの生と著作を悲劇的な限界‐経験を果敢に追求したものととらえるミラーの読解は、ある意味では生産的なものではあるのだが、経験という主題がもつさまざまな複雑性に照らせば、結局のところ妥当なものではない。というのも、その読解をとることで、ミラーは、フーコーの非常に重要な区別だての ひとつとしてミラー自身が認めているいわゆる肯定的経験と否定的経験とのあいだの区別だてに隠れているいろいろな緊張を丸く収めてしまうからだ。ミラーは否定的経験を、狂気、犯罪、サド・マゾ的な自己犠牲、などの「合理的理解をこばむかに見える人間経験の諸側面」[26]にあてはめる。否定的経験を安定化させることが、フーコーがバタイユから大いに学んだ教えである、とミラーは考えている。だがそのあとに、ミラーは否定的経験をそれとは反対のものである肯定的経験と――わたしに言わせれば、あまりに安易に――混合させてしまう。ミラーによれば、「エロティシズムをサド・マゾヒズム的行為におけるその極限において考えれば、そのエロティシズムは、サド・マゾヒズム的行為という『否定的経験』にある無意識の思考しえない諸側面と取り組んで、その『否定的経験』を肯定的なものに変え、ある人物がニーチェの精神で――死の幻想を繰り返し見るところまで行ってでも――『イエスと言う』ことができるようにする、そのための独特に創造的である手立てになると示唆することが、バタイユの独特な才能であった」[27]。

フーコーにあたえたバタイユの影響をこういうふうに読むのには疑問がある。というのは、その読み方では、一見まったく回復できぬような否定的経験であっても、ともかく経験はより高いレベルの昇華を得るための生《なま》の素材になるからだ。その場合の昇華というのは、自我の消滅が否定するように見える充実した現前をきっちりと回復するものである。聖なるものとのエクスタシー的融合を求める宗教的神秘主義者たちの願いを取り戻す企図に否定的経験が同化することを通じて、充実した現前を、その昇華は巧みに回復するわけだ。これは確実なことだが、「神秘的経験に基づく否定神学」を承認するかに見えるバタイユの記述と、「起源の無垢」の可能性を語るフーコーの記述をミラーは引用することができるのだが[28]、しかし、その引用をするにおいて、かれは、トロンバドリとのインタビューに溢れているいろいろな創造的緊張は控え目に扱っている。その結果、そこから経験についての統一的なとらえ方が見えてくる。リオタールや、ヘーゲル的止揚を批判する者たちが問題ありと見る現象学的形成《ビルドゥング》についての弁証法的解釈をそれとなく写し取っているという意味で、鏡像のようなとらえ方が見えてくるのだ(29)。

言い換えれば、フーコー自身が経験にあたえているいろいろな意味の混合物におけるひとつの契機をミラーは特権化している。経験を事後のフィクションととらえる契機、直接生きられたものではなく事後に書かれたものととらえる契機、を特権化しているのである。ミラーが次のように述べている。「つまるところ、わたしは永続的で固い決意をいだいたひとつの自我をフーコーにむりやり割りふったことになる。かれの生涯にわたってただひとつの肉体に宿っていた自我、かれ自身にも他人たちにも、かれの行為と考え方を多かれ少なかれ一貫して説明し、かれ自身の生涯を目的論的に構造化されているひとつの探求と理解する自我、をフーコーに割りあてたのだ(30)」。とはいえ、ひとつの型を見つけたいという著者としての欲求に駆られてミラーはその割りふりをしたのか、それとも、自分の経験を過去遡及的に記述しつつひとつの明晰性を生み出したいというフーコー自身の衝動――ストア派的と言える衝動――に駆られてやったのか――そして、その明晰性をミラーはただまねているだけなのか――、それとも、宿命によって個人的ダイモーンを自分に割りあてるなどのフーコー自身の企図の開始のところにすでに実際に動いていた目的論を発見することによってミラーがそれをやったのか、ミラー自身がそのどれと考えているのかははっきり見えてこない。しかし、むりやりの強制力の正体がなんであるかといえば、強力な二次加工であるものとしての、フーコーの生と著作がそれだというのが結論になるだろう。また別に考えれば、フーコーにバタイユがあたえたと推定される影響を語るなかでミラーは、否定的な経験を肯定的な経験に変えるニーチェ的なイエスと言う身振りをはっきりと見せるのだが、その身振りは、限界‐経験という概念をまことに生産的にして魅力的なものにする大変具体的なもろもろの緊張を、場合によればもろもろの矛盾を、丸く収める働きをしてしまう。

ミラーは、否定的な経験を肯定的な経験にもってゆくという問題含みの昇華を提出する一方で、限界－経験における独特に共同体的ないし非個人的である衝動は黙殺する。フーコーの展開をめぐってのミラーの目的論的語りのなかにミラーが非個人的次元を導入するときに、とくにサド・マゾ的場面をめぐっての共感的立場からの記述をするさいに、かれはその次元を、男性同性愛者たちという暗黙にリベラルである観念の上に基礎づける。その男性同性愛者たちは、パートナーが自分の尊厳を認めているものと期待している。かれら自身が自分の尊厳をこばかにしている場合であっても、パートナーには尊厳を認めてほしいのだ。[31] ミラーがフーコーの自我だと考える「永続的で固い決意をもった自我」をもっている、サド・マゾヒズムという「遊び」ないし「劇場」におけるプレイヤーたち——このメタファーは、どのような残酷なものも現実のものではないということを示すためにミラーが意図的に出すものである——は、ごく普通の人びとである。「人口構成のどの部分の人たちとも同じほどに穏やかにして協調的である」普通の人びとなのだ。[32]

バタイユの経験概念にフーコーが影響を受けていることをミラーよりもう少しふみこんで探ってみるなら、ミラーのそれのような存分に意図的である弁明がいかに問題含みであるかがよくわかるだろう。というのも、バタイユの生活と著作には、大いに痛みを和らげるような、経験という概念についての理解につながるものはほとんどないからである。バタイユの生活と著作を、有機的で美的に構成されたひとつの全体にまとめることなどできないわけで、まずそのことを念頭に入れておかなくてはならない。ミシェル・シュリヤのバタイユ伝記の副題が「ラ・モル・ア・ルヴル la mort à l'œuvre」となっているのは意味深い。芸術作品にいたる死という含みもある副題である。図書館員としての静かな生活をしながら暴力と侵犯を説くというバタイユの偽善性を指摘する、アンドレ・ブルトン、ジャン＝ポール・サルトルといった論敵たちによるたび重なる批判から、バタイユの経験概念についての有用な手がかりが得られる。ネハマスのニーチェやミラーのフーコーと同じ意味で、バタイユの経験概念もひとつの型にまとめあげることができない、ということがわかってくるのである。

バタイユの語彙では経験はかならずしもつねに目立っている用語ではないことはふまえておくべきであるし、至高性、非知、交感など、無視できぬ形で経験という概念の意味を微妙に変更するほかの概念との戯れのなかに、経験を入れる必要がある。一九三〇年代後半に、同盟「コントル・アタック」、小共同体「アセファル」、「社会学研究会」といった組織においてバタイユは政治団体兼知的集団を軌道に乗せようとしてさして成功しなかったのだが、経験という概念が前面に出てくるのは、そののちの第二次世界大戦のころであった。おそらくは健康状態の理由で――一九四二年に結核の重い症状が何度もあらわれた――、バタイユが闘おうとしていたファシズムの企図に、バタイユ自身の企図が危険なほどに近くなっていたことにかれ自身が気づいたがゆえに、あるいは、たぶんナチスの占領者たちが集団活動のような実験にさほど寛容でなかったがゆえに、バタイユは前の一〇年における公的活動とはまるで異なる孤独のなかに引きこもったかに見える。[33]その結果、バタイユの言う「内的経験」が前面に出てくることになる。一九四一年に書き始められ一九四三年に刊行された、のちに『無神学大全』の第一巻とされることになる本に、「内的経験」の書名がついた。[34]

かれの初期の著作のさまざまな主題の多く――供犠《サクリファイス》、聖なるもの、暴力性、不定形《アンフォルム》、呪われたもの、消尽《デパンス》（浪費）――が見た目新しい容貌をもって、現在たちあらわれてきている。最近の批評家のひとり、アラン・ストークルは経験を個人的なものの登録と見なすところまでふみこんでいる。その登録のところで、「経験それ自体が一個の個人のものであり、またその経験は少なくともある種瞑想的である実践に関係をもっている」[35]。ストークルによれば、初期のバタイユが正統的な教会に対立している異端的宗派を支持していたように見えるのにたいして、のちのバタイユの無神学的・否定的宗教は、ニーチェ的超人の孤独な道に賛意を示しつつ、宗派的孤立性すらをも否定した。ちなみに、そのニーチェ的超人というのは、その内的経験が徹底してコミュニケーション不能であり、完璧にかれ自身のものであるような人物である。しかしながら、内的経験についてのそうしたとらえ方は、バタイユが――少なくとも、かれのテクストのあれこれの契機のところで――なんとかして転倒しようとした内面性と個人性という概念を前提に据えている。実際、『内的経験』というテクストそのものが、否定的経験を肯定的経験に転化させようとするミラーの試みや、経験の個人的・個別的性質を前面に出そうとするストークルの試みの基礎になっている、個別化された美的救済という理想を問題にしようとしている、と言えば言えるだろう。ドゥニ・オリエがかなり前に述べたように、『内的経験』は

自己侵犯的な本である。ということは、それは本ではない。それを書くのにはあまりに長くかかった。あまりの長さに、時間そのものがそのテクストを書いた――つまり、そのテクストに時間が刻まれている――とも言えるほどである。バタイユはそのテクストを時間のうちに書いた。執筆計画を無視して書いたのだ。文字通りの意味で、かれは時間をテクストのなかに入れた。そのことによって、この本についてのわたしたちの読みは、この本の外にあるテクスト的異種混淆性という空間において行なわれる以外にはありえない。この本をつくりあげているいろいろなテクストは同時代のものではない。すなわち、いかなる同時性もそれらのテクストには存在していなかった。それらのテクストが並置されていることによって、テクストを生み出した企図からテクストを異なるものにしている裂け目をわたしたちは見つ

けることになる。[36]

公式《フォーマル》の視点――あるいはもっと正確に言えば、非公式《インフォーマル》な〔*inform-al*〕視点――においてのみならず、実質的な視点においても、『内的経験』は、その本を、積極的で個人的で十分に内面化された経験を求める嘆願として読もうとする試みをひそかに妨げる。それにまた、主体と客体を神のなかで融合させるという目標をもった神秘主義という用語をバタイユが初めから導入するにもかかわらず、[37] その本を、宇宙とのより大きな積極的結合を嘆願するものと理解するべきでもない。というのは、バタイユの言うそのような融合が不可能であること、まさにそのことこそが内的経験の非常に強力なもろもろの限界のひとつであるからだ――実際、徹底して否定的である内的経験を、限界‐経験そのものから分けることはできない。デリダがそのきわめて独創的な論文「限定経済学から一般経済学へ――留保なきヘーゲル主義」で述べているように、

> 内的経験だと自称しているそれは経験ではない。なぜなら、それは、いかなる現前にもいかなる充実性にも関係をもっていないのであって、それはただ「不可能な」ことを刑苦のなかで「経験する《アンダーゴー》」だけであるからだ。そのような意味での経験は内的なものではない。そして、その経験はほかのどんなものにも、どんな外的なものにも関係をもっていない（非関係、秘密、断絶、といった様態にある場合を別にして）がゆえに、それが内的なものであるように仮に見えるにせよ、それはまた裸のまま完全に――刑苦に――身をさらされ、外部のものにおおっぴらにされて、なんら内的なものも感情ももたない状態にあって、だからどこまでも表面的なものとしてあるだけである。[38]

ここでのデリダによる経験の定義づけはたぶん限定的にすぎる――いわば、バタイユなら積極的経験と呼ぶであろうたっぷり充実した現前、と完全に重なっている――かもしれないが、否定的経験において十分な内面性が実現することの不可能性をデリダが見据えているのはやはり妥当としか言いようがない。

　というのも、バタイユは、経験を全体化させることを通じて、自我のいろいろな亀裂や裂け目をうまく縫い合わせてやろうとする願いをはっきりと――決していつもいつもではないにせよ[39]――否認したからである。経験の全体化は、自我と世界からひとつの調和した全体をつくるからだ。こうしてバタイユは、内的経験と神秘的なるものという忘我《エクスタシー》との完全なる等価性を否認した[40]。「啓示から生まれるのではない経験――そこでは未知のもの以外のどんなものも啓示されない経験――には、いかなる気休めももたらしてくれないという特徴がある[41]」とバタイユは言う。同様に、その経験は哲学の慰めを否認する。とくには「至高の知」を「内的経験を拡大したもの」にしたいというヘーゲル的希望を否認する。「しかし、この現象学は、経験を通じて達成される目標の価値を知に貸しあたえる。だがそれは不釣り合いな釣り合いでしかない。すなわち、経験に貸しあたえられる分は多すぎると同時に少なすぎでもあるわけだ[42]」。とはいえ、バタイユを批判する一部の人たちが考えるようには、内的経験が単純に批判的理性の反対物だとはならない。そうではなく、内的経験の積極的形式というか絶対知というヘーゲル的外観において、内的経験が批判的理性と十分に和解することはついにない、ということである[43]。

　事実として、哲学はうまく全体化することはできないのだが、というのも、内的経験がつまるところ、生産ではなく消費が支配的原理になっている領域である聖なるものから生まれるのにたいして、哲学は世俗的生産物の世界の一部分であるからだ。聖なるものと俗なるものとの、デュルケム的二分法は人間の条件を見きわめる契機のひとつである。バタイユが『エロティシズム』において述べているように、「哲学者の生活をかれ自身のそばでたえず想像するのも、少なくともしばしば想像するのもむずかしい。人は、労働する時間と聖なる時間とに時間を分断する本質的経験に戻ってゆく(44)」。

自分のいろいろな内面的葛藤を抑えようと努め、自己禁欲によって聖なるものと一体化した状態をつくろうと努めるのが禁欲主義者であるが、その禁欲主義者による自己抑制が、真の内的経験から拒否されるもうひとつの慰めである。バタイユが言う。「禁欲に反対するわたしの土台は、極限へは欠乏を通じてではなく過剰を通じて近づきうるという考えである。……禁欲は、救済、救いを求め、喉から手が出るほどほしい対象を所有することを求める。禁欲においては、快楽なり苦痛から無縁である経験だけが価値あるものというわけではない。価値あるものはつねに至福、救いなのであって、わたしたちはこれを自分の力で獲得しようと努めている(45)」。バタイユ特有の言葉遣いでは、こうして至高性＝主権〔sovereignty〕は、自制を通じての救いの否認に相当するから、支配性〔mastery〕とは反対のものである(46)。享楽《ジュイサンス》という意味での快楽をともなう苦痛が、その至高性の基本的要素だが、その苦痛が、その苦痛を生み出す苦悩を乗り越えたところにある至福の状態にいたることは決してない。ジャン＝ミシェル・アイモネによれば、内的経験は「『いっさいのものになる』、すなわち『神』そのもの『になる』、そういう、主体のもって生まれた意志の罪滅ぼしをするために必要」である(47)。

否定的経験が自分から否定するもうひとつの慰めが、熟慮した上での自己形成としての行為という企図である。バタイユによれば、「内的経験は行為の反対物である。それ以上のなにものでもない。『行為』は完全に企図に依拠している(48)」。ちなみに、その企図自体はとりとめのないいろいろな意図によって形づくられる。企図は反省をとんでもなく高いレベルにもちあげるという理由もあるが、それだけでなく、真の実存を未来の状態に据えて、内的経験にとって本質的なものである現前——ただし、充実した現前ではない——の契機をひそかに傷つけるという理由もあって、企図は問題をはらむものである。(49) ドイツの作家エルンスト・ユンガーは著書『内的体験としての戦闘』（一九二二年）で、ブルジョワ的日常性からの美的・非道徳的逃避として戦争を賛美したのだが、バタイユが『内的経験』を出す二、三年前にその仏訳が出た。その本でユンガーが賛美した「内的経験」に表面的には似ているものの、バタイユの内的経験は英雄的な行動主義は遠ざけている。前線体験《フロントエアレープニス》におけるさまざまな共同的意味合いにユンガーが惹かれていることに、幾分なりバタイユの内的経験も共通しているが、意気盛んな行動主義は避けているのである。(50)

見てきたように、人を誤らせる内的経験に注意せよという警告をいろいろしているにもかかわらず、バタイユは否定的内的経験のなんたるかをかつて語ったことがあるだろうか？　そう問うてもいいだろう。「不定形《アンフォルム》」という言葉を辞書的に定義づけるというバタイユの有名な方策があって、かれ自身はそれは積極的な意味をもった言葉なのではなく、むしろひとつの仕事——価値引下げという仕事——なのだと主張しているのだが、(51) ともかくバタイユはその方策を繰り返しながら、実際にはその方策を一気に記述にもってゆくことは嫌い、むしろその方策をひとつの力のようなものと見ようとした。「内的経験と哲学との違いは主に次の点にある。すなわち、経験においては、述べられるものはひとつの手段以外のなにものでもなく、それは手段であると同じほどひとつの障害物でもある、という点である。経験で重要なのは風をめぐる記述なのではなく、風それ自体なのだ(52)」。手段であると同時に障害物であるもの、形式ではない力としての否定的内的経験はこうして、主体による自己‐基礎づけにたいするひとつの逆説的な関係という信号を送っている。「経験はほかのさまざまな価値、さまざまな権威を否定するものであるという事実のおかげで、積極的実在性をもち、それ自身が積極的価値になり、また権威になる(53)」。そう書きながら、バタイユはしかし、すぐに脚注でこうつけ加える。「経験という権威における逆説——経験という権威は挑戦をふまえてあるわけだから、その権威は権威に挑戦するものであり、積極的に挑戦するものたる人間の権威は自分自身に挑戦するものだという道理になる(54)」。

経験は、宗教理論とか理性といった外部の規準に立脚した権威ではないにしても、やはりそれ自体が権威なりと解釈される可能性はある。しかしながら、その権威は、つねに自分自身を傷つけている権威である。経験の目的をエクスタシー的一体性ないし神秘的融合と定義づけるのさえ、簡単には是認されえない。というのも、その定義は、十分安心できる知識、積極的すぎる安定した知識を前提にしているからだ。このところで、バタイユはブランショの「異議申し立て」という原理を持ち出してくる。その原理は無を自動詞的に肯定するものである、とフーコーはバタイユを論じて述べている(55)。経験は首尾一貫性に抵抗する。だから経験は、完全なる模倣《ミメーシス》という鏡像関係においてメタ主体を外に、ミクロ主体を内に置こうと努めるような、鏡としての主体性にかかわるいっさいの概念を傷つける。ラカンとのバタイユの密接な関係を巧みに浮き出させつつ、クリステヴァが書いているように、「内的経験は、主体をつくる最初の契機としての鏡像化という性質に衝突する障害物である(56)」。

しかし、内と外との、鏡をあいだに置いた模倣《ミメーシス》なりエクスタシー的融合なりに内的経験がさからうにしても、「内的経験」という当の言葉によって特権化されるものと思われる内部の絶対的完全性にひとつの断絶があることも、内的経験は前提にしている。すでに見てきたように、その断絶をふまえてデリダは、経験は表面的なもの、外から刑苦にさらされていて内部の留保に欠けているもの、と断じたわけだ(57)。だから、ある意味で、限界-経験は、主体と客体のあいだ、自己と他者のあいだ、自我と世界のあいだに越えられない境界がなにひとつないことを意味している。バタイユが書いている。

経験においては限定された経験というものはすでに存在しない。経験においては人はどういう意味でもほかの人たちから区別されない。その人のなかにあるほとばしり出るものはほかの人たちのなかでは消えている。極限につながっている、「あの海原になれ」というきわめて簡潔なる命令は、ひとりの人を群衆にすると同時に砂漠にもする。その命令は、共同体の意味を明確に要約する表現である。(58)

経験を超えた絶対的外部性というものはないのだが、超越的唯一者たる神の死によって確実なものになった不可能性のひとつである否定的な内的経験は、自我と世界とのあいだの境界を消失させる——ただし、単純に抹消するのではない。経験がつくる共同体と、経験が育むコミュニケーションとが、純粋に私的・個人的であるものを越えてゆく事態を必然的にもたらす。(59)『文学と悪』でバタイユは、「自信をもってわたしが言えること。それは、人間性は個々の存在者が寄り集まってできるのではなく、個々の存在者たちのあいだのコミュニケーションからできあがっている、ということである」(60)。限界‐経験は、侵犯をするいろいろな試みを通じての美的自己形成におけるひとつの遂行行為なのではない。その点、ジェイムズ・ミラーによるフーコー読解とは反対である。限界‐経験はかならず他者たちを巻き込むのだが、役割演技をする同性愛者たちのサド・マゾ共同体をめぐるミラーの記述に出てくる契約上の互恵性よりは入り組んだ仕方で、他者たちは巻き込まれるのである。

共同体とコミュニケーションというバタイユの概念をつまびらかにするのは、よく知られるように困難であった。最近の批評家レベッカ・コーメイは、ヴァルター・ベンヤミンの言うエアファールンクと、「工業化の時代によってすでに失われており、生産性と交換の循環によって巻き取られ上書きされている、共同体化する『経験』」とを比較している。

現実として、そうした経験はそれ自身が生じるよりずっと前に失われていたのだ。というのも、原初の充実という契機があって、それが反復されるとか「追体験」されるということではないことを、ベンヤミンは知っていたからだ。エアファールンク――失われた経験――はまさに喪失の経験そのものである。経験は、ある「経験」が存在しなかったという事実のみを明らかにする。[61]

少し言葉を変えれば、経験という旅（*Fahrt*）は帰宅できる保証のない危険なものだということになる。そのラテン語語源――「危険に向けて *ex-periri*」――がそのことを示している。[62]

しかしながらコーメイによれば、ベンヤミンよりもハイデガーのほうがすこぶる有効な比較を提出している。というのは、ハイデガーは、ディルタイの直接的エアレープニスという概念とヘーゲルの弁証法的エアファールンクを否定しただけでなく、一方で、中心化した自我の剝奪や、完全に平等な交換の可能性の転覆とをもたらす――そして、言うならば、ミラーの言う同性愛者のサド・マゾヒストたちの市民的互恵性をくつがえす――において、贈与というエコノミーが重要であることを理解するにいたったからだ。

バタイユの共同体と経験をめぐるたいへん広範囲なハイデガー的読解を、ジャン＝リュック・ナンシーの『無為の共同体』に見ることができる。[63] ナンシーは『内的経験』をバタイユの幻滅の産物ととらえている。シュールリアリストたち、「コントル・アタック」「アセファル」「社会学研究会」にかかわった一九三〇年代にバタイユが追究した精神的交流や聖なる内在性へのノスタルジックな探究に幻滅を感じたところから、『内的経験』が生まれた、というわけだ。とはいえ、ナンシーは『内的経験』を、私的内部性、個人的自己没頭への後退と解釈しているのではない。ナンシーの考えでは、それでもなおバタイユは共同体が絶対に必要であると確信しているし、「共同体の外には経験は存在しない」とも信じている。[64]しかし、その場合の共同体は意図的につくられる共同体ではない。自己形成の集団的企図の成果としての共同体ではないのだ。そうではないそれは、ブランショなら、無為の〔désœuvrée〕（不作為の、稼働していない、生産されていない、ばらばらの、そしてアン・スモックの英訳では、平穏な〔uneventful〕[65]）共同体と言うであろうものであり、だから、詩作《ポイエーシス》、つまり、普通の意味での意図的につくられる芸術作品とは異なるものである。

純粋な内在性、直接性から成る共同体では、構成員たちがひとつの充実した意味をもつ全体性の一部になっているわけだが、そうではない、不作為で稼働していない共同体のほうは、有限な人間存在たちから成っている。そしてその有限な存在者たちの相互的関係性は、まさにその互いの有限性によってつくられる。ナンシーが次のように書いている。バタイユは、

生産される作物でも、失われた合一である共同体でもない、空間それ自体としての、また外部の、自我の外部の経験という空間設定としての共同体という近代的経験を初めて、あるいはたいへん鋭敏に経験した人であるのはまちがいのないところである。この経験の肝心な点は、分離についての「明確な意識」という危急性にあった。いっさいのノスタルジーといっさいの形而上学を逆転させる危急性が肝心な点だった。[66]

その避けがたい分離についての意識、絶対的統一が不可能であることについての意識は、恐ろしい死の事

実、人間の有限性の不可避性を自覚することによってもたらされた、とナンシーは示唆している。

ここは、ナンシーがハイデガーの系統にいることがたぶん最も明らかになっている部分だろう。とはいえ、そのハイデガー主義にはひとつひねりが加わっている。現存在《ダーザイン》の、自身の「死に向かう存在」を受け入れる欲求をハイデガーがつねに強調したのにたいして、ナンシーは、共同体を構成する他者の死を認知することを強調する。「共同体は他者たちの死においてたちあらわれてくる。だから共同体はつねに他者たちの目にたちあらわれてくる。共同体とは、つねに他者たちを通じて、他者たちのために生じるものである。……共同体が他者たちの死においてたちあらわれてくるとして、その理由は、死そのものが自我《エゴ》ではなく『わたし《アイ》』の真の共同体であるからだ[67]」。

他者たちの有限性を認知することが、いくつかの意味で、共同体を生じさせるひとつの本質的な限界―経験である。第一に、そう認知することは、他者たちの死を、神の義を弁証する学問のようなひとつの意味ある叙述へと止揚してしまうことに反対する。その叙述では、他者たちの死は救いをめぐるひとつの大きな物語、無限のレベルまで高められた物語の一部になるのだが、そんな叙述へと止揚することに反対するのだ。そして、他者たちの死は、それらの有限なる神聖さ〔語りえぬこと〕において、経験と絶対的認識とを和解させたいと願っている者たちの傲慢にたいする叱責になる。第二に、他者たちの有限性を認知することは、コミュニケーションとは鏡に映った映像なりという誤った考え方にたいして見直しを迫る。というのも、人は他者の死を外部から理解できるが、ただしその死に十分には関係することもできないし、その死を（純粋な内部性というごく普通の意味で）「内部から」確実に経験することもできないからである。コミュニケーションはまた、ハーバーマス的な意味での相互主体的な相互行為とはまるで異なるものをも意味している。というのは、ハーバーマスがプラグマティックな装いのもとに言語の特性だと考える完全なる理解という究極目的《テロス》は、結局はその意味合いにおいて鏡像的なものであるからだ[68]。

とはいえ第三に、他者の死によってわたしたちはわたしたち自身が死を免れえないことに思いをいたし、わたしたち自身の避けられない有限性をむきだしにするがゆえに、わたしたち「自身の」経験をひとつの存分に意味ある叙述にしてゆくことができないことになる。というのも、わたしたちの死を、過去にさかのぼる形の全体化を通じてわたしたち自身の物語にまとめあげることは決してできないからだ。つまるところ、わたしたちはもう、必要な二次加工をすることはないのである[69]。「外部」からの経験であっても、ともかく他者の死を経験することによって、わたしたちは自分の内部の他者性をいやおうなく経験することになる。

幻滅から醒めたバタイユは自分の共同体概念を「恋人や芸術家たちの主体的至高性――それとともに、かれらが交流することのない『均質的な』社会秩序からはっきり分離された、『異種混淆の』閃光のごとき例外」に限定する傾向を見せた、とナンシーは述べるのだが[70]、とはいえ、共同体をめぐるひとつの拡大版概念が諸限界の入り組んだ錯綜状態から引き出されうる、とナンシーは述べている。その錯綜状態自体が錯綜したそのまま伝達されるわけである。のちの著作『自由の経験』(一九八八年)において、ナンシーは、経験と自由とのつながりをより入念に擁護する視点をとっている。その視点は限界‐経験(都市をつくることがその限界を設定する、とナンシーは述べている)としての政治組織をつくる行為をふくんでいるものであり、また、経験はたんに主体を否定するものであるのではなく、経験は主体をいろいろな限界にまで拡大させたもの(「本質[そしてそれゆえ存在]」の限界以外のなにものでもないような妨げられた限界という危難、共有された単数の存在の輪郭」)であると主張するのがその視点である[71]。ナンシーはまた、他者たちの経験を通じてのみ人に知られることになるいろいろな経験のなかに誕生をふくめることで、かれの初期の著作に見られる死についての不気味な強調と見えるものを、微妙なニュアンスのものにしている。[72] ナンシーの精緻にして難解な議論に、この論文でついてゆく余裕はわたしにはない。そこで、こう言うにとどめておこう。ナンシーの言う限界－経験という概念は、ジェイムズ・ミラーのフーコー論で提示される経験概念とはまるで別物である、と。

ナンシーが経験についてあれこれ思い巡らすことで、わたしの論点が明確になってくるということもある。欧米の支配的なポスト構造主義思想受容とは反対に、経験という概念をとりとめのないいろいろな関係性の網目に安直に押し込めて終わりにしない論点を明確にしてくれるのである。事実、この章の冒頭で引用したキリスト教についての文章でクリステヴァが述べているように、バタイユ、そしてフーコーは経験を言説に還元することにこそ警戒せよとわたしたちに注意している。そんな還元はせずに、経験についてのさまざまなとらえ方――肯定的なとらえ方と否定的なとらえ方、普通のとらえ方と限定的なとらえ方、主体的なとらえ方と非主体的なとらえ方、など――によってわたしたちがひとつの単純な基本的経験論を持てなくなっている、その多様な状況にわたしたちは注目すべきである。その基本的経験論があれば、それをふまえて認識論をつくり、またその経験論から政治学を立ち上げられるわけなのだから。

しかし、そうした教訓を学びとったからといって、その結果、限界－経験の諸限界をめぐって根本的な問いをあれこれ発することがわたしたちにできないことになってはならない。というのは、そのより問題化された形においてすら、経験を追求してゆくとさらに解明すべき問題がいろいろと出てくるからである。たとえば、主体が喪失するような恍惚的な経験を重要視し、同時にその経験について「客体的に」、非人称的に語ろうとするのは矛盾になるだろうか、という問題が出てくる。[73] バタイユ批判においてハーバーマスが難じているように、「不毛な論争」が結果として起こるだろうか？　損失とか無駄とされる一見無価値であるいろいろな現象にわたしたちが価値をあたえるときに、否定的経験を肯定的経験に強制的に変えることが生じるとバーバラ・エルンスタイン・スミスが述べているのだが[74]、そのような強制的変更を阻むことがわたしたちにできるものだろうか？　言い換えれば、フーコーの生活を美学化し、過去にさかのぼってそれを肯定的な生活に変えるミラーのような他人たちの手によって、フーコーのいくつかの「経験‐本」が二次加工されて具体化されることを妨げる作業を、フーコーはいつまでもできるものだろうか？　権威、構造、一貫性を拒否する契機をたくさんそなえている否定的経験はいろいろな制度をつくる基盤を提供できるだろうか、あるいは、リチャード・ウォーリンが警告しているように、その否定的経験は、「肯定的自由」とされる「なにかをする自由」〔freedom to〕との共通性ではなく、「なにかをしない自由」〔freedom from〕としての「否定的自由」という古くからあるリベラルな概念との予期せぬ共通性をいくつももった、本質的に反制度的であるイデオロギーであるだろうか[75]？　共有される限定性をもった経験、否定できぬ有限性をもった経験をふまえたコミュニケーションという考え方には、生きている者につきまといういろいろな現実的問題、すなわちいろいろな限界‐経験が日常の実存を不可解な形で分裂させるときでも消えることを拒むようないろいろな問題、にたいして有効な答えを提出できるだけの器量がそなわっているだろうか？　実際のところ、経験の大家たちのエリート集団が、もっとありきたりの生活をおくっている人たちの正当な要請に無関心になるという危険はあるだろうか？

以上のような問い、またそのほかのたくさんの問いが、現在の文化理論のひとつの中心的関心としての経験の回復という課題にともなって出てくる。しかしながら、フーコー、バタイユ、そのほかのいわゆるポスト構造主義者で経験の重要さを前面に出す人たちがわたしたちを促して、経験の素朴な直接性を選ぶか、その経験の同じほど素朴なとりとめのない媒介性を選ぶかの不毛な選択肢、あまりに長くわたしたちのたったひとつの選択肢と思われてきた選択肢を乗り越えさせてくれたのは、その人たちのたいへん大きな功績であった。こうして、限界－経験がもつ諸限界はある意味で、現在の批判理論そのものの限界と同じものになっているのである。

第6章　ソヴィエト連合に権力をあたえるな

　東欧における一九八九年から九〇年にかけてのさまざまな改革が左翼に残したいろいろな教訓は、いまも人びとのなかに染み込んでいる。じんわりと、ときに痛々しく染み込んでいる。社会主義社会を建設するというレーニン主義は、その主義によって正当化されてきた共産党の官僚制の外側でのまともな支持を長く得られることがなかったがゆえに決定的に信用を失墜してしまった。経済をうまく活性化し市民の安寧を保証できるという主張をすることがもうできなくなっているレーニン主義は、政治的抑圧を除くいっさいのものの前衛であるという見せかけすらもなくしてしまった。レーニン主義という哲学の弱さは、あらゆる政治的立場の批評家たちに批判されて、結局実践面において確認されることになった。理論と実践を統合するというマルクス主義の夢が皮肉な形で実現されたわけである。

　レーニン主義というモデルの終焉を嘆く人は、左翼にせよ右翼にせよ実際にひとりもいない。事実、左翼陣営の大半の人の目には、その終焉は、もっと希望のある選択肢を終焉の余波に織り混ぜることで、空気を一新させたように見えた。「知性の供犠《サクリフィツィオ・ディンテレット》」のようなものをつねに要求してきた体制にたいして精緻な正当化をあたえる必要性を感じない左翼は、自分自身がいだく疑念を合理的に払拭しなければならないというわずらわしさから解放されることになる。少なくとも、資本主義の諸悪にたいする徹底した希望も絶望もそのいっさいを捨ててしまえという思いをぐっとがまんしてきた多くの人には、解放されたように思えた。

それでなお、チャンスという窓は、いろいろな変化が起きる前に考えられたよりも、開けるのにずっと小さく、また固いように思われた。とくに東ドイツでは、小説家クリスタ・ヴォルフのような人物たちによって代表される非レーニン主義の左翼は、東西を分けるあの壁が崩壊したあと、いろいろな出来事を自分の目的にふりむけるのに意外にも失敗してきた。社会民主党ですら、再統合へのナショナリズム的欲望の後手にまわることになった。時間が経過し、自由市場経済とのロマンスが苦しいものとなれば、たぶん、振り子は別の方向にかなり振れるであろうが、ただし、その結果に熱い視線が集まる可能性は小さいだろう。というのも、レーニン主義だけが、最近のいろいろな出来事についての社会主義による作因であるわけではないからである。同じ程度に問題をはらんだものとして、少なくともひそかに同じほど問題をはらんだものとしての、解放をめざした組織モデルがもうひとつある。社会主義の想像力において一世紀以上も中心的な役割を果たしてきたモデルである。

そのモデルとは、労働者評議会《カウンシル》すなわちソヴィエトというモデルであった。そのモデルは、「現実的な」レーニン主義が共産党重視であるのにたいして、ユートピア的であるという意味でレーニン主義と対照的な要素として機能することがしばしばであった。(1) ソヴィエト連邦という名で名称としてだけしかいまは残っていないそのモデルは、しかし、独裁的・官僚的・国家主義的コミュニズムを批判する自由主義的《リバタリアン》な社会主義批評家たちにとって錦の御旗になってきた。歴史的に見れば、一九世紀のサンディカリズム〔革命的労働組合運動〕に端を発する評議会という仕組みが、近代のさまざまな改革におけるいろいろな契機として重要なものになった。ロシアでの一九〇五年、一九一七年の革命、ドイツ、オーストリア、イタリアでの一九一八年から一九二〇年にかけての改革、ハンガリーにおける一九五六年の改革において評議会が重要になった次第である。(2) 第一次世界大戦の終結のところで、軍隊が解体してゆくさいに軍人評議会が成立したことがはずみになって、直接民主主義の組織があちこちで誕生してゆくことになった。クルト・ヒラー、ハインリヒ・マンといった知識人たちですら、ワイマール期初期に短期間ではあったが「頭脳労働者評議会」を組織した。

そうした評議会が安定した組織としてそう長くは存続できなかったこと、それはそのとおりだった。とはいえ、それらの評議会はほとんど検証の対象にならなかったのだが、そのことは評議会に長所のあることを証明するものでこそあれ、欠陥のあることを証明するものではなかった。というのも、それらの評議会は権力のいろいろな危急性に左右されることがないだけに、政治的・経済的組織体としての幻想的希望を詰め込んだ場になりえたからである。社会主義の可能性を反故にするのではなく、それを実現するという希望の貯蔵庫に評議会がなりえたのだ。だから、皮肉なことに、評議会が実質的に頓挫することによって、評議会に将来を見据える部分のあったことが逆に明らかになった。

そういうものとしてのいろいろな評議会は、知的創造力という厳然たる伝統を刺激するものとして機能した。雑誌『オルディネ・ヌオーヴォ〔新秩序〕』を出していたころのアントニオ・グラムシ、自分の「左翼幼児性」を排撃する前のジェルジ・ルカーチ、オランダの「評議会共産主義者」のアントン・パンネククやヘルマン・ホルテル、カール・コルシュ、オットー・リューレ、マックス・ホルクハイマー、コルネリウス・カストリアディス、アンドレ・ゴルツ、パウル・マティク、ユーゴスラヴィアの雑誌『プラクシス』に拠った人たち、そのほか広範囲の傍系の共産主義者たち、などが時間をたがえて、評議会を新しい社会の基礎になるものと考えた。社会主義理論における「救いの《リデンティヴ》」衝動とでも呼べるもののために、評議会は官僚主義国家を中和するものを用意することがしばしばだった。[3] 事実として、ラッセル・ジャコビーが教えてくれているように、[4] 総体としての西欧マルクス主義は、第一次世界大戦直後における評議会を求める「左翼コミュニズム」の熱い願いにその基礎をもっていたのである。

第二次世界大戦のあとの時期には戦前に匹敵するような改革の熱気はなかったにしても、評議会の理念が消失したわけではなかった。一九五〇年、チトーが社会主義への道の青写真を示したときに、かれは労働者評議会を設置した――下からではなく、上から設置したのはたしかなのだが。一九六八年五月には、評議会の長所を信じることが、チェコスロヴァキアの「人間の顔」*をした多くのマルクス主義者たちにとっても、国際シチュアシオニスム〔状況主義〕*なり雑誌『社会主義か野蛮か』*といった運動の闘士たちにとっても、真のラディカリズムであることを証するリトマス試験紙になった。ユーロコミュニズムが生まれてすぐに消えた一九七〇年代という近いところで見ても、評議会はお守りのような魅力をまだ保っていた。つい最近でも、体制に反対して亡命した東欧の知識人たちがまだ評議会に魅力を覚えていた。[5] ハンナ・アーレントが代表になるような非マルクス主義者たちですら、もちろん見当違いな経済的機能をきっちりそぎ落としたものとしての評議会を、ギリシアのポリスに初めて生まれた政治的自由という夢が現代において具体化したものと見なすことができた。[6]

想定されたいろいろな長所のワンセット、それが評議会をこれほど魅力的なものにしてきた。資本主義の賃金関係に拘束されている労働者の防衛的組織たる労働組合とは異なり、評議会は、自己管理ということが、生産者が生産の手段とその成果を完全に掌握することに相当するようになる日を想定していた。比較的に身の丈が小さくて自主管理が容易にできる評議会は、いっさいの決定が上層部でなされる統制経済を基礎に置いている中央集権的統制主義の社会主義にたいして異議申し立てをつきつけてきた。パリ・コミューン〔一七九二年から二年間の革命的なパリ自治政府〕のさいに活気を見せた、自治体の自前の規則《セルフ・ルール》の都市的伝統を基礎にしている評議会は、右翼によってまさに存分に食い物にされてきた共同社会《ゲマインシャフト》への熱烈な渇望を左翼がそのまま引き受けるのを容認した。[7] 評議会は工場のレベルで機能しているたんなる経済的単位であるのではなく、個人参加形式の直接民主主義が具体化したものであるように考えられもした。実際のところ、いっさいのものを包含する評議会の構造は、政治の領域を経済から切り離すことそれ自体を終わらせると約束していた。[8] その切り離しは資本主義的疎外の明白な特徴のひとつであったわけだ。まとめれば、「評議会《ソヴィエト》にいっさいの権力を」というレーニンのスローガンは、ソヴィエト連邦では皮肉なことに頓挫したのだが、そのスローガンは、レーニン主義政党国家に反対する強力な一装置になった。

少なくとも、一九八九年から九〇年にかけてのさまざまな出来事が起きるまでは、そのスローガンはそういう装置であった。というのも、一九一七年から一九二〇年の騒々しい革命の時期を別にするのは当然として、一九五六年のブダペスト〔学生・労働者の反政府暴動（ハンガリー事件）〕、一九六八年のプラハを別にすれば、[9] わたしの知るかぎり、レーニン主義政党国家の終焉に対置されるものとして評議会を据えるきちんとした試みはなんらなされなかったからである。自立した労働者たちの反乱が疲弊した官僚制の瓦礫の山から自然発生的に生まれることはなかったし、だから完全なる自主管理の長所・利点がはっきりと宣言されることはなかった。政治と社会的・経済的生活との分断をユートピア的気分で克服しようという声がまともに挙げられることはなかった。事態は反対になったのであって、一九八九年、一九九〇年のもろもろの改革は、さまざまな危険要因を引き受けつつも国際的経済市場に闇雲に参入する積極的意志をもち、逆説的な意味でそれらの改革はある程度の他律性を受け入れ、またそれを求めさえしたのであった。さまざまな評議会が脱中央集権的に連携をとりつつ国家と社会との分断に橋渡しをするような仕組みを求めるのではなくして、それらの評議会は、市民社会が創造的な緊張関係のなかでもう全能ではなくなっているひとつの国家とつながっているという古い観念を復活させようとした。その市民社会のなかでは、「連帯」*が典型的な例になるように、労働組合が一位を占めているのであって、評議会ではない。

その展開についてどう説明することを指摘せずにすますことはできない。中欧、東欧の人びとを特徴づけているどういう種類の社会主義もまったく制度疲労していることを指摘せずにすますことはできない。その汚れをきれいに拭い去るには長い時間がかかるだろうという、なんとも有害な物言いが意図的になされてきた。しかし、労働者評議会というモデルが失墜したについてのさまざまな原因はいまもさらに根深いものになっている。それらの原因は「現に存在している社会主義」と言われてきた負の遺産をはるかに越えるものになっている。初めに言えば、直接民主主義にたいする代議制民主主義という不毛なる二分法を乗り越えるような、民主主義理論にたいする総体的な再評価があった。[10] 個人が参加する部分を最大限にするという理想は完全に断念されたのだが、支配する側と支配される側とを調停するなんらかの制度的な枠組みが必要であることは現在広く認識されている。影響力の大きな政治における、公的な領域とその領域の役割をわたしたちがどのように理解するのであれ、その二つをギリシアのポリスのようなものとしてとらえることはもはやできない。ハンナ・アーレントには失礼ながら、そういうとらえ方は土台無理な話である。

左翼があざ笑ってきた「ブルジョワ民主主義」にはさまざまな欠陥があるとはいえ、それを差し引いても、その民主主義こそは、ほかのどの体制よりも選挙民の要請に柔軟に対応できてきた。個々人の要請にいちいち対応はできなくとも、選挙民の数がある程度まとまればその要請には対応できてきた。イタリアの政治理論家ノルベルト・ボッビオなどの批評家たちは、国家が衰弱するという神話をいったん棚上げするなら、よりめりはりのある政治構造の必要であることが明らかになってくると論じて、説得力を見せている。(11) 民主制がより本物になる方向で、国家と市民社会の両方を再構築するためにいろいろなことをすることができるだろうが、評議会という形態をふまえて政治的にも社会経済的にも統一されている共同体の名で、国家と市民社会との分断に橋渡しをする営為に胸をときめかす人はほとんどいないだろう。

二つ目のことを言おう。評議会制度において労働者にあたえられる特権がアーレントなどの批評家をつねに悩ましてきたのだが、ともかくその特権は、伝統的マルクス主義における生産論偏重が広い方面から攻撃されることになるに及んで、それまで以上に問題をはらんでいるように見えることになった。すなわち、生産の形態こそがいろいろな社会関係の全体性の中心であり、ゆえに労働者が自主管理制度の中心的存在であるべき、という議論が、ハーバーマス、ボードリヤールといったたがいに立場をかなり異にする理論家たちから疑問をつきつけられることになった。生産性重視を環境問題から批判する人たちが、労働者を端《はな》から男性に見立てる古い考え方を批判するフェミニズム批評家たちといっしょになって、民主主義を職場の自主管理ということに還元するのを強く非難した。(12) 評議会における直接的相互行為を古くさいものにするいろいろなコミュニケーション技術を通じて、いろいろな意味を創出し普及させるさいの、マーク・ポスターの言う「情報というモード」が新たに重要になったと強調する批評家たちも出てきた。(13) 自律性ではなく他律性という手段を積極的に受け入れることには、国際的市場を利用したいとする願いがあらわれているのと同じ程度に国際的コミュニケーション・ネットワークを利用したいという願いがあらわれているだろう。こうした新しいいろいろな理論を採用する人たちがもっている、ときにかなり誇張された意見から人がなにをつくりあげるのであれ、つくりあげられたそれらは、工場の職場から社会主義を建設できるという仮定のうちにある確信をぐらつかせることになった。

最後に言えば、自主《セルフ》管理という観念の根底にある自己《セルフ》という概念そのものが根本的な修正を迫られることになった。主体のいろいろな決定と決定の結果とに総じてコントロールされている、疎外されていない集合的主体という救済のモデルは、いまはかなり大きな問題をはらんでいるように見える。正規のポスト構造主義者ならずとも、統一された個人的・集合的アイデンティティというものは、評議会コミュニズム理論が想定しているよりはるかに大きな問題をはらんでいることを人は知るだろう。いま流行の言葉を用いるなら、「主体の立場」を、自己決定する行為者《エージェント》に還元してすますことはできない。現在の自己は、外から見た自己認識、「イデオロギー的な」自己認識を捨てて生産者という自己認識をまっさきに採用するのではなく、どんな一元論的な定義をもはっきりと拒否する。首尾一貫したひとつの自己のいろいろな被膜そのものについている穴はかつて以上に多いように見えるのだが、もっと重要なことに、自己の被膜という境界線から出入りされることに、自己はさほど痛痒を感じなくなっているとも見える。こうして、いろいろなジェンダー問題は階級問題を無効にし、文化的身元問題《アイデンティフィケーション》が経済的身元問題を複雑なものにする。東欧にナショナリズムが復活していることに、その点がはっきり見てとれる。環境破壊の犠牲者たちもまた生産者と消費者とのあいだに区別がないことを知っている。人間という行為者を主権者主体という強力な意味に重ねることが、そのまま賛成の声を浴びることはもうないのである。[14]

一九八九年から九〇年にかけての諸改革の前にも、以上わたしが述べた情勢の変化の意味を社会主義理論が明らかにしようと努めていた。エルネスト・ラクラウとシャンタル・ムフによる、ヘゲモニーについてのポスト・マルクス主義的とらえ方をめぐっての熱い論争がそれを証明している。[15]しかし、結果がどう出るのであれ、労働者評議会を救済の記号として信頼する昔からの考え方がもう説得力をもたないのははっきりしている。社会主義の想像力が評議会なくして成立するものかどうか、それはたしかにある種の関心の問題である。少なくとも、資本主義が近代化するのがあらゆる選択肢のなかで最善のものであるとして、それを擁護する底抜けの楽天家たちによって想定される独善的な結論に抵抗する人たちにとっては、それは関心の問題になる。過去のいろいろな激動は社会主義の長い歴史に見まちがえようのない分水線をひとつ引いた。分水線の向こう側にぼんやりと見えるものはまだ正体を明らかにしていない。だが、レーニン主義の官僚的国家統制もその自由論的《リバタリアン》アンチテーゼも、今後とも存続してゆく気配はない。実体としてのさまざまな評議会《ソヴィエト》はずいぶん昔に消滅した。そして現在、理論としてのそれらも消滅していると思われる。この先における左翼による仕事は、評議会モデルに頼ることなく、現在の体制に代わる適切な選択肢を明確に提示することである。しかしながら、いろいろな指標を見るにつけ、その仕事は生半可にできるものではないと思われる。

第7章 クリスタ・ヴォルフなんか恐くない――文化を転倒する力学について

「いいですとも」。わたしたちの運転手がそう言った。車止めを乗り越えて、一九六一年以来たんに「壁」と呼ばれてきた壁の内側にあって、そこを越えてはならぬとされている塁壁に沿った狭い舗装道路を小さなトラバント〔旧東ドイツの代表的小型車〕を走らせながらかれがそう言った。ときは一九九〇年七月。壁が崩壊し、壁で分断されていた都市が再統一されてから八か月がたっていたが、西ベルリンを取り囲んでいたかつての立入禁止地帯をその車の運転手が越えてみようかと考えたのは、このときが初めてだった。ちょっと前まで警備犬が歩き回り、自動小銃を手にした国境警備兵が歩いていた細長い緩衝地帯。そこをいまは、歩いてみたい人ならだれでも歩けるし、トラビー〔トラバント6の愛称〕のように小さな車なら入り込める。オートバイを囲んでたむろしている若者たちを別にすれば、その夏の午後、そこに入り込んでいるのはわたしたちぐらいのものだった。

倒れている監視塔、有刺鉄線を丸めてくるんだ包みのかたわらを通り、壁の内側だったから昔はさわることができなかった部分に書かれている落書きに目をとめると、わたしたちは気持ちが高ぶりながら、しかし不安感も覚えた。ほんの半年ちょっと前だったら、そんなところに入り込んだわたしたちは投獄されるか、運が悪ければ殺されただろう。それがいまは、わたしたちの意識にのぼるのが、でこぼこの舗装道路に小さな車がたてるがたがたいう音だけという、平穏無事な事情になった。かつて無謀な反抗の身ぶりであった行動が、すなわち、脱出への序曲であったのならたぶん秩序転覆行為ですらあったであろう行動が、いまは、もろくも崩れた政治秩序の瓦礫に見とれている観光客たちののんびりした散策に相当することになった。

わたしたちの運転手は、東ベルリンにあるフンボルト大学の英文学の有能な若い教授だ。シェイクスピアを専門にしているその学者はほんの数か月前に初めて西ベルリンを訪れていた。わたしのバークレー校の客員教授になってくれたことがあって、そのお返しとしてわたしたちをベルリンに案内してくれたのである。死の細道を車を走らせながら、かれは東ドイツの学問の将来における暗雲を語り、東ドイツの知識人一般の将来における不安定を語った。かれが言葉を飾らずに語ったところでは、かれは（その日昼食をわたしたちといっしょにとった歴史学者とは違って）東ドイツの国家保安警察《シュタージ》に積極的に加担したわけではないけれども、かといって西側に賛成する公然たる反体制の態度をとったわけでもなかった。やるべき仕事、養うべき家族をもったほかの多くの人と同じで、かれは自分のまわりの体制のさまざまな圧力に屈したのだった。それによって道徳的な違反を犯さずにすんだのであれば、それで正解だったと思うとかれは言った。かれのその過去のことでかれへの評価が下がるのかどうか、とくに、職を探している西ドイツの学者たちがパラシュートで東ドイツの大学の上に落とされて、その学者たちが学部を乗っ取るのかどうか、それはいまのところはっきりしない。あっさり首をきられても仕方のない凡庸な日和見主義の学者と、自由に出版ができないことであたら才能を埋もれさせている本物の学者との区別がお偉いさんたちにつくのか、とかれは危ぶんでいた。

自分の心配に根拠があることは、東ドイツでよく知られている小説家クリスタ・ヴォルフをめぐって巻き起こった論争で明らかだ、とかれは言った。彼女の小さな自伝的小説『残るものは何か?』〔邦訳は『クリスタ・ヴォルフ選集』第一巻、保坂一夫訳、恒文社、一九九七年に所収〕が一九九〇年春に出版されたあと、その論争は生じた。その春より一〇年前に書かれながら、東ドイツが崩壊するまで原稿のまま彼女の引出しにしまわれていたその作品は、一九七九年に彼女が国家保安警察《シュタージ》に監視されたことを描き、監視されることによる苦悩を描いたものである。なにゆえいまさら、彼女は自分が迫害されたことをあからさまにするのか? 新聞で批評家たちがそう書いた。『ヴェルト』『フランクフルター・アルゲマイネ』のような新聞だけでなく、リベラルな『ツァイト』紙ででも、批評家たちがそう書いたのである。あたりさわりのない生ぬるい彼女の叱責は結局体制にとってなにほどの痛痒にもならなかったという意味で、彼女は体制から見てのえせ批判者にすぎなかったのではないか? 自分の批判が雅量をともなった批判になるのを自認する、つまり、コミュニズムの圧制という臭いものの蓋になることを自認することで、彼女はいわば体制内批判者だったのではないか? かりに彼女が本当に破壊分子であったなら、一九七六年に市民権を剝奪された詩人にして歌手であるヴォルフ・ビーアマンが追放されたように、彼女も強制的に追放されたはずであろうに? そして、ここがいちばんの勘どころだが、ドイツ民主共和国〔東ドイツ〕の一般市民にはあたえられていなかった国外旅行などのいろいろな特権を、彼女はあたえられていたではないか? 体制を擁護する知識人にあたえられる特権を彼女はちゃんとあたえられていたではないか?

それらの疑問が、東ドイツのわたしの友人のなかで、さらにいろいろな疑問を生む。壁の裏側出身の学者・知識人たちが新ドイツに編入されることで、かれらを待ち受けているいろいろな攻撃はこれまでのものだけで収まるのか、と若いその教授は考える。それまでの点数が確定し、また新たに罪状がでっちあげさまざまなコミュニズム社会に共通に見られる、屈辱的な儀礼的自己批判が逆説的な意味で、ポスト‐共産主義ドイツにおいていまだに続けられていくことで、いろいろな著作の魔女狩りが行なわれるのではないか？

※

求められているのであろうか？　この統一という転換のあとも自分の仕事をつづけたいと願っている者たちの手は、どれほどに清潔でなければならないのか？　実際のところ、ぬぐうことのできない汚《よご》れのしるしを見るべく自分の手のひらをじっくり検分できるほど強い精神力をもった人間はいるものだろうか？

わたしたちが死の細道を走ったのちまもなく、それらの切実な疑問に多少なりともきちんと答える回答が出てきた。ヴォルフの誠実さを認める西ドイツの人びとから、彼女を非難することへの憤りの声があちこちからあがったのである。『シュピーゲル』誌の長いインタビューで、ギュンター・グラスが、ヴォルフにたいするさまざまな批判の「詮索するような独善的な調子」[1]を憤りつつ嘆いた。西ドイツのペンクラブ会長のヴァルター・イェンスは、彼女にたいする攻撃を「ポストモダンのマッカーシズム」[2]と呼んだ。『クリスタ・Tの追想』（一九六八年）、『カッサンドラ』（八三年）のようなまことに人騒がせな小説を書く作家は、コミュニズムを攻撃するだけでなんら危険に身をさらさなかった西側の安穏な立場の作家たちからなにひとつ抵抗の教訓を教わる必要がなかった、と批評家たちは述べた。

ヴォルフが東ドイツにとどまっていたいと執拗に願っていた点は、まごうかたのない社会主義の未来を彼女が希望していたことに明らかだった。結局は頓挫した希望にそれは明らかだった。そう批評家たちは述べた。壁が崩壊する五日前、一九八九年一一月四日、東ドイツ、アレクザンダー広場での五〇万人のデモ参加者にたいして、東ドイツにとどまるように彼女が激しい口調で呼びかけたことから、さまざまなことがあっても、「現に存在している社会主義」の四〇年間から、いまも廃物利用できることがあるかもしれないという考えがヴォルフにあったことがわかる。「それは社会主義であって、だれもそこから離れないと想像せよ」(3)というヴォルフの幻想は愚直であったかもしれないが、その幻想は動機が決して自己保身ではなかった作家の正直さを証明はした、と批評家たちは述べた。

ただちに「ヴォルフ事件」と呼ばれることになったこの事件がとくに白熱したのは、ナチス・ドイツを逃れた人たちと祖国に残った「国内亡命者」たちとを分断した似たような論争を、その事件が一部の人たちに思い起こさせたからである。一九四五年五月、トーマス・マンがアメリカからヴァルター・フォン・モーロ*に公開質問状を書いた。一九三三年から一九四五年のあいだにドイツで書かれた本はことごとく「無価値というも愚かなほど劣悪……それらの本には血と汚辱の悪臭が染みついている。すべて紙屑にしてしまったほうがいい本である」(4)と、その質問状でマンは書いた。「自分のポストにとどまって」高貴なる沈黙のなかで体制をがまんしていた国内亡命者たちを称えたフランク・ティース*などの作家たちからマンは激しく反論された。ドイツの世論はティースを支持して沸き立ち、かつての祖国におけるマンの名声は地に堕ちた。少なくともティースがナチスに加担した過去が明るみに出るまでは、マンの名声は回復されなかった。

さて、皮肉なことに、ヴォルフは信用を落とした国内亡命者の役を割り振られ、彼女を批判する西ドイツの批評家たちはトーマス・マンの役を演じることになった。しかし、ナチス政権とスターリン主義のあとの東ドイツとのあいだには大きな違いがひとつあった。そのことはヴォルフを支持する者たちがすぐに断言することになった。スターリン主義のあとの東ドイツは、どう考えてもナチス政権ほどは劣悪なものではなかったし、この東ドイツは客観的に見て、進歩的な革新をする力をもっているものととらえられてしかるべきものだった。そのうえ、ヴォルフは沈黙に逃げ込めたわけでなく、さまざまな形の公の抗議に巻き込まれた。ビーアマンが追放されたときにヴォルフが発言をしたのがその例である。その発言をして、ヴォルフは「作家同盟」を降職になった。加うるに、カロリーネ・フォン・ギュンデローデ〔ドイツの女性作家（一七八〇―一八〇六年）〕とベッティーナ・フォン・アルニム〔ドイツの女性作家（一七八五―一八五九年）〕を論じたいくつかの彼女のエッセイ(5)に明らかであるような、彼女のはっきりとフェミニズムであるスタンスもまた東ドイツの現状に衝突した。

　ヴォルフ自身はいろいろな非難に意見を言うのをさし控えていたのだが、一九八二年のインタヴューでは、先取りするような意見表明をしていた。一九世紀の女性作家たちが自分の本名で出版するのに消極的であったことについて質問されて、彼女はこう答えている。

> それについては、時代の雰囲気という点から理解できるかもしれません。現在でも女性たちが行動するのをがまんしている部分があるとわたしは考えています。意識的にがまんしていることもあるでしょうが、それはあとになって理解されるものではないでしょう。わたしたち女性がはっきりとそれを口に出しても、理解されるものではないでしょう。というのも、実際に数多くあるタブーというものは、明記されたものにもとづいて理解されるのではなく、時代の全般的な気分や雰囲気とか自分の自我におけるいろいろな制限――ありとあらゆるものが入り交じった制限――にもとづいて理解されるものだからです。わたしが思うに、じっと耐え忍ぶしかない外在的ないろいろな制限にがんじがらめに拘束されていた女性たちにとって、それが現実のありようだったのでしょうね。(6)

男性名で出版したことでギュンデローデを非難することは、だから時代性を無視した不当な非難になるし、広げて考えれば、『残るものは何か？』の原稿を長く引出しにしまいこんだままだったことでヴォルフを攻撃することも不当な仕打ちになった。その仕打ちの愚かであることは、「死の細道を車を走らせたっていいじゃないですか」というわたしたちの友人の言葉が、同じ言葉が一年前に発せられたら引き出したであろう反応とは異なる反応を、一九九〇年七月において引き出したのだという点を認識できないのと同じ程度に愚かなことだ。

そういう点に、ヴォルフを批判した西ドイツの批評家たちのかならずしもすべての人が気づいていなかったわけではない。たとえば、ウルリヒ・グライナーはナチスと東ドイツ・コミュニズムとのもろもろの違いをはっきりと認識していた。(7) しかし、グライナーの言い分では、それらの違いのひとつに、ベルトルト・ブレヒト、アンナ・ゼーガース、アルノルト・ツヴァイク、そしてクリスタ・ヴォルフといった知識人たちがコミュニズムの体制を正当とするにおいて果たした重要な役割があった。その役割は、一九三三年から一九四五年において、知識人たちがほとんど果たすことがなかった役割である。それゆえ、それらの知識人たちが恐れ入って自分から罪滅ぼしをし、自分の悪行についての責任を取るのは絶対に必要なことであった。さもないと、過去のナチスを「制圧する《マスター》」ことがドイツにできなかったことにたいしてなされた非難が、ドイツにおけるコミュニズムの四〇年にかんしても同じ程度に容易になされてしまうだろう。

とはいえ、ヴォルフを批判した批評家たちによる道徳の面からの議論の背景には、別の論題がいくつかあった。作家のシュテファン・ハイム、クリストフ・ハインとともに、ヴォルフは、連邦共和国（西ドイツ）に東ドイツの全体が呑み込まれるように見える事態にたいする抵抗感を示した。その点では、彼女たち作家だけが、下からの改革を成し遂げたいという作家たちの願いに心を動かされることがなかった東ドイツの人びとのなかで浮いていたわけではなかった。「われわれが人民だ」という民主化の叫びが「われわれはひとつの国民だ」というナショナリズム的な叫びに、お祭気分的に（ないし、かくれなくも）変わったのは、予期せぬほど急速にやってくる再統一化を予示していたわけだが、その変化はまた人びとの希望の虚しさを象徴してもいた。ヴォルフにたいするさまざまな攻撃には、統一化が一九九〇年春にそうであったものはそのままでありつづけていることに念を押す意図が込められていたふしがある。そうであったものとは、一九世紀初期の「改革」の時代にさかのぼるドイツの伝統たる上からの改革である。加えて、それらの攻撃は連邦共和国自体のなかのひとつの標的に向けられたものであった。その標的とは、連邦共和国のなかの堕落し懲らしめられた左翼の生き残りである。東ドイツの残骸のなかに本物の社会主義的解放の名残りを見出したいというヴォルフの希望を批判することによって、批評家たちは、西ドイツの知識人たちのなかにあるヴォルフと同じ希望をも打ち砕いていたのだ。

外部の者の目からすると、「クリスタ・ヴォルフ事件」はなんとも生ぬるいものと見えるかもしれない。しかし、その事件の動機、感情論、歴史的反響のもつれをほどいてみるなら、この事件の重要性ははっきり見てとれるだろう。わたしが思うに、ヴォルフ自身は傷を負うことなくこの論争を切り抜けてゆくだろう。彼女の記録が吟味され、彼女の個人的誠実さがきちんと評価されるなかで、彼女は論争を切り抜けてゆくであろう。一九九〇年の夏が終わるころに、フランスの文化相ジャック・ラングは彼女に賞をあたえ、彼女を中傷する者たちから彼女を毅然と擁護することができた。ここが重要なのだが、トーマス・マンや第三帝国の国内亡命者たちの場合におけるのとは異なり、東ドイツを離れる道を選んだり追放された人たちは、とどまった人たちに石を投げつけることはなかった。

さほど著名ではない学者たちの今後について言えば、「東ドイツ芸術・科学アカデミー」に教職についていない会員たちがおびただしい数いるのだが、その人たちが今後新しい職を求めることになるだろう。統一前、そういう人の多くは、ちゃんとした教職をつかむ必要性をあまり感じないで、閑職にいることを喜んでいたふしがある。実際に教職についていた人たちは教職のままにいたほうが楽だと考えるかもしれない。とくに、需要がいま大きい専門領域の教職についている人たちはそう考えるだろう。フンボルト大学のあの友人のように、英文学の教授たちなら、弁証法的唯物論を専門にする哲学者たちよりも売れ行きがずっといいだろう。しかし、情況とはさほど関係のない分野の学者たちのあいだでも、旧体制が最も独裁主義的であったころに体制とはっきり連座していた人たちは脇に追いやられるかもしれない。とはいえ、一九四五年ののちの、一貫性のないその場しのぎの脱ナチ化作業を思い起こすなら、コミュニズムが死んだいま、もっと多くのことがなされると考えるのはむずかしい。というのも、「ドイツ第二次全体主義の過去を制圧する」欲求をめぐる熱狂にもかかわらず、コミュニズムの思想が新生ドイツに害毒をあたえつづけるという心配はほとんどないからである。少なくとも、ナチスの思想が戦後にも連邦共和国を脅かしたほどの心配はまずないのである。かりに脅威があるとすれば、グライナーには失礼ながら、スターリン主義の残存から脅威が生まれるのでなく、四〇年間よどむように存在してきた超国家主義の過去が清算されずに残った部分からこそ脅威は生まれるだろう。

「ヴォルフ事件」とこの事件をめぐるいっさいの事柄の最終的帰結がどんなものになるのであれ、たぶん大きな問いがひとつこの事件から生まれてきている。アメリカの学界における最近のいくつかの論争に関連させて発することのできる問いである。なにが本物の「転倒《サブヴァージョン》」か偽物の「転倒」かという問題にいまのわたしは関心をもっている。かりに、壁が崩壊する以前のヴォルフの著作や公的活動がえせ批評にすぎぬものと非難されるべきであるなら、もっとふみこんで言えば、彼女のえせ批評作品を、自分が挑んでいると称するあの抑圧的な体制を維持させるような機能を結果的に果たしているものと分析できるものなら、本物の批評とはいったいどんな様相をしているのか、という疑問が生じてくる。さらに、批評の意図と、批評の意図が生み出すあるいは生み出さない影響とのあいだにある大きな隔たりをわたしたちはどう判断したらいいものか、という問題もある。

その根本的な問題は、アメリカの急進的な知識人たちがいまだ反動の波に襲われていた一九七〇年代末に提起された。「一次元的社会」〔one-demensional society〕からかれらの言う「人為的否定性の時代」[8]〔age of artificial negativity〕への転換について語る、フランクフルト学派を勉強した小さなグループによって提起されたのだ。後期資本主義が、どの否定をも、すなわち現状に弁証法的に反対するどの二次元をも、巧みに抑え込んできたというヘルベルト・マルクーゼの有名な見解にはもう妥当性がない、とそのグループの人たちは述べた。妥当性がない代わりに、いろいろな疑似否定を分泌させることによって、「体制」は自分を再生産した。そして、それが人為性であることは、それらの疑似否定が基本的なレベルでは実際には体制に挑むことがなかったという事実によってそれと判断された。フェミニズムから対抗文化までの一見反体制であるいろいろな運動はことごとく、陰ながら体制を補完する作用をした。体制を転倒させる熱意をどれほどもっていようが、結果として体制を補完したのだ。文化産業ですらもういっさいの反体制の動きを抑制する必要がなかった。その代わりに、文化産業は、見た目には個々別々であるいろいろな先取りの動きを黙認したし、ときには援助・育成すらした。にもかかわらず、それらの先取りの動きは、総体としての体制の論理に挑む力をもっていなかった。

「有機的《オーガニック》否定性」と「人為的《アーティフィシャル》否定性」とを区別する基準を、その区別をよしとする人たちがかならずしもきちんと押さえていたわけではないし、その人たち自身の著作が人為性という弊害をまぬがれていることを証拠だてることもできていないのだが、反体制運動の見える機能と見えない機能との両立しない部分をめぐってその人たちが指摘したいろいろな疑問点は、多くの人にとっての共通の疑問点であった。過去一〇年間、その人たちは、たとえばポスト構造主義の思考にある政治的含意にかんして論争をたびたび行なってきた。脱構築というものは、その立場に立つ人たちが言うほど徹底して破壊的なものなのか、それとも、反脱構築の立場の人たちが言うように、脱構築は物事を揺るがすけれど解体まではしないものなのか？　フーコーの権力という概念は、同じ権力がどこまでもつづく事態以外の選択肢を許さないほど全体主義的な概念であるのか？　考えられるいっさいの侵犯を想定している、なんでも取り込んでしまうモデルと見られている「ニュー・ヒストリシズム」は、その立場に立つ人たちが敵にまわしていると思っているいろいろな法を実際には温存させてしまうのではないか？　「階級」という観点から社会を分析するのを断念する「ポスト・マルクス主義」の方法は、いろいろな周縁的な現象に依存することにつながり、結果として後期資本主義を核心のところでけっして破壊しない方法ではないか？

そうした問いに答えるべく、多大の精力と誠実さとが費やされてきた。実のところ、現状を維持する機能をもっている疑似転倒的な立場を支持していると見られる負い目をだれしももちたくないがゆえに、そういう精力と誠実さが費やされてきたのだ。だれであれ体制に取り込まれたという非難を批評家たちから受けて嬉しいはずもない。解放のメタ言説をめぐるいっさいの思考を断念したと断言する人たちであっても、全体主義的分析についての全体主義的ないろいろな含意を自分は疑問視していると言いながら、それらの思考を捨てたと断言する人たちの幻想を転倒させることに誇りをもっている。

そうした主張や反対主張がどれほど妥当であるものか、ということがわたしの関心なのではない。わたしが強調したいのは、本物の転倒にたいする偽の転倒という対置《トポス》、広く認知されているその対置である。

見える機能にたいする見えない機能というモデルにつながるその対置をわたしは強調したいのである。ヴォルフを批判しているドイツ人批評家たちはおおむね右翼であり、一方、人為的否定性の議論を支持しポスト構造主義の含意について頭を悩ましているアメリカ人たちはだいたいが左翼の側を向いて話をしている、という事実があるにもかかわらず、その両者とも、同じ基本的仮定に立っている。現に転倒させるものと転倒させないものとの区別を人は自信をもって言うことができる、という仮定に立っているのだ。

とはいえ、「ヴォルフ事件」になんらかの教訓があるとしたら、それはその区別をするのはむずかしいという教訓であろう。いろいろな行動の結果がはっきり出る前にその区別をするのはとくにむずかしい。実際のところ、歴史はまだ最終段階に達していないという主張をわたしたちがまともに受け止めるなら、その区別がまごうかたなく明晰に見える優勢な立場というものはたぶんありえない。一九九〇年、ヴォルフは愚かしいほど単純であったかもしれない。社会主義は改良できるのだと信じ、あるいは、コール政権下でドイツ統一は絶対に可能であると信じていたのだからだ。しかし、少しあとになってみれば、たぶん彼女は未来のいろいろな流れを先取りしていたのだと理解されるだろう。であれば、体制との彼女の「妥協」にはある程度裏づけがあることになる。言い換えれば、転倒についてのいろいろな判断において避けられない時間的契機がひとつあるわけだ。すなわち、いわば最終的損益勘定の無限の延期がある。

本物／偽物の転倒という区別の根底には空間的問題とでも言える問題もある。すなわち、だれによる転倒が当面の問題になっているかについて分析する場合の適切な単位はなにか、という問題である。揺り動かされたり維持されたりする体制のいろいろな境界とはなんであるか、そしてそれらの境界をわたしたちはどう定義できるか？　ジェラルド・グラフの適切な発言を引用すれば、「ほとんどどんなものも、それが転倒させることで称えられ、あるいは取り込み〔co-optation〕に簡単に応じることで非難されるような時がやってくる。というのも、そのどちらの事態をも生じさせるようななんらかの枠組みがかならず存在するからである」(9)。

東ドイツの場合、いろいろな境界を見分けるのは楽だった。少なくとも「後期資本主義」のいろいろな境界、「人為的否定性」の社会のいろいろな境界よりは見分けるのは楽だった。なにしろ、「人為的否定性」の社会を別の体制から分け隔てる現実の壁はないのにたいして、東ドイツには現実の壁があったのだから。とはいえ、東ドイツにあってすら、内的な風景をきっちりと明らかにするような目に見える壁はひとつもなかったし、本物の転倒と偽物の転倒とを区別する目印もなかった。だから、その二つのあいだに明確な区別を見るふりをするよりも、ひとつの機能のみにしぼることに抵抗するような言葉と行為の幾重にも重なった多義性に身をゆだねるほうがたぶん賢明だろう。完全に救済されたユートピア的秩序という高尚な優位の視点から、当面の社会にいる個人なり集団の地位を改良しようとあれこれ努力する道は、意図とは逆の効果を招く迂回路のように見えるかもしれない。しかし、そこにいる人びとの視点からすれば、その人びとの生活とほかの人たちの生活における意味のある変化がいろいろと生じる可能性がある。

こうして、そのときに選びうる選択肢を決定する可能性、背景的環境《コンテクスト》から出てくる可能性、に感覚を研ぎ澄ましておくことは絶対に必要である。死の細道に入ることが歴史のある時期には自殺行為であり、次の時期には冗談のような行為になった。テクストを脱構築することが、あるときにテクストの外にある権威に疑問をつきつけることになり、別のときには現状を強化することになりうる。わたしたちが選ぶ選択肢は究極的な転倒の基準によってはその善し悪しが判断されえない。いつか打倒されなければならない体制という非妥協的で過激な考え方に依拠しているその基準では、その善し悪しは判断されえないのだ。たとえば、ホロコーストのさいの「ユダヤ人評議会」の指導者たちのよく知られたジレンマ*について考えてみるといい。指導者たちのあのころの苦渋の選択というものはだれであれそうなかなか遭遇するものではない。遭遇しないのが幸運なのであるが。こみいった状況の外にいて安穏にしている人たちだけが、絶対的反対の立場をくずさずに生きることができなかったクリスタ・ヴォルフのような人たちを中傷する余裕をもつことができる。

その中傷は、倫理的問題に悩むふりをしている日和見主義者たちの存在を否定するものではなく、自分からやっている妥協がどれほどおぞましいものであれ、その妥協がうまくゆくことを心底から願っている日和見主義者たちの存在を否定するものである。しかしながら、本物の転倒にたいする偽物の転倒、有機的否定性にたいする人為的否定性、という図式にしがみつくことがそれらの日和見主義者たちにできなくなったこと、そのことを持ち出してかれらを非難することはできない。もっと伝統的であるいろいろな倫理的基準を提出して、わたしたちの判断を精緻なものにすべきだろう。そうした基準は歴史という国際司法裁判所の名にかけて廃棄されていいものだと考えた人たち——『ヒューマニズムとテロル』〔一九四七年刊〕のメルロ＝ポンティのような例がすぐ思い浮かぶ——は、自分がそう考えたことを後悔することになった場合がしばしばだった。というのも、わたしたちが歴史に帰する論理を転倒させる手だてを、当の歴史がもっているからだ。歴史に裏切られるものはいろいろあるが、歴史をになう者はもとより、歴史家であっても、本物の否定性、偽物の否定性、現実の転倒、えせの転倒が現になんであるかを知りうると信じて疑わない姿勢もまた、裏切られるもののひとつである。

第8章　ポストモダンのファシズムか？——抑圧されたものの回帰について

マルティン・ハイデガーの哲学とかれがナチズムを容認したこととのあいだの関係をめぐる、いまもなお大きくなりつつある論争は、一九九二年にエルンスト・ノルテの『マルティン・ハイデガー——生活と思考における政治と歴史』(1)が出たことで、びっくりするような転回点を迎えた。大いに頭を悩ましながらハイデガーを弁護する人たちとは違って、ノルテは、ハイデガーの思想の基本的な諸側面とナチス政治の重要な諸側面とのあいだにはまさに密接な関係があったと明言する。ところがそこから、その事実はまったくハイデガーの不名誉にはならないという唖然とさせられるような結論にノルテはもってゆく。一九三〇年代のナチズムには、コミュニズムを防ぐ唯一のものと思われる障壁になったという歴史的正当性があったから、というのがその結論の根拠になる。だから、ナチズムに共感をもったとしても、ハイデガーを非難するいわれはあまりないということになる。

そんなあっと言わせるような主張がされても、アンドレアス・ヒルグルーバーやミヒャエル・シュテュルマーとともに、ノルテがホロコーストとナチスを二〇世紀のほかの粛正や虐殺の文脈に置くことによってその二つを相対化しようとし、さらに、ドイツにとってのユダヤの「脅威」は、ナチスがユダヤ人相手の戦争をくわだてるだけの根拠になりえたものだったとノルテが論じた、一九八〇年代なかばのいわゆる「歴史家論争」におけるノルテのうさんくさい役割に追従した番犬のような人たちが、完全にノルテから離れてゆくことはなかった。それにまた、ノルテのハイデガーとの個人的関係——フライブルクで学生であった一九四四年からノルテは哲学者ハイデガーと面識があった——を知っている人たちにとって、ノルテがそれほどむきになってかれにとっての英雄を弁護しようとするのはことさら驚くようなことではなかった。だから、一九八〇年代後半の視点からすれば、ノルテによる微妙なナチズム免罪とハイデガーによるナチズム擁護はかならずしも予測できないものではなかった。

とはいえ、歴史家として初めて国際舞台に登場してきた一九六〇年代におけるノルテの役割を憶えている人たちにとっては、ノルテがそれほど声を張り上げてナチスの歴史的正当性を弁明するのは強い衝撃であった。一九六三年、ノルテは『その時代のファシズム——「アクシオン・フランセーズ」、イタリア・ファシズム、国家社会主義』という本を刊行したが、これは『マルティン・ハイデガー』とはまるで主張の異なる本だった。ちなみに、これはレイラ・ヴェネウィッツによって『ファシズムの三つの顔』の書名で英訳されている。(2) その本の過度に哲学的な記述に不信をいだいたり、ファシズム運動の指導者たちの自伝的事実を強調している点に懸念を覚えて、低い評価をくだす人たちがないでもなかったのだが、この著作は、広くはファシズムを、狭くはナチズムを論じた本としてすぐに基本文献になった。(3) この本のペーパーバック版のカバーにはフリッツ・シュテルンが寄せた賛辞が書かれている。シュテルンはどう考えても親ナチの立場ではないリベラルな歴史家であるが、そのかれが、ノルテの本に書いた賛辞で、ハンナ・アーレントの『全体主義の起原』を引き合いに出して、ノルテのその本を「全体としてのファシズム現象についてのすこぶる思慮に富んだ議論」のひとつとしている。ジョージ・リヒトハイムは、何度か留保をしながらも、『ニューヨーク・レヴュー・オブ・ブックス』誌の読者に向けて「二つの大戦のあいだのヨーロッパにおける破局を招いた政治的・精神的諸要因を分析した本として、この本以上にすぐれた本はそう簡単には書かれないだろう(4)」と書くことができた。一九八九年という近いところでも、歴史家論争のさいのノルテを激しく非難したソール・フリードランダーが、『ファシズムの三つの顔』を、ホロコーストを説明するさいに、ノルテを「機能主義《ファンクショナリズム》」陣営ではなく「意図主義《インテンショナリズム》」陣営にはっきりと編入した「記念碑的な研究」と見なしている(5)。

だから、ノルテが最近じつにぞっとするような発言をいろいろとしているからといって、わたしたちが『ファシズムの三つの顔』というなんとも刺激的な著作に目を向けてまずいことにはならない。実際のところ、その本に目を向けることで、わたしたちは、一九九〇年代およびそれ以前に出てきた新しい顔をしたファシズムのいろいろな可能性を見定めるための有用な指針を得ることができるかもしれない。というのも、ノルテの分析はたんなる記述というレベルを越えるものであって、ファシズムの深い深い根源についての基本的な問題を引き出すものであったからである。その問題を引き出すことこそがいまにして求められているのである。

『ファシズムの三つの顔』におけるノルテの入り組んだ議論が標的にしているものはいくつかある。まず、冷戦時代に盛んであった全体主義的分析にこの本は挑んでいる。極右と極左の本質的な合成体を反リベラルな民主主義的モデルにした考え方、すなわち、アーレント、J・L・タルモン、カール・ヨアヒム・フリードリヒなどの理論家たちの考え方に挑んでいる。ノルテの考えでは、ファシズムはコミュニズムの双生児であるのではなく、コミュニズムにとっての本質的に反革命的なライバルである。もっと正確にとらえるために、ノルテの論述の勘所のひとつを引用する。「ファシズムは反マルクス主義であって、徹底して対立してはいるが、自分と関連しているイデオロギーを展開することによって、また、ほとんどそのままの方法でありながらしかし典型的な形に修正されたいろいろな方法を用いて、マルクス主義という敵を倒そうとねらっている。ただしつねに、ごりごりの自己主張と自分本位という頑固な枠組みのなかで、である」(6)。

第二にノルテは、ナチズムを全体主義というコンテクストに置くのではなく、ファシズムというもっと広いコンテクストに置くことで、ナチズムを時代の文脈に位置づけようとした。そのファシズムというカテゴリーにノルテは、ムッソリーニのイタリア、シャルル・モーラス*の「アクシオン・フランセーズ」を入れた。ドレフュス事件のあとのフランスで、政権を得ることはなかったが重要な運動になったのが「アクシオン・フランセーズ」であった。「アクシオン・フランセーズ」の分析から論述を始めることによって、ノルテはファシズムを最初期の反革命の伝統や反啓蒙主義の伝統に結びつけることができた。そうすることで、どうやらかれは、無意識のうちにホロコーストを相対化する視点を用意していたものと思われる。「歴史家論争」のさいにかれの敵対者たちの眉をひそめさせたのが、その相対化の考え方であった。ホロコーストを相対化するノルテの視点については、ノルテの言う「あらゆる人間的経験のなかで非常におぞましいものをふまえているユダヤ人解釈(7)」、ナチズムの比類なき独自性を強調する解釈、をノルテがはっきりと否認することによって妥当性が増すだろう。しかしながら、ノルテは、反ユダヤ主義の意味の重さという観点からして、ナチスに匹敵する存在はひとつとしてなかったと認めていた。要するに、総体としてのファシズムを、ファシズムのたいへん悪性である実例を一般化したものと同一視してすますわけにいかない、とノルテは考えていた。

ところで、わたしの論点にいちばんかみ合ってくるのはノルテの本の三つ目の議論である。それはファシズムについての非常に野心的にして達観した議論なのだが、とはいえ、ファシズムを特定の歴史的状況に据える議論でもある。ノルテによれば、ファシズムは三つの基本的な位相においてその時代の枠組みのなかで理解できるものである。ひとつ目の位相は、「強権的で好戦的にして、内部に対立をはらんでいる集団の生死をかけた闘争」(8)とかれが呼ぶものである。これをかれは、歴史のどの時点にも本質的に潜在しているものだが、二〇世紀のいろいろなファシズム運動において顕在化してきたもの、と見ている。強権的〔sovereign〕という言葉を、かれはほかの人びとを故意に排除することという意味に使い、好戦的〔martial〕を、自分の目標を達成するために戦争のような手法を採用することの意味に、内部に対立をはらんでいる〔inwardly antagonistic〕という表現を、内部的な階層・階級・地位が存在していることの意味に使っている。その存在がひいては、外部の争いにかかわってゆく、あるいはそれにゆさぶりをかけることによって対立を外部に投げかけることになる、とノルテは考えている。そうした集団的自己主張がいろいろな形で顕在化したものは歴史のいたるところに顔を見せるのだが、とくに二〇世紀のファシズムにおいてそれらが顕著にあらわれてきた、とかれは言う。

しかしながら、ファシズムのほかの二つの位相こそは、とくにファシズムの全盛期に大きく関連するものである。そのうちのひとつの位相には、マルクス主義の重大な役割が入っている。見てきたように、その役割をノルテはファシズムの反革命的衝動にとっての主要な標的ととらえている。ファシズムは実践的な方法論のいくつかをマルクス・レーニン主義から学びとったとノルテは見なしていた。ノルテが突き崩したいと願っていた全体主義の分析にある種の重みをあたえたマルクス・レーニン主義からファシズムは方法論を学びとった、というわけだ。しかし、重要なのは、左翼の活発に膨張する急進主義への応答として、ファシズムが第一次世界大戦の戦後に出現したという点であるのだが、そのことをノルテは見逃していない。だからジョージ・リヒトハイムは、ノルテのあの本についての好意的な書評に「ヨーロッパの内戦」という題をつけることができた。というのも、存在しうるひとつの中心がほとんどまるごと消失する危険があるかに見えた時期における、極左と極右との死をかけた闘争をノルテはきちんと正面から記述していたからだ。その記述の勘所は、ファシズムは、攻撃的で全体主義的なマルクス主義にたいする反発としてだけ出現することができるというところにある。

ノルテの分析にある三番目のいかにも複雑である位相は、ノルテが乗り越え《トランセンデンス》と呼ぶプロセスにかかわるものである。その乗り越えには、実践的と理論的の二つの位相がある。たいへん根源的なレベルで、ファシズムは二種類の乗り越えへの応答としてのみ出現することができた。実践的乗り越えというのは、おおざっぱに言えば、しばしば現代化《モダニゼーション》と言われるものに相当するノルテの用語である。ちなみに、世界の官僚主義化、資本主義における生産品と市場の拡大、社会生活の抽象化、急速な都市化、非人格的な国家の伸張、政治権力の中央集権化、そのほかが現代化である。ノルテによれば、それらの現代化の動きにたいして、失われた内在性の名にかけて歪んだ抵抗をするのがファシズムである。社会に具体的に根づいている状態を回復すること、疎外化・抽象化に反対するものとしての具体的なものを回復すること。それをファシズムはめざす。だから、実践的乗り越えのプロセスにおいて取り残されていると感じている人びと、たとえば下層階級、農民階級などをファシズムは引きつけることができるのだ。

加えて、ファシズムは理論的乗り越えにたいする抵抗を表現しもする。理論的乗り越えとは、ノルテによれば、明晰な概念で世界を把握し、世界を理性によって理解されうるひとつの全体性と認識し、世界を人が知的に利用できるものにする試みである。その試みにたいする抵抗がファシズムであるという意味で、知的生物種の帝国主義のもつ傲慢と呼ばれていいものにたいするひとつの応答をファシズムととらえることができる。世界を支配する目的をもって、普遍的・抽象的カテゴリーにおいて世界の意味を了解しようとするある種の運動がもつ野心がその傲慢である。「反自然」を批判し、一神論（理論的乗り越え《トランセンデンス》のプロセスにおいてユダヤ人が重罪人と見なされた原因のひとつ）をもって始まった神的な乗り越えという本来宗教的観念であるものについて疑問を発しつつ、ファシズムの意図の以上の側面を想定していたのがモーラスであった。しかし、ノルテによれば、ニーチェの「生の哲学」が「あらゆるファシズムがそこに向かってゆくはずである精神的焦点を初めて口に出した」思想であった。すなわち、「『生』の『より美しい』形式のための、実践的・理論的乗り越えにたいする攻撃」がニーチェの生の哲学であった(9)。つねに乗り越えようとする西洋文化のファウスト的衝動が、その時点で人びとを自分の根からますます切り離した際限のない衝動につながったかぎりにおいて、そのファウスト的衝動は内在性の回復への強い願いを生み出した。左翼においては、マルクス主義がその願いに相当することになる――階級のない社会の目標はまさに理論的乗り越えにとってかわるものだとノルテは述べている。だからこそ、マルクス主義がファシズムのてごわい競争相手になるわけである。

乗り越えについての議論においてノルテはハイデガーの名前は出さないのだが――事実、ある批評家は、ノルテが「現象学的」方法を採用したのはかれが実際にはヘーゲル学派であるからだと考えている(10)――、人間が〈存在〉を忘れていること、人間のすみかである「世界」が喪失されたこと、についてのハイデガーの嘆きの反響を聞き取るのはむずかしくはない。だからこそ、ファシズムにたいする微妙な――ときにやや当惑させられるような――「共感」という表現で、その本は末尾の言葉を記しているのである。あとになってみれば、その表現は、ファシズムの歴史的妥当性を、のちにノルテがもっとあからさまに正当化する姿勢を先取りしているとも考えられる。「まさにいっさいの視点のなかでたいへん広い視点においてこそ、わたしが述べてきたファシズムにたいするあの『共感』を人は差し控えることができない。……というのも、正しく理解されるなら、乗り越えは、安全な『文化的進展』という無害性から無限に遠いからである。つまり、乗り越えは、有限な存在である人間の寝床なのではなく、ある種神秘的な意味で、人間の玉座であり十字架なのである[11]」。実践的・理論的乗り越えという課題にたいしてファシズムが提出したいろいろな回答に向けたある種の共感をいまのノルテが表明しているかに見える一方で、『ファシズムの三つの顔』は、この本が提起したいろいろな問いは当時としては妥当な問いであったことだけを示唆している。

それにしても、それらの問いはわたしたちの問いとして適切なものであろうか？　すなわち、内戦時代のヨーロッパ、極右と極左との内戦を行なっているヨーロッパにおけるファシズムの台頭を説明するのにノルテが提出したいろいろな要因の配置がいまもきっちりそのまま通用するものだろうか？　その問いに答えるにあたって、わたしは広い方面から議論された最近の本に目を転じてみたい。この本はファシズムの回帰という問題に直接言及はしていないが、『ファシズムの三つの顔』におけるノルテのさまざまな主張につき合わせると、ファシズムの見込みについてのある種啓発的な洞察をふくんでいる。その本とはフレドリック・ジェイムソンの『ポストモダニズム、あるいは後期資本主義の文化的論理』である[12]。ジェイムソンによれば、文化的モダニズムは、いまだ途上にある現代化のプロセスの美学的等価物と考えることができるのにたいして、ポストモダニズムはそのプロセスの仮想の完成を想定し、いろいろな展開の近似普遍化を想定している。近似普遍化とは、ノルテが実践的乗り越えと同一視し、マルクス主義者ジェイムソンが抽象的なものの実体化と呼ぶ事態であって、官僚主義化、中央集権国家の膨張、市場・商品化の拡大、等々を指す。イギリスの作家ウィンダム・ルイスに焦点をあてた早いころの著作でジェイムソンが、ルイスのファシズム政治学とモダニズム美学の両方が「疎外された生活が実体化された経験にあらがう抗議⑬」と解釈できると述べていることは重要である。すなわち、その移行期において、レジスタンスはまだ可能だった。自然であれ伝統であれ、ともかく失われたなにかを取り戻す希望において、あるいは、内在性が新たないろいろな手段で回復されるかもしれないような未来のユートピア的秩序を獲得する希望において、レジスタンスは可能だった。

対照的に、ポストモダン文化は、現代化《モダニゼーション》のプロセスが最終的に完了し、技術的・手段的合理性、市場–商品関係、官僚主義化などへの意味のあるレジスタンスが事実上消失した時代を映し出している。ポストモダニズムは、現代化にともなういろいろなトラウマが生み出す不安の多くを一掃したり、あるいはなんとか抑えこんだ。ポストモダニズムに取り残された集団はもうそうたくさんはないので、それらの集団が問題を提起することもない。ポストモダニズムの立場をとる人たちが過剰な実践的乗り越えを抑える解毒剤として歴史や伝統を持ち出すとき、その人たちは意識的に雑多な混ぜ物にしたパスティーシュの形式において歴史・伝統を持ち出している。その人たちが「自然《ネイチャー》」と呼ばれるものを引き合いに出すとき、「自然」はアダムとイヴの人類堕落以前の幸福という本物の状態を指すのではなく、人為的につくられたものが「自然」なのだとはっきり理解したうえでそれを引き合いに出している。その人たちが「共同体《コミュニティ》」という護符のような用語を持ち出すときでさえ、かれらは知っている。対面に近い状態であい協力し合う人びとの同質的な集まりというイメージは、電子メールやコンピューターのヴァーチャルリアリティの時代において郷愁の発露程度のものにすぎないことは知っているのである。要するに、失われた内在性を求める現在の願いは、ノルテが実践的乗り越えに反対する抗議と呼んでいるものが非常に盛んであったころのその願いに比べてずっと小さくなっているのである。

理論的乗り越えという脅威にかんして言えば、ポストモダンの理論は、完璧な内在性と完璧な超越性《トランセンデンス》とのあいだにある永遠の辺土のようなものを受容するものと定義づけられるかもしれない。すなわち、一方の、壮大で全体的ないろいろな言説と完全な理論的抽象化のいっさいの野心的企図の両方を放棄する意思、他方の、十全な意味がありまったく具体的な生活世界に回帰したいという逆向きの願いとのあいだにあるものを受容するものと定義づけられるかもしれないのである。こうして現在では、ニーチェはもう内在性やもっと美しい生の形式の擁護者と考えられることはなく、完全性・現前・全体的な意味の可能性そのものにたいするポスト構造主義的批判を鼓舞激励する人と考えられている。ハイデガーですら最近では、完全なる〈存在〉へのかれの郷愁で評価されるよりは、その〈存在〉という目標そのものを疑問視するように人を鼓舞したことで評価される傾向になっている。

ジェイムソンの議論には誇張という要素があるとわたしは考えている。そして、その要素はかれが考えているほど広く応用できるものではないだろうともわたしは見ている。ジェイムソンが取っているいろいろな観点とは別の観点、たとえばユルゲン・ハーバーマスの観点から考えるなら、現代性《モダニティ》はいまだ「未完のプロジェクト」であるかもしれない。そして、そのプロジェクトは最大限の抽象化と同一視される必要のないものである。しかし、多くの点で、ジェイムソンの主張に反駁するのはむずかしい。現代化《モダニゼーション》がどういう様相を見せているのであれ、ともかく現代化がヨーロッパの顔を根底的に変えてきた時期を過ぎたところにわたしたちがいて、その意味をどのように判断するのであれ、ともかく新しい事態にたちいたっている、というジェイムソンの主張に反対するのはむずかしいだろう。そのようなものとしてのジェイムソンのモデルは、ノルテの一九六〇年代のパイオニア的な著作によって提起された問い、すなわち、冷戦後のヨーロッパにおける最近の困難な諸事態が示唆しているように、わたしたちはいまだ「ファシズムの時代」において声高に話をしているのか、という問いにたいする回答のとっかかりを用意してくれる。その問いにたいする回答は、自己満足の危険を十分に自覚したうえで率直に言えば、わたしたちはもう「ファシズムの時代」にはいない、ということになる。実践的乗り越えにかかわる最大の不安の地点をわたしたちがすでに通り過ぎているならば、そして、理論的乗り越えという企図をわたしたちが放棄したのであるならば、また、攻撃的なファシズムに向かう刺激となるモデルを用意する同じ程度に攻撃的なマルクス主義にはわたしたちがもう向かい合っていないのであるならば、一九九〇年代以降に復活しているファシズムはどう考えても本物のファシズムではありえないだろう。たしかに、「強権的、好戦的、内部で対立し合う諸集団」はいまも存在している。そして、それらの集団の一部はまちがいなく、ファシズムのもつスケープゴート化の訴求力を再利用するのがやりやすいと考えることだろう。「民族浄化」という問題は結局なんであるのか？　しかし、大きく見て、ポストモダン化のプロセスは新しい政治形態をあれこれどうしても生み出すことになる。そして、それらの政治形態は、いまだ内容のさだまらない分析的カテゴリーと新たな防衛戦略を必要とするはずであろう。よく言われるように、一九世紀の政治的語彙にはファシズムはまったくなかった。その点は、二〇世紀のさまざまな出来事の流れからすると、まことにびっくりさせられる点である。わたしたちが自信をもって言えること、それは二一世紀にはなにかびっくりさせられるものがわたしたちを待ちかまえているだろうということである。それら待ちかまえているものにたいしてわたしたちが心構えをもつにしても、ありがたいことに、もうわたしたちのものではなくなっている過去の時代のいろいろな教訓にあまりしつこく固執することなく、その心構えをもつべきであろう。

第9章　教育者たちを教育する

この文章が発表されるときにはもう旧聞に属しているだろうが、一九九三年一月三〇日、その記事がカリフォルニアじゅうの新聞の見出しに踊った。「ホニグ、完全有罪」というのが『サンフランシスコ・クロニクル』紙の見出しで、その前文では「教育改革運動の著名な指導者であるカリフォルニア教育委員会教育長ビル・ホニグは昨日有罪を申し渡された。同氏の妻が運営する私的教育プログラムに、地位を利用して公金を支出した廉である」とあった。ナンシー・ホニグが運営し、サンフランシスコの自宅に本部を置いている「クオリティ・エデュケーション・プロジェクト」に四人の学校長を配置し、そのさいに州の基金で総額三三万七五〇九ドルが四人に支払われた件について、同州の公務員の公益と私利関係の法律が適用されて、ホニグは重罪の判決を受けた。裁判所がホニグに科した罰則のほかに、一九八二年以来就いていたカリフォルニア教育委員会教育長の職を辞することを求められた。

ビル・ホニグの劇的な栄達——マリン郡の教育長という無名の立場を離れた直後、かれは州知事候補あるいは教育長官候補になるように強く薦められた——を見守っただれにとっても、かれの失墜は苦い記憶になった。教育政策は現在のいろいろな文化戦争におけるたいへん激しく戦われる現場なのだと思い起こされる苦い記憶になったのである。ホニグのまずかった点は、教育への保護者的な関与をりっぱに主導するものとしてだれしもが認めていたものを、自分の妻の過剰なほどの密接関与によって汚れさせてしまった判断、疑問をもたれるかれのその判断だけではなかった。かれは、共和党右派の検事総長ダン・ラングレンと州教育委員会の保守派の人びとの凝り固まった考えのひそかな犠牲者にもなった。その右派の人びとは、カリフォルニアの教科書に霊魂創造《クリエイショニズム》「科学」を採り入れることにホニグが反対し、二か国語教育にかれが賛成していることに業を煮やしていた。ホニグは、いろいろな契約を保証するにあたってのかれの善意の意図にかかわる証拠のすべてを不適切として却下したひとりの裁判官――かなり富裕な人であるから金で動いたはずのない裁判官――の権限によっても失脚させられた。

ホニグの失脚に、カリフォルニアにいて教育に関心をもつ人の大多数が失望を覚えた。かれは自分の事務所で、学校、カリキュラム改革、より厳密な教員養成テストのための基金をつくるために民主党員と共和党員とを連携させる仕事をかつてしていた。かれの政策はリベラルで総合的なものであったが、高等教育の水準を維持したいと願っている人たちからはかれは敬意を寄せられていた。その水準は州のすべての少数民族集団に適用されるべき、とホニグは主張していた。熱心に奨励する理想主義的なかれのやり方は、官僚主義的な狭量な精神から、新鮮な意味で逸脱するものだった。ちなみに、その狭量な精神は、教育政策・教育実践にかかわる際限のない論争に押さえつけられている人たちを特徴づけるようになっている精神である。

*

しかしながら、わたしがホニグの事件を取り上げるのは、かれへの有罪判決に賛成するあるいは反対する議論をくどくど述べるためでもないし、かれの支持者たちの嘆きがどれほど正当であろうが、その嘆きを繰り返すためでもない。わたしとしては、この事件に鑑みて、アメリカにおける「高度な」知的生活と、基本的にわたしたちの子どもの全員が通ってゆく一般的な教育プロセスとの、議論の沸騰している関係性という大きな問題を考えてみたい。わたしは個人的経験から知っているのだが、ホニグ自身がまさにその問題に大きな関心をもっていた。知的生活の先端における難解な理論展開は学校教育にどうかかわりうるか、ということをホニグは知りたがっていた。それは、象牙の塔の住人たちは塔の下の街角の人びととどう効果的に交流できるか、という問題意識である。

わたしが述べた個人的経験というのは、ホニグがカリフォルニアの教育長になる前にあったことである。かれは一九八〇年の秋、わたしに電話をよこして、当時の文化的危機を主題に、かれとかれの知人たちにインフォーマルな講話をやってくれないか、と申し出てくれた。当時わたしはかれのことを知らなかったのだが、ともかく会ったうえで相談しようということになった。ホニグの理想を求める熱心さ、力強い仲間になってくれそうな見込みが感じられて、翌年の春、かれの自宅でわたしたちは隔週に会った。取り上げた一二のテクストをもとに、当時の重苦しいいろいろな文化的問題にかかわって広範な議論を展開できると願っての会合であった。ホニグによれば、そのグループは、弁護士、実業家、教育者から成る刺激をあたえ合うグループで、大学の学者たちが遠いところで研究の対象にしている世界を、そのグループは全員で積極的に構成している、ということだった。メンバーのひとり、銀行家のアンソニー・フランクはのちに合衆国郵便公社総裁になった。

その講座はアメリカの現況に焦点を合わせる計画ではあったのだが、カール・ショースキーの刊行されたばかりの『世紀末ウィーン』をまず取り上げた。政治的危機と文化的混乱とのつながりを分析するための比較論的な枠組みをつくっておくためであった。それからロバート・ニスベット〔アメリカの社会学者(一九一三年生まれ)〕の『社会学の伝統』の一部分を取り上げた。これは「共同体」「権威」「疎外」といった主要用語の意味の変遷を綿密に跡づけている本である。それらの概念をめぐる論争についてのニスベットの基本的に保守的である解釈とともに、わたしが選び出したのは、フランクフルト学派の古典的テクストであるヘルベルト・マルクーゼの「文化の肯定的性質」、ハンナ・アーレントの『過去と未来の間』から「権威とはなにか」、レイモンド・ウィリアムズの『マルクス主義と文学』から「文化」の章であった。

そのあとテクストに使ったのは、ミシェル・フーコーの『監視と処罰』〔邦訳は『監獄の誕生』〕、スティーヴン・ルークスの『個人主義』〔邦訳は御茶の水書房刊〕、ジョン・マレー・カディヒーの『礼儀の試練』〔邦訳は『文明の試練』法政大学出版局〕、ジェイムズ・オグルヴィの『多次元人間』、フレドリック・ジェイムソンの『言語という牢獄』〔邦訳は『言語の牢獄』法政大学出版局〕、リチャード・シャハトの『疎外』、ダニエル・ベルの『資本主義の文化的矛盾』〔邦訳は講談社刊〕である。考えてみると、ジェンダーや多文化主義の問題を扱ったテクスト、少数派民族の著者のテクストがひとつもなかったことはかなり問題ありだったけれども——カディヒーの著作だけが、ヨーロッパ、アメリカのユダヤ知識人たちのことを考えるにあたっての特殊性と普遍性の問題を扱っている——、わたしたちが読んだ著作群は広い範囲の生き生きした議論をしっかりと引き出してくれた。

ホニグとその知人たちがその連続講座からかれらが望んでいたものを得たかどうかはわたしにもわからないが、わたしの立場から言えば、その経験はとても得がたいものであった。社会の有力者たちを動かすというわたしの持久戦法的な夢想は、アカデミズムの(もっと正確には、知的な)言説と教養あるしろうとの言説とのギャップという現実にぶちあたった。イギリス人のよく言う「おしゃべり階級《チャタリング》」〔政治・社会問題についてリベラルな発言をする中上流階級の知識人〉は同じ問題について同じ仕方でおしゃべりできるという仮定は立証できなかった。ハビトゥス*、制度的ひな型、文化的分野のいずれにおける差異とそれを呼ぶにせよ、わたしたちはそれぞれに、自分が持参したかばんから離れることはできなかった。とても興味ぶかいことに、そのギャップは、仲間内ことばの違い、あるいは知的生活の当時のいろいろな流行になじみがあるなしの違いにあるわけではなかった。そのギャップには見た目の基本的な違いが反映されていたのであって、その違いを簡単に言えば、批判《クリティーク》と肯定《アファメーション》との二分法に圧縮できるものである。

　わたしのとことん基本的な考え方の傾向が、自明なものを問題化し、単純なことを複雑化し、一見堅固であるものを解きほぐし、たくさんの疑問を疑問のままに残しておくものであるのにたいして、ホニグたちの考える傾向は、分析して行動する、つまり矛盾や曖昧さを越えて方向の明確な解決をめざすものであった。大学のアカデミズムでは、「転倒《サブヴァージョン》」「破壊《ディスラプション》」といった用語は一九八一年には説明を要しない全能の用語になっていた。「批判する」「脱構築する」といったありったけのパンチ力を加える動詞もまたそうした用語になっていた。ポール・リクールが「懐疑の解釈学」と呼んだものが、「想起される意味の解釈学」をはっきりと説きふせていたのはまちがいない。したがって、その講座の隠れた目標はわたしの心づもりでは、「共同体」「権威」「文化」といった重要用語の意味についてのその人たちの固定観念をぐらつかせることだった。その目標をもつことでその講座はある程度意味のある変化を見せたのだが、わたしたちの前にあるいろいろな問題にわたし自身の現実的な回答を出してゆくことは、わたしにはかならずしもできなかった。

　もちろん、うるさく批判するという役割は、知識人として大変魅力的な自己イメージのひとつである。「存在するいっさいのものを容赦なく批判」せよとするマルクスの有名な提言は、ドイツの小説家クルト・

トゥホルスキーによる一九一九年の「われわれ否定」という宣言、「われわれはまだイエスと言うことはできない」というしんらつな主張のその宣言[1]、をはじめとするいろいろな宣言に反映している。イギリスの歴史家J・P・ネトルの一九六九年のあちこちで引用された論文で、ネトルは真の知識人とはアカデミズムの専門家の反対に位置する人と定義づけるところまで行っている。真の知識人はたえず異議を提起する性向をもっているがゆえに、アカデミズムの専門家の対極にいるというわけだ[2]。知識人がなんでもイエスと言う人になる誘惑に負けて、大立物知識人的に肯定するという逆の例はいろいろあったとはいえ、知識人が、否定を言うという性に合ったスタンスを長きにわたってほかのなにかと取り替えることはめったにない。社会学者アルヴィン・グールドナーが知的〈新階級〉と見たものにおける、メンバーであることを指示しながら基本のところで分け隔てる要素を、グールドナーが「批判的言説の文化」の容認と名づけることができたのは偶然のことではなかった。

一方でホニグは、むしばまれることのない高級文化をさらに高尚にしたものを信ずるほとんどマシュー・アーノルド的信頼とか、理解可能な範囲の外にあるいろいろな文化に理解を及ぼすことの重要性への信頼をいまだ保持していた。個人的教養そのものの意味のビルドゥンクというドイツ語を越えて、ホニグはアーノルドへの信頼――リーヴィス、トリリング*などの二〇世紀の人たちによって継承された信頼――、完璧さを追求するさいの有益な社会的効果を信ずるアーノルドへの信頼を押し出していた。その押し出しは、少なくともある種の文化的規範の普遍的意味をまとっている強調だった。当然のことながら、その講座でいちばん反感をもたれたテクストはマルクーゼの論文「肯定的文化」であった。その論文は、アーノルド的伝統ということとん理想主義的である考え方の仮面を剝ぐ意図をもっているから、反感をもたれたのである。

過去の文化的財産を誠実に保存し普及させようとする人たちと、新しい——しかし、新しすぎることはない——文化的創造を生み出そうとする人たちの姿勢こそは、もちろんこれまで、教育者《ペダゴーグ》の主要な役割だと見なされてきた。そのような役割には、道徳の高揚がらみの公的責任という感覚がしばしばともなうことは当然の事態である。教育についての批判的社会学者たち——ここまで述べてきたような異議申し立てをする知識人というモデルに自分を見立てる人たち——は結果として、教育をアルチュセールの言う「イデオロギー的国家装置」の有力な実例としてとらえながら、現代の国民国家の穏やかな市民層をつくることにおいて、そうした教育学《ペダゴギー》が果たしている共犯的役割を速やかに前面に出してきた。批判的知識人たちの手で転倒する方向でもともと機能してきたものですらが、それが学校のカリキュラムに入ってくるときに現状肯定的なものになりうる、という点に批判的知識人たちは注目している。かつてのソ連のマルクス主義、西側の美的モダニズムがカリキュラムに入ることで現状肯定的なものになったのがその実例、とかれらは考えている。

批判的知識人たちと建設的教育者たちとの区別を実体あるものと考えるのは、むろんまちがいだろう。つまるところ、批判と建設との緊張それ自体が、教育政策の観点から利用されている場合もあるのである。批判する技術を教え込む、あるいは、建設的創造や問題解決の才能を育てることが主要な仕事なのか、と教育者たちは疑問視している。批判する技術を教え込むことを過度に強調することがしんらつで諷刺的な懐疑主義につながり、創造や問題解決の才能を育てることを過剰に信用することが、判断力の欠如や現状維持——深いところにある前提を決して疑うことのない現状維持的な功利的プラグマティズム——の姿勢を助長してしまうのではないか？　文化というものをどう定義するのであれ、大切に継承してゆくべき過去からの財産が文化であるのか、それとも、新しいものをつくるためにこそ、過去をむさぼり食らい、また積極的に過去を忘れてしまうべき、いま生きている現在進行形のプロセスが文化であるのか？　そうした疑問は、知識人たち、教育者たちの双方が念頭に置いている問題である。さらに、批判する側と肯定する側との偏向的分断のようなものがあることが、わたしたちの講座が進むなかではっきりわかってきた。

*

しかしながら、それから一〇年以上がたち、ホニグの極端な盛衰があったあとで、その分断にかかわるいろいろな矛盾がますます明らかになってきた。予期せぬことに、二つの立場の双方が、ある意味で第三の立場によって裏をかかれた。第三の立場とは、大衆文化・マス文化の奇妙なヴァリアントが強力に台頭してきたものにほかならない。そして、その第三の立場それ自体が、現行のいろいろな信念、実際に存在するすべての信念にとことん反対するものになる。過去において、高い志をもった伝統的文化と批判的前衛の両方が、大衆文化を無思慮で低俗《キッチュ》なものとして退けた。体制順応で現状肯定的なもの、まことに品のない娯楽を別にすればなんらの価値ももっていないもの、として大衆文化を両方が退けたわけである。逃避的虚構のもつスペクタクルや魅力の誘惑から反省的な距離を取ったことを自負しつつ、伝統的文化と批判的前衛の両方が、大衆文化を操作する人たちによって牛耳られる人びとの浅はかな騙されやすさを非難することができた。

そうした立場の両方——その二つをエリート的な文化批判と敵対的な文化批判と呼ぼう——がいまは、ひとつの世代からの攻撃にたいして防衛の姿勢を取っている。その二つを、あからさまにあるいはそれとなく、疑似普遍的な「知識階級」の文化的権力を求めるイデオロギー的正当化と見ている世代からの攻撃にたいして、防衛の姿勢を取っているのだ。その二つは、見た目にはいろいろ違っているようでも、それらの違いも結局は利害を同じくする人びとのひとつの共通性に収まるものである。その新しい感性を喜んでいる人たちのひとりアンドルー・ロスの言い方を借りれば、二つのどちらの立場にたいしても、「いささかの敬意も」残っては「いない」。ロスによれば、だから、わたしたちはどうしてもわからなくなっている。「ホラーとポルノづけになった、また国粋主義そのほかの好ましからぬ考え方に包まれている大変たくさんの文化形式が、教養ある嗜好のさまざまな教訓を侮蔑することになるいろいろな表現から大衆を魅了する力を引き出しているのだが、その理由がわたしたちに理解できないのであれば、新しい知の政治学においてなにがかなり危うくなっているのか」がわからなくなっているのだ。(3)

いま、皮肉な反省、わざとらしいパロディ、自覚的なごまかし、といったものが大衆文化の一部になっている。そして、その一部はもはや、魅了する直接性にそれほど根ざしてはいないし、また、ヘルベルト・マルクーゼが皮肉な口調で「抑圧的脱昇華」についての「幸福な意識」と名づけたものを故意に育てることに根ざしてもいない。現在優勢になっているように見えるものは、ドイツの理論家ペーター・スローターダイクの言う「シニカルな理性」である。スローターダイクの定義では、「シニカルな理性」とは「啓発された虚偽意識」である。すなわち「勇気を自分から切り離し、明確なものをぺてんとしてかたづけ、なんとか生活を切り抜けることだけに腐心している、頑迷にして空虚である賢さ(4)」である。

この変質の意味するところは、ひとつの文化的体制と喧嘩をしている批判する知識階級からはもう刺激的な衝動が生まれることはなく、「下から」生じたばかりのいろいろな力のかなり流動的になっている混合物からそうした刺激的な衝動が生まれる、ということである。「下から」生じたばかりのいろいろな力には、コンピューター・ハッカーから体にピアスをしている者まで、ポストモダニズムの行為者から地下の「ミニコミ」漫画愛好者まで、スケートボード・マニアからサイバーパンクの作家まで、ギャングスタ・ラップ〔セックスや暴力を歌うラップ〕の歌手からクイア実践者まで、がふくまれる。それらの人たちのかならずしも全部の人に静観主義的とか敗北主義的のレッテルを貼ることはできないし——ギャングスタ・ラップの歌手やクイア実践者たちはむしろ闘争性であるだろう——、また、この人たちは、これまで長く文化的シーンにおいて反体制の優位の立場を独占してきた急進的知識人たちの批判するポーズにたいして違和感を覚えていることを隠すことはない。『口紅の跡』におけるグレイル・マーカス〔邦訳に『ロックの「新しい波」——パンクからネオ・ダダまで』（晶文社、一九八四年）がある〕の試みは、「下から」生じた文化運動の担い手たちの一見したところのニヒリズムに、隠れたユートピア願望のあることを見届けようとする試みなのだが、そうした果敢な試みは、根本的に全体論的である諸解決にたいしてその担い手たちが信念を失っていることの確実な証拠に出くわすことになる。(5) そして確実に言えることだが、かれら担い手たちは、ホニグのような理想主義的教育者たちを元気づける、文化的昇華についてのアーノルド的ヴィジョンなどには目もくれない。

要するに、ビーヴァス・アンド・バットヘッド*が、君臨する否定のチャンピオンとして、ホルクハイマーやアドルノにとって代わった世界にあって、敵対する知識人たちと肯定する教育者たちとのかつての対立はどうやら時代遅れになっているように見える。どちらの陣営にしても、教育が日々どんどん自分にとって意味をなくしているように見えているひとつの世代の現状をきちんと把握しているようには見えない。残念なことに、ホニグのような善意の改良家は、ダーウィンを反キリスト教主義者と考えるような変人奇人たちと闘わなければならない。一方で、六〇年代から活躍した急進的知識人たちは、三〇年後に実際に生じることになるものからますます遠いものに見える批判を再生産している。つまりは、現在、教育者を教育しようとする者はだれであれ、見たこともない新しい文化的創造——と文化的破壊——の世界と今後取り組まなければならない。その世界は、わたしたちがかつて経験したどの世界とも異なるものになる。その取り組みにいまいそしんでいる人がいるなら、わたしとしてはできたらその推薦図書目録をいただきたいものである。

第10章　美学のアリバイ

公共の場〔ニューヨーク連邦ビル〕に設置されているかれの彫刻「傾いた弓形」を共通役務庁が一九八九年に撤去したことに抗議する最近の文章で、リチャード・セアラが財産権と対立する「道徳権」という観点から自分の事件を総括している。(1)セアラの言い分では、当局はその彫刻に金を支出していたが、これを撤去する権利はその当局にはない。なぜなら、その処置は、「言論の自由の権利、表現の自由の権利、人の創作物を保護する権利」への侵害にあたるから、ということになる。(2)「芸術作品の完全性を維持する」(3)のでなく、当局はいわば検閲を行使し、これは芸術の領域に政治的意図が介入してくる恐れを引き起こした、という言い分である。

セアラの警告は、「傾いた弓形」のような「公的芸術《パブリック・アート》」の特殊ケースにたいする反応として出てくる以前に、過去数年において違反的な思想や象徴的行動にかかわる規制されていない表現を圧迫する事例が数多く出てきたことで、火をつけられた面があった。ほかの国、顕著には前の体制のソ連邦でいろいろな規制がゆるめられている同じ時期に、合衆国では規制を強める流れがあったことはきわめて皮肉なことだった。セアラの彫刻事件がそうであったように、「高級芸術」に向けた圧迫がある一方で、「低級芸術」なり

「大衆芸術」を標的にした圧迫もあった。後者の例として、ラップ・グループ「2ライブ・クルー」の公演にたいする圧力があった。ロバート・メイプルソープの写真の場合がそうであったように、猥褻が圧力の理由になるケース、未成年者への悪影響ということが理由になるケースもある。ジョック・スタージェスの児童ヌード写真への検閲がそれである。物議をかもしたアンドレス・セラノの「ピス・クライスト」〔尿の入った容器のなかの十字架のイエス像〕のケースにおけるように、冒瀆罪に類した場合もあった。

政治面で見れば、圧力は一般に右派からくるものと考えられていた。重犯罪人としてのジェシー・ヘルムズ〔共和党上院議員〕、パトリック・ブキャナン、ドナルド・ワイルドマンなどの人物からの圧力がそれに相当する。ただし、「ポリティカル・コレクトネス（PC）*」がヒステリックに（しばしば、偽善的に）不吉な脅しにエスカレートした例に見られるように、圧力が左派につながる場合がないではなかった(4)。考えられる処罰はいろいろでありえた。既存の作品を解体する、軽犯罪法違反によって監禁する、全国芸術助成財団や共通役務庁からの助成金をカットする、などである。しかし、理由・原因・処罰はいろいろであっても、ひとつのパターンが生じてきて、そこでは表現の自由がかなりの程度押さえ込まれているようである。この傾向のゆきすぎた例としての、サルマン・ラシュディにたいするホメイニ師による死刑宣告にかんして、芸術家たち、芸術の支援者たちは、いかに多くのことがこの争いのうちに賭けられているかを見てとった。結果として、赤狩りのマッカーシー共和党上院議員の亡霊の姿が頻繁に見られることになった。一九六〇年代にかれの遺体が丁重に埋葬されて以来のどの時期よりも、頻繁にである。

それらの出来事から生まれてきたいろいろ複雑な問題をきちんと仕分けすることは、このコラムの紙幅では無理であろう。表現の自由への制限について議論する別の観点を打ち出すことであっても、野心の走りすぎとして愚かに見えるかもしれない。とくに法律の細部についての専門知識をもっていない人にはそう見えるだろう。そこで、わたしがやってみようと思うのは、この問題のひとつの側面に焦点をしぼることである。通常「芸術表現の自由」と呼ばれる観点がその焦点である。表現の自由を制限するいろいろな動きへの反応として、芸術家に固有にあるものと想定される権利にしばしば疑問が呈されてきた。セアラは「道徳権」についてそれとなく語り、表現の自由について大きな視点から懸念しているのかもしれないが、しかし、かりに、芸術的な意図をなんらもたない「無署名の」建築家が自分が設計した家屋への勝手な変更に抗議したとしても、なんの成果も生まれないことはっきりしている。ミュージックビデオ『トゥルース・オワ・デア』〔アメリカ以外では、『イン・ベッド・ウィズ・マドンナ』〕のマドンナですら、公然猥褻という理由で彼女のトロントでのコンサートを中止させようとする圧力を、果敢にふるまって乗り切ることができた。芸術表現の自由という旗印を前面に出してである。

大きく言えば、芸術の自由は言論の自由の特別版ととらえることができる。言論の自由を特化したものが芸術の自由である。すなわち、自由社会における言論の自由へのいろいろな制限は、言論の自由（ないし、その象徴的行為）が美的価値をもっていると考えられるときには、一般的にかなりゆるやかなものになる。劇場にいる観客が「火事だ！」と叫ぶのは禁じられてしかるべきだろう。パニックを引き起こすかもしれないからだ。しかし、演劇の進行の一部として叫ぶのなら、舞台で「火事だ！」と叫んでなんらさしつかえない。言語行為論《スピーチ・アクト》の理論家たちがかつて語っていたように、同一の言葉の「発話媒介」効果、すなわち事態を生じさせる言葉の能力は状況によって異なってくる。日常生活では中傷したり攻撃したりする言葉は特別に許されることがある。攻撃の言葉が美的枠組みという保護シールドのなかで発せられたと考えられる場合にはそうなのだ。

リベラルな世俗化した西洋社会を識別できる目印のひとつは、そのような保護シールドを認知しようというわたしたちの願いにほかならない。そのシールドが破られて、文学作品・美術作品に不愉快な観念がある、違反的な言葉がある、下品な想念がある、という理由でそれらの作品が焼かれるなら、わたしたちにとってほとんど自然な境界と見えるものが無視されたがゆえに、わたしたちは憤りを覚える。美的自由という原理によって保護されてしかるべきものについてわたしたちが賛成できない場合があるかもしれないとはいえ、事実上わたしたちはだれであれ、芸術とそれ以外のものとの区別を尊重するし、芸術以外の領域にあって嫌だと思うものでも、それが芸術の領域にあるならそれを喜んで黙認する。芸術だからという許容がなければ、十中八九、監獄でなくともただちに精神病院に収容されるであろうような行為を容認するために、わたしたちは「パフォーマンス・アート*」といった新しい概念を考え出すことすらある。

「芸術表現の自由」という理念はわたしたちの文化におけるきわめて神聖なもののひとつであるのはまずまちがいないし、わたしたちはどのような機会をとらえてでもその理念の価値を確認しようとする。わたしたちにとっては、国家の権威主義的趣味に順応することができない芸術家たちをはずかしめる意図をもった「堕落芸術」の展覧会はない。そのことをわたしたちは誇りをもって自分に言い聞かせている。わたしたちにとって、異端の芸術家たちの本を地下出版本で出回らせる、あるいは芸術家たちを海外に逃れるように強いる法律はない。啓蒙主義の伝統へのリベラルな忠誠心に挑むことに誇りをもっているポストモダニストたちですら、芸術の自由を守るための武器を、徹底的な通約不可能性――リオタールの用語では「抗争」――が芸術とそのほかの「文という形態」[5]とのあいだに存在しているというジャン＝フランソワ・リオタールの主張のうちに見出すことができる。芸術表現の自由という権利は実際のところかなりの部分自己理解の一部であるので、最初の法改正によって一般的に言論の自由に付与されている正当性を越えたそれ自身の本来的な正当性を芸術表現の自由はもっているものと思われる。

しかしながら、芸術の自由を大切にすることをたいへん矛盾に満ちたことにするもの、つまり、その自由が自明の真実であることをわたしたちに考え直すようにうながすもの、それは、その自明性への懐疑が美的ゲームのいろいろなルールを理解できない世捨人たちから出てくるだけでなく、手っ取り早く消してしまうことがなかなかできないもうひとつの源からも出てくるというそのことである。すなわち、その懐疑は、美学それ自体の言説の内側から出てくるというか、もっと正確には、「芸術」という経験にくっきり明確な芸術だけの領分があるとするのが問題ではないかと考える芸術家たち、知識人たちから出てくるのである。かりに、その人たちの考えが正しく、生活のほかの領域からはっきりと分かれている芸術の領分があると人が考えることがもうできないのであるなら、芸術の領域のなかに入っていると考えられてきたものを法の適用除外とみなすことはかなり問題ありになってくる。

大きく言えば、美学の完全性にたいする批判は三つの方向から出てきた。名前をあげれば、歴史学的・社会学的批判、アヴァンギャルド的実践、ポスト構造主義理論、の三つである。その第一のものは、文学批評家M・H・エイブラムズが「そのものとしての芸術《アート・アズ・サッチ》(6)」と名づける理念の時系列的ないろいろな起源を特定してきた。「そのものとしての芸術」とは、ひとつの絶対的文化であるのではなく、一八世紀のイギリス、ドイツにようやく生まれてきたものを指している。「芸術《アート》」と呼ばれる総称的なカテゴリーがこうして新たな意味でとらえられたことで、いわゆる高級芸術《ファイン・アート》の意味が広がり、宗教的信心に類似した観照的評価の姿勢がどうしても必要になり、いろいろな作品が自己目的的で無私で自律したものと規定されることになり、そこから「美学《エステティックス》」と呼ばれる概念が生まれ、この概念を、イギリスではシャフツベリ、エドマンド・バーク、ジョゼフ・アディソン、ドイツではバウムガルテン*、カントといった著述家たちが力強く育てあげた。その概念の実用的価値はフランス革命のさいにたぶん初めて検証されることになった。

不信の目を向けられた王朝がもっていた美術作品が、因習を打破しようとする民衆の怒りから救出されてルーヴル宮に保護され、王宮であったルーヴル宮が国家の美術財産を保存する美術館に転換された意義はすこぶる大きかった。

芸術という包括的なカテゴリーのもとに個々の芸術的技巧を包摂すること、倫理学、形而上学、認識論、そのほかの哲学的分野から美学をそれとなく切り離すこと、そのあとに、価値の値踏み、保存、商品化のいろいろなネットワークを制度的につくることがやってきた。そして、そういうネットワークがつくられることで、芸術は孤立した領域であるという考え方に、純文化的力ではなく社会的力がそなわることになった。伝統的なヒエラルキー基準がゆすぶられた時期に、美学的趣味という概念と、それにともなって出てきた価値についての市場の判断の二つが、高級と低級とを区別し、価値あるものと無価値なものとを区別する新しい基準をつくり出した。貴族がパトロンになるシステムに市場がとってかわり、そこに、美的鑑識眼でものを識別できるとするブルジョワの思いが重なることになった。

こうしたいろいろな変化にともなって、なんの拘束も受けていない力をもった人物としての創造的天才がつくり出されることになった。ルールを守るのでなくルールをこわすことで芸術を生み出す天才がつくられた。この天才はブルジョワ的無教養の被害者としてしばしば英雄扱いされるのだが、皮肉なことにこの天才は、その天才をつくる市場の需要を生み出した同じいろいろな変化によって強化された美学システムのひとつの機能であった部分が大きい。芸術自体もそうなのだが、この天才もしばしば非美学的な――認識論的・倫理的考え方、そのほかの――考え方には束縛されていないものと解釈された。完全性をその天才が追求することが、もっと因習的である人間らしい関心事にたいする冷やかな無関心につながることはたしかにあったはずである。その無関心は次のオスカー・ワイルドの言葉にあざやかに表現されている。

「死ぬ苦悶のなかで筋肉がどう動くものかをたしかめるために、彫刻家ベンヴェヌート・チェリーニがある人物を拷問したさい、法王がチェリーニのその行動を赦したのは正しいことだった。名もなき人間が死ぬことで、不朽の作品が、キーツの言葉にあるエクスタシーの永遠の源泉を花開かせ、またその源泉をつくることができるとしたら、その人間の死など取るに足らぬことではないか」[7]。概して、そうした考え方は、制約を受けない芸術の自由の代償として大目に見られてきた。

〈芸術〉というカテゴリーの歴史的成り立ちとそれを取り巻く美学的言説については言うべきことがたっぷりとある。それを語るのが現在の学者たちの大きな関心事にもなっている[8]。しかしここではこう言うにとどめておこう。すなわち、わたしたちが「芸術の」偶発的・歴史的源泉を確認するようになったとき、美学の自由な表現を自明の真実と考えることがどうしても無理になったのだと。事実、ピエール・ブルデューのような社会学者たちの手にかかると、美的価値の歴史的成り立ちについての自覚は、芸術が維持している社会的差別化《ディスタンクシオン》というシステムのなかで、いかなる仕方でも芸術の制度的源泉を当の芸術が乗り越えるということを否定することになりうる[9]。その考え方によれば、文化は「文化資本」になり、芸術の自由といっても、金銭、家柄よりましな「趣味」の部分で、ヒエラルキー面での優越性を主張する権利以上のものではなくなる。

以上とはまったく違う観点、一九世紀末期と二〇世紀初頭のいわゆるアヴァンギャルド運動の観点から、美学の完全性にたいする補足的な攻撃が生じてきた。ダダイズムのいろいろな宣言、デュシャンのレディメイド、シュルレアリスムの自動記述とファウンド・オブジェクト、といったものがこぞって、つくられた天才というイデオロギー、その天才が創造した作品の永遠の超越的な価値、というものを退けた。ときにニヒリズム的な「反芸術のための反芸術」に堕することがあったとはいえ、全体としてアヴァンギャルドは芸術にある救いの力への信頼を失うことはなかった。アヴァンギャルドでは、自己目的的で自律的な無私無欲の領域としての芸術の価値それ自体は退けられなかった。ただし、日常生活から芸術の領域がたえず分断されていることが、アヴァンギャルドでは問題視された。ペーター・ビュルガーによれば、アヴァンギャルドはしばしば日常生活のなかに芸術の解放するエネルギーを吹き込もうとした(10)。つまり、アヴァンギャルドは、日常の領域でアヴァンギャルドによる「幸福の約束」が実現するのを求めたほどには、美学という個別の領域が廃止されるのを求めたわけではなかったのである。ビュルガーによれば、モダニストたちは芸術という制度のなかにとどまって、芸術作品の因習的な概念だけを粉砕したのであるが、それとは違って、アヴァンギャルドは、芸術と生活を分断している傷を積極的に癒そうとした。

アヴァンギャルドの人たちが求めた解放の成果はまだ実現していないのはたしかである。改めて芸術と生活を統合しようとするポストモダニズムの形式とみなしうるパロディの形式としてのみ、その成果の一端が残っているだけのことである。収集と保存をする強力なもろもろの制度は、芸術と芸術にあらざるものとをいまだに二分しているのだが、アヴァンギャルドの人たちの「仕事《ワーク》」が、それらの制度によって改めて美学化されることをうまく避けることにもならなかった。芸術作品を取り巻くアウラと名づけてヴァルター・ベンヤミンが有名にしたものは、アヴァンギャルドの全盛時にベンヤミンやそのほかの人たちが望んでいたほど容易には消え失せなかった。しかし、芸術という制度の完全性に挑み、芸術家は法の上に位置する創造する天才なりという考えの仮面を剝ぐことによって、かれらは美的自由という観念が依拠している言説の諸前提をゆるがしもしたことになる。

仮面を剝ぐその行為を誘う第三の刺激が、おおざっぱにポスト構造主義と呼ばれる諸理論によって、もっと最近になって提出された。ジャック・デリダの『絵画における真理』がたぶん、フィリップ・ラクー

＝ラバルト、ジャン＝リュック・ナンシー、ポール・ド・マンといった同じポスト構造主義の人たちによって入念に分析された議論を扱った本としていちばん知られた本である。[11] デリダにすれば、作品たるエルゴンと作品を取り巻く枠組みたるパレルゴンとの絶対的区別を維持するのは不可能である。内在するものと外在するもの、テクストとコンテクスト、引用符のなかの引用された言葉と「じかに」語られる引用符なしの言葉、[12] それらのすべてが、美学領域の理念的純粋性に疑問をつきつけるようないろいろな仕方でからみ合っている。カントの第三批判のような美学のさまざまな言説もまた、それらが追いつめようとしている、パレルゴンとしての認識的・倫理的考え方によって侵食されている。こうして、脱構築は、文字通りの意味と比喩的な意味との区別、レトリックと哲学との区別を拒否するがゆえに、美学の帝国主義であるかのように受け止められることが多いのだが、その脱構築には、美学の帝国主義とは反対であるものを信頼していることが暗にふくまれていると理解されていいかもしれない。帝国主義と反対であるものとは、芸術という純粋領域が、「外部からの」いろいろな考え方によって外から汚染されるその汚染にほかならない。「美のイデオロギー」と呼ばれるものが美学の標的になったのは当然と言えば当然である。なにしろ、デイヴィッド・ロイド、テリー・イーグルトンのようなマルクス主義批評家の著作においても美学が攻撃の標的になったのであるから。[13]

　それらの批評や類似の批評がいろいろ出てきた結果、芸術という制度の完全性なるものはもう不可侵のものだとは見なされなくなった。少なくとも、たとえばマシュー・アーノルドの時代からクレメント・グリーンバーグ*の時代までは不可侵のものと見なされていたわけだが、もうそうではなくなった。とはいえ、芸術の完全性が単純に崩壊した結果、いまは廃物同然になっているということにはならない。というのも、その完全性の復活をめざす社会的・経済的要請はいまも非常に強いものがあるからである。商品化と比類なき天才というイデオロギーとが皮肉に結びついている点は、ヴァン・ゴッホに五千万ドルの値がつく時代にあって、ほとんど疑問視されることはない。しかしながら、自分が拠っている土台が流砂になってしまっていることをはっきりと知っているはずの人たちが芸術の自由を言い募る言動、それはさすがに疑わしく見られるようになってきた。

興味深いことに、そうしたいろいろな混乱が生じてきたのはこれが初めてではない。たとえば、ルイ・アラゴンの詩「赤色戦線」(14)〔一九三一年〕をめぐる大騒ぎという、シュルレアリスムの歴史における有名なエピソードを見てみよう。「レオン・ブルムを撃て、ボンクール・フルワサール・デアを撃て、社会民主主義で調教された熊どもを撃て」という印象的な部分をふくんでいるその詩によって、アラゴンは一九三二年一月に、暗殺への教唆と軍からの脱走への扇動の罪で告発された。アンドレ・ブルトンなどのシュルレアリストたちはアラゴンを救うべく、署名運動しておよそ六万人の署名を集めた。シュルレアリストたちは、詩を政治パンフレットと取り違えるべきではないというシュルレアリスムの原則を根拠にして、署名をした人の大半を説得したのだ。自分が認めるのは平凡な「状況の詩」だけだということによる「美学のアリバイ」とでも呼ぶことができるものに依拠しつつ、ブルトンがこう書いている。「わたしが言いたいことは、一方のアラゴンの著作における、他方の詩の歴史における詩の状況によって、この詩は、かなりの数の形式主義的決定に応答しているということだ。ある種の語群(「星たちが親しげに地球に降りる」)にとっては言葉通りの意味うんぬんという問題は浮上してこないのに、その言葉通りの意味を利用するにはいかなる語群(「同志たちよ、おまわりたちを殺せ」)をも分離して考えることを許さないような形式主義的決定に応答しているのだ。(……)その詩の意味と意義は、その詩がともなう特定のいくつかの要素を分析することによってこの詩のなかに発見されるいっさいのものの総和とは違っている……(15)」。

ここにあるのは、芸術のための芸術という立場のひとりの主導的なアヴァンギャルド批評家をめぐる一風変わった光景である。そのひとりは、有機的著作の不可侵の完全性にかかわる伝統的観念、形式と内容との形式主義的な区別、言語の言葉通りの用法と比喩的な用法との根源的な区別に依拠しつつ、芸術と生活との壁は乗り越えられると心から信じている人である。当然のことながら、ブルトンはアンドレ・ジッド、ロマン・ロランといった作家から偽善者であるとして厳しく攻撃された。象徴的行為はかならず道徳的・政治的影響力を発揮するのであって、その影響力はそう簡単にはくつがえすことができない、とかれらは考えたのだ。詩人の側の特別な免責を求めることは、その詩人を普通の人より高いところにおくことになる。普通の人が権威にたいして散文的に異議申し立てをしても、美学の領域の無関心性とでも言えるものによってその申し立ては保護されないではないか、というのが作家たちのブルトンに向けた言い分だった。

ところで、アラゴンがブルトンの弁護を裏切る結果になった。その原因のひとつは、シュルレアリスム側のパンフレットに共産党にたいする微妙な批判が入っていたことである。その共産党にアラゴンはすぐに真の忠誠を誓うことになった。この「アラゴン事件」は、ありとあらゆる非難を向けられたアラゴンがシュルレアリスムと縁を完全に切り、ブルトンがその裏切りに憤激する、という展開になった。ブルトンにとって怒りがすこしやわらぐ点があったとすれば、恩知らずのアラゴンにとってよかれと考えて美的純粋性を前面に出すことによって、自分自身の主義主張をはっきりと打ち出せたことであったかもしれない。ブルトンが言わんとしたことは、芸術と日常生活との相互浸透は一方通行の出来事であるということだと思われる。すなわち、芸術が日常生活に影響をあたえようとする、あるいは芸術が霊感を汲むために日常生活を急襲するなら、それはそれで妥当なことなのだが、しかし、日常生活側の関心が美学の神聖不可侵の領域に侵入してくるなら、美学の自由は侵害される、というのがブルトンの考えだった。

現在、それと同じ考え方が、見るもの読むものにむかっ腹をたてている国家、教会、社会集団が侵入してくるのに抗して、心底から芸術の自由を守ろうとする人たちのなかに見られる。結果として、ジッドやロランの攻撃を繰り返して、芸術表現に特別な価値のあることを強調する動きを、自分の利益だけ大切にする偽善的なものとして頑として拒否する、そのことが魅力をもってくる。サルマン・ラシュディの本へのイスラム側の攻撃にたいしてラシュディがある種の責任をとって、逆に支持者たちをがっかりさせたのはやむをえなかった、とわたしたちは判断するかもしれない。同じ意味で、マドンナは、彼女が取り上げた題材がトロントの善良な市民の感情を逆なでしたという事実にたいして、責めを負うべき（あるいは、面目を回復すべき）であったのかもしれない。

しかし、芸術に逆らいたいという魅力はしっぺ返しを受けるはずのものである。というのも、かりに美学の完全性という虚構が完全に排除されたなら、世界中のヘルムズ、ワイルドマン、ホメイニのような右派の人たちがもっている検閲したいとする衝動からわたしたちを守ってくれるものとしてなにがあるか、という厄介な心配が残るからである。美学を非美学の考え方——道徳的・政治的・経済的そのほかの考え方——の下に位置づける人たちによる美学の領域への無差別な侵入、それをわたしたちはどうかわしたらいいものか？　その関心はいい加減な関心ではないとわたしは考える。（芸術なりそのほかの）表現の自由にたいするいろいろな脅しは軽々に扱われるべきではないのだから、その関心は重い意味をもっている。全国芸術助成財団での決済にかかわるはっきりと政治的である圧力が最近開示されて、いとも軽々とそうした脅しが実行に移されていることがわかった。

素朴な形の芸術の自由という教条ではもう守れないもの、それを守るのに三つの方法があるとわたしには思われる。第一の方法はフェミニストたちが最近提起した解決策を利用するものである。女性の、あるいはそうではない、中心化された主体を脱構築するさいの、問題をはらんだ実践的諸結果に関心を寄せるフェミニストたちが提起した解決策である。ガヤトリ・チャクラヴォルティ・スピヴァク、ロシ・ブレドッティといった理論家たちは、自己実現の主体であるための、また女性たちの集合的アイデンティティの連帯のための潜在能力が女性たちから奪われる危険をともなうような、主体を言説のシステムのなかに完全に解消させる行為を受け入れず、代わりに「戦略的本質主義《ストラテジック・エッセンシャリズム》」という概念を導入した。(16) それらの理論家たちは、「女性」のような集合的主体は自然の所与のものではなく、結局は人為的に構築されたものであることを認めつつも、否定的な本質論化の犠牲者である人びとに向けられる差別と闘うにあたって、本質主義の言説が戦略的に有効になるなら、その言説を採用するのも許されると主張した。

かならずしも話はきちんとは重ならないが、類似の戦略的本質主義が芸術の自由の場合にも是認されていいかもしれない。すなわち、日常のいろいろな価値や利益から無縁である領域として美学を存在させるのは不可能であるにせよ、美学の領域とは、普通には「美学」にふくまれるものを「美学」の外にあるものの下に置こうとするいろいろな圧力に抵抗する防波堤を用意するものであると主張することは、状況によっては有効になるかもしれない。とはいえ、そんな考え方は非難を招くかもしれない。創作物《フィクション》はそれを支持してくれる人に納得してもらってこそその機能を発揮しうるのではないか、と。「芸術」の完全性を擁護する人たちが、芸術とはでっちあげられたカテゴリーにすぎないことを認識しているとしたら、その認識を芸術の完全性を攻撃する人たちから遠ざけているものはなにか？　芸術はでっちあげられたカテゴリーなりという真実を内々知っている（知って知らぬふりをしている）人たちと知っていない人たちとの区別の上に設けられた戦略はいったいどれほどの期間有効に機能しうるものか？

第二の、たぶんもっと成果の上がりそうな擁護の方法が、いま述べた考え方から浮かび上がってくる。特権化された芸術の領域を生活世界において実現させることによって、その領域を歴史化し、解体し、古くさいものにしようとするありとあらゆる努力にもかかわらず、その領域が存在することの社会的・経済的理由が厳然と存在するがゆえに、その領域はひとつのイデオロギーとして存続するということである。すなわち、美学のようなカテゴリーを脱‐自然化し、そのカテゴリーが歴史的に相対的であることをあばくことがわたしたちにできるからといって、それだけの理由でそのカテゴリーが必然的に消えてなくなることにはならない。それにまた、そのカテゴリーの境界がいろいろなものを通過させるものであることを示しても、その境界が完全に消滅することを示すことにはならない。芸術はもう伝統的な意味では正当と認められないかもしれないが、かりに芸術が「文化資本」としてうまく機能するなら、とりあえず今後けっこう長く立ち直ってゆくだろう。

そうであるなら、芸術というカテゴリーの根深い社会経済的機能を前面に出すことはやめて、違反的な象徴的行為を保護すべく、そのカテゴリーの余力の一部は信用してもいいのではないか。そのような解決策は、戦略的本質主義という解決策もそうなのだが、どこか場当たり的なものと見えるけれども、理論的にはさほど悪賢くない思想警察を窮地に追い込んでおくものではあると思われる。人がそういう判断をくだすかもしれないと思われるのが、たとえば、シンシナティ美術館でのメイプルソープ写真展の裁判で陪審員たちがメイプルソープの写真の芸術的利点にかんして(すぐれた「文化資本家」による)「専門家の証言」を採用したケースであろう。

最後の、もっとわかりやすい選択肢は、美学という領域が崩壊した(あるいは瀕死の状態である)ことを認めてしまい、あらゆる種類の一般的な言論の自由を擁護することのほうに力を入れることである。その方法であれば、自称芸術家たるエリートは一般市民よりも芸術の保護を声高に主張できるという発言に、わたしたちが面食らうことはないだろう。この方法は、先に述べた二つの擁護の方法にある、かなりエリート的な含意はもっていないだろう。前の二つには、かたや美的イデオロギーの呪縛を脱している含意、かたやいまだそのイデオロギーに捕われている含意、という違いはあるのだが、ともかくエリート的含意はあるわけで、三つ目の方法にはその含意はない。この方法がセアラの「傾いた弓形」のようなケースではあまり役に立たないのはたしかだろう。そのケースでは、より基本的な何かが、創作した作品を当の作家が売却したあとでも「創作者《クリエーター》」としての継続する諸権利を正当化するはずであるのだが、考えようによっては、それだけで検閲に抵抗するのに十分であるかもしれない。

ここで大きな問題がひとつ出てくる。普遍的基準に対立するものとしての共同体を持ち出すことによって、あるいは「けんかを売る言葉」にたいして論争的な批判をして、言論の自由の絶対的行使を封じ込めようとする動きが、いま、許されるべきものの定義を狭めるよう脅かしているからである。カリフォルニアにおけるヘンリー・ミラー猥褻裁判での一九七三年の最高裁判決は、地方の陪審員がなにが猥褻あるいは誹謗にあたるかを決定できる可能性をひらいた。聞くところによると、普遍的に解釈された「公共圏」などの範囲の広いカテゴリーが、狭い定義の「共同体」にかかわる基本的に窮屈な判断を乗り越える、という意見が最近は多いということである。ちなみに、「表現の自由」を敵視する世界中のヘルムズ氏、ワイルドマン氏には失礼ながら、どの「共同体」にも共通である基準の束というものはない。最近のそうした意見にもかかわらず、美学の観点からこれまで擁護されてきた攻撃的・違犯的象徴的行為が今後もこのまま生きていくと仮定できる理由はいまだない。公共圏で、許されるもの、許されないものを決定する力をだれが持っているのかを定義するための避けがたい闘争はまだ存在しているのだから、その仮定が成立する理由はないのである。そして、公的な中絶診療における言論の自由に制限をかけた最近の最高裁判決にうかがわれるように、許されるもの、許されないものを決定する力を、許されるものの意味内容を狭く認定することで、現在の裁判所が当然のように行使している。

だから、美学のアリバイを解明するということの含意に抵抗するために、ここまで概略述べてきた擁護の方法のすべて——まだ発明されていない方法もあるだろうが——を信用してみることは必要なのかもしれない。「芸術の自由」が依拠している「芸術のための芸術」というイデオロギーと同じく、その「芸術の自由」もその古典的な形ではひとつの神話であるのかもしれないのだが、しかし、さほどひ弱でない同じ概念がないことには、わたしたちは色あせた理想以上のものを失う危険に陥る。というのも、「芸術」というカテゴリーが、美のカタルシス的・慰藉的経験ができる場所だけでなく、文化的違犯・革新の実験ができる場所も用意してくれるかぎりにおいて、そのカテゴリーは、わたしたちの時代の文化的経済におけるたんなる資本としての立場を越えるきわめて重要な未来志向の機能を発揮するからである。たぶんそういう事情があるからこそ、わたしたちは「芸術」というカテゴリーの特権的な立場に頑固にしがみついているのだ。水でもなんでもどんどん通す粘土の土台の上にそのカテゴリーが立っていることを、皮肉にもわたしたちは知ることになったのだが、やはりそのカテゴリーにしがみついているのである。

第11章 ミメーシスとミメーシス論――アドルノとラクー＝ラバルト

ロラン・バルトが『S／Z』で述べている。ミメーシスには胃のむかつく気分にさせられた。すでに存在しているいろいろな記号を再生産するその保守性からくるむかつきだと、バルトは言うのである。(1) 断固たる反－再現〔anti-representation〕の立場にいるバルトにとって、外の世界の直接の模倣、すなわち記号の自由な戯れではない指示・繰り返しに基づく美的実践、は本質的に不適切なものだった。バルトによれば、記号論の方法は、体系における意味の戯れに対応しなければならない。その場合の体系とは、ミメーシス的模倣の閉じたエコノミーを開くような体系である。同じように、「二重の会」でジャック・デリダが、単一義の隠れた意味とテクストの主題的核心を探る伝統的な文学批評は「ミメーシスあるいは形而上学的模倣性についての存在論的解釈とわたしたちが呼んできたものの一部」ではなかったか、と批判的な言い方をしている。(2) ジル・ドゥルーズ、フェリックス・ガタリにとって、ミメーシスは「徹底的な虚偽」である。「地図」という自由でノマド的な空間とは反対であるものとしての「コピー」という、空間的停止状態の偏執症《パラノイド》的秩序の一部がミメーシスというわけだ。(3) ジャン＝フランソワ・リオタールはミメーシスを「主君たちの法《マスターズ・ロウ》」と同一視し、ミメーシスを退けるべくディオゲネスの「禁欲的《シニカル》な肉体」を称賛した。(4) ポール・ド・マンはミメーシスをあまたあるトロープ〔転義、綾〕のうちのたんなるひとつの文学的トロープとして退けた。そのトロープが自称する自然性は脱構築される必要があるのだが、というのは「いわゆるイデオロギーとはまさに言語が自然の現実と混合したもの、指示するものが現象と混合したもの」であるからだ(5)。

以上の理論家たちにとって、またそのほかの、普通の意味で、いい意味でも悪い意味でもポスト構造主義者と呼ばれる多くの人たちにとって、ミメーシスを、あるいはその同義語である模倣を、因習的な形で美的に特権化することは、既製のものをイデオロギー的に疑わしいふうに再配置すること、意味が固定したものと誤認すること、完全な現前を達成する可能性ありと誤認することであり、ありのままの自分を見誤った言語ゲームである。鏡像段階についての誤認にたいしてラカンが警告するのも、同じ批判の一例になるだろう。遠い昔のプラトンによるミメーシス批判において、ミメーシスの危険性は真理という安定した観念を傷つけることであると理解されていた。つまり、たんなる外見であるものを安易にコピーすることで真理が脅かされる、という次第。ところがポスト構造主義的視点では、懸念はまったくそれとは反対の様相のものになる。すなわち、ミメーシスとは、無数にある模写の上に自称「真の」原初性を特権化するものにほかならない、という懸念になるわけである(6)。そうでなければ、少なくともデリダの場合、ミメーシスはその懸念を覚えさせると同時に、一見その懸念と反対の懸念を覚えさせる、ということになる。ミメーシス的「分身《ダブル》」が、外にある指示対象をなんら必要としないような、それ自体として自足したものと受け止められる、というのがその懸念である。ある種のモダニズム的美的実践を基礎づけてもいるその仮定は、シミュラークル自体を存在論的に完全なる現前だととらえるまったく疑わしい考えを含んでいる。

一見したところとは対照的に、フランクフルト学派として知られる分厚い知的伝統は、ミメーシスに肯定すべき部分をかなりの程度見て取っている。自然主義的・リアリズム的美学の素朴なレファレンシャリズム*については、フランクフルト学派の〈批判理論〉*もポスト構造主義と同じほど懐疑的なのだが、〈批判理論〉はミメーシスそのものについては評価した。現代の道具的理性〔ホルクハイマー〕の支配力に反撃する行為においてミメーシスが貴重な援助になるとして評価したのである。ヴァルター・ベンヤミンの一九三三年の示唆に富んだ二つの論文、「模倣の能力について」、「類似したものについての試論」[7]、ロジェ・カイヨワの一九三八年の『神話と人間』[8]を下敷きにして、マックス・ホルクハイマーとテオドール・W・アドルノは、啓蒙の弁証法が宿命的な道を歩む一方で、自然を模倣する人間の能力、人間に固有の根本的に良性であるその能力が衰微、喪失してゆくのを嘆いた。[9] ミメーシス行為が総じて反対している道具的理性に結びついたときのそのミメーシス行為の不吉な力——ナチスがユダヤ人をからかいながらまねたところに正確にあらわれ、文化産業〔アドルノ〕においてたいへん抑圧的に複製される力——にふたりは気づいてはいたが、ミメーシスはふたりの語彙としてはおおむね美化すべき概念であった。[10]『美の理論』でアドルノは、芸術のなかに不安定に存在しているミメーシス行為を次のように規定した。「人間が苦しみを強いられてきた何世紀もの文明、その文明から暴力的に切り離され、人のなかに封じ込められてきたいっさいのものを容れる容器」、「失われた世界の至福を回復させようとする努力[11]」。

当然のことだが、〈批判理論〉におけるミメーシスという謎めいた概念をめぐって、とくにアドルノの思考におけるミメーシス概念をめぐって重要な二次文献があらわれてきた。アドルノのミメーシス概念を、ある批評家はアドルノの思考体系全体を「曖昧にする作因」とまで言いきり、また別の批評家は「決して定義づけも議論もされないながら、あたかもすべてのテクストにあらかじめ存在しているかのような前提でつねに名指しでほのめかされる基本的概念」と呼んだ。[12] 批評家たちは、シャーマニズムや共感呪術についての人類学理論、動物の擬態についての動物学の分析、反復強迫についての心理学理論、表象についての美学理論、にミメーシスの多元的な起源があることをていねいに解明してきた。しかしながら、わたしの知るかぎり、ミメーシスという主題をめぐる最近のポスト構造主義の議論の観点から、アドルノの積極的なミメーシス論を再考するという困難な仕事を試みた者はひとりもいない(13)。

その仕事はたいへんおもしろいものだが、ポスト構造主義の著述家のなかには、さきほどわたしが概略述べた人たちほどにはミメーシスにたいしてはっきり反対していない人たちがいることを知るなら、いっそうそうである。ド・マン、リオタール、バルトなどの理論家の著作で、素朴なレファレンシャリズムにたいする批判があるのだが、それにもかかわらず、精緻な意味でのミメーシスが、一部のポスト構造主義理論で積極的な役を担っている。事実、その一例が「二重の会」のデリダに見られるのだが(14)、ミメーシス概念の含意についてのたいへんふみこんだポスト構造主義の分析が見られるのは、フィリップ・ラクー＝ラバルトの著作である。わたしは、ミメーシスという概念についてのアドルノの複雑な用い方を簡単に考察したあと、ラクー＝ラバルトの著作、とくに『ティポグラフィー(15)』に最近収められたいくつかのテクストにおいてミメーシスがどのように描かれているかに移ってゆくことにする。両者を比較して考えることによって、議論の沸騰しているミメーシスという用語の重要性に新しい展望をひらいてみたい。

一

美学、哲学、人類学、心理学のどの文脈にあるアドルノのミメーシス論であれ、まずざっと見るぶんには、関係性でミメーシスを見るという姿勢が強く印象づけられるだろう。つまり、いろいろな差異をなし崩しにするのではなく、差異どうしをつなぐ手法が目につくのである。とはいえ、それらの差異は、ミメーシスを論ずる支配的な思考の伝統が前提にしてきた表象するものと表象されるものとの差異ではないし、付随する伝統[16]が前提にしてきた主体を産出する人とほかの人（たとえば、神の創造を模倣する天才）との差異でもない。重大な差異はむしろ、世界における主体と客体（あるいは少なくとも主体の「他者」）と伝統的に呼ばれてきたもののあいだにあるそれである。概念的思考とは、支配する主体の外にあると仮定される世界にたいして、その主体がしかける攻撃行為であると考えられる。概念的思考は特殊なものを普遍的なものに包摂し、特殊なものの独自性を、ひとつの一般的ないし本質的原理の標本なり見本に暴力的にしてしまう。逆にミメーシスは、たがいに違う特殊なものどうしの親和的な関係性、共感的・同情的で温和な関係性を前面に出す。その場合の特殊なものたちが、主体／客体という二元性の二極の役割に割り振られることはない。ミメーシスは、主観的につくられたカテゴリーのなかにヒエラルキー的に包摂してしまうことはせず、客体と主体とのおおむねの価値同等性を認める姿勢を維持する。

もっと正確にいえば、ミメーシスは主体を客体に同化させる。前提もされず意図されることもない客体がそれとなしに優位を占め、哲学的観念論の純正証明になる主体による支配と構成という帝国主義的身振りの裏をかく、そんな仕方で主体を客体に同化させるのだ。アドルノは「ミメーシス行為はなにかを模倣することではなく、自分をそのなにかに同化させることである」[17]と言う。かれによれば、「模倣《イミテーション》」〔*Nachahmung*〕という用語では主体にとって積極的にすぎる役割を意味することになる。そして、その主体の組成だけでは、他者たる客体とのミメーシス的関係において主体が見出す意味の源泉にはなりえない[18]。そこで、アドルノは近接した関係を強調すべく、「寄り添う」〔*anschmiegen*〕という動詞を好んで使う[19]。ある意味で、かれは、たとえばアポロン賛歌あるいはピンダロスにおける、ミメーシスという語のギリシア語語源にたちもどっている。ギリシアでの「ミメーシス」の意味は、外の現実を再現するのではなく、儀礼を執り行なって内なる心を表現することだった。その儀礼には、音楽、踊り、パントマイムがともなった。[20]その場合の「ミメーシス」は、主体と外にある客体との関係を指すというよりはむしろ内なるものの外部へのあらわれを指したわけだが、どちらにせよ、そこにあるのは支配／被支配ではなく、穏やかな同化のようなものだった。

それよりもっとひっそりと主体が客体に同化するさい、そのミメーシス主体は感覚的・肉体的要素を維持もしている。観念論的理性が抽象化することで認識作用から抽出される、あるいは高度な合理性に止揚されてできあがるその要素を、ミメーシス主体が維持しているのだ。五感のうちどの感覚がいちばんかかわりが深いのかは、わたしとして簡単に検討してみるつもりだが、いまは、ミメーシスは自我と世界との相互行為において肉体にとって絶対必須の役割をかならずもたらす、とだけ述べておけば十分であろう。同じく大切なことは、その場合の肉体が、快楽の源、苦痛の所在地の両方としての肉体であるということである。

しかし、アドルノの言うミメーシスは理性の単純な反対物ではない。理性の反対物がミメーシスなりとの考えはしばしばあったのだが、アドルノのミメーシスはそれではない。[21]アドルノのミメーシスはハーバーマスが「原初的理性」の「支えどころ」と呼んだものに近い。ただし、ハーバーマスの言う「原初的理性」は、その概念以前の状態であることを露呈させてようやく満足いくように理論化されえるものである。[22]アドルノの『美の理論』から引用する。

主体による創造とあらかじめ前提されていない客体としての創造、その二つのあいだの、概念を介在させない類似性と考えられるミメーシスはとぎれることなく存在するのだが、そのことによって、芸術が認識の一形式、「理性的」とまで言える認識の一形式と規定される。……美的ミメーシスが頑固に持続することでわかるのは、一部の空論家が主張するような、本来的な遊びの本能が存在するということではなく、現在まで理性が十全に発現されたことがないということ、人間の役割、人間の潜在能力の役割、さらにはたぶん「人間化された性質」（マルクス）の役割をになう代行者《エージェンシー》という意味に解される理性が十全に発現されたことがないということである。(23)

もともとジェイムズ・フレイザー卿の言う「共感呪術」のコンテクストであきらかだが、ミメーシスは、「事象に直接働きかける能力を迷信のように信じること」に還元されるべきではない。(24)それにまた、たぶん自然のなかにすでに存在している無気味な相似性がミメーシスなのでもない。不可思議な占星術的・人相学的・観相学的相同性、すなわち反モダンの気分を色濃くしていたベンヤミンが大いに興味をもった「事象についての秘密の言語」がミメーシスなのでもないのだ。とくに美的ミメーシスのなかに――変質されながらも――維持されているものは、過去の芸術的営為の沈澱「物《マテリアル》」である。そして、過去の芸術的営為は同化される価値のあるひとりの歴史的・自然的「他者」である。さらに言えば、概念を充当することとは反対である直観、カントが美的経験の純正証明とした直観の認識力をミメーシスが維持することを通じて、ミメーシスは非呪術的形式の認識に重なる部分がある。(25)

ミメーシスの非呪術的様態は、ミメーシスの表現にたいする複雑な関係性からも生まれてくる。そして、アドルノによれば、その関係性は個々の芸術家の心理的内面性を明らかにするにとどまらない動きをする。そこで表現されるものは、肯定的芸術にある調和をめざすいろいろな衝動にたいするひとつの不協和音的な抵抗である。言い換えれば、過去にかかわる沈澱している苦悩、現在に継続している苦悩――主体のものでもあり客体のものでもある苦悩、人類のものでもあり、いわゆる「自然」のものでもある苦悩——の記憶を土台にしている抵抗である。[26] アドルノによれば、「生物による表現が苦悩の表現であるように、芸術表現はミメーシス的である」。[27] かくてミメーシスは、慰めの理想主義的芸術ないし調和のリアリズム芸術において現実の苦痛をイデオロギー的に克服することにたいするひとつの牽制である。[28] だから、頑固なほど不協和音的であるモダニズムの芸術、たとえばベケットやカフカの芸術にとってミメーシスは絶対に必要なものになる。そのベケットとカフカをアドルノは（いわゆるシニフィアンの自由な戯れについてのバルトの記号論的称賛とは正反対である理由によって）たいへん高く評価した。[29]

たぶんここがいちばん重要だろうが、逆説的なことに、ミメーシスの理性的な契機は、ミメーシスがはねつけていると思われるまさに当の概念化によってミメーシス自身が補完される——というよりむしろ、その概念化によって力の場〔ベンヤミン〕に据えられる——必要がある、その必要性から出てくる。アドルノの考えでは、美的経験においてミメーシスはそれ自身だけで完全なものであるのではなく、「精神《スピリット》」の形成的衝動をふくんでいる星座のなかにつねに併置される必要のあるものである。[30] アドルノが述べている。「芸術においてミメーシスは精神にたいして劣ってもいれば優位でもある。つまり、ミメーシスは精神に対立していながら、精神に火がつくことの原因にミメーシスがなるということだ。芸術作品において、精神は形成作用《コンストラクション》の原理になっている。精神にとって、自分の目的《テロス》に従って動くということの意味は、いろいろなミメーシス的衝動から湧き上がってきた精神が、外的な定めによってではなく同化することによってそれらの衝動を形成するということである」。[31] こうして、精神とミメーシスとが、また形成作用と表現とが、芸術作品において創造的な緊張関係に、維持されるべき緊張関係にあることになる。それら二つはたがいに浸透し合うのだが——『否定弁証法』でアドルノは「その概念がとってかわったミメーシスを表現するためには、その概念は自分を捨てることなしに、自分の行為のなかにミメーシス的なものを取り入れるしかない」と述べている[32]――、二つは統一という高いレベルで単純に同一化できるものではない。

芸術作品はそうした緊張関係をへたに和解させるのではなくむしろ維持させるのだが、まさにそれがゆえに、芸術作品は、模倣の否定弁証法と言われるものを、芸術作品の一見自閉した境界の外にあるものとの関係性のなかに据えもする。アドルノはその否定弁証法を、避けることのできないひとつの矛盾《アンチノミー》と考えている。一方で、芸術作品は――あるいは、少なくとも「芸術のための芸術」という信条を真剣に受け入れているモダニズムの芸術作品は――自己目的的な自己充足をめざして奮励する。その自己充足こそがアドルノをして「芸術作品のミメーシスは芸術作品の自分自身への類似である」と言わしめることになる[33]。ランバート・ザイダーヴァートが述べているように、自己充足という考え方は、より高度な現実を模倣することができないがゆえに芸術は二心あるものだというプラトン流の危惧にそれとなく答えるものである。アドルノにしてみれば、「自分自身との類似性は偽りの現実から芸術作品を分離する。そして、その偽りの現実にあっては、いっさいのものが交換の法則に従っているので、実際に現実であるものはひとつもない[34]」。つまりは、悪しき外的現実を模倣することを、あるいはその現実に完全に同化することを拒むことによって――ユダヤ人の偶像禁止を、いわば逆説的に称賛することによって――、芸術作品は、支配と具象化を超えた未来世界におけるより温和なミメーシスへの希望を人にいだかせる。

他方で、芸術作品が絶対的自己実現ができないという現実的挫折、すなわち、とりわけ、芸術作品を楽しみ、交換し、消費する人たちのためにつねに芸術作品がつくられることによって引き出される挫折は、社会生活のいまだ救われていない性質の証拠になる。そういう意味での芸術の不完全性はかならず作品に浸透し、完全になれるという、錯覚にすぎない主張を嘲笑う。そういうものとしての芸術の不完全性は肉体的苦痛の証拠にもなる。芸術作品の不協和音的な亀裂にそれとなくあらわれてくる損傷した生命の癒されない傷という苦痛の証拠になるのだ。芸術の錯覚的性質そのもの、すなわち感覚的な用語で絶対的なものを表現するという芸術の詐術的な主張は、だから、芸術が模倣するのを拒む世界のいろいろな不適切さにたいする抗議であり、また、美的手段のみを通じてそれらの不適切さを乗り越えることの不可能性の表現でもある。

確実に言えるのだが、アドルノは気づいていた。ある種のモダニズムの作品に見られる、かれが称賛した微妙なバランスが、精神と構成がますますミメーシスあるいは表現にたいしてヘゲモニーをとることによって脅かされていたことに気づいていたのだ。その精神と構成というのは、基本的に道具的合理主義の観点からとらえられたものである。後期モダニズム芸術において感覚的契機が色褪せてゆくことの意味は、模倣されるものはすべて、管理された世界の具象化されたいろいろな社会関係にほかならない、ということである。その点は、無調音楽から十二音技法へつき進んだシェーンベルク論においてアドルノが断言した結論でもあった[35]。感覚的契機が色褪せてゆくことの波及効果は芸術の領域外でも感じられた。その理由は、アドルノによれば「経験を容れる主体の器量が現在失われていることが、ミメーシスにたいする現在の執拗な抑圧とほとんどぴたりと重なっている」ことである[36]。そしてアドルノが嘆くように、抑圧されているものが回帰するとき、サディスティックな物まねという歪んだ姿で回帰することが多い。それでわかることは、その抑圧されているものが、支配する道具的理性の目的に従属していることである。

その抑圧と闘うことは簡単なことではないけれども、アドルノ自身の特異・特有な散文体のなかに、フレドリック・ジェイムソンが、ひとつの慎ましい闘いを見て取っている。哲学を文学めいたものにすることとは決してないアドルノながら、かれは自分の書くものにミメーシスの要素を取り込むことによって、概念的思考がもつ支配し均質化する力をくつがえそうとしている。ジェイムソンによれば、その姿勢は語り《ナラティヴ》と呼べるアドルノの散文におけるいろいろな動きにあらわれている。すなわち、アドルノの書くものは、さまざまな理論的用語と哲学的議論に役者を演じさせつつ、ひとつの語り《ストーリー》にある葛藤と対立を時間の経過のうちに舞台に乗せるのだが、その手続きは、時間と無縁の概念的理性の衝動を巧みに阻む手続きになっている。ジェイムソンが述べている。「だから、その孤立した概念を論ずる文章のこのミクロ作用は、その星座なり『モデル』のなかのもっと大きな動きにおいてその作用が複数の位置を占めているために……その概念の見た目理性的である自律性をむしばみ、前もってそれを形づくってしまうものである。ミメーシスないし語り《ナラティヴ》は一種の類似療法《ホメオパシー》*的戦略と考えていいかもしれない。その戦略では、抽象的思考のなかに隠れている主要な支配の動きを明らかにすることによって、抽象化という毒物が解毒され、力のある真実‐内容ないしユートピア的真実‐内容を発現させる」[37]。

「語り」という用語がここで適切であるかどうかはともかく――「語り」*というあまりに直線的な用語では、ジェイムソン自身がアドルノの主要な転義法《トロープ》と認めている交差対句法的論理をつかむには不足かもしれない――、ミメーシスについてのアドルノの文体的ミメーシスの重要性はきちんと受け止めるだけの価値がある。というのも、その文体的ミメーシスは、いろいろな弁証法的対立をたんに外の舞台に乗せることを超える働きをするからである。アドルノの文体的ミメーシスを浮かび上がらせるもっとたしかな方法はたぶん、アドルノが概念的統合に抵抗するのに最適と見ている文体的工夫をアドルノ自身が称賛しているところに分け入ってみることだろう。アドルノが最適と見ている工夫とは従属《ハイポタクティック》的統語ではなく並列《パラタクティック》的統語である[38]。いろいろな概念をヒエラルキー的に並べよという命令に逆らうことによって、並列法は概念的従属関係という調停する論理を阻むと当時に、現代世界の意味に富んだ経験（エアレープニスではなく、ベンヤミンの使う意味でのエアファールンク）の危機を浮かび上がらせる。

ヘルダーリンを論ずる文章でアドルノは、音楽と違って言語は概念的均質化を避けることができると認めている。「言語のミメーシス的表現の要素の反対の極としての意味を指示する要素の力のおかげで、言語は判断・陳述の形式につながり、ゆえに概念の統合的形式につながっている。音楽とは違って、詩では、概念的統合は詩という媒体と衝突する。つまり、概念的統合は構成的な分離作用になるのである」[39]。ヘルダーリンの後期の詩では、その分離作用はことに「顕著になっている――従属関係の統語の論理的ヒエラルキーをはぐらかす人為的妨害[40]」。

しかしながら、ヘルダーリンが言語にある統合の衝動と分離の衝動との否認しようのない緊張関係にまっすぐ目を向けるというまさにその事情のゆえに――すでにわたしが述べたようにアドルノが別のところで芸術における精神的／構成的契機、ミメーシス的／表現的契機と呼んでいるものに向けて――ヘルダーリンは否定弁証法を美学面で立証するものを提出している。観念論にとっての端的なアンチテーゼ、すなわち反省以前の〈存在〉に金言をもたらす預言者として、ハイデガーがヘルダーリンに押しつけようとした詩の内容と考えられるものに基づく神話学的読解に、ヘルダーリンは抵抗した。同じ抵抗をアドルノの書いたものに見つけることができる。そのアドルノの書くものは、決して一方的にミメーシスなり共感呪術を、概念的理性、統合的支配、あるいは非弁証法的対立における理論的考察と闘わせることはないのである。

二

アドルノによるヘルダーリンの並列的文体賛美と、ほぼ間違いのないその文体のミメーシス的取り込みを考えることは、ラクー＝ラバルトへの都合のよい橋渡しになる。ラクー＝ラバルトはヘルダーリンのなかに——後期のヘルダーリンの詩のなかよりは、『エンペドクレスの死』などの劇作やソポクレス悲劇のかれの翻訳のなかに、であろうが——アドルノが考えたと同じいろいろな問題についての意味深い解答をひとつ見出している。『ティポグラフィー』のなかの主要な論文のひとつ「思弁の休止」で、ラクー＝ラバルトはアドルノのテクストを肯定的に引用しつつ、「ヘルダーリンの後期の文体の『並列《パラタクシス》』的特質とベートーベンの後期の弦楽四重奏曲とを対照する」アドルノは正当であると述べている。[41]

この論文でのラクー＝ラバルトの追求主題は、ある一定の意味での悲劇と絶対的観念論との両方において作用している思弁的弁証法とかれが呼ぶものである。その思弁的弁証法をラクー＝ラバルトは、ハイデガーの言う「まったく完成された形式の存在論的神学《オントセオロジー》」と同一視している。[42] その弁証法の根底に、ラクー＝ラバルトは次のものがあると見ている。「不変である重要なひとつの前提——どんなレベルにおいてであれ、人が考察せずにはいられないまさにミメーシスという問題（『古代の模倣』という意味での『模倣』、制作《ポイエーシス》の一様態としてのミメーシス、すなわちアリストテレス的ミメーシス、あるいは、これはさして議論の対象にならないが、『擬態《ミメーティスム》』ないし模倣《イミタティオ》という意味でのミメーシス、のどれでもいいのだが）——という導きの糸」が根底にあると見ているのである。[43] ラクー＝ラバルトによれば、ミメーシスのみが、表現を通じて、否定的なものを肯定的な存在に変質させる手だてを提供する。ミメーシスのみが、再現される恐ろしい出来事にさいして肚の底から感じられる恐怖感を克服できる悲劇的快楽を用意する、とかれは見ている。鏡像的変質のこのエコノミーこそはまさに、観念論哲学の根底に、また哲学一般の根底にあるものである。そういうものとしてのエコノミーは、デリダの言う「ミメトロジズム」、すなわち高度な究極的和解の閉じたシステム内の同一のものの模倣、の基盤になっている。その閉じたシステムのなかで、

ロゴスそのもの、すなわち真理とイコールとされるロゴスの推定上の統一がミメーシス的に再現前される。(44)

ラクー＝ラバルトは、ヘルダーリンがこのエコノミーを意識的に乗り越えているということを注意深く否定する。少なくとも、「徹底した思弁」であるかれ自身の理論的考察のレベルにおいては。(45)実際、ミメーシス的・思弁的エコノミーから完全に脱するのは不可能だとラクー＝ラバルトはほのめかしている。(46)しかし、ヘルダーリンの著作が成し遂げていることは、いわば著作を内部から脱臼させること、すなわちスムースに動いている動作途中の（たとえばアレキサンダー格のなかで）休止を強調することである。韻律の歩格におけるそれのような休止を強調することだ。そして、ヘルダーリンがその作業をするのは、ミメーシス的表現についてのアリストテレスの肯定的なとらえ方のほうに後退することによってである。「ミメーシスという名でプラトンにとりついている」相手、そして「ミメーシスという概念を拘束し固定させる手だてをプラトンが発見するまで、プラトンがかれの哲学理論のありったけでもって闘っている」相手を明らかにすべく、アリストテレスの肯定的なとらえ方のほうに後退していくのだ。(47)同一のもののミメーシス的複写という問題をはらんだ意味合いを追放する――ラクー＝ラバルトがミメーシスについての思弁的「否認」と呼ぶ追放――のではなく、ヘルダーリンは自作の悲劇の真ん中でミメーシス的複写をあえて増幅させ、近づいては遠ざかる際限のない振子運動のようなものをつくり出す。止揚と和解を否定し、振子をどちらの極にも止まらせない振子運動をである。

もっと正確に言えば、思弁的回復の弁証法的構造と無限の振子運動とが不安定な釣り合いにおいて共存している。作品のメロディとリズムとは決して完全には融合しないのである。こうして、作品における休止はミメーシス的表現そのものであり、オリジナルとその複写のあいだのスペースであり、どちらかの極ではなく中間である。だからこそ、ラクー＝ラバルトはベンヤミンにそれとなく目くばせしながら、ヘルダーリンの劇作は古代ギリシアの悲劇よりはバロック期の悲劇《トラウエルシュピール》に近いと断言することができる。(48) 古代ギリシア悲劇の根底にある思弁的弁証法の構造がドイツ語のトラウエルアルバイト〔*Trauerarbeit*〕に相当する哀悼《モーニング》にかかわる完成された作品に似ているのにたいし、トラウエルシュピール〔*Trauerspiel*〕のほうは、最後の和解などなしに哀悼の「遊び《プレイ》」をいつまでもつづかせるもの、すなわち、システムのなかでの「遊び」が終端の停滞にいたらないようにするものである。(49)

ミメーシスになんらかの論理があるとすれば、それはパラドクスという論理である。ラクー゠ラバルトが「誇張法論理《ハイパーボロジック》」と名づけるのがそれである。論文集のほかのいくつかの論文でもミメーシスの意味を詳しく論じながら、ラクー゠ラバルトはアリストテレスの考えるミメーシスにも両価性《アンビヴァレンス》があると指摘している。すでに存在しているものの複写あるいはコピーであると同時に、存在しているものの欠落を埋めるための代補・追加でもある、という両価性があるというわけだ。複写・コピーは再生産、代補・追加は生産である。複写は性質が自分自体で充実していることを前提にしているが、代補は代理になりたいという欲求を前提にしている。このパラドクスがどこから出てくるかと言えば、ミメーシス的代理が、すでに存在しているものを模倣する欲求を意味するという事実と、存在しているもの自体に欠損している部分があるため模倣によって代補されなければならないという現実の二つから出てくる。

その点からして、固有で自己完結した同一性《アイデンティティ》という概念は成立しないことになる。ディドロが、役者たち自身が固定した性格《キャラクター》はまったく持ちあわせていないからこそ、役者はある性格の本質《アイデンティティ》を模倣することができる、と言ったのもその事情をふまえていただろう。ラクー゠ラバルトがこう述べている。「そのパラドクスは非固有性という法則〔law of impropriety〕を言い当てている。そして、それこそまさにミメーシスの法則である。『特性のない男』〔ムージル〕、特性なり特殊性のない存在、〈自分自身から不在になっている、自分自身から気をそらしている、つまり自己から離脱している）主体性なき主体、だけが一般になにかを現前化し生み出すことができる」[50]。プラトンもこのパラドクスはわかっていて、しかしその問題をかれは偽善と見て非難するわけだが、一方、ディドロ――そしてラクー＝ラバルト――は、そのパラドクスにある不安定にする効果、具体化された自己を積極的に不安定にする（苦痛の表現としてのミメーシスというアドルノの考え方を支える、自我という壊れやすい概念をすら不安定にする）効果、をこそ高く評価する。

意味深いことに、ラクー＝ラバルトはミメーシスのそのパラドクスという誇張法論理を、一般的な意味での見せかけ《センブランス》ないし思いこみ《イルージョン》（*Schein*）という誇張法論理に接合している。ちなみに、その見せかけというのは、美学を論ずる書き物でアドルノがとくに重視しているもうひとつのカテゴリーである[51]。ラクー＝ラバルトが書いている。「外見と現実、存在と不在、同じものと異なるもの、同一性と差異性、の分離がミメーシスに基礎をあたえる（そして……たえず不安定にする）。ミメーシスをどんなレベルでとらえるかはともかく――複製ないし再生、役者の演技、擬態、変装、対話体の書き物、のどれであれ――、原則はつねに同じである。似ていればいるほど違っている、という原則である」[52]。同じくアドルノにとっても、ほかでもない美的見せかけがミメーシスによる封じ込めに抵抗する。あるいは、「死の原理である、総じてミメーシスが自己放棄して具体化すること」とアドルノが言うものに、美的見せかけが抵抗する[53]。モダニズム芸術のなかにも、その死の原理に屈服したものがあった。美的なものが見せかけに変質することなしに、外の現実をただ単純に現前させることによってである。アドルノが言う。「モダニズムが始まって以来ずっと、芸術は外から事物を引き寄せてくるのだが、それを同化吸収するのでなく、あるがままにほうっておいた（たとえば、モンタージュ）。それの意味するところは、ミメーシスがミメーシスの対立物に屈服するということである。そして、その屈服は現実が芸術におよぼす圧力によって促される動きである」(54)。こうして見ると、本物のオリジナルとか真正なオリジナルがあってミメーシスはそれを複写するだけという考え方にたいするラクー＝ラバルトの敵意は、アドルノの敵意と同じものである。『ミニマ・モラリア』で「真正性という概念それ自体」に異論をつきつけ、「その概念には、派生したものよりオリジナルが優位であるという考えがすみついている。ところで、その考えはかならず社会的正当化とつながっている。支配する階層はすべて、現地生え抜きの自分がいちばん古い住人であると主張する」とアドルノは述べているのだから(55)。

たぶんラクー＝ラバルト以上に、アドルノは芸術作品にたいする関係における真実という断固たる概念を積極的に推し進めている。というのは「見せかけ《イルージョン》という観点から芸術を定義するのは半分だけしか真実でない、つまり、芸術は見せかけでないものの見せかけであるという程度でしか、芸術は真実ではない」からであり、「つきつめれば、芸術を経験するとは、芸術の真の内実は無益でもないし空疎でもないことを確認すること」であるからだ(56)。とはいえ、アドルノで肝心な点は――そしてラクー＝ラバルトが誇張法論理というパラドクスを擁護するのをアドルノがここで先取りしている点は――、芸術の真実性は、見せかけと見せかけでないものとの否定弁証法という止揚できないものにおいてのみ浮かび上がってくる、という部分である。そういうものとしての芸術の真実性は、象徴的和解のない永久のアレゴリーに似たものと理解することができる(57)。

意味深いことだが、ジャン＝リュック・ナンシーとの共著の論文でラクー＝ラバルトが言わんとしているのは、「ナチ神話」の根底にあったのは全体化された和解への渇望であったということである(58)。ふたりが言うには、神話は「すぐれてミメーシス的な道具そのもの」であるのだが、というのも、神話は典型的存在を通じての絶対的同一化（人種の典型の実現を通じての現実の「経験」）を求めるからである[59]。ミメーシス的神話化へのドイツ人たちの欲求はほかのだれよりも強かったのだが、というのは、ドイツ人たちがギリシア人たちを模倣したことそれ自体が、古代人たちへのフランス人たちによるミメーシスを模倣したものであったからだ、とふたりは述べて、ホルクハイマーとアドルノの『啓蒙の弁証法』を思わせる論調でふたりは次のような暗い結論を下す。「ミメーシス的なアイデンティティへの意志と形式の自己充実との二重の痕跡をもったその論理は、大きく見れば西洋人の気分なり性格に深く根ざしているし、もっと正確に言えば、言葉の形而上学的意味での主体の基本的傾向に深く根ざしている」[60]。フランクフルト学派の人たちと同様、ラクー＝ラバルトとナンシーは、いろいろな装いのうちのひとつの装い——ふたりの場合は、完全なアイデンティティを求める非アレゴリー的な願望という装い、ホルクハイマーとアドルノの場合なら、道具的理性による「ミメーシスへの組織的支配」[61]という装い——をしたミメーシスが恐怖政治の現実化において共謀していることを認識している。ラクー＝ラバルトとナンシーが多くを学んだハイデガーですらこの批判を免れることはできない。一九八〇年代にハイデガーの政治にかかわるスキャンダルが高まったのち、「認知されていないひとつのミメーシス的論理が、ハイデガーの思想を政治的に重層決定しているように見える」とラクー＝ラバルトが述べている[62]。

それとは対照的に、ナチズムの犠牲者たちは、ミメーシスが非ミメーシス的に変質したもの、神話的な封じ込めに抵抗するものを支持している人たちである。『ハイデガー、芸術、政治』（邦訳では『政治という虚構』）でラクー＝ラバルトが書いている。「概して言えば、ユダヤ人はどこまでもミメーシス的な存在である。言い換えれば、終わりをもたず非有機的である、際限のないミメーシスの現場《サイト》がユダヤ人である。芸術を生み出さず、固有化もしないそのミメーシスの現場がユダヤ人なのだ[63]」。ユダヤ人は芸術を生み出さなかったという意見は（不正確であるだけでなく）ひねくれたものだが、その意見は、存在の和解しえないいろいろな亀裂を象徴レベルで昇華したものが「芸術《アート》」なりという範囲での、いわばお世辞のような意味合いをもったものなのだ。ホルクハイマーとアドルノが同様の意見を『啓蒙の弁証法』で述べている。千年の長きにわたる期間において、ユダヤ人は自然を支配することに共謀してきたにもかかわらず、「ユダヤ人は自然に適合することを避けたのではなく、自然を儀礼形式における一連の義務に変換したのだ。ユダヤ人は償いの思いはもっていたが、象徴主義にふくまれている神話に逆もどりすることは拒否した」とふたりが述べるところがそれにあたる。(64)

三

ミメーシスについてのアドルノとラクー＝ラバルトの考え方の興味深い類似点を探るのにもっと論旨を展開できるだろうが、わたしとしては、ふたりの記述における感覚的要素というもっと狭い問題に話を転じることにする。さきほどふれた「ナチ神話」という論文でラクー＝ラバルトとナンシーは、アーリア人というのは「ひとつの視覚《ヴィジョン》、ひとつの形像《イメージ》、すなわち諸形態を創造した者の形像になぞらえて世界を形成し編成すること」の産物であり、「見ること〔*anschauen*〕――事物の核心を見抜いて自分自身であることを形成する視覚と直観としての「見ること《スィーイング》」、積極的・実際的・操作的夢としての「見ること」――が『典型的神話《ミシコティピカル》』プロセスの核心である」と述べている。(65) 言い換えれば、特権化している視覚が、ミメーシスの思弁版、劇作版、理論版の働きをしていると考えることができる。その考え方については、別のところでラクー＝ラバルトがミメーシス論的として非難している。(66)

同じ議論が、『ティポグラフィー』に収められている「主体の反響《エコー》」で、自我についての精神分析理論をめぐるラクー＝ラバルトの考察を導き出している。その論文の標的は、ラカンの鏡像段階と想像界における視覚の特権化と、ルネ・ジラールのミメーシス的ライバル関係である。その二つは、主体をナルキッソス概念で概念化する考え方として共通している。視覚のミメーシスではなく聴覚のミメーシスを良しとする——ギリシア神話の妖精エコーが愛した相手のナルキッソスではなく、エコーを良しとする——ラクー＝ラバルトは、非同一的で無気味なものとしての自我を形成するための手助けを求めて、精神分析家テオドール・ライクの著書『耳から離れぬメロディ』〔*The Haunting Melody*〕における声とリズムについての議論に目を転じる。ラクー＝ラバルトはそんな自我を、自叙伝的《オートバイオグラフィカル》と呼ぶのではなく「他叙伝的《アロバイオグラフィカル》」——（二重の意味のある）他者、についての／による「新奇さ《ノベル》」——と呼ぶ[67]。かれによれば、そのような自我は、視覚の反省、同一のものの模倣に基づいて存在するのでなく、無気味なもの〔*unheimliche*〕、それ自体として存在していたのでないオリジナルのリズム的繰り返し、終わりのない永続的な間隔化《スペーシング》、に基づいて存在する。事実、リズムは「見えるものと聞こえるもののあいだ、時間的なものと空間的なもののあいだ（また刻まれたものとつくりごとのもののあいだ）に分断を設けながら、その区分が維持されることには抵抗し、デリダの用語にある原《アルシ》－エクリチュールとの関係性を保有している」[68]。デリダ自身がラクー＝ラバルトの『ティポグラフィー』に序文を寄せて、そこに書いているように、そういうものとしてのリズムは「知覚の秩序の外」にあるから、「それはどの感覚にも属していない」[69]。それにわたしがつけ加えるなら、そのリズムは純粋知性というプラトン的領域をも排斥する。

その議論とベンヤミンが信じている「非感覚的な類似性」〔nonsensuous correspondence〕とのある種の類似——たとえば、天の星座と占星術で決められる人間の運命との類似——を、人はミメーシスという好ましい概念の基礎ととらえるかもしれないが、アドルノにとっては、その類似は類似ではありえない。ユダヤ人の偶像禁止をアドルノがしばしば持ち出し、五感のなかで嗅覚がたぶんいちばんミメーシス的であるとかれが考えているにもかかわらず、アドルノは視覚それ自体を頭から否認することはなく、また五感や知性に先行する領域を探ることもなかった。[70] ゲルトルート・コッホやミリアム・ハンセンが最近述べたのだが、映画という大衆文化現象の話になっても、アドルノは映画メディアそのものに解放の力があると考えることができた。[71] ハリウッド映画がどれほどイデオロギー的文化産業であっても、肉体を露出する映画的ミメーシスは、自我を意識的に表現するに先行して、前言語的経験があることを示している。

『美の理論』でアドルノは、芸術において視覚の契機が重要であることをはっきりと認めている。それを認めることが、直観的なものを純粋に概念的なものと対立するものと考えるもうひとつの方法になる。「視覚［anschaulichkeit］という絶対必要なものは芸術のミメーシス的契機を維持させようとする」。[72] しかし、その契機を芸術そのものの本質のなかにやみくもに入れるとか、頑固に感性を精神性に対立させるのではなく、アドルノは次のようにも述べている。「ミメーシスは自分の反対概念を利用して生き延びるしかない。その反対概念とは、芸術作品が自分とは異質なもののいっさいを抑える理性的支配のことである。……芸術は視覚でないものについての視覚である。つまり芸術は、現に概念になることはないながら、概念に類似しているものである」。[73] ふたたび言えば、ミメーシスと理性の星座、表現と精神の星座、それが、ユートピアについての止揚できない美的前兆をくっきりと示す。そして、そのユートピアを、アドルノは放棄するのを拒否する。

たぶんその拒否をするがゆえに、ラクー＝ラバルトとは違って、アドルノは際限なきリズムの繰り返しを、すなわち脱構築の大きな特徴であるあの無限の間隔化《スペーシング》と永続的な延期を、はっきりと自分の性分に合うものとは決して思わなかった。ストラヴィンスキーの音楽とシェーンベルクのそれとを比較した有名でありながらかなり公平を欠いたアドルノの文章でのストラヴィンスキーへの非難のひとつは、このロシアの作曲家のリズムへの過剰依存に向けられた。「シェーンベルク一派がかなりリズムを中心に作曲する場合であっても、かれらはたいていメロディと対位法に力をいれている。それにたいして、ストラヴィンスキーの音楽の中心を占めているリズムはショック効果のためにだけ使われている」[74]。そういうショック効果は、現代生活の苦悩に抵抗する意志をもっていないのは言うまでもなく、その苦悩を表現すらしない感覚の麻痺した手負いの音楽家主体のみが採用している、ということになる。ラクー＝ラバルトとは違って、アドルノは、苦痛において身体を――人間の身体も自然の身体も――露出させるミメーシスの表現の契機を自分の分析の余白に追いやることはない。

リズムの繰り返しの価値へのアドルノによる疑念がどこから出てきたかと言えば、リズムの繰り返しと、フロイトが死の欲動と呼んだものとのあいだに共通点があるとアドルノが見ているところからと考えていいのではないか。ジョゼフ・フリュヒトルがうまい言い方をしているのだが、実際、アドルノの書き物のあちこちで見ることができるミメーシスにたいする両価性は、和解と破壊が密接にからんでいるアドルノの認識によって説明できる部分がある[75]。すなわち、死の欲動の根本的に反物語的《ナラティヴ》である構造は、言い換えれば、現実の死につながることすらありうる未分化の血行停止状態を回復するための反復する強迫性は、非ミメーシス論的ミメーシスに憂鬱な雰囲気を添える。ラクー＝ラバルトを一例とする反ユートピア的ポスト構造主義者たちが自分の性分に合うと見なし、アドルノが性分に合わぬと見なした憂鬱な雰囲気を添えるのである。

アドルノがどれほど「憂鬱学」の実践者であったにせよ、かれはマゾヒズム的な自己破壊を喜んで表現することは決してなかった。反復する死の欲動を重視する人たちが主体性によるイデオロギー的神秘化からの解放と見ているのが、ほかならぬそのマゾヒズム的自己破壊である。[76]アドルノの考えでは、非有機的な世界のミメーシス的複写を通じて自我の力を徹底的に削減させること——昆虫の擬態を考察しているロジェ・カイヨワが精神衰弱と呼んでいるもの——は、具体化〔物象化〕が勝利することを意味してもいる。アドルノがたびたびシュルレアリスムを非難していることに示されているように、最後には自分を「活力のない事実上死んでいる」ものとして表現する自我なき主体が、強迫的な美を異常な形で喚起する事態を重視する美学には、アドルノは疑念をいだいたままであった。[77]ミメーシスが概念化と闘うことにおいてミメーシスが救うものこそ語りそれ自体であるとアドルノは願っていた、とおおげさな言い方ながらジェイムソンが述べているが、にもかかわらず、語りの一貫性を、デリダの言うミメトロジスムにあたる思弁による非同一性の抹消のたんなるもうひとつの事例として、アドルノがむげには否定しないのも事実である。たしかに、アドルノは認めている。当面する状況のもとで停止状態を取り戻そうとするどんな試みも必然的にイデオロギー的なものであるが——ひとつのストーリーを語ることは、現代世界において失われている経験（エアファールンク）の持続性そのものだけに基づくのだから——、その取り戻しがもういちど意味をもってくるかもしれないような未来の可能性を自分は排除してはいない、ということをアドルノは認めているのである。[78]

他のすべてにもかかわらずアドルノが決して失わなかったものである、そうしたさまざまな歴史的な希望こそがおそらく、この主題についてのアドルノの考え方とラクー＝ラバルトのそれとをはっきりと区別するものである。存在論的安定、主体の統一、思弁的表象に頑固に抵抗する、パラドキシカルな誇張法論理を足場にしている無限に揺れ動くミメーシスを擁護しているように見えるのがラクー＝ラバルトなのだ。存在論的安定、主体の統一、思弁的表象はみな、ミメトロジー的閉域の証拠と、ラクー＝ラバルトは見ているわけだ。対照的に、アドルノはミメーシスを、理性、精神、語りの一貫性、主体の構築といった、一見それとは正反対のものが入っている張りつめた星座のなかに取り入れる。そして、その場合のミメーシスは、ミメトロジーに影響を受けうるものではあるが、ミメトロジーと同一のものではないと考えられるのである。古代の悲劇に見られるような、高いレベルでの昇華を通じた他者への完全支配という意味でのトラウエルアルバイト〔*Trauerarbeit*〕、閉域にたいする永続的で憂鬱な抵抗という意味でのトラウエルシュピール〔*Trauerspiel*〕、そのどちらもアドルノの微妙なニュアンスをもった立場を言い当ててはいない。むしろ、アドルノは、そこでは名詞が形容詞に劣らず重要になるトラウエルリヒ・ヴィッセンシャフト、すなわち「憂鬱学」〔melancholy science〕を実践している。結果として、ミメーシスはアドルノのユートピア的ヴィジョンにおいてひとつの必要な要素であるかもしれないが、そのミメーシスは決してそれ自体で完全充足しているものではない。

四

アドルノのミメーシスとラクー＝ラバルトのそれとをここまで比較してきて、わたしたちはなにを学ぶことができたか？　まず、ミメーシスをめぐる大変興味深い現在の論争は、指示的表象と記号システムの自己指示性との対立という問題とはほとんど関係がない、ということが明らかになった。また、ミメーシスを模倣《イミテーション》のそのままの同義語と見なすこともできない。この章の始めのところで名前を出した思想家たちはミメーシスをあっさりと捨てたのだが、それでもミメーシスは、ポスト構造主義と〈批判理論〉の両方で、予測できない仕方でしたたかに生き延びている。

次にわかったことは、ミメーシスという言葉自体はたくさんの意味をもっていて、混用されてもいるということ。人類学、心理学、美学、哲学、動物学の言説などの起源の違いによって、同じミメーシスでも意味が異なってくるわけだ。だからまた、ミメーシス的に模写される——主体ではない他者としての性質、その性質を積極的につくるもの、古代人たちの文化的伝統、現代世界の具体化された諸関係、とさまざまに一致する——「オリジナル」モデルの価値は、ミメーシス化のプロセスそのものについての判断にかならず影響をおよぼす。デリダの言うエコノミメーシス、すなわちミメーシスのエコノミーというものがあるものなら、ミメーシスを同一のものの受容の循環なり平衡に還元してすませるのはむずかしい(79)。ミメーシスという概念は自分の意味を変化させるし、またミメーシスが生じるコンテクストに依拠している自分の価値的含意をもしばしば変化させる。それだからこそ、相手をあざけりからかうようにまねる意味をもっている場合の多い擬態《ミミクリー》ですら、抵抗の手だてになりうるのだが、その点については、ホミ・バーバのようなポストコロニアル派の理論家たち、シンディ・シャーマン〔写真家〕のようなポストモダンのフェミニズム芸術家たちが近年明らかにしている(80)。

わかったこととの三つ目、それは、そのコンテクストにはしばしば、かたやミメーシスと、かたや理性なり概念化との入り組んだ関係性が含まれているということであった。ポスト構造主義者たちの言うミメー《ミメト》シス論《ロジー》では、同一性や止揚についての麻痺的な論理、視覚の再生産に基づいている理論的／演劇的論理に従属したミメーシスが含まれている。そんなミメーシスをポスト構造主義者たちは総じて西洋の存在論神学において典型的なものと見ている。休止することのないリズム的繰り返しとしての、すなわち、オリジナルと模写とのあいだの際限なき揺れ動きとしてのミメーシスは、ミメーシス性にたいする——たしかに、かならずしも十全な効き目はない——誇張法論理的解毒剤と仮定される。つまり、ミメーシス性のもつ遊び的ないろいろな不確実性を抑え込もうとするひとつの思弁的システム、そこにおける無気味なる休止と仮定されるのである。

アドルノの場合、ミメーシスが問題になってくるのは、ミメーシスが理性それ自体につながるのではなく、現代世界の道具的理性につながるときである。ミメーシスがまねるものは、具体的ないろいろな関係からなる世界という静物〔*nature morte*〕である。そこでは、人間と自然両方の苦しみはもう表現されることのないような静物の世界をミメーシスはまねるのだ。とはいえ、芸術におけるミメーシスと理性との相互行為についてのアドルノの議論からわかるのだが、ミメーシスと理性の両方とも、死の欲動をもった繰返されるリズムだけをまねようとするミメーシスの力に屈服しないですむために必要である、とアドルノは感じている。ミメーシス的類似があった失われた楽園への郷愁というレトリックをときおり採用するにもかかわらず、アドルノは、そのなかで理性とミメーシスがそれぞれ相手の欠陥を埋め合せようとする星座をひとつ布置する。

最後にわかったことは、アドルノとラクー＝ラバルトの共通点が、支配する強い主体を中心からはずし、他者と非同一性とが存在できる場所を設け、人間と非人間との支配／被支配でない関係を可能にすることにおいてミメーシスが果たしうる機能をふたりが高く評価している、ということである。苦しむ主体を周辺に追いやるか、あるいはその主体が自我の力を放棄することを擁護するラクー＝ラバルトの立場のところまでは、アドルノはふみこまないとはいえ、そのような主体も、支配の犠牲者たる他者たちがいる同じ星座のうちにおかれているべきだとアドルノは認めている。ただし、その場所にいることでその主体が大きな誇りをもつべき、などとはアドルノは考えなかった。ロラン・バルトに吐き気を催させ、リオタールをして「主人の法」を弾劾させ、ドゥルーズとガタリをしてパラノイア的な専制から遊牧《ノマド》に向けて逃走させるものが、わたしが考察してきたふたりの理論家のなかでは、癒しと慰めの潜在的な源へと変わることになる。この章の読者のひとりひとりみずから引き出してもらいたい結論こそは、以上述べたあい対立する考え方のうち、わたしたち自身がまねるべき考え方にほかならない。ものを強要してくるいろいろな概念とは違って、さまざまなミメーシス的類似性は結局のところ、共感的魅力を通じてのみ作用する。そして、それらの魅力の力は、外から理論家たちによってことさら授かるたぐいのものではないのである。

第12章 パフォーマンス・アーティストとしてのアカデミズムの女性

「その教室に入ってきた彼女、すっぱだかの体に絵の具を塗り、生理用タンポンをつけていましてね」。せせら笑いを浮かべてかれは言った。わたしとして今は名前を伏せておこうと思うそのかれが言っているのは、一九八〇年代に姿をあらわし、いまも目立った存在であるアカデミズムの新しいタイプの女性たちのことである。ぜひとも周囲にショックを、不快感をあたえたいと願い、脅しの技に長けている彼女たちは、彼女たちが述べていることでも注目を浴びているが、同じ程度に彼女たちのあるがまま――あるいは、「彼女たちのあるがまま」を彼女たちがどのように前面に出すか――によっても注目を浴びている。講義室の古くさい雰囲気は、ゲームの規則を守って遊ぶのを拒む姿勢を彼女たちが堂々と前面に出すことによって粉砕される。言語行為《スピーチ・アクト》論者たちが、真実を確認する事実確認的《コンスタティヴ》な次元とは反対のものとしての行為遂行的《パフォーマティヴ》なものと呼ぶものの重要性を念頭に置きつつ、彼女たちが承知しているのは、聞き手たち《オーディエンス》はたんに冷厳な論理や反駁できない証拠によって説得されるためにそこにいるのではなく、動かされるために、徹底して動かされるためにそこにいるということである。結果として彼女たちは、話し手のカリスマ的権威と話のメッセージの正当な主張能力との区別を意図的にぼやけさせる。パフォーマンス・アーティストたちのように、彼女たちは自分自身を——そして彼女たちが引き起こす大騒ぎを——芸術作品にする。

そのようないたずら行為に前例がないではない。たとえば、オスカー・ワイルドが一八八二年のアメリカ講演旅行のさいに、税関の役人になにか申告するものがあるかと聞かれて、「ぼくの天才のみ」と答えた有名な話。最近では、デイヴィッド・ロッジがスタンリー・フィッシュをモデルにしたとされる小説の主人公モリス・ザップと同じような行動を、当のフィッシュがはばかりなくすることでそのフィッシュが有名になった。ヘンリー・ルイス・ゲイツ・ジュニアやコーネル・ウェストのようなかなり著名なアフリカ系アメリカ人学者たちは、「けんかを売る《シグニファイング》」のような黒人の俗語を効果的に案配した。ちょっと言い方をひねってラップ・ミュージックになったような俗語を使ったのだ。学術書のカバーにパフォーマンス・アートっぽい写真を載せることすらある。かなり評判の悪かったその例に、文学批評家フランク・レントリッキアやD・A・ミラー自身のマッチョ男のヌード写真がある。それで数年前『クリティカル・インクワイアリー』誌でかなり熱い議論が巻き起こった(1)。

ところが、アカデミズムのパフォーマンス・アーティストたちの最近の隆盛をこれまでと違うものにしているのは、女性たちがはっきりと前面に出てきたことだ。少し例をあげれば、ジュディス・バトラー、ジェーン・ギャロップ、アヴィタル・ロネル、イヴ・コゾフスキー・セジウィック、ガヤトリ・C・スピヴァクらがいる。ただし、それぞれに表現スタイルは異なっている。バトラーの、都会で生きる知恵をもったレズビアンの強い女性、ギャロップの、男のネクタイでつくった評判のスカートをはいた女性としての性的略奪者、ロネルのばかていねいに礼儀正しい不良、セジウィックの、ゲイについて書き、自分の体重問題とスパンキング好みについて「クローゼットからカミング・アウト」する女性、スピヴァクの、積もる恨みをもった(パリ経由の)第三世界の女性、とさまざまなスタイルがある。そのそれぞれに重要と言える考え方があるし、それぞれが伝統的なアカデミズムの言説のいろいろな仮定をまんまと粉砕した。

事実、大胆なスタイルをもち、想像力いっぱいに書かれたロネルの『テレフォン・ブック』や『クラック・ウォーズ』に示されているように、[2] 彼女たちはときに学術出版のいろいろなルールをつき崩すこともしている。ギャロップの一九八八年の論文集『肉体から考える』につけたカバーには、産科医が赤ん坊の頭を母体から引き出している写真をそのまま載せて物議をかもしたのだが、それに示されているように、彼女たちはまわりにショックをあたえ動揺させるために視覚による自己提示の手法を鮮やかに利用することもできる。[3]

しかしながら、彼女たちがまわりを攪乱させることを、『リングア・フランカ』誌〔*Lingua Franca: The Review of Academic Life*〕の読者たちをくすぐったりうわさ話を引き出すたんなる材料にとどまらないものにしているのは、彼女たちのパフォーマンスにおけるスタイルと実質との連結である。つまり、社会学者アルヴィン・グールドナーの言う「批判的言説の文化」[4] の圧倒的な優位にたいする挑戦を宣言したのではなく、彼女たちはその挑戦を実例で裏づけたのである。その文化のいろいろなルールによれば、完全な中立状況という背景において、すなわち抽象的なコンテクストなきコンテクストにおいてのみ、いろいろな概念が前面に出るべきである。そこでは個人名の権威は捨てられて、議論そのものの権威に席を譲る。あるいは、わたしが別のところで述べたように、〔権威ある人の〕名前を出すこと《ネイム・ドロッピング》がやめられて、名前を消すこと《ドロッピング・ネイム》が主流になる。[5] ローマの詩人ホラティウスの「だれの言葉でもなく Nullius in verba」が王立協会の標語に採用されて以来、自然科学の方法の表向きの基本理念になった名前を消すという理念型は、批評のこまやかな精査を受けることになってきた。その理念型は、「最も厳密な」自然科学の実践をふくむ現実的実践において脆弱なものであることが明るみに出されてきたのだが、それだけでなく、現実世界には存在しない、あるいは実際に存在できないような知の普遍的・超越的・抽象的な主題を据えることで、非難をこうむることにもなった。

アカデミズムの女性パフォーマンス・アーティストたちがさまざまな仕方で、その理念モデルを粉砕することをしてきた。ときに彼女たちは、くだらないいろいろなことは突き抜けて、心から誠実に話をしよう、と言っているように思われるようなひとつの告解モデルを採用した。クローゼットはもういらない、逃げ口上はもうやめよう。彼女たちは毅然としてそう主張する。教授職をもったわたしたちはビッグな女であり、あなたたちの古くさい礼儀作法には屈服しないわ、と主張する。公的な領域に入ったとしても、人は自分のジェンダー化し、欲望し、人種の刻印をつけた肉体を失うわけではないし、他人の心をもった人になるわけでもない、と彼女たちは言う。そこでは、いくつかの外貌をもった多文化主義の基礎になっているいわゆるアイデンティティの政治学が、「個人になること《ゲッティング・パーソナル》」と言いうる事態を通じてひとつの具体化現象を見つける。「個人になること」というのはナンシー・K・ミラーの近著の書名から借りたものである。(6)

とはいえまた別のとらえ方によれば、彼女たちは、発現されるべき本来の自己があるという問題ある考え方の残滓それ自体としての自己発現は拒絶した。その代わりに彼女たちは、女性のステレオタイプ——恨みを晴らす恐い女、男性器を切り取るメドゥーサ、誘惑する男たらし、異国の誘惑女、など——を意図的・戦略的に動員して、アカデミズムの伝統的な言説によって仮定されていた普遍的な自己の背後にまぎれもない特定の自己があるという期待の裏をかくことをやった。だて男たちがしばしば完璧にやる自己形成の戦略を取り入れることで、彼女たちは、彼女たちの多くが自分の性分に合うと見ている脱構築理論をきらびやかに前面に出した。(7) 見せかけの意図的な二枚舌をつねに使いつつ、彼女たちは伝統的理論にある超越論的主体に挑んだだけでなく、具体的経験の自称「本来的な」主体にも挑んだ。シンディ・シャーマンのポストモダンの写真がそうなのだが、彼女たちは人工物と生命との境界を取り払い、その境界をもういちど「もとの場所に」置きたいという欲望を妨げようとする。

ジェーン・ギャロップが一九八二年のコロンビア大学での詩学についての国際討議で発表をしたさいに、彼女は女性の発表者は自分だけということを意識していたのだが、そのギャロップが思いがけない発見だったという戦略について述べている。

わたしは肉体をスタイルとして示すような服を着ていた。肉体を形式化されたセクシュアリティとして示す服を着ていたのだ。スパイクヒール、シームのあるストッキングをはき、体にぴったりしたアンティークな服を着て、大きな黒い帽子をかぶっていた。わたしはひとりの女として、しかし別の女である気持ちで装っていた。わたしの発表が別の場所の女になりきるという信号を発していたとしたら、わたしの服は別の時間の女になりきることを示していた。わたしは女装していたことになる。わたしの服はわたしの肉体にまわりの関心を引き寄せたのだが、同時に肉体を形式化した。つまり形式化した肉体をつくったのだ。発表で肉体のポイエーシスと呼んだのがその形式化した肉体だ。発表内容と外観との一致、テクストとパフォーマンスとの一致が無意識のうちに分節化され、その一致が機能していた。(8)

一〇年後、無意識のめぐり合わせが計算されたもくろみになった。

その発表にあった明確な機能のうちもうひとつの機能が、高級文化と低級文化との区別を無意味にさせることだった。ちなみに、その区別こそが因習的な教育方法を伝えるものである。パフォーマンス・アーティストたちは伝統的礼儀作法を軽視し、「卑俗」というレッテルを貼られた文化的役割を進んで引き受けようとするわけだが、そのことに特別なジェンダー的意味がひとつあることは認めなければならないだろう。というのも、高級／低級の二分法こそは、アヴァンギャルド芸術を男性的、大衆文化を女性的と規定してきた美的モダニズムの言説の基本的前提であったからだ(9)。深遠な芸術作品と通俗的なまがい物《キッチュ》との区別を拒否することによって、教室の内外のパフォーマンス・アートは、文化的優位にある男性による文配を、レトリック面でも行動面でも転倒させようとしている。

　そうするなかで、アカデミズムのパフォーマンス・アーティストたちは、だて男たちがつねに承知していたことを明るみに出す。社会的・文化的相互行為の背後に力を求める闘いがひとつ存在していることを明るみに出すのだ。男性の視線の受身の対象ではもうない彼女たちは、サルペトリエール病院でジャン・マルタン・シャルコー〔神経病学者（一八二五―一八九三年）。フロイトの師〕がつくって有名な階段式円形講堂でのヒステリー患者の役を、いまマネの「オランピア」*が演じているかのように、恥を覚えるでもなく弁解をするでもなく過去を振り返っている。力への意志は真実への意志よりも強力であるというフーコーの教えは、彼女たちのパフォーマンスを見たり聞いたりする、まだ優勢な立場にいる伝統重視の人びとの罪意識を彼女たちが巧みにあやつることにあらわれている。その場合、伝統重視の人びとは不安な面持ちで沈黙に逃げ込んでいることが多い。すっぱだかの体に絵の具を塗り、生理用タンポンをつけている女性と言い争いする危険を冒そうとする男性はまあいないだろう。公平に見て、今後はこれまで周辺に追いやられてきた人びとが力をつけることになるだろう。礼儀作法が他人たちによってつくられていた時代に、ある意味で不利な立場に置かれていた人びとが力をつけるのである。下位《サバルタン》にいる女性はいまものを言うことができるにとどまらず、彼女は自分の用語で、自分のイディオムでものを言うことができる。

ただし、もうすこし厳しい目で見ると、アカデミズムのパフォーマンス・アートがもっているいろいろな意味はもうすこし問題をはらんだものとして見えてくる。というのも、批判的言説の文化のいろいろな前提をかなり徹底的に切り崩される危険があるし、その危険はカミール・パーリアという単語二語に集中されうるからだ。ここまでわたしが名前をあげた女性たちがパーリアと同類の女性たちになり代わって、世の中を安全にするなにがしかの責任をもっているとは、わたしは言わない。言わないけれども、彼女たちがパーリアの聴衆をあおった面があるかもしれない。とはいえ、彼女たちとパーリアとの違いを強調しておく意味はある。パフォーマンス・アーティストたちが、創造する方法でも破壊する方法でも形式と実質とをつなぐ手だてを見出したのにたいして、パーリアは彼女のシニカルで装飾過剰な公的ペルソナから実質のあるものをことごとく抜き取ろうとした。彼女はほとんど臨床ものと言えるような自己顕示欲をあらわにし、その自己顕示欲によって彼女は露悪的とも見えるほどの奇形趣味の極端に走る。彼女のけばけばしい自己露出は、彼女の通り道にいるだれかれをあるいはどんなものをもとことんけなそうとする願いと結びついて、お手軽な評判はたっぷりもたらすけれども、実質、彼女への尊敬はもたらさない。フェミニズム、フランス理論、ポリティカル・コレクトネスといった問題についての彼女の意見表明は、表面こそきらびやかながら、フィリス・シュラフライ*の意見表明と同じほどオリジナルである才気を示すものになっている(10)。パーリアのあからさまな役割モデルであるマドンナは少なくとも、歌って踊るすべは心得ている。パーリア自身が好む愛称で言うハリケーン・カミールは、熱帯の破壊的なたくさんの嵐のような存在になっている。空虚な中心を取り囲むたくさんの響きと怒りのような存在になっているのだ。

ガヤトリ・スピヴァクやジェーン・ギャロップからカミール・パーリアまでのアカデミズムのパフォーマンス・アーティストたちの道筋は、レニー・ブルースからアンドルー・ダイス・クレイまでの過激なコメディアンたちの道筋に似ているところがある。コメディというメディアは本来、口先ではその立場を支持していると言っていながら、最後にはそのときの情勢を見通してその立場を転倒させるスパイ、工作員たちがお気に入りである。パーリアの最初の本『性のペルソナ』は一部の批評家から真剣に受け止められたのだが、二番目の本『セックス、アート、アメリカンカルチャー』は、その慢心が過熱気味になった文章を読んだ事実上すべての人から酷評された。オスカー・ワイルドが横柄に自分の天才を宣言したとき、たいていの人はそれはもっともだとうなずいた。だが、パーリアが同じほど横柄に自分の天才を宣言するとき、ほとんどすべての人がびっくりして咳込みし、そっぽをむいてしまう。

　学者の言説がまぎれもないパフォーマンス・アートに変質するとき生じる事態についての警告的な実例、それがパーリアというハリケーンが吹き出すときに見られることになる。その事態はいろいろなカテゴリーどうしの境界を越え、カテゴリーに疑問をつきつける事態であり、異性愛の男性を優位に置くことを無言で支える支配的な言説モデルにあるお気軽ないろいろな前提を揺り動かす事態である。しかしながら、それらの境界を完全に消し去り、ある実践をまったく別の実践に還元するのは、それとは別の事態である。中立である批判的言説の文化のなかでは、説得力あるいろいろな概念が個人の権威以前にあらわれて、肉体を離れた精神たちが自分の肉体という土台について言及せずに論議をするのだが、そんな批判的言説の文化というものは非常に純粋な形での空論的な幻想であるのかもしれない。しかしそれでもなお、その文化は、わたしたちの危機においてわたしたちが捨てている、事態を調整する理念をひとつもたらしてくれる。というのも、その文化がもしないとしたら、わたしたちは、くさい演技《アクティング・アップ》と感情を自然に演技にする《アクティング・アウト》ことの違いもわからない、グランギニョル〔無気味な内容で観客をこわがらせる劇〕を演じる役者たちのなすがままになってしまい、その結果、中傷が飛び交う学界の日常をかならずしも完全には拒絶しないまでも、日常を混乱させることによって持ち上がってくるたいへん重要な諸問題を矮小化してしまうことになるからである。

第13章 力ずくで抑えられたアブジェクシオン

「主体のあとにだれがやってくるのか?」。これは、主導的な立場にいる現在のフランス思想家たちによる最近の論文集の書名である。(1)「主体《サブジェクト》」をどう定義づけようが、その「主体」がこれまで長く、まぎれもない危機、たぶん途方もない危機にあった、というのは疑いのないところだろう。主体にあるとされる自立性はむしばまれ、その完全性は侵され、その媒介する能力は疑問をつきつけられてきた。カントの伝統が好む超越論的/形式的主体、ヘーゲル派マルクス主義が持ち上げた歴史的/階級的主体、リベラリズムが支持する個人的/付随的主体、そのどれにしても、言説の領野における「主体の立場」だけを不承不承に認めているといった程度の広い範囲の批評家たちによる気も萎えるような激しい攻撃をまぬがれられなかった。あざけりを表現するのに、「主体」という語の前に「ブルジョワの」とか「デカルト的」という形容詞をつける必要すらない、というのが事の核心になる。つまり、もう一冊の典型的な本の書名を借りれば、「問われている《イン・クエッション》」(2)のはほかならぬ主体なのである。

主体が衰弱するにともなって、集団としての企図への信頼が見た目にも弱まる現象が生じてきた。集団としての企図、すなわちハンナ・アーレントが「協調する行動」と呼ぶ力の協力的行使は、主体の意図を実現させることからたぶん生まれてきただろう。結束の固さを強めようとする動きは、いくつかの筋からは不信をもたれると思われる。結束の固さというものはどうしても他者たちを排除してこそ実現されるからである。ジャン＝フランソワ・リオタールなどの理論家にとっては、合意《コンセンサス》より不合意《ディスセンサス》のほうが好ましい。というのも、不合意は、いろいろな立場を同じ規準で測れないという基本的性質を解消しようとするのではなく、その性質を留保するからだ。だから、哲学者J・M・バーンスタインの次のような嘆きに異を唱えるのはむずかしい。「政治的判断・実践を実現するかもしれぬ『われわれ』が目に見えるところから消えてしまった。『われわれ』は『われわれ』がだれなのかを直接的にも間接的にも知らない。われわれの『われわれ』は地下に潜っていて、われわれをたがいに他人どうしにした運命を理論的に跡づけることを通じてのみ、『われわれ』は浮かび上がってくる[3]」。

確固とした集団的主体が消失した見えやすい原因のひとつは、その集団的主体を代表していると自分から考えている人たちが、実は代表の地位からほど遠いところにいるという事態そのものである。ローンレンジャーと相棒のトント〔インディアン〕が敵のインディアンたちに取り囲まれて、「トント、まずいことになったぞ、われわれは」とローンレンジャーが言うと、「『われわれ』ってどういう意味？　白人さん」とトントが応じるつっこみは、あちこちにいるマイノリティたちの団結の掛け声になった。加えて、多くのフェミニストたちがいちはやく指摘したように、「とことんどこまでも『われわれ《ウィ》、われわれ、われわれ』」と叫ぶのは、熱狂的愛国主義者の豚さんたちだけである〔マザーグースから〕。

多文化主義的民族重視主義の人たちがいま支持している、主体性にかかわるもっと排他的な共同体主義モデルですらが、厳しい批判をまぬがれることはできなかった。歴史学者デイヴィッド・ホリンガーが最近の論文「〈われわれ〉の範囲はどれほどの広さか？　第二次世界大戦以後のアメリカ知識人と民族問題[4]」

で書いているように、集団的主体についての自民族中心主義的ないろいろな定義づけは――関連する人種・民族を等しくアメリカ市民と見るリチャード・ローティの考え方のようなおおらかな定義づけですら――集団どうしがぶつかり合うという問題につきあたる。連帯という調和的概念に反するという問題につきあたるのである。つまるところ、だれにしろ、ひとりの労働者、ひとりのカトリック教徒、ひとりの女性、ひとりの異性愛者、ひとりのイタリア系アメリカ人だけであるのではなく、それらのアイデンティティが重複する不安定な結節部分において、それらのアイデンティティのすべてがそれぞれ別の方向にひっぱり合うのである。ホリンガー自身の「ポスト民族的《エスニック》」選択は、民族的アイデンティティを既定のものとして扱うのではなく、ひとつの問題として扱う選択なのだが、その選択は、ひとつのおとなしい普遍的な主体がもどってくるための門戸を開ける。しかし、ホリンガーがまっ先に述べるように、昔の人文主義の「わたし《アイ》」のどれほどの数がもどってくる道を見つけることができるのかは不明である。

個人としての主体、集団としての主体という肯定できる概念を考察するのは、これまで数え切れないほどの数の現代の思想家が取り組んできた仕事であるわけだから、わたしとしてはその仕事をするのはやめて、「主体のあとにだれがやってくるのか?」という問題を真剣に考えてみたい。とくに考えてみたいのは、かなり多くの分野で突然に真剣な注目を浴びることになったひとり(ひとつ?)の傑出した候補者の資格とか適性証明についてである。主体の危機は、競合するひとりの文化的人物像があらわれる土壌を用意した。文学批評家マイケル・アンドレ・バーンスタインにならって、その人物像をアイロニカルな意味でわたしは「棄てられるべき主人公《アブジェクト・ヒーロー》」と呼ぶことにする。[5]

アブジェクシオン〔棄却〕という概念が大きな力をもつ文化的カテゴリーとして最近、急浮上してきた。[6]ある批評家によれば、そのカテゴリーは「文学的・美的考察を理論的に豊かに煽るもの」である。二か国語（英語とポルトガル語）雑誌『ルジタニア』のようないろいろな雑誌が「排除されたもの《アブジェクト》、アメリカ」を完全特集している記事を掲載している。それらの記事のなかには「肯定的アブジェクシオン党」を支持する記事もふくまれている。(7) 文化論の理論家はもとより視覚芸術家たちもこれらの騒ぎに加わっている。一九九三年、ホイットニー美術館〔ニューヨーク〕が、「アブジェクト・アート――アメリカンアートの反発と欲望」展として、常設のコレクションから選び出して美術展を開いた。その美術館の「ヘレナ・ルビンシュタイン*の仲間たち」――ああ、甘美なるアイロニー――である同美術展の主催者たちが次のように述べたのも正当なことであった。「肉体と社会に関連しているものとしてのとりとめのない過剰と退化した諸要素を考察することをその意味の一部にしているアブジェクシオンというコンセプトが九〇年代アートの中心的衝動として出現している(8)」。

もともと否定的な概念であったアブジェクシオンが、いまなにゆえこれほど強力な文化的価値をもったものになったのか、とわたしは考えてみたい。これまでおとしめられてきたものを特権化することになにが賭けられているのか？　支持の姿勢はかならずしも明確ではないにせよ、アブジェクシオンを基本的に支持する議論は、どのようにして正当な議論になるのか？　つまり、人間の条件のひとつの――逆説的に理想化された――イメージとしての信用失墜した主体、それを引き継ぐ者としての棄てられるべき主人公《アブジェクト・ヒーロー》はどのようにうまく立ち回ることができるのだろうか？

一般的な見方では、ジュリア・クリステヴァの『恐怖の権力――〈アブジェクシオン〉試論』(9)が一九八〇年に刊行され、二年後に英訳されたことによって、アブジェクシオンという概念が文化的布置のなかに入ってきたとされている。アブジェクシオンという点では、ジョルジュ・バタイユが書いた先行例があるが(10)、アブジェクシオンを主題にしたクリステヴァの、精神分析、人類学、宗教学、文学と多岐にわたる分析によって、主体《サブジェクト》のあとにだれがやってくるのかを探るにおいて、それは主要な概念になった。クリステヴァによれば、排除されたもの《アブジェクト》——ラテン語の「棄てること」*abjicere* に由来する——には、生物学の位相と文化の位相の両方がある。排除されたもの《アブジェクト》は体からの廃物——糞便、膿《うみ》、経血、鼻汁、吐瀉物——のいっさいを包含しており、それらの廃物は、体の全体が死体という廃物になる最後の地点を先取りしている。禁止の食べ物、「倒錯の」あるいは近親相姦のセクシュアリティ、暴力的犯罪、穢れや冒瀆などの宗教的観念において——実際、厳密な境界を脅かし、不浄、汚染、汚濁にいたるという強い恐怖をかきたてるいっさいのものにおいて——、排除されたもの《アブジェクト》は文化的にも見やすいものになる。

排除されたもの《アブジェクト》を主体《サブジェクト》から区別するだけでなく、主体と対面し、対面することでその名前がつく対象《オブジェクト》からも区別するクリステヴァは、アブジェクシオンを「つねにすでに失われている『対象』を弔うという暴力」と定義づけている。「排除されたもの《アブジェクト》は抑圧という壁および抑圧による判断を打ち砕く。排除されたもの《アブジェクト》は、そうあるべきだとして自我《エゴ》が自己から身を引き離した、忌むべき限界のところにある自己の源泉にその自我を連れもどす——排除されたもの《アブジェクト》が、非-自我、欲動、死において自我にひとつの源泉を割り当てるのである」[11]。そういうものとしての排除されたもの《アブジェクト》は、恐怖と魅力という相反する二つの感情を喚起する。そして、その二つの感情には、「健康な」自我が不快と感じる始原のものの無気味な回帰が刻印されている。

言語の面では、アブジェクシオンは、言語のコミュニケーション的・象徴的機能の崩壊を意味し、もっと根源的であるものの回帰、すなわちクリステヴァが始原のボディーランゲージに相当すると言うもの——クリステヴァの用語では、「象徴的な《シンボリック》」ものと反対のものとしての「記号論的な《セミオティック》」もの——の回帰を意味する。通常では表現できないものを表現するのが、始原のボディーランゲージである。心理学の面では、アブジェクシオンは母の身体との関係性が再現することを意味する。その関係性を、男性優位の文化はエディプス・コンプレックスという「健康な」解決を通じて抑圧しようとしたというか、もっと正確には、精神から完全に締め出そうとしたわけだ。排除されたもの《アブジェクト》は、究極的にはひとつの統合し「成熟した」中心的自我をつくりだす母の身体から徹底的に、暴力的に分離させられたことを記憶しているのでなく、いろいろな境界が根本的に融合したこと、あるいは混合したことを記憶している。その融合・混合は主体の自己充足を弱体化させ、間主観的な象徴交換以前の、より基本的なコミュニケーションのほうを成立させる。要するに、アブジェクシオンは、身体がたんなる死体になる時以後の時間に顔を向けていると同時に、人が個体化するそれ以前の時間に顔を向けているのである。

　しかし、以上の極端な状態に加えて、アブジェクシオンは日常生活の相互行為にもみずからたちあらわれてくる。たとえば、宗教の禁止や食事作法への侵犯として。クリステヴァの議論でたぶんもっと重要なことは、アブジェクシオンの力が文学にもあらわれることだ。文学では、アブジェクシオンが書くことを促す。書くことは象徴的言説というあたりまえの伝統を侵犯し、美的理想化という昇華する敬虔さを粉砕する。クリステヴァがたいへん力を入れて取り上げる文学に、ルイ＝フェルディナン・セリーヌの小説と評論がある。セリーヌの文学の内容は悪意を感じるほど不道徳的で政治的な不快感を呼ぶていのものなのだが、文体が大胆不敵にして華麗であるためにその内容も耐えられないものではない。「その文体に、いっさいのイデオロギー、主題、解釈、狂気、集団性、脅威、希望が没してゆく」[12]。

　もっと広い文化的視野で見ると、セリーヌのアブジェクト的熱狂の文章は、転倒や侵犯というカーニバルの伝統の文学版であると、クリステヴァが述べている。ミハイル・バフチンがドストエフスキーなどの作家たちとの関連で考察したのが、そのカーニバルの伝統であった。それらの作家の著作のダイアローグ的異種混淆《ヘテログロッシア》は、君臨する作者の権威を傷つけ、作者の言明の単一義性を無意味なものにする。さらにクリステヴァが述べる。「高いと低い、崇高なものと排除《アブジェクト》されたものをいっしょくたにするカーニバルの意味論的両価性《アンビヴァレンス》に、セリーヌは黙示録の残酷な破壊をつけ加える」(13)。

セリーヌの黙示録の契機をクリステヴァが前面に出すことによって、わたしたち自身のそれに似た文化風土におけるアブジェクシオンの力の源泉のひとつに、わたしたちの関心はどうしても向いてゆく。そのひとつは、さまざまな方角から吹いてくる黙示録的な暴風以上のものである(14)。多くの伝統的文化コードが抑制する力も奮い立たせる力もなくしており、広くゆき渡っている犠牲化信仰が憤りと恨みを煽っている時に、多くの人にとってアブジェクシオンは――「dejection」〔失意〕「rejection」〔拒否〕のようなほかのjectionとともに――「われわれの」惨めな状況の特徴をストレートに表現するものと見える。少なくとも、なんらかわざとらしく楽観的な選択肢よりはストレートに表現するものと思われる。

しかし、あい似た用語である絶望《デスペア》を越えた用語としてのアブジェクシオンに魅力がある点については、別のもっと明確な理由がいくつかある。たとえば、アブジェクシオンと、過度に張りつめすぎかもしれないが激しい言葉である錯乱《デリル》という用語とにははっきりと類似性がある。その錯乱というのは、最近多くの批評家が肯定し評価している概念である(15)。とくにディコンストラクションにとって、カテゴリー的境界を侵犯すること、二項対立を崩すことははっきりと肯定できるものである。事実、デリダは嘔吐を、美しいもの・道徳的なものから見ての同化できない不快な「他者」としてはっきりと特権化していて、それゆえ哲学を「悪趣味の精髄そのものにおいてすら、錬金薬液」として使っている(16)。錯乱の言語――根底的脱崇高化の言語――がさらに、透明な超越性だという見せかけをしている魂とか精神よりも、生物としてのいろいろな不完全さや暗い苦痛のことごとくを備えている肉体のほうに近いものと考えられるかぎりで、その言語は——本来性や啓示というレトリックをはっきりと避ける人たちの側においてでも——より本来的で詩的で啓示的な形の表現を永続的に求めてゆくためのもうひとつの候補として機能する。

視覚的言語の面でも、同じ動因のあることが簡単にわかる。「マサチューセッツ工科大学リスト・ヴィジュアル・アーツ・センター」での最近の美術展がアブジェクト・アートを特集した。ルイーズ・ブルジョワ、ロバート・ゴーバー、リラ・ロクルト、ウィリアム・アウトコールト、アネット・メサジェ、ロナ・ポンディック、キキ・スミス、デイヴィッド・ウォイナロウィッツのアブジェクト・アートを展示したこの美術展には「肉体の政治学」という名前がついていた。その展覧会では、体の寸断された部分、苦痛を加えられる肉体、ウィルスに感染した体液をはっきり前面に出した表現が、たいへん長きにわたって西洋のヌードの芸術表現を牛耳ってきた公式に完成され理想化された肉体を、本気で——政治的に解放する方向で——転倒させる観点からしっかりと擁護されていた。(17) フランシス・ベーコンの*「補綴のグロテスク」は価値が高い、とアロン・ホワイトがまさにクリステヴァ的観点で述べている。なぜ価値が高いかと言えば、そのグロテスクが「共同体の象徴的生活を慢性的に管理不能にしている、社会的編成の病的基層」についての診断上の啓示をもたらしてくれるからである。「ベーコンの孤絶した排除されたもの《アブジェクト》は、文化的産物をつくり出すのに必要である基本的儀礼形式を喪失したひとつの社会を証拠だてている。ヒステリーが、真に本来的にブルジョワ的なものとして、カーニバル的なものと等価なものになったことを証拠だてているのである(18)」。

同じほど明確な政治的含意を、排除されたもの《アブジェクト》への賛美を下支えしている浄化というメタファーに挑むことから引き出すことができる。しかしながらここでの核心は、ブルジョワ秩序をグロテスクにヒステリー的に支えていることにかかわる恐ろしい真実を、アブジェクシオンがわたしたちに語るということではなく、ある種の不純性そのものが価値ある目標になっているかもしれない、ということである。すなわち、「浄化《クレンジング》」という言葉の前につねに「民族の」という不吉な形容詞がついているように見える時にあって、不純であるとして締め出されているものをある程度黙許することが必要であるかに見える。その観点に立つと、現代世界における共同体的部族主義とアイデンティティの政治学の再燃は、失われた自分のルーツを前向きに取り戻そうとする動きに似ているよりは、内なる分身をナルシシスティックに拒絶することに基づく共同体間の闘争の根拠のほうに似ていることになる。

アブジェクシオンの含意をめぐるクリステヴァの明らかにジェンダー的な読解はかならずしもすべてのフェミニストから支持されてはいないのだが、それもまたアブジェクシオンの魅力を解明するのに役立ってくれる。排除されたもの《アブジェクト》を母の身体と同一化させることによって、たぶん分娩に先立つ妊娠した身体とすら同一化させることによって、クリステヴァは、男性優位のエディプス三角形が封じ込め抑圧しようとしているもろもろの力と排除されたもの《アブジェクト》を同列に置くことができる。エリザベス・グロスが述べているのだが、その二つを同列に置くこともまた、主体性への一般的軽視のあらわれになっている。主体性軽視の現象が、別の選択肢としてのアブジェクシオンをはっきりと出現させてきたわけだ。「母親的なものは主体の地位・役割と混同されるべきものではない。というのも、母親的なものは主体なきプロセスであるからだ。たとえば、妊娠は母親という行為主体なりアイデンティティを必要としない。言えるとすれば、妊娠は行為主体を放棄することである。『母親になること』は、主体の自立、主体の意識的統制、を廃棄することを暗示している」[19]。

クリステヴァが母親の身体を重視するのを本質論的にすぎると見ているジェンダーの理論家たちにとってすら、アブジェクシオンはとくに重要な概念になっている。近著『重要なる身体』〔*Bodies That Matter*〕でジュディス・バトラーは、性的アイデンティティについての肯定すべき概念はすべて、逆のアイデンティティについてのアブジェクシオンを必要とする、と述べている。「主体を形成するには、『性《セックス》』という規範的幻想と同一化することが必要であり、その同一化は、アブジェクシオンという領域を生み出す否認を通じて生じる。すなわち、否認がなければ主体は生まれることはできないのだが、その否認を通じてその同一化は生じる」。「クイア理論*」の課題は、そのプロセスに抵抗すべく、「象徴的正当性・理解可能性という概念そのものをあらためて分節化する努力におけるひとつの批判的武器として」アブジェクシオンを動員することである(20)。

*

否定的理由、肯定的理由のどれをもってしても、アブジェクシオンが近年これほどの注目を浴びることになった理由を見極めることはむずかしくない。だが、もっと注意して考えれば、問題をはらんだ意味合いも見えてくる。クイア理論が主体よりもアブジェクトされた男(あるいは女)のほうを重視する点が、議論の出発点になる。というのも、見たところ汚染と浸食の作用をしているらしいウィルスの脅威のもとにわたしたちのみなが生きているエイズの時代にあって、伝統的な価値ヒエラルキーをただ単純に転倒させること、とくに不純なものの上に純粋なものを立てるなどは、単純な割り切りすぎと思われるからだ。事実、「アブジェクト・アート」展のカタログに掲載されている寄稿者たちが、アブジェクシオンを特権化することにつきまとうあい矛盾するいろいろな意味合いをえり分けることに苦心していることは明らかである。寄稿者のひとりは、芸術には潜在的に同性愛嫌悪の意味合いがあることをはっきりと指摘している。「たとえ同性愛とアブジェクシオンのイメージに公的な権限を与えるためであれ、その二つを結びつけることで、同性愛者をアブジェクトとして再記入するリスクを冒してしまう」。それにもかかわらず、そのひとりはそのリスクにはあえて冒すだけの価値があると述べるのだが、ただし、アブジェクシオンという概念が傷つけようとしている主体性という屈強な概念にそっと入りこむことによって、かれはそう述べている。「排除《アブジェクト》された同性愛の主体的立場を内側から書くことによって、ゲイやレズビアンたちは自分のためにも他人たちのためにも、その排除された立場を問題化し、多様化し、再表明することができる。……『規範性』を破壊するにおいていろいろな排除《アブジェクト》された同一化が有効であることは、力は力を（再）要求する者たちのために存在することを示唆している」[21]。

アブジェクシオンの流行が始まってすぐにゲイの美術家ロバート・ゴーバーが制作したいくつかのシンク〔流し台〕について書いているもうひとりの寄稿者が、次のように述べている。「それらのシンクには、配管の付属物、蛇口、パイプがまったくついていないため、シンク（清めと浄化の象徴）はシンクとしての機能をもっていないわけで——ゴーバーによれば、エイズ治療の不在を意味している——清めの可能性の不在を宿している」[22]。言い換えれば、それらの作品は、不純や不浄を称えるのでなく、不純がもたらす悲惨な帰結を、少なくとも医学レベルでの悲惨な帰結をはっきりと嘆いている。そして、そう嘆くことで、それらの作品は、アブジェクシオンにも、良好なアブジェクシオン、危険なアブジェクシオンといろいろあるので、それぞれ区別することをわたしたちに求めている。普通には性的アブジェクシオンと見られているもの——伝統的な道徳性によって汚名をきせられる多様な倒錯——は本来的に解放するものと考えられていいのだが、ただし、医療における性的アブジェクシオンはなかなか受け入れられないものである。というのは、汚染にたいするタブーを維持することが、ほかのアブジェクシオンなら身体の忘我的な脱昇華状態を価値あるものとする、その当の身体を保存する機能をもっているかもしれないからである[23]。

そのような区別ができるなら、たいへん多くの心理学的・文化的・文学的・宗教的・人類学的現象に内在しているひとつの原初の条件としての、総体的なアブジェクシオンというカテゴリーの適切性それ自体がおそらく疑問視される必要がある。マイケル・アンドレ・バーンスタインが警告している。「ところどころに明察があるにもかかわらず、クリステヴァの記述の大局的な勢いは特殊性をとっぱらってしまい、結果、彼女の排除されたもの《アブジェクト》は本質化し、器の大きな概念として機能する。状況にかかわっている、ひとつの力とも、ひとつの条件とも、ひとつの衝動とも、あるいは道徳を前にしての一種の狂ったような反応とも見なされうる大きな概念として機能するのである。……アブジェクシオンを分析することは、コロノスのオイディプスから月経にかかわる禁止に、またホロコーストにまっすぐつながるわけだが、そういう分析をすることは、扱い方が大きすぎるだけに、アブジェクシオンという概念がもっている記述する力を捨てることであるようにわたしには見える(24)」。

同じ議論をするもうひとつの方法に、生物学のカテゴリーをあまりに安直に文化的カテゴリーにあてはめることの意味を考えてみることがある。とことん有害である物質を宿しているかもしれぬ腐ってゆく死体やエイズに汚染された体液にわたしたちが感じる嫌悪感は、想像のなかの災難からわたしたちを守ってくれる食物タブーや性的嫌悪とほんとうに同じものであろうか？　どういうタイプのアブジェクシオンであれ、アブジェクシオンへの恐怖感を克服することが多少とも本質的に解放することにつながるからといって、わたしたちは、安全な《セーフ》セックス〔エイズなどを防ぐためコンドームを使うセックス〕を避ける、毒性産業廃棄物の捨て場に近づく、他人が吸っているたばこの煙を吸い込む、などをすべきだろうか？　生物学と文化との境界はかつて想像されていたほど今は歴然としていないし、かなりの数の言説が両方で重複しているのだが、それでも、両方が単純に等価であるなどはあろうはずもない。じっさい、肉体から出る廃物を非難するのに使われているのと同じ用語でもって、文化的に汚名をきせられている人びと集団のカテゴリー化を黙認することは、その集団の名誉を高めるどころかおとしめることにつながるだろう。先に述べたこじつけの推論とは逆である。通常のヒエラルキーを転倒させることによってかなり好ましい結果が生じるだろうという期待がそこにあるのはまちがいないが、好ましい結果がかならず生じると思い込むのはかなり危険である。アブジェクトされる象徴たちの恐ろしい力を和らげるためのひとつの手だてとして、それらの象徴たちに願をかけて前もって凶事を避けようとすることだって、かならずしも望ましい結果をもたらすとはかぎらない。

同じようにむずかしい問題が、アブジェクシオンを美学の領域のなかに組み込むという逆説的な動きから生じてくる。というのも、アブジェクシオンを昇華させるように高めて、アブジェクシオンが傷つけると考えられている理想化された状態にもってゆくこと、それを芸術家はどのようにして避けることができるか、という問題が生じてくるからである。言い換えれば、「アブジェクト・アート」などはどうも筋の通らぬ撞着語法なのではないか、という問題である。つまり、文化的――そしてたぶん経済的――資本を獲得する新しい手だてを求める際限なき努力における、はでに目立つレッテルにすぎないのではないか、という問題なのだ。美術館という、たてまえとして神聖だとされている空間は、本物の（ことによれば、模造の）汚物、不潔な体液、切り刻まれた肉体、そのほかのアブジェクシオン〔卑しい物〕をそこに入れてしまえば見た目には汚れてしまうわけだが、美術館の制度的な力は強いものだから、アブジェクトのオブジェがいともすんなりと美術品に変えられることになる。一九六四年、サム・グッドマンとボリス・ルアリーがニューヨークのガートルード・スタイン美術館で実物そっくりの糞便の重なったオブジェを出品し、ジョン・ミラーとマイク・ケリーが二〇年後に同じような展示を行なった。しかし、なるほどそうした営為が美的なものの領域をかなり拡張したにせよ、それらの営為がしょせん美的なものの領域のなかにとどまっていることもたしかなのだ。

すでに見たように、クリステヴァがオブジェと排除されたもの《アブジェクト》とをはっきりと区別し、不可能にしてつねにすでに失われているオブジェを哀悼するという観点からアブジェクシオンを規定しているのであれば、アブジェクシオンについての芸術家の観念の客観的実現をもってしても、その芸術家のいろいろな意図を露出させることはついにできないのであろうか？「排除されたもの《アブジェクト》を純化するさまざまな手だてが――さまざまなカタルシスが――いろいろな宗教の歴史をつくり上げており、宗教のあちら側とこちら側の両側にある、芸術と呼ばれるあのカタルシスにそれらの手だてが行き着くことになる[25]」、とクリステヴァが述べている。最近の『オクトーバー』誌のアブジェクシオン特集に寄稿して、ロザリンド・クラウスは、クリステヴァですらその区別をどこまでも押し通すことはできていない、と断言している。「クリステヴァの意図のほとんどは、ある種のオブジェクトをアブジェクトとして――廃棄物、汚物、体液などとして――取り戻すことをめぐるものになっている。それらのオブジェクトにはクリステヴァのテクストにおいて魔術的力があたえられている。わたしが思うに、オブジェクトを取り戻そうとするその動きはバタイユに衝突する[26]」。クラウスの観点からすれば、バタイユの異形《アンフォルム》のものという概念のほうがふさわしい。というのは、異形《アンフォルム》のもののほうがクリステヴァのアブジェクシオンという概念より構造も機能も明確であるからだ。アブジェクシオンというのは、実体的な具象物なのではなく、際限なき遂行的なひとつのプロセスなのである。

こういう区別がクリステヴァにとって公平であるかどうかはさておき、この区別が、どれほどおぞましいものであれ、視覚的に実質をともなった具象物であるものを美術館の空間に展示するなり展覧会のカタログに掲載することによって、アブジェクシオンを表現することの矛盾に満ちた意味合いを明示しているのはたしかである。展覧会「アブジェクト・アート」についてドゥニ・オリエがふれた言葉がこの問題の核心をついている。「アブジェクト・アートにおけるアブジェクトとはなんなのか？　いっさいのものがたいへん端正であったし、いろいろなオブジェはどうみても芸術作品であった。それらのオブジェは勝利者の側にいた」[27]。高価な資金援助を得てつやつやした上質紙の二か国語の雑誌に「肯定すべきアブジェクシオンの一群」を掲載することが、「概念にかんして不明確」であることのいちばんわかりやすい例としての資格を確実にもつことになる。そうした芸術的具象化が悪意の事例になることはさておいて、それらの具象化は、アブジェクシオンを支持する者たち、クイア理論の旗を掲げている者たちが骨折って挑んできたアイデンティティの政治学に美学の面で相当するものをはからずも生み出す、と言い添える向きがあるかもしれない。

それらの具象化はまた、原初の本来性とはなんぞやという問題も引き出すことになる。純粋な主観性ではなく不純なアブジェクシオンを求める傾向をどうやら強固なものにしている原初の本来性という問題を引き出すのである。クリステヴァもこのレトリックをもちだしていると思われる。アブジェクシオンは、母体から分離することに先行するセミオティックな融合という前象徴的状態にたち戻ってゆく、とクリステヴァが主張するところがそうである。セリーヌの力《パワー》を論ずるところでクリステヴァは、「自分は正しい、自分ひとりだけが本物であって、読者はただかれについてゆくだけ、ついていってかれが捜し出す夜の果てにのめりこむ」と読者に「信じさせる」だけのセリーヌの腕力に言及している[28]。

さてしかし、アブジェクシオンに応用されるものとしての原初の本来性というレトリックについては基本的な問題がふたつある。ひとつは、主体と客体が分断される以前にある原初の完全さという神話にかかわる問題。その神話はアブジェクシオンそれ自体がときに想起するものと思われる神話である。いま言われているように、そのようないろいろな神話は、決して存在しなかった過去へのノスタルジー、あるいは今後とも決して存在しないであろうユートピア的未来への渇望における、イデオロギー的な実地訓練にほかならない。バタイユがジャン・ジュネをはっきりと批判したことがある。ジュネ自身のアブジェクシオンをひとつの明確な統一性《ワンネス》に変換しようとしたとして批判したのだ。「ジュネはアブジェクシオンが不幸しかもたらさない場合であってもそれをほしがる。自分の利益のためにだけほしがる。そのアブジェクシオンのなかに自分にとって便利なものを求めるならいざしらず、それを越えたものをほしがる。エクスタシー的神秘家が神のなかに自分を投げ入れるのと同じほど完全にジュネは自分をアブジェクシオンのなかに投げ入れるのだが、そこにはめまいを催させる性質があるのである」(29)。しかし、バタイユも承知していることだが、聖なるものとのそうした幸運なる合一こそを、主体《サブジェクト》とアブジェクトとの止揚不可能な分断は決して寄せつけようとしないのである。言い換えれば、完全なる不純という状態はありえないということ。象徴的言語、家父長制的法律、肉体の公式的構成などは制限したり区別してくる力なのだが、そんな力から完全に切れている完全なる不純という状態はありえないのである。

　原初の本来性というレトリックが必要になるふたつ目の理由については、マイケル・アンドレ・バーンスタインが述べている。棄てられるべき主人公《アブジェクト・ヒーロー》が、かれ自身文彩によって構築されたもので、長い系譜をもっているのだとバーンスタインは述べている。古代ローマの農神祭の文献に棄てられるべき主人公《アブジェクト・ヒーロー》の起源をたどりつつ、バーンスタインは、ディドロの『ラモーの甥』、ドストエフスキーのいくつかの小説、セリーヌのような小説家のいろいろな異質な作品にその現代的顕現を見出している。ちなみに、バーンスタインは文体論の立場から、セリーヌの奔放な幻想を正当化するのを拒否している。起源探しは視覚芸術のアブジェクトについても行なわれている。グロテスクなものの伝統をルネサンスにさかのぼる起源探しである(30)。アロン・ホワイトがフランシス・ベーコンを論ずるなかでそう述べているように、二〇世紀のさまざまな残虐行為が、阿鼻叫喚の幻想のなかにさえ想像できぬほどの現実の恐怖をたとえ新たに加えたにせよ、「補綴のグロテスクをヴァン・ゴッホ、ゴヤ、カロ、ブリューゲル、ボッシュにたどっていいかもしれぬ(31)」。

さらに言えば、棄てられるべき主人公《アブジェクト・ヒーロー》がいだく本来性への夢がどうあっても成就しないのは、まさにその主人公タイプが文彩に起源をもっているからにほかならない。バーンスタインが述べている。「ジャン＝フランソワ・ラモー、地下室の男などの人物が自分を蔑視するのは、その『タイプ』に従ってしか自分が行動できていないという思い、自分こそ本来のものであると感じなければならぬときに、こんなに苦しいのに自分が本来性を欠如させているという思い、にかれらがとりつかれているからである(32)」。ゆえに、かれらのルサンチマンが燃え立つことになる。そして、そのルサンチマンは、本来の生を求めるかれらの渇望が成就しても和らぐことはない。

アブジェクシオンの力の根底にある心理学的な響きにバーンスタインが関心を寄せている点は、あちこちで虐殺が行なわれた時代においてアブジェクシオンがもつ、引きつける力を説明してくれる。文学に出てくる実例を探るだけでなく、バーンスタインは、棄てられるべき主人公《アブジェクト・ヒーロー》という主題がチャールズ・マンソン*やその「ファミリー」のような現実のモンスターたちへの大衆の反応においても機能していることを明らかにしている。それが機能しているからこそ、それらのモンスターの聴衆たちは、たとえ自己放棄の幻想ではあっても、真実を語っているとされる幻想に参加できることになる。ちなみに、そんな幻想があったからこそ、たいへん長きにわたって、人びとは文学上の棄てられるべき主人公《アブジェクト・ヒーロー》に自分を重ねることができたわけだ。バーンスタインは、アブジェクシオンをめぐるいろいろな主題がわたしたちの文化にきわめてあたりまえにあらわれてきたため、次のようなことを断言してもちっともさしつかえないとまで言っている。「抑圧されているもの……それは、平凡なもの、本来のものと反対であるものの力、暮らすに適した社会への関心をもつなかでわたしたちが行なっている無数のこまやかな調整としてのわたしたちの日常の行動や決定の組成とリズムの力、である(33)」。

バーンスタインの使う「わたしたち《ウィ》」という言葉については、その言葉の「日常の行動や決定」を確定させる必要があるのだが、ともかくその言葉は、普遍的な主体という安直なレトリックにかなり依拠していると思われるのはたしかだろう。普遍的な主体の危機ということが、現在アブジェクシオンという概念が重視されていることにつながっているのだが。さらに言えば、ヒエラルキーの頂点にいる人たちがルサンチマンの標的になっているわけだが、そのルサンチマンは、頂点にいるそれらの人たちの視点からはつねに是認されざる感情と見えるだろう。とはいえ、アブジェクシオンということが現在、安直に重視されていることへのベルンステンの警告は——そして、クラウスやオリエなどの批評家によってなされているまったく異なる視点からの警告は——真剣に受け止められてしかるべきである。というのも、例外、否認をいっさい認めず、まるごとをひっくるめてしまう概念には危険性がつきまとうからである。その危険とは、価値の質を価値の量でもって置き換える危険である。安定して容認されるものの数が多ければ多いほど価値があると考えてしまう危険と言ってもいい。その考え方によれば、縦のヒエラルキーはすべて抑圧的なものであり、横の平準化はすべて解放的なものと見えるだろう。古いものの残滓の上に価値の新しいヒエラルキーをつくり上げることがどうしても必要であるのに、そのことが忘れられている。実際、状況を勘案すれば、(アブジェクトされる排泄物がうまいこと「下肥」になることに見られるように)ある尺度では価値なしと見られていることが、別の尺度では価値絶大となるかもしれないわけである。

その難問を指摘するにあたっての危険は、その指摘がかならず、もうひとつの保守的な命令警告《ラペル・ア・ロルドル》、家父長制的・象徴的・観念的昇華をめぐる窮屈な論理の復旧であるとして侮蔑される危険である。言い換えれば、本物の転倒を押しとどめ、わたしたちのアブジェクトされる身体がもっている卑しい物質性を抑圧する窮屈な論理をあらためてつくることである、とみなされるのだ。しかし、エイズにたいする反応における、アブジェクシオンの矛盾した立場という実例が示しているように、どのような汚染であっても押しとどめるべきではないという筋の通らぬ結論を避けるべく、ある種のヒエラルキー的な区別をしておくことは必要である。そのことは、ひとつの美的救済を非難していながら別の美的救済をひそかに導入しているようなクリステヴァによる文体論的なセリーヌ擁護についても言えるだろう。つまるところ、嫌悪なり反感などの感情が実際には鈍感な無感覚のあらわれであるかもしれないのに、それらの感情をうまくかわす能力が卓越性の指標になるということなど、そう簡単に言えるはずはないだろう。拡散したルサンチマン、アブジェクシオンとの一体感は感じられても、それ以外のものはいっさい感じられない無能力において、もうひとつのもっと有害な形があらわれてくるかもしれぬときに、守りを固める形がエディプス的主体という形だけにとどまるはずもない。反エディプスの立場から昇華に反対する批評家たちに大いに気に入られた「寸断された身体」〔ラカン〕は、つまるところ、その身体があまりにあちこちに散乱してしまったため、その身体があの手この手で打倒してやろうとしている人間の尊厳、その尊厳に挑んでくるいろいろな行為にたいするひとつの倫理的応答に取り組もうとするどんな試みにも歩調を合わせることができないことになっているのかもしれない。

結論としてこう言えるだろうか。転倒にたいして秩序を、侵犯にたいして法を、不安定化にたいして厳格さを、アブジェクトにたいして主体《サブジェクト》を据えるような、ますます不毛になっている二項対立を越える方策を見出すこと。それが現実的な行為である。人類学者のなかには、カーニバル的転倒は安定をおびやかす脅威にはなっていないのであって、その点、むしろ現存するシステムを維持している安全弁のほうが安定への脅威になっている、と考える人がいた。アブジェクシオンは、主体を構成するエコノミーにおける避けられぬ衝動と同じような機能をもつかもしれない。その場合の衝動は、「いないいない／あった」〔*fort/da*〕遊びという際限のないゲームのようなものにおいて、主体の構成のエコノミーが拒否しているかに見えるものをはっきりと餌にしている衝動である。そしてそのゲームは、猥褻であるとして圧力をかけるジェシー・ヘルムズが、餌であるロバート・メイプルソープをつくりだし、アブジェクト・アートの美術家デイヴィッド・ウォイナロウィッツがパトリック・ブキャナンをどうしても必要とする、そんなゲームにほかならない。自分から見て下品であると想定される他者——自分の身体という下品な物質性——から完全に切れている主体という理念的存在は、アブジェクシオンに関心が注がれるなかで、首尾よく打破されてきた。そしてその分、その主体は、この章の小生意気な表題とは異なり、簡単には力ずくで抑えられることはなくなっている。とはいえ、抑圧的な主体から解放する解毒剤としてのアブジェクトをただひたすら一方的に称揚することもまた、いまは疑問をつきつけられなければならない。そうでなければ、恐怖の権力の毒牙は小説の表紙や美術館の壁を通り抜けてやってくるわけだから、それに抵抗できるような活性的な「わたしたち《ウィ》」を発見するなりつくるなりの希望は全然ないことになるのである。

第14章 無気味な一九九〇年代

この章の表題は「逆ハイムリック法」*〔Unheimlich Manoeuvre〕になるはずだったのだが、そのわけはこのあとすぐに明らかになるだろう。残念ながら、『ニューヨーク・レヴュー・オブ・ブックス』の目端がきく編集者に昨年冬、何冊かの新しいホラー小説についての書評に彩りを添えるのにその表題を使われてしまった。機先を制されてがっかりしたのだが、まっさきに発想したとわたしが思っていることがだれかに先取りされているという事実になにかしら符合するものがあることに、わたしは気づくことになった。というのも、その事実はまさに独創性の不確かなありようという問題であるのだし、また、現在新しいと見えることが実は過去の残滓にまみれているというのがわたしのテーマであるからである。その感覚をいちばんよくあらわしている言葉はむろん「無気味なもの」〔the uncanny〕（ドイツ語で、ウンハイムリヒなもの〔*das Unheimliche*〕）であり、これは現在の批評語彙のなかでもたいへん大きなエネルギーがこもっている用語になっている。この用語のもつパワーの含意とはなんであるのか、とわたしは問いたい。一九九〇年代のいま、無気味なものが、なにゆえさまざまなコンテクストにおいて利用できる重要な比喩相になっているのか？　その比喩相に多大の批評的能力があたえられることによる不利益はなにかあるだろうか？

その概念が重宝に使われるのを理論的に後押ししているのは、フロイトの一九一九年の論文「無気味なもの」だというのは周知のことだろう。この論文は、E・T・A・ホフマンの短編「砂男」を持ち出して、「ひそかになじみであるもの、いちど抑圧されたのちに抑圧を脱して帰ってくるもの」のもつ諸効果を分析している。(1) ホフマンのその物語にあらわれてくる眼が見えなくなる恐怖は去勢不安にほかならないという事情について語りつつ、フロイトは unheimlich〔無気味なもの〕の語源をあれこれと考えた。シェリングの定義によれば、「隠れて秘密のままでいなければならぬのに、表に出てきてしまういっさいのもの」が「無気味なもの」であることをフロイトは確認する。その反対語は heimlich すなわち「なじみのもの」〔homey〕である。ちなみに、その反対語を、英語への翻訳語 canny(この語は「知ること」を意味するラテン語に由来する)とするとうまく意味が伝わらない。だから、「秘密のままでいなければならぬ」ものが、「ホーム」〔home〕に帰りたいという混乱した欲求に多少とも関連していることになる。(過去に経験されたもの、あるいは未来への恐れとしての)去勢不安として表に出てくる分裂なり疎外を克服したいという欲求に関連しているのである。深層のレベルでは、その欲求は母胎回帰のそれである。

無気味なもの〔the uncanny〕にかかわる経験それ自体が不安なものであると同時に愉快なものである。翌一九二〇年に刊行された『快感原則の彼岸』においてフロイトが緻密に分析した「死の本能」は、変質した無気味なものが無意識のうちに繰り返されるものである。生きている自我と自動機械のごとき死んだ模像との境界にかかわって、無気味なものによってかもし出される不安定さによって、その二つにつながりがあることがわかる。そのつながりの面妖な力は、「ドッペルゲンガー」と思われるものにたいして、フロイトが自身の生活のなかでいだいた不思議な感情において当のフロイトが経験したものであっただろう。「ドッペルゲンガー」という分身が、フロイトの自我がまだ他者たちとはっきりとは差異化していなかった幼児期を喚起した（そしてまた、脱差異化が本格的に戻ってくる死後の時期を先取りした）のであった。

半世紀のあいだ、フロイトの独創的な論文「無気味なもの」についてはほとんど論評されることがなかったと思われる。フィリップ・リーフの『フロイト――ある道徳家の精神』やリチャード・ウォルハイムの『フロイト』など標準的な評論に「無気味なもの」についてのふみこんだ議論を求めても徒労になる。ノーマン・O・ブラウンやヘルベルト・マルクーゼなど、一九六〇年代のラディカルなフロイト学者は論文「無気味なもの」にまるで関心をもたなかったし、ピーター・ゲイ、フランク・サロウェイなどによる最近の著作でもその論文は言及されていない。ラカンは一九六二年から六三年の不安についてのセミネールでその論文を扱っているが、これはまだ公刊されていない。一九七〇年代の初頭にいたってようやく、エレーヌ・シクスーやジャック・デリダの論考でその論文に光があてられるようになった。デリダのその論考は、広い分野で読まれることになった論文集『散種』に収められた(2)。サラ・コフマン、フィリップ・ラクー＝ラバルト、ニール・ハーツ、サミュエル・ウェーバー、フリードリヒ・キットラー、フランソワーズ・メルツァーなどポスト構造主義者たちの、濃密で精緻な、ときにきらびやかなほど想像力たっぷりの議論がどっと出てきて、「無気味な」ものは、少なくとも主要な文学批評家たちのあいだでは出番を迎えることになった。とはいえ、しばらくのあいだ、それはポスト構造主義批評集団だけに影響を及ぼすにとどまった。

しかしここ数年において、その概念はポスト構造主義文学批評の仲間うちから視覚芸術のなかに移動し、現在はカルチュラル・スタディーズ一般に移ってきている。一九九二年、アンソニー・ヴィドラーが『無気味な建築』という先鋭的な論文集を刊行した。この本は、「無気味なもの」が都市空間や建築物に応用される場合、その生産性が大きいと説きすすめている。[3] その翌年には、ハル・フォスターの『強迫的な美』とマーガレット・コーエンの『世俗の照明』というシュルレアリスムの本が二冊出た。その二冊は、無気味なものの抗しがたい魅力によって、客観的偶然、痙攣的美、非合理的なものといったシュルレアリスムの概念が伝えられるその伝えられ方を解明している本である。その場合の、無気味なものの魅力については、以前ロザリンド・クラウスによるシュルレアリスムの写真の研究で考察されていた。[4] それらの本が共通に指摘しているのは、シュルレアリスムの対象は、その回復がどれほど望まれても決してかなわない失われた対象に永遠にとどまる、という点である。たとえばシェリー・レヴァインの作品に顕著に見られる、シュルレアリスムとダダが繰り返されるポストモダニズムの反復は、反復衝動それ自体の反復という意味で、いわばメタ無気味さのようなものと理解されてきた。[5] もっと最近でも、同じ方向の分析が映画批評やカルチュラル・スタディーズにあらわれ始めてきた。[6]

これは重要なのだが、以上あげた批評家の全員が、ヴァルター・ベンヤミンによる現代都市についてのすぐれた考察のうちに、無気味なものという概念をシュルレアリスムが先駆的に考察した新しい領域のなかに拡大してゆくための力強い味方を見出している。実際、ベンヤミンは、ホフマンの気味の悪い物語を子どものころこっそりと読んだ経験をふまえてエッセイ「悪魔のようなベルリン」を書いたことがある。一九三〇年代にベンヤミンが書いていたラジオ台本を発掘して、最近ジェフリー・メールマンがその点を明らかにしている。[7] 停滞することなく変化してゆく未来志向の現代都市に、古いもの、自然のままのものが残っていることにたいするベンヤミンの感性は、現代の都市重視の考え方が何を追い払ったかについての価値観——たぶん、それについてのユートピア的潜在力——への新しい視野を開いた。ベンヤミンを思考の源泉として利用させてもらうことで、無気味なものの純粋な心理学的・美的コンテクストから当の無気味なものを引っ張り出して、それを、もっと広い社会的・文化的含意をもったカテゴリーのなかに投げ入れることが可能になった。それを、批評の潜在力をそなえたカテゴリーのなかに投入することができるようになったのである。メールマン自身がその方向を向いた作業を、マルクス、ユーゴー、バルザックにおける「革命と反復」を論じた一九七七年の論文で始めている(8)。

その方向で考えるなら、かなり長いこと思案したのちに、デリダが一九九三年のカリフォルニア大学リバーサイド校で行なった講演でマルクスを正面から取り上げたさいに、マルクスへの現在の評価をめぐる無気味な性質、「幽霊のような《スペクトラル》」性質を前面に出すことによってようやく、デリダとしてマルクスを取り上げることができたのも故なきことではなかった(9)。かつての友人たちによって、また論敵たちによっても、マルクスが葬儀なしに埋葬されるようになったいま、デリダは、マルクスの言う死体、もっと正確に言えばマルクスの言う亡霊を生き返らせるような自覚的にして「時期はずれの」身振りを示すことができた。「世界が混乱におちいることによって新しい《ネオ》資本主義、新しい《ネオ》リベラリズムが生まれようとしているいま、自分は関知せずという態度をとったからといって、亡霊たちのどれからも逃れることはできないだろう。ヘゲモニーはいまだに抑圧をつくり出し、だから幽霊が出没する土壌をつくっている。どのヘゲモニー構造にも幽霊がとりついている(10)」。

デリダがマルクスを蘇生させようとすることは――たしかにデリダは真剣に受け止めるだけの価値のある鋭い洞察をもってはいるのだが――マルクスの議論のいまにつづく妥当性をデリダが読み解く手続きにとって意味あるよりは、亡霊たちが戻ってくること――もっと正確に言えば、戻ってくることへの期待感――に示されるような、無気味なものが出没する構造にデリダが固執していることのほうに大きな意味があるだろう。わたしたちの文化的契機を刻印しているいろいろな「立場《ポスト》」が際限なく連なっているイメージでとらえられる、一方向への時間の流れというレトリックを批判するデリダは、つねに「関節のはずれた」反復する時間を擁護している。回復されるべき安全なる避難所を意味している、「なじみのもの」〔heimlich〕という一見明確なカテゴリーは、フロイトがその含意を探る議論において深く問題をはらむものであったと指摘しつつ、デリダは、現存在《ダーザイン》のもつ世界との関係についてのハイデガーの考えが、気味の悪いなじみの憩《ホーム》の場への満たされることのない憧れと同じ構造を表現していると述べている。人が実際に住んだことがなく、だから決して回復されるはずのない憩《ホーム》の場への憧れと同じというわけだ。どういう内部にしても、異質の他者の侵入を許さない安全構造になっているはずもない。だから結局は、無気味なもの、なじみのもののどちらを選ぶかは、デリダにとって決定不可能である[11]。

この典型的に脱構築的である結論を、つぎにデリダは、かれの言うマルクスの「幽霊学《スペクトロロジー》」に適用する。マルクスの「幽霊学」は完全なる解放の充溢した現前を否定するものでもあるのだが、デリダはその「幽霊学」にその結論を適用するのだ。複数いる幽霊たちが必要とされるのは、人間のいろいろな企図が均質化されてひとりのメタ幽霊なりただひとりの精神《ガイスト》にまとめあげられる（〈資本〉そのものの支配する力はそのまとめあげる力にあたるわけだが）のを防ぐためである。ジェルジ・ルカーチが現代人の「超越論的故郷喪失[12]」であるとして嘆き、社会主義革命を通じて終わらせようとした事態は、デリダの見るところでは、マルクス自身の企図にあった隠れた目的《テロス》にほかならない。その目的はとくに『ドイツ・イデオロギー』に明らかに見てとれる、とデリダは述べている。史的唯物論というものはまさに、個々の主体を解体して精神というメタ主体のひとつの効果に還元してしまうことにたいする抗議にほかならない。その場合、そのメタ主体を、〈資本〉の抽象的な力と解釈しても、あるいは、その力とは正反対のイメージをもっているような、ひとつの普遍的な階級というとことん抽象的である観念と解釈しても同じことである。

形而上学というもっと伝統的な本体論《オントロジー》に、自分の言う「幽霊学《ホーントロジー》」を併置しつつ、デリダはこう述べる。「ひとつの概念を構築するそのこと自体のなかに幽霊のとりつきを導入することが必要である。個々の概念について、存在と時間という二つの概念をもって始めること。そのことこそ、ここでわたしが言う幽霊学にほかならない。本体論は、悪霊払いの運動においてのみ幽霊学に反抗する。本体論は悪霊払いの呪文である」(13)。かくて、無気味なものは恐怖や不安の源泉になるだけではなく——あるいは、それだけが源泉になるのではなく——、全体を回復する、自己愛的な幻想を実現する、真の故郷《ハイマート》を回復する、といった名目で幽霊たちを呪文で追い払いたいと思う危険な願いを防ぐ防波堤にもなる。

ハイマート〔故郷〕という、言外の意味を多様にもっている言葉を使うのはむろん、無気味なものを回復するなかで政治的な賭けを前面に出すためである。というのも、歴史家たちは、近代化が破壊したように見えた、安全で共同体の結束の強いアイデンティティを心から願望したドイツにおいて、その言葉が呪文のような力を発揮したことをずいぶん昔から認めてきたからである(14)。マルクス主義者のなかには、有名なところではユートピア主義的なエルンスト・ブロッホなど、左派の目的のためにその言葉の力を利用した者もいたが、総じて見れば、ハイマートという言葉は、国民的あるいは民族的《フェルキッシュ》共同体においてその故郷《ホーム》を求めた懐旧的なあの右派にとっての勢いづけの言葉として機能した。その言葉がいまも、人によってはその心をかきたてるものであるのは、その言葉が題名になっているエドガー・ライツの叙事詩的な映画がヒットしたことに見てとれる。脱構築が無気味なものの意味を確定させようとしている作業は、コミュニズム崩壊の跡を追って出現した統合的なナショナリズムに見られる同じ勢いづけの欲求を見据えての作業である場合が多い。その作業において、定住する土着の非ユダヤ人ではなく、放浪するユダヤ人に身を重ねるという、多くのコンテクストにおいて見せてきた身振りをデリダは繰り返す。それを繰り返すことで、デリダは、労働力市場の国際化や共同体どうしの対立の激化にともなって増大しつづけている、グローバルな離散《ディアスポラ》の結果として追い払われ追放された人びと、その恒常的なメンバーたちと自分が連帯していることを表明している。

とはいえ、故郷という幻想的概念への解毒剤と無気味なものをとらえることには、一種のアイロニーが存在している。というのは、現在の批評シーンに見られる、抑圧されたものの回帰のひとつの顕著な形が、結局のところ、内部にいる異質なものを排除し、本来の文化的純粋性を獲得したいと願うナショナリズムや自民族中心主義を除去しようとする作業そのものであるからだ。同じ意味で、ニュート・ギングリッチやガートルード・ヒメルファーブなどの保守的な批評家たちが、さまざまな社会的問題にたいするヴィクトリア朝の価値観による解決策を再評価する動きを見せているのだが、その動きは、言われるところの失われた総体としての道徳性、失われた家庭的温かさを回復したいとする願望の先駆けである。宗教的なものであれ世俗のものであれ、ともかく、千年期の終わりの世界を迷わせているさまざまなファンダメンタリズム的復古は、あげてその幽霊現象がいかに広い範囲で見られるかを示している。なにも、戻ってくる幽霊のことごとくが反全体主義のマルクスという幽霊に似ているとはかぎらないわけだ。その反全体主義のマルクスのもつ、時機をはずれたいろいろな美点をいまデリダは擁護しているのであるが。

言い換えるなら、解決策のないまま無気味なものを安定して反復させることに、また幽霊のとりつきそれ自体の力にも、ひとつの危険がひそんでいる。というのも、幽霊の回帰を喜ぶことそのことで、繰り返されるものの中身の正味が見失われる可能性があるからだ。ジェフリー・メールマンが言うように、「無気味なものにかんして無気味であること、それは絶対的にいかなるものでも無気味なものでありうるそのことである」(15)。本体論《オントロジー》もそうであるが、幽霊学《ホーントロジー》も統一したひとつの現象なのではなく、それはさまざまに異なる亡霊《シェード》をもっていると言えるだろう（マルクス自身ですら二つ以上の幽霊になった、とデリダも認めている）。皮肉なのだが、それらの亡霊《シェード》のなかには、自分自身が故郷恋しや《ホームシックネス》の念そのものの強い表現であるものがある。ひとつの価値観としての「超越論的故郷喪失《ホームレスネス》」を受け入れることそれ自体が、故郷回復の念を抑えようと努めるのだが、その故郷回復の念を表現したものである亡霊がいるわけだ。それらの亡霊が順調すぎるほど要領よく回帰してくることが、まさに本体論的堅固さをちらつかせて幽霊学《ホーントロジー》の企図をおびやかす。幽霊学《ホーントロジー》の企図は一所懸命に本体論的堅固さのたがを緩めようとするのだが、逆に、その堅固さをちらつかされておびやかされるのである。

だから、つぎのように言うだけでは十分ではない。閉じたところでのヘゲモニーを求める企ては必然的に幽霊としての他者を招き寄せるわけだから、決して全体になることはありえない、と言うだけではすませられないのだ。他者自身が全体性を求める願望の表現それ自体——あるいはそれ以上のもの——である場合、こちら側の企てのみで全体になるとは言えないわけである。たぶん、その点をデリダはひそかに認識している。「無気味なもの」と「なじみのもの」とのあいだの究極的決定不可能性ということを言うとき、デリダはその点を認識しているだろう。とはいえ、ベンヤミンが言うように、流行遅れ《アウトモーデッド》のものの反復のなかにユートピア的なものと反ユートピア的なものとを区別しようとする作業はむだなものではあるまい。さもないと、死が生のなかに侵入してくること、屈辱の過去や不活性なものの残滓が現在の生活世界にあること、抑圧されたものが回帰してくることを、わたしたちを根本のところから解放してくれるものとして受け入れてしまう危険をわたしたちは冒すことになる。充実して生きられる現前を求める誤った願望からわたしたちを解放してくれるものだ、と考えてしまうのである。

幽霊的な無気味なものを、自己愛的自己没入や時期尚早な閉じこもりに対する本質的に良性である解決策として持ち上げてしまうことにともなう二つ目の難問。それが表に出てくるのは、わたしたちが「なじ《ハイ》みのもの《ムリッヒ》」の語源に意識を戻し、その語の字義通りの意味と比喩的な意味とをつき合せてみるときである。比喩的な意味が、象徴的去勢の前にある本体論的に安全な母胎内的状態への願望であるとすれば、字義通りの意味は、自分の場所と呼べる場所をこの世界にもっているという意味である。デリダ自身は、新しい世界秩序の諸悪のひとつにさからうさいに、後者の平凡な意味で使っている。「国家の民主的生活への参加から故郷なき民衆を大規模に締め出すこと、いわゆる国家の領土からきわめて多くの亡命者、国家なき人びと、移民者たちを追放・移送することがすでに――国民的ないし市民的――境界での経験についての新しい経験を予告している(16)」。この文章を、政治的権利さえ剝奪されていなければ、故郷なき・国家なき追放状況ということがなんら不利益ではないと述べているというところまで深読みできるだろうが、「無気味なもの」の字義通りの意味と比喩的な意味との区別にデリダがまるで無頓着だと考えるのは無理だろう。アンソニー・ヴィドラーは自分の議論に引きつけてこう断定している。「現実の故郷喪失という耐えがたい状況に直面した場合、『超越論的』ないし心理学的故郷喪失の状況についてどう考察してみても、それは政治的・社会的行動を矮小化する危険をもたらすし、悪くするとその行動をかえって弁護する危険をもたらす(17)」。

危険を告げるそうした文言においてもまだ認識されていないこと、それは「無気味な方策」〔逆ハイムリック法 Unheimlich Manoeuvre〕それ自体がもっている不安定にさせる効果である。その効果は、比喩的なものと現実のものとの区別、象徴的なものと字義通りのものとの区別、活性的なものと不活性なものとの区別、その盤石たる区別をうまずたゆまずつき崩そうとする。しかしながら、それらの区別ができないことについてはどうしても代償がつきまとう。というのも、ハル・フォスターが警告しているように、ポストモダンの世界にあって、「いろいろな象徴からなるわたしたちの森は、森の無気味さにおいて破壊的であるよりは、森の錯乱のなかで規律を押しつけてくる度合いのほうが強いからである」(18)。政治の領域だけでなく商業分野も復古《レトロ》の魅力に気づいているいま、死んだ人ですらあくどく利用されうるのだ。故人の映像が持ち出されて、ジュースの宣伝に使われたり、フォレスト・ガンプ*の手と握手させられる。無気味なものを売り出すことが、いま最高になじみのものになっている。

この袋小路を脱する手だてのひとつはたぶん、つぎのように言ってみることだろう。どこまでも安全である故郷、外部からの侵入に影響されない内部、内部から締め出されてきたものの回帰、というものはありえないわけだが、それに代わる選択肢は、現実の故郷喪失とか、さらには比喩的な故郷喪失それ自体などではありえない、と言ってみること。そのとき、人を引きつけるいろいろな力をたんに転倒させることによって、通常は苦しみを生み出すものと見られてきたものから人はひとつの美徳をつくり出す。たぶんわたしたちは、いつも幽霊がとりついている家に住んで、ときどき姿をあらわす幽霊といっしょに暮らすだけの度胸をつけるように努力すべきなのだろうが、とはいえ、その家の屋根が雨をしのいでくれることだけは確認しておかなければならない。

結論を述べる。一九九〇年代は複数の意味で無気味な一〇年になろうとしている。歴史と記憶のあいだ、過去を語ることと過去を記念することのあいだの、問題の多い境界面をめぐる現在の強迫観念はひとつの指標になっている。わたしたちには応えることがむずかしい文化的要請を、過去がつきつけてくるそのことにわたしたちがどれほど関心をもっているかの指標になっているのである。いわゆる抑圧された記憶、とくにトラウマや虐待の記憶をめぐる最近の論争の急増は、同じ不安定要素が個々人の心理のレベルにも存在していることを示している。同じ傾向を見せているもうひとつの例に、欠けるところのない完全性をもちたいとするモダニズムの願望にたいして、そのモダニズムが捨ててしまいたいと願った混沌とした不純性の一切合財をからかうように取り戻すことによって、ポストモダニズム側が見せたモダニズムへの反感がある。たとえば、クレメント・グリーンバーグの考えが典型的な例になるような高級なモダニズム的正統性に反対して、積極的にシュルレアリスムを再評価することにその変化があらわれている。

しかしながら、早いころの世代の人たちとは違って、葬儀を営むとか喪に服する手続きをしたから幽霊たちが安らかにお休みしてくれて、その分わたしたちが自信をもって未来に向けて歩けるという希望は、わたしたちにはさほど持てないように見える。救いの言説への信頼を持てず、過去との関係に完全な決着をつける可能性を見出せないわたしたちは、わたしたちより素朴であった世代の人たちが克服ずみと考えたものを回帰させてそれでよしとしているように見える。すなわち、ぞっとする気持ちを押さえつけつつ幽霊たちを招き寄せ、幽霊たちといっしょにいるのがさも嬉しいことのように装ってすましているようなのだ。かりにデリダが正しいなら、かつて唯物論者として幽霊退治をする人たちの側にいるものと見なされたあのマルクスですらが、正真正銘の幽霊ということになるのかもしれぬ。コミュニズムという幽霊は、いろいろな幽霊からなるひとつのコミュニズムになったのだが、いまそれに脅えている人はどうも見当たらない。たぶんわたしたちは、わたしたち自身の徴候と闘うのでなく、徴候を楽しむ境地をいささか安易に会得してしまったのだろう。ホラー映画を観てほどほどの興奮を感じつつ、スクリーンのこちら側にある現実のいろいろなホラーにますます鈍感になっているのであろう。

第15章 心理主義という幽霊とモダニズム

美学のモダニズムと呼ばれるようになった複雑にしていろいろな異成分からなる文化的分野を扱う系譜学者なら、近代心理学として知られてきたあの精緻に整えられてきた分野と、美学のモダニズムの分野が幾重にも交差していることを認めないわけにはいかないだろう。主体の内面風景をとことん重視する前例のない動向、みずからの脅かされ傷つきやすくなっている境界の外の広い世界で増大していく困難とともにある、もはや自己を信じられぬ自我、のどちらも、科学の発見、芸術の発見の旅につながってきた。そしてそれらの旅はいずれもまだ終端に達していない。最近ジュディス・ライアンが著書『消える主体』[1]において論じているエルンスト・マッハ、フランツ・ブレンターノ、ウィリアム・ジェイムズの経験論の伝統、シュルレアリスムが例となるようないろいろなモダニズムの動きに霊感を与えたジャン・マルタン・シャルコーのヒステリー研究、カール・ショースキーの『世紀末ウィーン』[2]が説明したようにモダニズムにとって明らかに重要なフロイトの精神分析、のうちどれであれ、ともかく美的革新の物語は、事実上同じ時期に生じていた心理学の根底からの発展を視野に入れないでは語ることができないように見なされてきた。ライアンの言うモダニズムと心理学とのあいだの「複合的相互テクスト性」[3]〔complex intertextuality〕

はたぶん、ルイス・サスの最近の『狂気とモダニズム』においてその頂点に達したと言えるだろう。その本は、遠近法主義、脱人間化、疎外、アイロニー的脱離、過剰反省性、空間的形状などの、モダニズム的性格をもったおなじみの側面を、分裂病的精神の動きとの親和性を正確に見出すことによって、大胆に掘り起こしている。ちなみに、サスによれば、その分裂病的精神というのは一八九〇年代に初めて命名され、急速に「現代における狂気の典型的形態」になった(4)。

しかしながら、いろいろな文化的分野は、たがいに交差したり並行しつつ補強関係、相同関係、選出的類同関係を生み出すだけでなく、ときには反発や否認を通じて関係し合いつつ、相手を棄却することで、脆弱なものとはいえ自分の定義を確定させることもする。モダニズムと心理学の場合に、そのような否認的排除の動きが実際に生じたことを、わたしは論じてみたい。ほかの学者たちが探ってきたもっと明確な相互作用と重なりもするが、ときにそれと衝突もする否認的排除の動きが実際に生じたのである。とくにわたしが明らかにしたいのは、あの時代の思想家たちが「心理主義」と呼んだものと、多くの人が自分の真理探究からなんとしても追い払いたいと願ったものとが、美的モダニズムが生まれる大事な時々に、不安をあたえるものとして出現した事態についてである(5)。その不安についての文献上の実例と視覚面の実例の両方をわたしは取り上げることにする(6)。モダニズムが心理学そのものにおけるいろいろな議論の展開とは無関係であるのは当然として、モダニズムは本質的に心理主義を否認するもの、とわたしが考えていると思われては困るのだが、心理主義の出現について考えるなら、やすやすと悪魔祓いされるのを拒んでいる幽霊としての汚名つきの「主義《イズム》」がとりついて離れぬことを無視してすますわけにはいかない。

心理主義にたいする哲学の側からの批判は、少なくともカントの議論までさかのぼることができる。「論理学からわれわれが知りたいのは、悟性がどう存在しどう思考するか、あるいは思考において悟性がこれまでどう振る舞ってきたか、ということではなく、思考において悟性がどう振る舞うべきか、なのである。悟性において論理学は論理学自身に一致するのだが、その論理学は悟性の正しい用途をわたしたちに教えてくれなければならない[7]」という議論である。カントの超越論的演繹では、先験的観念の「生理学的派生」という事実問題と、先験的観念の妥当性という権利問題とが峻別されていた。とはいえ、心理主義が哲学者たちのあいだで確実な地歩を得、実験心理学という新参の学問があらわれて、精神のいろいろな謎の封印を解くための王道としての哲学に挑むことになった時期のあとに、カントによる批判のたいへん精緻にして影響の大きかった展開があらわれてきた[8]。一九世紀全体において心理主義のきざしのようなものがあったのだが、その世紀の末になってようやく、心理主義が哲学からの反撃の主要な標的になるものとしてあらわれてきた。一八八四年、ゴットロープ・フレーゲが『算術の基礎』を刊行し、これは、フリードリヒ・ベネケ、ヤコプ・フリース、ジョン・スチュアート・ミル、フランツ・ブレンターノなどの哲学者による、精神《マインド》を、とくに精神の論理的機能を心理《サイキ》に還元させる試みを激しく批判する本だった[9]。ニーチェのようなもっと徹底的な心理中心主義者たちはフレーゲの考察の対象になるだけの価値も認められていなかった[10]。

フッサールは初めはブレンターノの影響を受けたのだが、処女作『算術の哲学』を一八九四年にフレーゲによって容赦なく批判されたことによって、フレーゲの立場に引き入れられたという見方がある[11]。一九〇〇年の『論理学研究』では、フッサールは、連合の帰納的法則に依拠する心理学という経験科学は、純粋に演繹的な論理学の基礎になるものを提出しえないと考えるようになった。たんなる蓋然的知識を越えないと考えたのだ。一八九〇年代に、新実証主義のアレクシウス・マイノング〔オーストリアの哲学者（一八五三―一九二〇年）〕、新カント派のルドルフ・ヘルマン・ロッツェやヘルマン・コーエンなどの哲学者たちもやはり心理主義にはっきり背を向け、認識論的問題から離れて論理的・存在論的問題のほうに進んだ。(12)物理学でも、エルンスト・マッハの徹底的な連合主義やヴィルヘルム・オストヴァルトの「エネルギー論」への反論が、ルートヴィヒ・ボルツマンが例となる、分離した原子の存在を主張する人たちによって提起された。(13)同時に、エミール・デュルケムやマックス・ウェーバーといった社会学者たちが、社会的事象を心理主義の基層に還元するのを避けようとし、ヴィルヘルム・ディルタイなどの歴史学者たちが、心理学の原理に従う研究を捨てて、客観的意味についての解釈学の立場をとることになった。(14)

反心理主義の歴史を広く見渡す試みをする紙幅はここにはない。そういうみごとな仕事はたとえば、知識社会学の最近の研究においてマーティン・クシュが行なっているからそれにあたってほしい。(15)ここでは、フッサールの転換のすぐあと、反心理主義がいろいろな学派にわたる多くの二〇世紀思想家たちの基本原理になったことだけ指摘しておけば十分だろう。ハイデガー、カッシーラー、ラッセル、ムーア、カルナップ、ルカーチ、ゴルドマン、といったそれぞれまるで異質の思想家たちが、反心理主義だけは共通にしたのだった。(16)コーラ・ダイアモンドが最近述べているように、初期のウィトゲンシュタインですら、心理学を見捨てて、論理は論理自身にのみ合致するというカントの言明を採用しようとした。(17)その場合、論理は日常言語から解放されて、純粋にして明晰な「概念－記法《スクリプト》」で表現されうるというフレーゲの信念を、ウィトゲンシュタインが結局はかなりの程度に疑問視するようになったかもしれない点は無視していいだろう。

むろん、それらの思想家たちが提出した、心理主義に代える考え方はさまざまであり、事実、かれらの研究方法をひとつの土俵で論ずるわけにはいかないのだが、心理主義に反対した点ではかれらのなかに例外の人はいなかった。(18)精神《マインド》を心理《サイキ》に還元するのは、論理や算術から見て問題をはらんでいた。というのも、その還元は、真理は特定の思考する精神の一機能にすぎない、あるいは時間経過における思考する精神の累積的経験の一機能にすぎないという相対論につながるからである。種全体の超越論的意識ないし(ノーム・チョムスキーによってのちに支持された種類の)生得の生物学的諸能力という概念であっても、心理学的相対主義というジレンマを避けるには不十分だった。フレーゲが「論理にも算術にも、個々の人間がもっている意識の精神的内容を探る仕事は負わされていない[19]」と述べている。言い換えれば、〈精神《マインド》〉の哲学は現実の人間精神の哲学に還元できないということ。また、ある種の普遍的真実の必然的ないし先験的性質は、偶然的知識の経験的ないし後天的性質とは同じものではないということである。「2+2=4」という数式や矛盾律を支えているのは精神なのであるが、それでいて数式・矛盾律は精神から完全に独立している。陳述〔proposition〕の真実の内容は、その陳述をめぐってなされた判断〔judgment〕からは画然と切り離されなければならない。その判断は、正しいとか正しくないとして理解されるであろうものだからである[20]。少し違う言い方をするなら、陳述の意味は、その陳述の提示ないし再提示から切り離されなければならない。つまり、追認や反駁は説得と同じものではないということ。さらに、心理学のいろいろな法則は帰納的一般化に基づいているだけに、それらの法則が曖昧な蓋然性でしかないのにたいして、論理や数学の法則は、時間性に無縁であるがゆえに、確実で純粋なものである。ゆえに、論理・数学の法則を、心理学の法則から引き出すことはできない。

実体や時間から無縁である〈精神〉と実在の人間存在についての現実の認識力とのつながりに関心を寄せた点で、フレーゲよりもフッサールのほうが徹底していたのはまちがいのないところだろう。論理・数学という抽象的領域であっても、つまるところ、誤りを免れえない人間の、有限だが理性的ではある意識のなかにたちあらわれてくるしかない、とフッサールは考えたわけである。そこにあらわれてくるのでなければ、人は論理・数学の領域に近づくことができない。そうであればこそ、本質的に客体であるものを直接認識できる直観が存在できる、とフッサールは主張した。[21] 事実として、ブレンターノの志向性という観念に影響された厳密な論理的方法がフッサール現象学の要諦であるよりは、むしろ、そのような直観を発揮することがその現象学の要諦であった。だからフッサールは、フレーゲが軽視した超越論の一種にたち戻ったことになる。とはいっても、フッサールとフレーゲはともに客体的観念を主体的観念に還元することには反対した。主観的観念とは、経験論的経験からの一般化か、個人の自我への内省そのものの産物ととらえられたのだ。

また、心理学者が原因と正当化とを混同する点についても、ふたりとも強く反対した。原因の視点から正当性を理解するのは根本的に誤っていると考えたのである。心理学的前提である連続する経験の蓄積する意味を優先させて、論理・数学をそれに従属させるのが心理主義であるのだが、フッサールとフレーゲはその従属関係を分離しようとした。フレーゲが次のように読者に訴えている。「思考の原因から定義を求めるのはやめよう。ある陳述にかかわっていると思われるいろいろな精神的・心理的条件をその陳述の証拠と見なすのはやめよう。ある陳述が心に浮かんで、しかるのちそれが正しいとされる可能性がある。心に浮ぶ陳述とその正当性とは分けなければならない」。[22] 論理や数学は時間とは無縁な妥当性をもっているということの意味、それは起源なり原因はその本質的に真実である内容とは無関係だということである。

心理主義にたいする以上のような批判がどれほど効果を発揮したのかについては、ここでは断言できない。心理主義については今でも思想家たちのあいだに熱い論争があり、それに、落とし穴には落ち込んでいないと自称する別の心理学を持ち出すことで、いくつかの擁護もなされたからである。[23] わたしの考えの方向にとって重要なのは、一八九〇年代から第一次大戦までの美的モダニズムが登場してきたほかならぬその時期に、心理主義への批判がはなはだ盛んになったそのことである。[24] 実際にはその批判の影響力は第二次大戦後まで色濃く残った。たとえば、その残響は、一九六〇年代におけるモダニズムへの最も強力な理論的擁護の本であるテオドール・アドルノの『美の理論』にはっきり聞き取ることができる。とくに芸術作品をめぐる精神分析についてアドルノがこう述べている。「この精神分析は芸術作品の現実の客体性について考えようとしない。作品の内的充実、形式水準、批評的衝動について考えようとしないし、非心理的な現実との作品の関係、とりわけ作品の真実内容について考えようとしない[25]」。

一部のモダニズムの芸術家たちにとって、心理主義によって提起された、時間に無縁である芸術の充実した価値への批判は避けて通れぬ現実でもあった。[26] モダニズムの「純粋性という神秘」というものがあった。レナート・ポッジョーリがだいぶ以前に述べたように、その「純粋性という神秘」は「推論的・統語的要素を廃止し、心理学的・経験的現実とのなんらかの関係性から芸術を解放し、個々の芸術作品をそれ自身の表現的本質のもつ内的な諸法則に、あるいはそれ自身のジャンルないし手段についての一定の不変性に還元しようと熱望する[27]」。聖なるものと俗なるものとの境界を維持しようとする古来からの闘いの一種としてのその熱望は、一面では、社会学者たちが総体としての近代化の特質をそなえているいろいろな価値領域の分化における平坦ならざるプロセスと見てきたものに相当すると考えることができる。ときによって、そのプロセスによって引き起こされるいろいろな混乱がことに激しくなり、結果として境界維持なり境界変更をめぐる闘いが生じて、その闘いがまたことに熾烈にもなった。ヨーロッパ一九世紀末が、文化的な、また社会的な激しいトランプゲームが一気に始まろうとしていた時期であったのはまちがいないところである。[28]

哲学の領域を越えたところでの、反心理主義の一般化につながったいろいろな動向は多岐にわたっていた。たとえば、自然科学への信頼が増してくることで自然科学に傲慢さが出てきて、その傲慢が、現実に近づく科学以外の方法の価値を減じてしまった。また、大衆の欲望と幻想に訴える大衆消費文化が新しく拡大して、高級文化という自称超俗の領域を脅かすことになった。そして、一九世紀末には伝統的ジェンダー役割が揺り動かされて、文化的価値についての男性的概念の支配にかんする不安がつのることになった。アンドレアス・ヒュイッセンが述べているように、モダニズムが大衆文化のフェミニズム的側面に反対する立場を自分から明らかにする場合がたびたびあった。そのモダニズムはフェミニズム的側面に下劣なまがいもの《キッチュ》という汚名を着せた(29)。当然のことながら、そうした悪魔たちとの闘いの手だてのひとつが、自分は普遍主義なりという名目で心理主義を悪魔祓いすることだった。どれほど非科学的な価値観に基づいている普遍主義であっても、である。

心理主義との闘いのかなりわかりやすい例はたぶん、第一次大戦のころのイギリスにおけるモダニズム文学の隆盛に見られるだろう。イェイツからパウンド、フォード〔Ford Madox Ford（一八七三―一九三九）〕、エリオットまでのイギリス詩の展開について述べられた事実上いっさいの記述において、「非人格性《インパーソナリティ》」といわれるもの、主観を表明するのを控える傾向を探ろうとする動きが認められるのは当然のことだった(30)。イギリスのモダニズムの歴史においては、主観の表明に向かう姿勢と客体の表現に向かう姿勢とがこみいった関係にあるために、語りが一元的な反心理主義のストレートな叙述にならないようになっているのだが、それであっても、フレーゲ、フッサール、新カント派のなかにわたしが見届けてきたいろいろな不安が、その語りにおける主要な人物たちの著作と理論において美的な声をあたえられてきたことがはっきり見てとれる。

事実、影響力の大きかった批評家・詩人T・E・ヒュームの詩と批評にとっての、フッサールによる心理主義批判の隠れもない重要性は広く認められてきたところである。流れと直接経験をめぐるベルクソン哲学へのヒュームの早いころの熱中と、のちのヒュームのまるで異なる立場とを分けてとらえるにはしばらく時間が必要だったが――没後の一九二四年に出された『省察』という作品集に、ヒュームの全経歴におけるエッセイがまとめられたことで、ようやく分けてとらえられるようになった――、第一次大戦の直前の数年間にヒュームが自分の考えを変更したことは、今は広く認められていると思われる。[31] 右翼である「アクシオン・フランセーズ」のピエール・ラセール、シャルル・モーラス、そのほかのネオ古典主義信奉者たちによってなされたベルクソン哲学への容赦ない批判、ベルクソン哲学が絶望的にロマン主義的で過剰なほど民主主義的であるというその批判によって、ヒュームの心変わりがあった面もあるのだが、またその心変わりには、『論理学研究』における、フッサールの心理主義攻撃を読んだことも一因になった。それを読んだことで、ヒュームは、ジョージ・E・ムーアやバートランド・ラッセルの分析哲学においてかれが出会った反観念論的リアリズムの意味を初めて理解できることになった。[32]『省察』巻頭の論文「ヒューマニズムと宗教的態度」は一九一五年に発表したものを改訂したものだが、ヒュームはそこでフッサールをたっぷりと引用して、ルネサンス以降の近代の思考の全行程を、客観的な諸観念を全部人間に還元する誤った考え方をふまえているから痛ましいほど人格中心的であったとして激しく非難している。純粋な哲学を世界観〔*Weltanschauung*〕と混同したとして非難したのである。[33]

しかし、根本的な意味では、フレーゲやフッサールによる心理主義批判をヒュームは越えてしまった。つまり、ヒュームは論理自体の領域の外でふたりの議論を応用したのだ。自然主義の誤謬にたいする有名な批判が書かれている一九〇三年のムーアの『倫理学原理』を引用して、ヒュームは、倫理的諸価値についても人間の手になったものではないと考えるべきだと述べている。[34] 倫理的諸価値をひとつの客観的ヒエラルキーに並べることができる、ともヒュームは（根拠を言うことなく）断言している。ヴィルヘルム・ヴォリンガーの一九〇八年の『抽象と感情移入』から大筋として出てくる議論をふまえて、ヒュームは、相互主体的な感情移入に（あるいは、もっと厳密に言えば、この世の美しい対象への主体の汎神論的感情移入に）基づいているいろいろな美的形式を、エジプト美術やビザンティン美術のような美的形式より本質的に劣るものとして非難している。非人格的・幾何学的・非活性的抽象の名のもとに自然的な有機体に抵抗したのがエジプト美術やビザンティン美術という美的形式であった。[35] ヒュームによれば、ジェイコブ・エプスタインの彫刻、セザンヌやウィンダム・ルイスの絵画が例になるような近代美術は、正確さ、厳格さ、むきだしのまま、に戻ることを約束した。すなわち、ヒュームが大いに称賛した反ヒューマニズム的価値に戻ることを近代美術は約束した、と述べたのである。[36] そこに戻るなら、境界を越境することで生まれる混乱が収まることになる。ヒュームの有名な言い方によれば「糖蜜を食卓にぶちまけた」のが「こぼれ出た宗教」であり、またロマンティシズムであった。[37]

イギリスのモダニストたち、とくにイマジズムの詩人たちのあいだにおいてヒュームの考えがどう複雑に共鳴したかについての詳しい説明をする場所ではここはないし、またそれを説明する能力はわたしにはない。[38] 近代詩における展開に足並みをそろえる形で、フローベールからヴァージニア・ウルフまでのモダニズム小説において、自由間接話法のような文体上のいろいろな新機軸が没自我の非人格性という効果を生み出すことになったのだが、それについてのヒュームによる影響の展開を考える紙幅もない。[39] それにまた、ヒュームとヴォリンガーに影響を受けたことをはっきり認めていたジョゼフ・フランクが提起した、近代詩と近代小説における空間形式にかかわる論争を、わたしがここで再開することもできない。[40] とはいえ、最低限ここで指摘しておくべきは、ヒュームから直接影響を受け、ヒュームを通じてフレーゲとフッサールから間接的な影響を受けたことを認めていた比類なく重要である人物、すなわちT・S・エリオットの絶対に見逃せない役割そのものである。

　エリオットの編集になる新雑誌『クライティーリオン』やそのほかのところで、エリオットは美的な意味でも政治的な意味でもヒュームの考え方を精力的に説いて飽きなかった。一九一九年の「伝統と個人の才能」が一例になるような有名な諸論文でかれは、わたしがここまで見てきたのと同じ反心理主義の議論をたっぷりと展開した。かれの次の記述はたちまち正典のような記述になった。「詩は感情が流出したものではなく、感情からの逃避である。すなわち、詩は個性の表現であるのではなく、個性からの逃避である」[41]。かれの有名な「客観的相関物」という概念は、事実としてフッサールから直接もらったものであると思われる。エリオットはハーバード大学で哲学を学んださいの一九一四年にフッサールを読んでいる[42]。観念論哲学者F・H・ブラッドリーにかんする論文を書いているほどだから、そのブラッドリーに影響を受けたのはまちがいないにしても、エリオットはまたマイノング、ラッセル、ムーアなど当時のいわゆる新実在論《リアリズム》の立場の哲学者たちの著作もふまえていた[43]。サンフォード・シュワーツによれば、「論文でエリオットは、意識から見ての客体物に意識を還元することで心理学者の仮定を無効にし、のちに同じ戦略を一九世紀の詩についての批評に応用した」[44]。さらにシュワーツによれば、エリオットは同じように抽象的である客観主義を批判することに乗り出した。絶対不可欠である主体をロマン主義的に具体化することの単純な転倒として、客体物を具体化したのが客観主義なのだが、それをエリオットは批判したというわけである。すなわち、芸術を外的世界の受動的な反映ととらえる自然主義者ではエリオットはまったくなかったということになる[45]。詩人エリオットの、直接的経験から言葉を紡ぎ出す能力は、主体と客体との二分法そのものを乗り越えた面がある。イギリス革命によって感情が理性の上に立って以降、近代世界をむしばんだとエリオットが主張するいまわしい「感性の乖離」に挑むことによって、その二分法を乗り越えたのである。

一九三〇年代、四〇年代のニュー・クリティシズムの批評家たちがエリオットの考え方を広めたことで、非人格性《インパーソナリティ》は新しいドグマになり、生産と受容の文脈から詩を切り離すことがひとつの信条になった。心理学に還元されているところからフレーゲが救い出そうと願った論理、そして倫理的規範に従いあるいはそれを侵犯してきた人間からヒュームが切り離そうとした当の倫理的規範が目的になったように、型にはまった自己言及性とまったく等価なものと見られることがたびたびであった美的価値それ自体がひとつの目的になった。ニュー・クリティシズムの批評家たちが恐れた系統的・感情的誤謬と表現形式の誤謬はすべて、一九世紀末の哲学が発した心理主義に抵抗する警告を詩の言葉に翻案したものとほとんど同じものであった。チャールズ・アルティエリのような最近のモダニズム擁護者たちが行為主体《エイジェンシー》という概念を改めて導入したときですら、かれらは、芸術家の構造化する活動を、表面の下にひそむ、経験的な苦しむ主体の情動的内面性から慎重に分離しようとした。[46]

以上の点はいまでは周知のことであって、くどくどと述べるまでもないだろう。とはいえ、同じ時代の視覚芸術に見てとることができる同様のプロセスのほうは、ある程度考察してみるべきであろう。当然のことに、ヒュームやイマジストたちがロマン主義に見届けた感傷的すぎるいろいろな汎神論的考え方にたいするひとつの比喩的解毒薬として擁護したのが、視覚の上で輪郭のくっきりした明晰さの価値なのだが、その価値は、色彩の幾何学的抽象性の分野での実験を熱心に行なった画家たちによってきちんと受け止められた。[47]ドイツの表現主義にはっきり見られるように、視覚のモダニズムに、強い主観主義の衝動がある場合がないではないのだが、エリオットのような文学のモダニストたちにわたしが見てきたのと同じような心理主義的表現にたいする不信が、視覚のモダニズムにはっきりあらわれている場合が多かった。

一九世紀が概して視覚の心理主義化が膨らんだ時代であったこと、それは確実に言える。つまり一九世紀は、外の世界を忠実に反映させる眼の能力に基づいて、表現の幾何学的光学を放棄する時代であった。一八二〇年代以降、認知科学者たちが暗箱《カメラ・オブスキュラ》の自動機能をモデルにした古典的な視る人《オブザーバー》をいかにして退けたかについて、ジョナサン・クレアリーが最近刊行した『観察者の技巧』がみごとな筆致で解説している。(48) 外界をそのまま記録する単眼的で規則的、機械的な眼をもはやもたなくなった新しい視る人は、外からの同時的刺激なくして存在する感覚である残像のような、内的な心理‐生理的プロセスによって、両眼ある者として身体化される影響を受けることになった。視覚の心理主義化、すなわちルネサンスの遠近法のような表現システムや眼の正確さについての自信喪失は、美術の実践に影響しただけでなく、美術史や美術批評にも影響した。かくて、主著である一九一五年の『美術史の基礎概念』においてハインリヒ・ヴェルフリンは、古典様式とバロック様式との振り子運動を視覚表現の定式と見なすことになった。「それを否定してもむだである――そのプロセスの展開は心理学的に見てわかりやすいものである」。(49)

クレアリーが一九世紀の初期に見届けているいろいろな変化。それらの変化がのちのちまで尾を引いて芸術にあらわれた影響が、「印象主義」の――「凝視する」、抽象化された、スタティックな眼とは反対の様態としての――「一瞥する」、具体化された、ダイナミックな眼、にいとも容易に見てとることができる。その眼は、ノーマン・ブライソンの命名によるものである。(50) こうして、心理主義的経験主義が文学にあらわれた事情を考察している、たとえばジュディス・ライアンなどの人たちにとって、それらの事情と「印象主義」との隠しようのない類縁を見出すのは簡単なことだった。(51) その類縁を支えている事態は、ひとつは安定した客体の世界からの撤退、もうひとつは知覚する主体、危機にある主体への新たな没入である。その場合の主体は、自身が解体してゆくことにのめりこみ、なにもないところにどっと入ってくるもろもろの感覚の流入に魅了されたり、ときに当惑しているという意味で、危機にあるのだ。

しかしながら、それらの類縁が破裂し始めている場面がある。すなわち、漠然とゆるやかな括りとしてのポスト＝印象主義として知られてきた作品群との関係、とくにセザンヌとの関係において、である。実際、メルロ＝ポンティがセザンヌに見てとったあの有名な「懐疑」は、ルネサンスの固定した凝視という伝統的な遠近法的秩序に向けられるだけでなく、「印象主義」の一瞥する眼の妥当性にも向けられた懐疑であった。[52] とはいえ、対象に戻って「自然」を描こうとするセザンヌの試みは、かれの初期の表現としてのリアリズムに戻る試みではなかった。そうではなくて、主体と対象、知覚と知覚されるものとがまだ未分化のままである画布の表面に、完全にリアルであるものを描こうとしたのがその試みであった。[53] そこでは、表現の世界ではなく、純粋顕示の世界、すなわち視覚の現前の世界が「印象主義」の感覚派的心理主義に取って代わり始めた。ゲシュタルト心理学者たちのようなのちの心理学者たちが実験室のなかで気づいていたはずのことをセザンヌは予期していた、とメルロ＝ポンティは考えたが、セザンヌの功績についての述べるかれの記述には心理主義的な解釈はあまり見当たらない。「生きられる対象は、諸感覚が根拠になって再発見されるのでも構築されるのでもない。その対象は初めからわたしたちの前に自分から現前しているのである。そして、その対象が中心点になって、わたしたちの諸感覚がそこから放射される[54]」。

画布の平らな表面に視る人と視られるものとをいっしょにとらえ、媒介されていない視覚の現前を実現させようとするセザンヌの企図は理想にすぎたかもしれないが、一九世紀の視る人中心性《スペクテイターシップ》を牛耳るようになっていた心理主義に挑む手だて（アルティエリによれば、モダニズム詩へも衝撃をあたえた手だて[55]）を、その企図が用意した面があった。ティエリー・ド・デューヴがその挑みについてむずかしい選択という観点から述べている。

現代性《モダニティ》はセザンヌの遺産をひとつの二者択一の形ですくい上げた。わたしという主体の統一性のうちで残存しているものを保存するために、対象を、形像を、そして対象と連れ添っているいっさいの実在物を積極的に破壊するのか——その場合、わたしには現前している実在を破壊する以外の選択肢はないのだが、少なくともそれを破壊することでわたしはみずからその実在の主人になる——、それとも、わたしはわたしという主体の統一性を犠牲にして、わたしの肖像の複数の意味があらわれるようにするか、の二者択一。ただし後者の場合、わたしを締め出すひとつの世界の自己充実した顕現としての、取り替えのきかない疑似-対象のためにそうすることになる。(56)

さまざまな時々に、さまざまな動きとさまざまな人物が、その二者からひとつを選んできた(そして、一部の動きと人物が、顕現それ自体のなかに拡散した主体性概念をなんとか取り込むことによって、二者択一を乗り越えようとしたこともまちがいなくあった)。(57) しかし、長い目で見れば、ほとんどのモダニズム絵画はその二者択一の後者をとったと言ってまちがいないだろう。少なくとも、ロジャー・フライ、クライヴ・ベル、クレメント・グリーンバーグ、マイケル・フリードの批評ですでにその点は確認ずみと言っていい。つまり、そうしたモダニズム絵画は、自分にとって不必要に見えるものを描くことを避けようとした。当の画家の内面を表現することを避けるというか、視る人にとっての現前的表出、装飾的機能性、劇場的魅力を避けようとしたのだ。そうなると、描くことはますます、描くことそれ自体の本質的・内在的諸法則のみを実現させる探究、存在論的に「絶対的」であろうとする本物で真正の芸術への探究、と理解されるようになった。カンディンスキーがそう理解したように、たとえ絶対的なものが精神的な面から理解されるときであっても、絶対的なものとは心理主義的主体を完全に消滅させることの意味だった。[58]「自身と合致している」悟性としての論理をカントが擁護したまさにその精神において、高級なモダニズムは純化と還元が行なわれるゲームになった。そのゲームでは、形ある視覚の諸特性がそれら自身の目標物になる。[59] 実際、グリーンバーグから見て、カントその人が「最初の真のモダニスト」だったのだが、というのも、カントは「論理の限界を確定させるのに論理を使い、論理の古い権限から多くのものを取り消しながらも、そこに残っているもののいっそう安定した所有のうちに論理は残された」からである。[60]

ことさら驚くことではないが、マルクスと決別したあとのグリーンバーグの著作にはっきりとあらわれているような、この一歩後退二歩前進の戦略を美学に応用したものがしばしばニュー・クリティシズムとの対比に使われた。文学のモダニズムを学問の面から補助する役を担ったのがそのニュー・クリティシズムであった。[61] 美的判断から個性を消すのがエリオットの方法であったが、その方法をグリーンバーグがはっきりと信奉したことが注目された。その点、グリーンバーグの立場とアドルノのそれとの類似性が注目されたのと同じだった。[62] 文化と伝統にかんするエリオット後期の考え方には、文脈で解釈を変える視点が見てとれるけれども、かれとグリーンバーグはともに内省と自己没入を擁護する立場にあったと見なすことができる。内省と自己没入にあっては、美的対象が、対象の見た目の境界の外にあるどんなものからも厳密に分離される。[63]

グリーンバーグが考えるタイプの高級モダニズムにおける反心理主義の衝動は、ゆえにそれと見分けるのはむずかしくない。もっと意表をつかれるだろうが、同じ衝動がひとりのモダニストの作品に見てとれる。その人物とは、眼の純粋性や眼の自己充実性を擁護してやまないグリーンバーグやそのほかの人びとによってつくられた正典とは完全に無縁のところにいたマルセル・デュシャンである。デュシャンが「レディメイド」を制作し始めたころたぶん最もはっきり表に出てきたかれの「視覚的唯名論」と呼ばれたものは、芸術家の構成力を言い当てたものである。自分の才能や技術によってではなく、芸術という制度的慣行によって究極的には価値づけられる言表行為を通じて、芸術家は物を芸術作品と名づけたのである。[64]眼の純粋性を求めることを慎み、眼のどのような価値にもまさに好戦的なほど冷淡で、絵画メディアの「絶対的」精髄を求めることに敵対したデュシャンは、いろいろな意味で、画布の平らな表面に自己充実した世界を顕現的に表現することを願っている芸術家とは正反対の立場にいた。[65]「画布」の表面から現実の世界がまさにたちあらわれるのを許し（『大ガラス』は、窓としての画布という古くさい隠喩と、その二次元的不透明さを改めて称える動向の両方をからかっている、そんな透明な「窓」だった）、テクストというとりとめのないものが視覚の領域に侵入するのをデュシャンは促し、芸術家の不安定なアイデンティティは天才的な創造性モデルの危機を刻印しているわけだが、その芸術家のつくられた仮面をかれは前面に出した。

ところで、純粋な視覚の現前を求めるという主流モダニズムの願いを根底から疑問視し、そのモダニズムの存在論的主張をデュシャンが意図してからかうにもかかわらず、わたしの考えでは、かれは芸術におけるある種の心理主義も同じ程度に疑問視していた。「網膜の絵画」を拒否したかれの有名な姿勢は、画家の眼ないし視る人の眼が凝視するのであれ一瞥するのであれ、ともかくその眼を美的価値の基礎に据える考え方を視野に置いての姿勢だった。こう言ってもいいと思うが、かれの唯名論は拡大して芸術家の知覚にまで達した。芸術家の、つかのまの見るという感覚に記録された行為は、現実から遊離した暗箱《カメラ・オブスキュラ》からの凝視による、視覚の場に現前していると見なされる対象の理想化された表象であるのだが、それと同じほど、正確さの怪しげな一基準でもある、というところまでその唯名論が拡大したのである。

デュシャンは、脱人間化の反ロマン主義芸術を擁護する一方で、感情表出の美学にはとりわけ反対の姿勢をとった。ワーナー・ホフマンが次のように述べている。「かれの選択行動は意識的に主体的創造を賛美することに反対し、低俗な対象も芸術的『表現』によって高尚にされると見なす原理原則に反対した」[66]。これも驚くほどのことではないが、デュシャンは一九五〇年代に、エリオットの「伝統と個人の才能」で言及された「苦痛を経験する人間」と「創造する精神」との有名な分離を引き合いに出し、一九六一年にはある批評家に、「エリオットのエッセイは、かれが詩作で自分の感情を表現したのと同じほど、あるいはそれ以上にかれ自身の感情を表現している」と語った[67]。つまりは、モダニズムの神々の殿堂における一匹狼になるほどに、マルセル・デュシャンは心理主義の魅力から自分を引き離す責任を感じていたのである。

デュシャンとエリオットというのはたしかに不思議な組み合わせであるし、まあ短時間だけ濃密な関係にあっても、また分かれてゆく二人であるだろう。事実、デュシャンはここ数十年ほど、形式的な純粋性、眼の本質性、眼というメディアの完全性を言いつのるモダニズムの主張を批判する代表的人物としてたちあらわれてきた。かれは天才という意味ありげな概念に疑問をつきつけ、芸術家という経験論的概念を批判したとも言えるのだが[68]、グリーンバーグ流の考え方を解体するさいのデュシャンの役割はますます雄々しい言葉で書かれてきた。そこで、デュシャンの作品における個性的でしばしばエロティックであるいろいろな痕跡が、新しい心理主義の負荷を招きよせる形で、前面に出てくることになった[69]。

ポストモダニズムがデュシャンを利用したとしても、ポストモダニズムがその負荷に気を悪くすることは実際にはないだろう。というのは、モダニズムとその推定上の後継者たるポストモダニズムとを大変はっきりと区別する指標のひとつが、心理主義にたいするその二つの姿勢の違いそのものであるからだ。事実、ある意味で、ポストモダニズムは「第二の心理主義」なりと言うことができる。[70] その心理主義が回帰してくる背景になったのは、汚染のことごとくが解消されてしまい、書いたり描いたりしたいだけの対象が現状ではほとんど残っていないため、冷厳な純化を目指すモダニズムの企図は袋小路につきあたってしまった、という認識が広がったことによる。モダニズムがいろいろな価値の領域を差別化するにともなってあらわれたかに見えた、人間の苦痛への無関心。モダニズムが拡散してファシズムとかかわり合うような展開がだんだんはっきりしてくるなかで、その苦痛への無関心がまた人を不安に陥れもした。同じ意味で、モダニズムが無関心を装う部分は、自称普遍主義にたいする多文化主義批評、フェミニズム批評が出てくるに及んでどんどん色あせてきたようだ。また、美的価値とは「文化的資本」の別名なりとする社会学の主張も出てきた。[71] そして最後に、文学解釈的側面での精神分析が前面に出てきて、科学的心理学の脅威がさしたる脅威でなくなったかに見えるようになった。

実際のところ、ある種の心理主義への最近の回帰は、哲学それ自体のなかにはっきりと見てとれる。哲学のなかでは、自己同一的な論理が特別扱いされていることにたいする反応がさまざまな形をとっていて、そんな形のひとつに、心理主義という主題にあたえた、哲学という制度的コンテクストによる影響をめぐる新しい感受性があった。[72] リチャード・ローティのネオプラグマティズムは、心理主義の擁護者たちがかつてばかにするように「論理主義」[73] のレッテルを貼った、純粋論理という謬見にたいする新しい不信の代表例である。『哲学と自然の鏡』において、ローティは自信をもって次のように述べている。

フッサールの「厳密な学としての哲学」とラッセルの「哲学の本質としての論理学」が出て七〇年後、そのふたりが直面したのと同じと推定されるいろいろな危機にわたしたちは見舞われている。哲学が自然主義的になりすぎるなら、不屈の自信をもったいろいろな学問に哲学は押しのけられるだろうし、かといって、哲学が歴史主義に走りすぎるなら、思想史、文学批評、そして「人文科学」におけるそのほかの軟らかい学問に飲みこまれてしまうだろう。(74)

ローティの願いは、推定されるいろいろな危険を前にして心配するのをやめ、哲学と、それに隣接する科学的・歴史主義的学問との境界がどうあってもぼんやりしてしまうそのことを受け入れることである。ローティの考えを引き継いでいる人のなかには、ローティの言い分を心に留めつつ、モダニズムの伝統そのものを読み直している人たちがいる。モダニズムのいろいろな形象を新しいコンテクストのなかに置き直したいとの願いでの読み直しである。そのひとり〔シャスターマン〕などは、エリオットを隠れプラグマティストにして、かれを救い出そうと試みるところまで行った。この論者は、歴史の伝統やプラグマティックな知恵という価値が論理的（ないし美的）真実より上にあると最後にはエリオットが考えることになった、としている。(75)

脱構築もフッサールを批判の的にした。鮮明な直観を用いて、論理的真実という時間とは無縁の世界に入ってゆく通路をひとつ用意しようとしたフッサールを批判したのである。どの心理主義であってもかならず外部からいろいろな侵害を受けるわけだが、それらの侵害をなんとしてもくいとめようとする超越論的心理主義のあれやこれやの混同。デリダの『声と現象』は、そうした混同を攻撃するところから書き始められている。(76) 脱構築は一九世紀心理主義が越境したのと同じたくさんの境界を越えている。心理主義を批判した人たちをたいへん困らせた汚濁・汚染そのものを上機嫌でほめちぎり、モダニズムの空間的形式への執着が寄せつけまいと願っていた時間的繰り延べと過去の痕跡を賛美し、モダニズムの自己反省が追放した現前とミメーシスへの形を変えた敬意を回復させる、という具合に脱構築はたくさんの境界を越えているのである。

心理主義にたいする文学批評の考え方にあたえた脱構築のいろいろな影響は見た目にもはっきりしていた。脱構築は、表現する主体という頑強な観念を避け、ヒュームやエリオットと同じほど人間主義的敬虔さに疑いをもっていたのだが、ロマン主義にたいするニュー・クリティシズムによる軽蔑を逆転させて、志向性をめぐる入り組んだ諸観念を改めて導入した。(77) その点を補強するには、新歴史主義、受容美学、ニーチェの大きな影響、精神分析的手法の増大などを持ち出せば足りるだろう。心理主義に反対する動向は、今は文学批評家たちのなかにしっかりと根づいているものと思われる。いや、もっと正確に言えば、いっさいの精神活動と文化的産物が、感情状態の表現そのものである場としての、最大級の心理主義的還元主義と、価値あるいっさいのものが外からの汚染を免れるはずである場としての、反心理主義的純粋主義とのあいだにある中間領域にいることで、心おだやかに感じる人が多かったのであろう。(78)

モダニズムとポストモダニズムとを区別することがどれほど恣意的であろうと、その区別にある種の意味があるかもしれぬ根拠のひとつに、タブーにさからう動きが最近になって出てきていることがある。モダニズムの時代にかなり強力に機能した反心理主義の動向をつき崩す動きが出てきたわけである。その点はもう明らかになったとわたしは願いたいのだが、還元主義、汚染、相対主義といった含意をすべてもった「心理主義」は、その時代のいろいろな不安のなかでもことに大きな不安になった。すなわち、最近の著述家の言い方によれば、「心理主義」は、モダニズム精神にとりついたまぎれもなき「幽霊」になったのだ。[79] 反対に、ポストモダニズムの人たちは、過去の幽霊たちを追い払うのではなく幽霊たちと共存してゆく手だてを学びとったことで、それらの危険があってもモダニストたちよりは呑気にしていられるように見える。その主体の個人的心理が芸術の発生になりうるような統合された主体という概念があっても、ポストモダニストたちはそんな概念などちっとも是認などしないのだが、その衝動、欲望、執着、空想が文化的昇華のスムーズな動きを阻害するような散乱して脱中心化した主体性を前にしても、ポストモダニストたちは心おだやかにしていられる。[80]

しかしながら、もういちど話を逆にするなら、ポストモダニズム自体が自分自身の幽霊にとりつかれているのかもしれない。すなわち、死ぬのを拒否するモダニズム的反心理主義という幽霊にとりつかれているのかもしれない。精神を論ずる現在の理論家たちのなかにはいまも、少なくとも意識が数学や論理の自律性を確立させるだろう、といった意識についての超越論的な解釈を提出しようとしている人たちがいる。[81] 道徳理論家たちのなかには、道徳的判断を個人の好みに還元する「情緒主義的」還元にしりごみしつづけている人たちがいる。[82] そして、アドルノの言う「芸術の真実の内容」に相当するものが、いっさいの美的な区別だてを解消しいっさいの判断を個人の好みに還元することを嫌がっている人たちに及ぼしている魅力を失うことを頑として拒んでいる。

マルクスの幽霊がいまだにわたしたちの一見ポスト・マルクス主義である世界にとりついていると考えるデリダが正しいなら、同じことが、モダニズムの全盛期に盛んであった反心理主義についても言えるのかもしれない。[83] 多文化主義と正典をめぐるたえざる闘いが証明しているように、心理主義を恐れる気持ちを生んだ圧力が完全になくなったと考えたり、美的価値を求める動きは完全に過去の遺物なりと考えるのは時期尚早であるだろう。その論争のゆく末がどうなるのであれ、ひとつたしかなことがある。前の時代における心理主義を避ける努力によって解放されたいろいろな創造的エネルギーを無視するのは根本的なまちがいであるということである。というのも、いまは負け戦であるか、せいぜいのところ引き分け状態であるにせよ、この闘いこそは、わたしたちが現代芸術と呼んでいるあの際立った現象をつくり出すにあたってのひとつの議論の余地なき構成要素であったからである。

第16章 モダンのペイガニズムとポストモダンのペイガニズム
——ピーター・ゲイとジャン＝フランソワ・リオタール

わたしたちが「ユダヤ・キリスト教」文明と呼ぶようになったあの不思議な混成物の歴史は、その文明を擁護する人たちが一心不乱に抑えつけたり忘れたりしようとしてきたものにとりつかれてきた。先行したいろいろな文化や宗教が頑固に残留するという事態にとりつかれてきたのだ。(1) それらの文化・宗教はまこと多岐にわたったのであるが、それらが自分を名づける言葉として実際に選ぶことがなかった言葉、面目失墜させる包括的用語として敵たちが利用してきた言葉によって、それらの文化・宗教はひと括りに定義づけられてきた。いうもおろか、それはペイガニズム〔異教性〕という言葉である。「いなか出身」を意味するラテン語のパグス〔pagus〕に由来し、民間人を軽んじるべくローマの軍人がパガヌス〔paganus〕と呼んだことにつながったこの言葉は、もともと、キリストの軍にいる軍人ではない非ユダヤ人たちを指すのに、初期キリスト教徒たちが使っていた。(2) もっと中立的な用法もときにないではなかったが、教父たちが古典期の哲学や文化に反対する立場を打ち出したときに、この言葉の否定的な含意が強められることになった。

事実としてゆうに一千年以上にわたって、「ペイガン」という言葉が、支配する立場にある文化規範から逸脱している人たちに汚名を着せるための強力なレッテルとして、キリスト教世界で——ユダヤ教や新参の一神教のイスラム文化においてもだが——機能してきた。「不信心の《ヒーズン》」「偶像崇拝者《アイドレーター》」「異教徒の《インフィデル》」などの類似語とともに、その言葉は救われる者を呪われた者から区別するのに使われるようになった。「野蛮人《サベッジ》」とか「野卑な人《バーバリアン》」という言葉と組み合わさると、その言葉は文明化した人と文明化していない人とを区別した。「残忍な《ダイアボリカル》」という言葉と結びつき、魔法や黒魔術と同義になると、[3]「ペイガン」という言葉は、尊敬されるべき威厳をもっている真の人間と、人間性の埒外にいて罰を受けずとも破滅する可能性のある人間とを根底のところから区別する意味をもった。一四世紀にインドを出て放浪の末にヨーロッパに入ったジプシーたちが残忍に殺された例に見られるように、「ペイガン」はまことに不吉であるさまざまな帰結をもたらした言葉になりえたのである。[4]

とはいえ、どういう二項対立でもいつかはその境界があいまいになるのであって、「ペイガン」とそのさまざまな対立項目との境界も例外ではなかった。[5]ユダヤ教文化、キリスト教文化、イスラム教文化がペイガニズムに汚染された（あるいは、活気づけられた）という点は歴史のまさに基本的な主題であるからして、その主題を手短に論じては軽率のそしりを免れないだろう。しかし、その主題の顕著である特徴、とくにキリスト教にかかわる特徴に手短にふれておかなければならない。そのあとで、わたしが本当に論じたい点、ピーター・ゲイとジャン＝フランソワ・リオタールによってそれぞれ提出された、モダンにおける異教の回帰とポストモダンにおけるそれとの比較対照に移ることにしたい。

テルトゥリアヌス*は軽蔑するように「アテネはエルサレムとなんの関係があるのか？」と言ったのだが、ほかの多くの人たちは同じ問いをより穏当な形で発したので、結果として一神教と異教との区別をあいまいにする一助となってきた。キリスト教道徳の原型としての古代の諸神話をアレゴリー的に解釈することを通じてはじめて、一神教の宗教と過去の異教との対立は解消しはじめた。その解釈は、聖職につき、ストア学派から方法を借りていた新プラトン主義者たちによってはじめられ、反宗教改革*のさいのイエズス会士たちのところで最高潮に達した(6)。一神教と異教との区別があいまいになったもうひとつの原因は、キリスト教の実践のなかにキリスト教以前のものが根強く残っていることが黙認され、不承不承ながら容認されたことだった。こうして、地方の聖職者たちやかれらの聖骨にたいする中世の崇拝心のなかに、地方のいろいろな神にたいする初期の崇拝心の残滓をみることができる。それには、いろいろな聖地がローマという聖地の名残と考えられたのと同じ意味があった。それにまた、キリスト教信仰においていろいろな聖像が持ち出されることが、周期的に聖像破壊的不安の源になったものの(7)、おおむね顕現する神々にたいする異教の崇拝心とつながっているものとして理解されえた。

もちろん、そのような認識にある危険は、正統的なキリスト教信仰の体面をその認識が傷つけるかもしれぬという点だった。ピエール・ベールなどの一七世紀の懐疑論者やジョン・トーランドなどの理神論者たちの手によって、異教の神話とキリスト教の教義との類似性が、キリスト教の教義に不信をつきつけるために意図的に前面に出された(8)。とくにカトリック教は、一神教信仰を装っているものの実は多神教的迷信であるとして非難されることもあった。民俗学や民族誌学が一九世紀に学問として登場しはじめたころには、イエスの磔刑や復活という中心的物語ですらが、死んでは復活する自然の神への普遍的な異教信仰の文脈に据えられることもあった。有名なところでは、ジェイムズ・フレイザー卿が『金枝篇』でその位置づけをしている。

キリスト教と異教とを厳密に区別することに異議申し立てをするひとつの方法が、異教の大半がキリスト教のなかに姿を変えて残っていることを示すことであったとすれば、もうひとつの方法は、順序をひっくり返して、汚名を着せられてきた異教のなかにほめるべきものがたくさんあることを示すことであった。その点で異教の復興がたぶん最初に支持された事態が、ルネサンスにおける古典期の学識への改めての敬意とともに出来《しゅったい》した。人文主義的自然主義がギリシア・ローマの哲学、建築、視覚芸術にある霊感を求めたのが、そのルネサンスの時期においてであった。[9] わたしたちの主人公のひとりピーター・ゲイの言う一三〇〇年から一七〇〇年までの「異教的キリスト教の時代」に、正統的信仰と古代のものへの新たな関心とをつなぐ方法がひとつ見つけられた。[10] 占星術、交霊術、錬金術といった秘術の伝統の多くが、陶酔的な形で、活気づける力を必要としていたと思われるキリスト教精神に結びついた。しかし、長い期間で見てその結びつきの均衡を維持するのはむずかしいことになり、新古典主義の啓蒙期になるころには、ペイガニズムと自由な思考とがたがいに強く引かれ合いはじめて、キリスト教という啓示宗教を批判の標的に変えた。[11]

たしかに、新古典主義は過去の異教についてたいへん狭い視野で解釈した。新古典主義は過去の異教を、もっぱらそのたいへん高尚にして高貴な達成物という面でとらえたのだ。そして、そこから、ドイツの美術史家ヨハン・ヨアヒム・ヴィンケルマンやイギリスのマシュー・アーノルドが熱心に擁護した伝統——ますますローマよりもギリシアを評価するようになった伝統——が生まれることになった。堕落することのないキリスト教とその前にあった偶像崇拝的ないろいろな宗教との境界、すなわち中世末期とルネサンス期のころには見た目にあいまいになっていた境界を再度くっきりしたものにしようとしたルター派や清教徒派の試みをあえて標的にしたその解釈は、生を否定しつつ説教を垂れる厳格主義からなんとか離れようとした。その厳格主義は、「ナザレ派」あるいは「ヘブライ派」と呼ばれた競合する伝統への頑固な執着に由来したものだった。[12] E・M・バトラーが用いて有名になった動詞を借りれば、ドイツを「制圧《ティラ》した《ナイズ》」だけでなく、一八世紀中葉からのイギリス・フランスの思想の大半をも「制圧した」異教のギリシアは、古代ギリシア世界における自然と文化との美的総合性・美的調和を発見し、自然にたいするあの人間中心的でない敬意を正当化する手助けをしたのだ。キース・トーマスは、その敬意があらわれてきたのは近代初頭だとしている。[13] その異教のギリシアはまた、世俗の政治から内面を向いた個人の教養（*Bildung*）への逃げ込みと、近代国家にとってのユートピア的モデルの両方を逆説的な形で用意することができた。[14] そのユートピア的モデルを求める霊感は、市民的美徳と公的レトリックという古典的伝統のなかに簡単に見つかった。その伝統については、ジャンバティスタ・ヴィーコ〔イタリアの歴史哲学者（一六六八―一七七四年）〕などの思想家たちによって再び活性化された。ヴィーコの『新しい学』もまた、キリスト教の教義や近代科学より前の神話生成につながる幻想には真実を語る機能があるという信念を駆り立てるのに多大の貢献をなした。[15]

ヨーロッパの土着の民衆文化を改めて評価する傾向。それが一八世紀にヨハン・ゴットフリート・フォン・ヘルダーとともに生まれて、多様性と特殊性にたいするロマン主義の魅力とともに大きく育ったわけだが、しかしまた、その傾向がそれまでとはまったく異なるペイガニズムを引き出した。そして、そのペイガニズムがあったから、啓蒙期末期において古典期のテクスト、人文科学のテクストを実際に読む傾向が減少したなかでも、民衆文化を評価する傾向は生き残った。[16] 新古典主義のギリシア思想に代わる、通俗な選択肢とでも言えるものによって、いわゆる「原始的な」文化がもつ平易さ、活力、由緒正しさのなかにほめるべきものがたくさんあることがわかってきた。ケルト、ゲルマン、バルト諸国、スラブ、マジャールの神話、儀礼、聖地が再発見され、さまざまな近代的共同体のもつ国民意識の発展のうちに取り入れられた。わかりやすい例を挙げるなら、一八世紀のイギリスでドルイド教*が盛んに研究され、宗教としてそれが復興されもした。その目的はいろいろだったが、やや気まぐれ的なものとはいえ、便利に使える文化伝統を発明することが目的だった場合も多かった。[17] フランスでは、「われらが先祖ガリア人」を積極的に再評価する作業が、革命の動きによって生まれた貴族階級に不信をつきつける作業と足並みそろえて進められた。そして、ガリア人は、フランク人として知られている一応は外国人とされていた異教徒たちと同じ人たちと考えられることになった。[18]

以上に述べたのと同じような、古典期のペイガニズムそのものを通俗的なレベルで再評価する動きが一八世紀中葉には始まっていた。火山の噴火で埋まったヘルクラネウムやポンペイといったローマの古代都市が発掘されたのがきっかけとなっての動きだった。[19] ホメロスの「原始的な」詩にたいする新しい評価が、ホメロスの叙事詩に出てくるいろいろな場所にたいする関心とつながる形で進められた。[20] それらの遺跡の魅力が存分に引き出されるにはロマン主義の時代を待つしかなかったとはいえ、時間を越えた美しさの至高の実例にとどまらない古代の文物をそれらの遺跡が引き出したのはまちがいない。それにまた、それらの遺跡は、日々の生活のごくありふれた部分部分をふくむ生活の全領域を教えてくれもした。一八七三年にトロイ、一八七四年にミュケナイの遺跡を発見したハインリヒ・シュリーマンによる考古学上の発見、アーサー・エヴァンズが一九〇〇年以降にクレタ島の伝説的なミノスの遺跡を発掘したことによって、「高貴な単純性と穏やかな偉大さ」というヴィンケルマンの理想的な美学のもとに、人類初期の「古代の《アーカイック》」時代を発見したいと熱望していた人びとの想像力がさらにかきたてられた。ちなみに、想像力をかきたてられたひとりに、ジグムント・フロイトがいた。[21] 一九世紀末期になると、ジェーン・エレン・ハリソン、フランシス・コーンフォードが主導した人類学のいわゆるケンブリッジ学派が、原始宗教の秘教的な信仰における古典期ギリシアの基層の部分を明らかにしようとした。

その興奮に、異教の官能性による肉体的歓喜にたいする素直な称賛がともなうことがしばしばあった。それは純朴な無垢性のモデルと理解されることもあり、熟しすぎて腐敗に向かう徴候と理解されることもあった。(ネオ－ペイガンと呼ばれた) ラファエル前派やウォルター・ペーターからイギリスのオスカー・ワイルドやエドワード・カーペンターまでに、ますます平俗化する形で存在したその熱意は、フランスのデカダンス派やオーストリアの耽美派のなかにもはっきりと認められた。とくに、男性同性愛の実践に高い価値を認めようとする試みがあって、これはギリシアの生活において同性愛が名誉ある役割を担っていたことをはっきりと模倣したものだった。それにまた、古代ギリシアへの評価は、父権文明によって無情に抑圧される前の温和であったと言われる母権文明を称賛することにつながった。ヨハン・ヤコプ・バッハオーフェン、オットー・グロス、そしてかれらの弟子筋の人たちがそう述べている(22)。

いわば、異教的キリスト教の時代に局部にあてられていたイチジクの葉っぱをひきはがしつつ、ギリシア文化のまずまず等身大であるイメージが前面に出てきたのは、実際、全ヨーロッパ的現象だった。たとえばドイツで、視覚芸術においてそのイメージが出てきたのは、大理石の冷たさをもった新古典主義芸術の寒々しいイメージにはなかった生き生きした色彩を取り戻そうとする運動に由来した。その運動は、すぐれた建築家ゴットフリート・ゼンパーが一八二〇年代、一八三〇年代に主導したものである(23)。文学でも、同じ衝動がハインリヒ・ハイネのむきだしの詩「ギリシアの神々」にしばしば見てとられていた。その詩は、ゲーテの格調の高すぎるギリシア精神へのハイネの幻滅を刻印しており、ニーチェの『悲劇の誕生』を先取りしていた。『悲劇の誕生』は、ギリシア悲劇におけるアポロン的衝動とディオニュソス的衝動との統合が反映された神話的共同体を称賛している。その共同体の回帰がワーグナーの歌劇に予兆されている、とニーチェは見ていた。ワーグナーの仕事への信頼をなくしたとき、ニーチェはギリシア精神への称賛も捨てたのだが、第一次大戦以前にギリシア精神を実現する試みは、アウグストとエルンストのホルネッファー兄弟のような攻撃的な反キリスト教的時評家たちによってなされた。かれらは、英雄的なナショナリズムの価値観に基づく公然たる「異教の生活方向」をよしとした(24)。

ギリシア精神の復興が、一世代ののちにナチスがゲルマンの疑似宗教をそれとなく取り込んだことにたいしてなんらかの影響をあたえたかどうか、それはいまも決着のつかない論点になっている(25)。しかしはっきりしているのは、ルートヴィヒ・クラーゲスやアルフレト・シューラーのようなワイマール期の人たちが公言して取り入れたペイガニズムが、当然容易に反キリスト教に姿を変えただけでなく、見た目にもわかる反ユダヤ主義の情緒に転じる可能性もあったということである。その反ユダヤ主義の情緒は、卑しい気持ちからユダヤ教を「魂なき《ソウルレス》」父権的知性に結びつけ、自然からの離反に結びつけることによって醸し出されることになった。反ユダヤ主義の土壌は一九世紀の古典主義者たちによってすでに用意されていた。マーティン・バーナルの刺激的な議論を信用するなら、それらの古典主義者たちは古代からかれらの同時代までつながる「アーリア人の」一本の糸を見つけようと努め、結果としてギリシア文明のアフリカ出自説を封じこめた(26)。実際、ヴェルナー・イェーガー*のようなたいへん聡明なギリシア精神賛美者たちですら、異教のギリシアへの自分の愛好を、第三帝国をそれとなく弁護する視点に向けることがありえた(27)。

ここまで述べてきた挿話をどう解釈しようとも、まちがいなくはっきりしていることは、一九世紀の末、二〇世紀初頭には、「ペイガン〔異教〕」という言葉は、そのほかのさほど不吉ではないさまざまな文脈においても、積極的な評価のために広く利用できるものになっていたということである。たとえばイギリスでは、トーマス・ハーディ、D・H・ロレンスといった小説家たちが、時代の生活の荒涼とした鬱屈を軽減するために、ペイガンの力を利用した。一九〇八年、ケンブリッジ大学の、自然を称え友情を称賛する反ヴィクトリア朝人を標榜してルパート・ブルック〔イギリスの詩人（一八八七—一九一五年）。ケンブリッジ大学在学中に学生運動の中心人物として活躍した〕のもとに集まった学生集団は、意識して自分たちを「新しいペイガン」と呼ぶことができた。もういちど神聖なものになった森に住みたいという自分たちの願いを表明するために、学生たちは自分を「新しいペイガン」と呼んだのだ。(28) 第一次大戦は、愛国的意図をもった雄々しい武勇をめぐるホメロス的イメージを奔放に発揮することに水を差し、古典研究の衰退に拍車をかけたのだが、(29) 古典研究の伝統の別の側面がいくつか残っていて、それらがのちの復興を用意することになった。楽観的で生気あるペイガニズム、悲観的で混沌としたペイガニズムのどちらであれ——「デカダンス」の想像力は、爽快な腐食、怠惰な腐食の両方における異教世界の生気のないイメージにあおられた場合がたびたびだった——、ともかくペイガニズムは、著しい持久力を保ちながら確固たる意味はなにひとつもたない、とくに浮遊するように漂うシニフィアンとして姿をあらわしていた。

現在では周知のように、自然を尊びテクノロジーに反対する広範囲にわたるさまざまなグループがペイガニズムを取り入れている。それらのグループにある「ニューエイジ」*の精神性には、まことさまざまな信念、習慣、儀礼が雑多に入り交じっている。以前のペイガニズムの復興に見られた雄々しい男性中心の解釈を拒否しているそれらのグループは、はっきりとフェミニズム的な色合いを帯びている場合が多い。バッハオーフェンやグロスの時代にそうであったように、イシス、アルテミス、アシュタルテといった女神が異教の神殿の中心に置かれている。大地に密着している女神が、ユダヤ教やキリスト教のような典型的に父権的な宗教の超越的な動きを差し止めるものとしてほめたたえられているのだ。「ニューエイジ」への帰依者たちの信念の中身をうんぬんするのはむずかしいが、その人たちの多くは、異教からその宗教性を奪って世俗化する動きを逆転させる決意をしているように見える。世俗化したからこそ、ルネサンスと新古典主義ヨーロッパにおいて異教は美学の形式としてのみ生き残って、その代わりに世界に改めて魔法をかけたいと願うことができたわけである。近代初頭の魔術と古代の魔術の実践とのつながりの根拠は実際にはかなりあいまいなのだが、それにしても、ペイガニズムの悪魔的なものについても、現在も信じる人たちがいる。少なくとも現在、大衆ジャーナリズムが悪魔主義《サタニズム》を喧伝していることから、それがうかがい知れるだろう。広い議論を呼んだ『性のペルソナ』の著者カミール・パーリアが例となるような、性と暴力を押し出して利益収入をはかるポップカルチャーを世俗において礼賛する人たちもまた、「西洋文化に潜在しているペイガニズムが、そのダイモーン的活力を全開にして、いきなり再びあらわれてきた」(30)というような主張を声高にしている。

ペイガニズムをめぐる構図がいっそう入り組んでくる事情として、ペイガニズムという言葉が、ギリシア文化という高貴な概念に頑固にしがみついている人たちから見て、いまもオーラをなくしていない、という事情がある。たとえば、イギリス右派の倫理学者ジョン・ケーシーが最近ペイガニズムを取り上げているのだが、そのさい、美学や宗教のペイガニズムだけでなく、倫理の面でのペイガニズムに注目している。ケーシーは、キリスト教やカント流の自己卑下、自制、公平などの現世否定的である徳目を退けて、自尊心、勇気、度量、寛大さ、名誉、実践的知恵といった現世肯定的な徳目を擁護している。(31)倫理の面でのペイガニズムというものは、現代の、水平均等化する平等主義にさからう武器になる。バーナード・ウィリアムズの言う「道徳的幸運」(32)のいろいろな実例としての、運によってあたえられるさまざまな特権、それを受け入れることを肯定することが、平等主義にさからうその武器である。オード・マルクヴァルドのようなドイツ右派の解釈学者たちもやはり、異教のなかに多神崇拝や「多神話《ポリミス》」を見て取っている。少なくとも、歴史や物語という、多神崇拝・「多神話」が脱魔術化した形のもののなかに、すなわち、「正統《オーソ》的論理《ロジカル》の単一＝ロゴスとしての哲学」(33)に代わるもののなかに、多神崇拝や「多神話」を見て取っているのである。この場合の「正統的論理の単一＝ロゴスとしての哲学」というのは、ハーバーマスの批判理論を略式に表現したものである。そして、ジャック・マルローのようなフランスのラディカル右派たちは、アンリ・ド・モンテルラン、ジャン・コー、ルイ・ポウェル、ピエール・グリパリ、そのほかの人たちにおける神話擁護を跡づけることによって、アラン・ド・ブノアや「新右翼」のために異教の系図をでっちあげようとした。(34)こうした倫理の面でのペイガニズムにさからうのが、プラトン的政治学のもついろいろな独裁的含意に徹底的に反対するものとして、ペリクレス的*アテナイの民主的ポリスを頑固に呼び起こす作業である。その作業はハンナ・アーレントとその支持者たちによってまこと果敢に行なわれたと言ってもいいだろう。

ここまでを序章としたところで、議論のかまびすしいペイガニズムという用語の歴史を取り囲んできた明示的意味と暗示的意味の渦巻を抑えつけて、その用語をたったひとつのお定まりの意味に限定しようとすることからはほとんど得るものがないように思われる。本音としてわたしが認めたいのは、その用語のある意味を別の意味よりも大切にしようとすることからはなんの利益も生まれないということである。というのは、その用語が多義的であることによるあいまいさをもっている点が、かえってその用語を意味論的資源としてたいへん強力なものにしたからである。しかしながら、やってみる価値のあること、それは、ペイガニズムの最近のたいへんすぐれたふたりの擁護者によって提起された、その用語の使い方を公平に比較してみることだろう。そのふたりは、あまりに聡明すぎるので世界の再魔術化を願うことができないし、したがって、その用語をしばしば取り囲んでいる「ニューエイジ」の狂信〔Schwärmerei〕をうまく避けることができるふたりである。ピーター・ゲイのモダンのペイガニズムをジャン＝フランソワ・リオタールのポストモダンのペイガニズムと比較することによって、少なくともペイガニズムという用語の教訓の一部が、いまもわたしたちに何かを教えてくれると考えることができるだろう。キリスト教紀元の二つ目の一千年期が幕を降ろそうとしているいま、わたしたちはそう考えることができる。

＊

カール・ベッカーによってたいへん精力的になされた、[35] 啓蒙主義を中世キリスト教思想の世俗版と見なす試みに反対の立場で書いているピーター・ゲイは、一九六六年の有名な著作（『啓蒙思想――一解釈』）の第一巻に「近代ペイガニズムの台頭」の書名をつけた。ハイネによる「ユダヤ人」と「ギリシア人」との区別にはっきりと依拠しつつ、ゲイは「人間性という党派」をまっこうから「ギリシア人」の側に置こうとした。啓蒙主義の大物たち――モンテスキュー、フォントネル、ギボン、レッシング、ルソー、ディドロ、ヴィンケルマン――は全員が基本的に古典的世界にとらわれていて、それぞれの英雄たちをかれら自身の活発な異教的同一性にたんに結びつける以上のことをやった。ゲイは、「哲学者たちはたんに古代のものを引用したにとどまらず、古代のものを受け止めて、それを経験したのだ」と述べた。[36] 古代人たちと近代人たちの闘いは双方が勝者になる形に展開した。

とはいえ、啓蒙主義のペイガニズムははっきりと「地中海のペイガニズム」だったのであり、そのペイガニズムは「ゲルマンのペイガニズム」といっしょくたにされるべきものではなかった。ゲイが「ローマカトリックの、原始ギリシアの、民衆的ドイツの観念の不思議な混合物」と述べた「ゲルマンのペイガニズム」とは別物だったのだ。それにまた、啓蒙主義のペイガニズムは官能的なレトリックをしばしば引き合いに出しているけれども、だからといってそれらのペイガニズムがことさら放恣であったと考えるべきではない。「放恣を説くそれらの人びとは放縦というにはほど遠く、自分の生き方に厳格であったから、かれらの意思表明は民衆を納得させたことだろう」とゲイは述べている。かれらのペイガニズムはなによりも先に、神話・迷信を排して、古代を特徴づけていた理性にゆっくりと置き換えることの延長にほかならなかった（あえて言えば、ヴィーコはゲイの記述の視野から完全にはずれていた）。それらの哲学者たちが古代人たちを崇拝したのは、主として「古代人たちのリアリズムの部分、あいまいなものや神秘なものへのかれらのいらだち」があったからだ、とゲイは述べている。[37]

たしかに、かれらは明らかに「モダンの」異教徒だった。そのことをゲイに言わせれば、かれらは、ペダンティックな古代研究のための古代研究を鼻であしらい、ディドロの言う「古代マニアの見せ物」[38]を捨ててさった、ということになる。進歩という理念は慎重に支持しつつ、郷愁には抵抗するが、しかし素朴な意味で空想家なのではないそれらの哲学者たちは、ギリシアやローマに生まれた「最初の啓蒙主義」を乗り越えて進んだ。反プラトンの立場であったそれらの哲学者たちは、かれらの前の世紀に盛んであった推論的合理主義をふくむいっさいの形而上学を、宗教と妥協したものであるとして退けた。その代わりにかれらの主要関心になったのが認識論と心理学だった。だからこそかれらは、偽りの慰めを人間が必要としていることの根本的な原因を徹底的に探ることになった。[39]『啓蒙思想』第二巻でゲイが次のように述べている。「異教徒たちを近代化し、かれらに未来への希望をあたえたもの、それは、かれらが科学を利用することで、かれら自身の時代が、すなわち第二の批判時代が第一の時代に優越することを確定させ、自身の古典主義を左右することができ、もって自分たちの祖先への敬意をほどほどの範囲内にとどめえたことである」。[40]

統合的システム構築ではなく、分析的批評の時代として一八世紀を擁護したエルンスト・カッシーラーの有名な立場[41]を支持しながらも、ゲイは、カッシーラーの大恩人たるカントではなくデイヴィッド・ヒューム[41]を、自分の記述の主要人物にしている。ゲイによれば、幼少期におけるスコットランド長老教会のしつけの足かせからうまく逃れた、より戦闘的な反宗教的ヒュームは、「完全にモダンである異教徒《ペイガン》」であった。「神が沈黙しているのだから、人間は自分の主人である。ゆえに人間は脱魔術化した世界に生き、いっさいのことを批評にゆだね、もって自身の道を進むしかない、とすっきりと考える」異教徒だったのである。[42]

その観点からゲイが啓蒙思想を解釈したことの意味は、ペイガニズムが自分の汚名を洗い落とした上記の二つの方法のうちの二つ目の方法を採用することをかれがはっきりと選んだということである。すなわち、元のヒエラルキーを逆転させることによって、宗教上の敵対者たちの上に自分が立つ、という二つ目の方法である。古典的遺産の「伝動ベルト[43]」として実際に機能してきたキリスト教の教えを軽んじるにおいて哲学者たちが行き過ぎていたことをゲイは認めていたけれども、そのゲイも哲学者たちのより広い観点、中世は異教世界における神話から理性への健全な進歩をはばんだという観点は是認した。ゲイから見て、キリスト教には純正な異教徒はほとんど残っていないだけでなく、ペイガニズムそのものも、本来もっていた宗教的実質を失っていた。モンテスキューやヒュームが述べたように、古代の多神教は、それが差異の自由を促したという範囲において一神教よりも優位にあったかもしれないが、しかし多神教の内実それ自体は無価値のものだった。

当然のことながら、ペイガニズムとキリスト教との境界をしっかりと維持させようとするゲイの試みには懐疑論が待ち受けていた。ペーター・ハンス・ライルのような、とくにドイツの啓蒙思想〔Aufklärung〕を研究している人たちは、少なくとも異教を支持する人たちは、自分自身が異教徒と呼ばれているのに気づいてショックを受けたろうし、ルネサンスに由来する古典的学識モデルを知識偏重で道徳的熱情に欠けたものとして拒絶したことだろう、と述べている。[44] ハンス・コーンが代表になるような、啓蒙思想にたいするとくにイギリスの貢献を擁護する人たちは、啓蒙思想の土台が用意されるにおいて、ジョン・ミルトンなどの宗教面での反対者たちが存在した意味の大きいことを指摘している。[45] アモス・フンケンスタインを例とする中世・近代初期文化を研究する歴史家たちは、ゲイがベッカーとの議論に勝ったことは認めたものの、しかし、「啓蒙思想はキリスト教から、その黙示録的期待をではなく、その社交的でペダンティックな衝動を受け継いだ。……啓蒙思想はキリスト教からその伝道者的熱意を受け継いだのであって、古典古代の異教から受け継いだのではないのであって、というのも異教は伝道者的熱意をもっていなかったからだ」と述べている。[46] フンケンスタインによれば、フリーメーソン〔秘密結社〕と伝統的教会とのさまざまな類似性もまた、啓蒙思想が、その思想自身の対抗儀礼や対抗秘跡をもった教会の代用物に依拠していることを教えている。[47] そして、以上とはまるで異なる視点、すなわち現代の異教の不道徳家を自称する視点から、カミール・パーリアがゲイを批判している。ペイガニズムをアポロン的側面に還元してしまう結果、侵犯性の高いディオニュソス的側面を見失っているとしてゲイをなじっているのだ。彼女パーリアはニーチェにならって、そのディオニュソス的側面を、文化を改めて魔術化するために復興すべしと主張しているわけである。[48]

そうした不平不満が正当なものかどうかはさておき、ゲイの議論の影響力自体は、わたしが取り上げるふたり目の人物ジャン゠フランソワ・リオタールについて考える場合、無視できないだろう。というのも、異教の伝統をめぐるリオタールのポストモダン的使い方と、断固たるモダニストのゲイによる異教伝統の使い方とのあいだに驚くほどの一致点が見えてくるからである。なるほど、その二つのあいだにいろいろな相違点があるのはまちがいない。なんといっても、アポロン的穏健さなり科学的精神を称えるといったかどでリオタールを非難する人はいないだろう。それに、自分の考えを提示するのに最適の手段として洗練されて明晰な文体を選ぶゲイの嗜好[49]を、リオタールはもっていない。欲望の「リビドー的政治性」を正当化すべくリオタールが用いるフロイトは、ゲイの考える、論議を呼ぶリベラルなヒューマニストのフロイトよりも侵犯性が高いように見える。[50]それに、リオタールの概念としてとくに重要な「崇高なもの」は、ゲイの一八世紀についての考察では周辺的な役割しかもっていない点も、ふたりのあいだの目につく相違点であろう。[51]しかし、ちょっと予想できない部分で、リオタールの「ペイガニズムの教訓」が、ゲイの啓蒙思想研究で考察されている教訓を強化するものになっている。

まず押さえておくべきは、リオタールが異教という概念を持ち出すのは、雑誌『社会主義か野蛮か』の同人時代〔一九四八年から一〇年間〕の現象学的マルクス主義から「漂流して」離れた結果としてである点。[52]リオタールはフランスによるアルジェリア支配をあけすけに批判し、一九六八年の「事件」〔学生の五月闘争〕を支持していたのだが、[53]一九七〇年代になると、かれはその抵抗の政治学を一気に新しい調性に転調させることになった。一九七七年、過去数年に書いた論文を『異教入門』という一本にまとめ、『異教指南』という書名の架空の対話者との小さな対話集を出した。その二年後、『正確に言えば』〔*Au Juste*〕(英訳では、それをもじった『ジャスト・ゲーミング』) というジャン゠ルー・テボーとの対談集が出た。[54]

それらの著作でリオタールは、マルクス主義の伝統のもつ救済をもたらすユートピア性に対抗する立場にあるような、異教の政治学・哲学を提出した。『社会主義か野蛮か』における労働者の自己管理への呼びかけのなかに、それがあったとリオタールはその時点で述べている。実際かれは、マルクスのであれカントのであれ、人間の絶対的自律性へのいかなる強い希望にも異議申し立てをした(55)。そのような壮大な希望は、絶対的救済への本質的に宗教的なものである願望が世俗化したものにほかならないのであって、そういう世俗化をこそ、ペイガニズムははっきりと拒否していた、とそこでリオタールは主張したのである。「わたしの言う『異教《ペイガン》』とは無神《ゴッドレス》である」とリオタールは明確に述べている(56)。ピーター・ゲイのペイガニズムもそうだが、リオタールのそれも意図的に信仰心を欠如させていた。「オリュンポスの峰々も神殿もなし、分別、畏れ、恩寵もなければ、恩義も絶望もなし」というのがリオタールのペイガニズムだった(57)。かりにかれのペイガニズムが古典的多神教からなんらかの霊感を得たのであっても、そのペイガニズムは、潜在的に全体主義的である一神論にともなってあらわれたあの単数の大きな物語《マスター・ナラティヴ》＊を否定するはずのものだった(58)（数年後、リオタールの有名なポストモダニズムの記述において大きな影響力をともなって繰り返されることになる議論）。ひるがえって、かれのペイガニズムはたくさんの小さな物語《ローカル・ナラティヴ》に賛成した。それら小さな物語の語り手たち、誤りも犯しうるそれらの語り手たちは、自分が全知でないことを知っているのである。

　ペイガニズムは救済の希望はもっていないが、正当性《ジャスティス》の可能性を否定するのがペイガニズムなのではない。場面場面で機能するのが正当性であり、固定したルールとかア・プリオリな原理に従わずに判断してゆくのが正当性なのである。リオタールが述べている。「わたしがペイガニズムについて語るとき、わたしは概念を使っていない。ペイガニズムはひとつの名前である。それ以上でも以下でもない。人がそこでどんな基準ももたずに判断する状況を名づける名前なのだ(59)」。ヒューマニズムという汚れを避けようと腐心しつつも(60)、ゲイの懐疑的な「人間性という党派」の精神をたっぷりもっているリオタールは、道徳的・政治的リアリズムを支持しつつ、一七世紀の思弁的合理主義もプラトン的観念論の確実性も拒否した(61)。かりにリオタールの立場がカントとなんらかの関係があるにしても、それは『判断力批判』のカント、すなわち「概念や道徳法則のカントではなく、想像力のカント、悟性や法則という病から快復し芸術・自然のペイガニズムに宗旨変えしたカント」だけに関係をもつにとどまったのである。(62)

ペイガニズムがオリュンポスの超越の領域から自然の世界に回帰することを意味するのであるにしても、だからといってそれは、ペイガニズムについて考える批評家の多くがこれこれの意味だと考えた意味とはちがっていた。すなわち、世界を内在するひとつの全体性として多神論的に崇拝することがペイガニズムだとした批評家たちの考えとはちがうのである。(63)世界の外には、特権的である有利な立場、全体を見通す単一の神の目、メタレベルとかメタ物語、というものはないのだが、自己充足している神の内在という言葉もまた、完全なる存在をめぐる誤った錯覚であった。リオタールによれば、「パグス pagus」という言葉は村なり「家郷《ホーム》」(ここでリオタールはまことに広い意味をもっているドイツ語「ハイム Heim」を使っている)の反対語である。(64)「パグス」は境界の土地という意味である。ある種の追放状態にある人びとのあいだで際限なく交渉が重ねられる土地、抜け穴の多い境界、が「パグス」だ。それらの抜け穴を通ってさまざまな強度のものが衝突しながら、解決策は決してないわけである。リオタールが書いている。「わたしが考えているペイガニズムは通常そう思われている古代の諸宗教というペイガニズムではありえないし、ディオニュソス的なそれですらない。むしろ、わたしの言うペイガニズムは、いろいろな想像力に向けて、またいわゆる混沌として無用であり危険にして奇異である個々の企図に向けて、いろいろな本能に向けて開かれている諸領域の社会的集合体が——社会的集合体の表面において——浸透するなかに存在している」。(65)

かくて、ペイガニズムはフランス革命の脱キリスト教化との激しい緊張関係に入った。そして、その脱キリスト教化は、権威失墜した教会があった場所に、ひとつの統合した〈理性〉にたいする別の排他的な崇拝を喚起した。フランス革命におけるローマに似た共和主義——「恐怖時代*」を招来した男性的英雄的な美徳の新古典主義——はリオタールが支持するペイガニズムではなかった。リオタールのペイガニズムとは、ルソー的厳格さ、権威主義に抑圧された女性たちのパロディとしての笑いと、転倒的演劇性の謂だった。「存在するいろいろな権力（第一にジャコバン党員たちの権力）が撲滅しようとする、野性的で夜行性で『鎖につながれていない』女」のそれが、リオタールのペイガニズムなのである[66]。

　リオタールは一九七〇年代のかれの著作の中心概念であった無統制なリビドー政治学を結局は疑問視することになり、それとともに、完全に崇高さをなくしたペイガニズムを、それ自体ロマン主義的な熱狂であるとして疑問視することになった。しかし、一九八三年に初版が出た『文の抗争』ではリオタールはまだ、異種混淆の言説ジャンル間の境界である「パグス」と、内面的な合意と自己同一性の地域である「ハイム」とを積極的に対立させて考えている。「民衆《フォルク》は故郷《ハイム》に閉じこもり、名前につながる物語を通じて、すなわち、出来事の前で、出来事から生じる抗争の前で、衰えてゆく物語を通じて、自己確認をする。ジョイス、シェーンベルク、セザンヌ、すなわち、言説のいろいろなジャンル間で抗争する文たち〔pagini〕[67]。

　しかしながら、パグスというメタファーをリビドー的コンテクストから言説的なコンテクストに転換させるなかで、リオタールはかれの思考のなかに新しい要素を導入し始める。ペイガニズム、とくにディオニュソス的雰囲気でのペイガニズムにたいするリオタールの同一化を相対化させた要素を導入するのだ。ユダヤ主義がペイガニズムを補完する。それを補完することで、カントの伝統によって例証される、近代的主体のあの絶対的自律・支配に、ユダヤ主義が対立することになる、とリオタールは『ジャスト・ゲーミング』で述べている[68]。ユダヤ主義とペイガニズムの両方が、ヒューマニズムの傲慢と自己主張を極めたひとつのキリスト教的文明から見て、抑圧され棄却された「他者《アブジェクト》」になっている。ギリシア人たちの場合、「かれらの神々は、キリスト教の〈神〉が言葉の支配者であるという意味では、言葉の支配者ではない。すなわち、かれらの神々の言葉は、キリスト教の〈神〉の言葉が遂行文であるのとは違って遂行文ではない。かれらの神々の言葉は世界を創造しない。……それらの神々は、かれらが最初の語り手の立場にいるときであってすら、かれらが語っている事柄を語っている物語において、自分が語られる立場に自分を置いている[69]」。

ユダヤの〈神〉も普通には単一の創造主と考えられているが[70]、リオタールはエマニュエル・レヴィナスにならって、創造された世界を存在論的に記述することを重視せず、ユダヤ主義における、「他者」に従うという倫理的義務の重要性を強調した。規範的な言語ゲームと、異教の多神論の言語版である記述的な言語ゲームとのあいだには、基本的な通約不可能性《インコメンシュラビリティ》——リオタールの用語では、「抗争《ディファレンド》」——があったとリオタールは言う。規範的な言語ゲームでは、焦点は義務の受け手になる。つまり、現実に義務を遂行する人ではなく、他者の倫理的義務を受けざるをえない「人質」になっている主体に焦点があてられる。義務を命じるのが〈神〉なのか普通の人間存在という有限の他者なのかは重要ではない。重要なのは、義務を果たすべき人が準他律的にして一方的に相手に依存している点である。ちなみに、その場合の義務遂行の要請は、概念的正当化の形ではなく、命令の形でやってくる。

レヴィナスの思想をリオタールは入り組んだ形で取り入れているのだが[71]、ここでは、そこのところにはわたしはふみこまない。リオタールがレヴィナスを取り入れたからといって、新しい宗教的信心なり、宗教の理念と異教の理念との継ぎ目のない混合物なりによって、ペイガニズムが置き換えられるわけではない、ということを言っておけばここでは十分だろう。レヴィナスを取り入れたことによって、自身がハイデガーに見届けたキリスト教とペイガニズムとの混合物から、リオタールは一定の距離を取ることができた。[72] ちなみに、ハイデガーのナチス関与にかんするフランスにおけるスキャンダルの余波という文脈で、リオタールはハイデガーの反ユダヤ主義をつぶさに考察している。『ハイデガーと「ユダヤ人」』という一九八八年に出た本で、リオタールは次のように述べている。「ハイデガーの神はまさに異教－キリスト教の神である。パンと葡萄酒と大地と血の神。その神は、聖書という読んでもつまらない本の神ではない。聖書の神は敬意を強要するばかりで、弁証法の古くからの根幹である、犠牲の止揚を通じた（善悪にたいする）敬意や無礼からの解放を許さないのだが、ハイデガーの神はその神ではない」[73]。こうして、リオタールから見て、ペイガニズムもそうなのだが、ユダヤ主義も家郷《ホーム》に帰れという命令にたいする抵抗のようなものになってくる。そしてその抵抗の内実は、いわゆる原初の統一性の前に生じ、他者性・差異が現実に止揚されたのちも存続するであろう放浪・離散についての無気味な（unheimlich）記憶である。

「異教－キリスト教」という概念に出くわせばピーター・ゲイのことが思い合わされる。ゲイの啓蒙思想をめぐる記述は、古典的過去をキリスト教の信仰と統合しようとしたルネサンスの試みを否認するのが啓蒙主義なりという部分を強調していたことが思い起こされるだろう。異教の遺産についてのゲイとリオタールの不敬とも見える扱い方には、ほかにもびっくりするような類似性がいくつかある。ふたりとも、近代の離散的疎外の状況に陥る以前の文化的全体性の世界と見なされている世界へのノスタルジーに頑固にさからう反ナショナリストである。また、ふたりとも、異教の遺産については厳格に脱魔術化した解釈をすべしと考えている。異教の遺産をふたりは、啓示宗教およびその世俗化したものと対立させるところに置いた。啓示宗教の世俗化したものとは、たとえば〈理性〉信仰であり〈人間〉《ピープル》信仰である。ふたりとも、温和な自然との完全な和解というロマン主義的な観念には強い違和感をもっている。〈ニューエイジ〉

の女神崇拝のペイガニズム理解をあおっているのがそうしたロマン主義的な観念の一例である。ふたりとも、存在することの矛盾を弁証法的に止揚することを批判している。神話的和解の作品をつくる止揚、観念論的止揚であれ、唯物論的止揚であれ、それを批判するのだ。そしてふたりとも道徳的現実主義者である。完全なる正義とか、もろもろの種の完全性を素朴に信じるユートピア的な考え方にふたりは抵抗するのである(74)。

「モダニティとは異教である、とわたしは考えている」(75)。リオタールは一九七八年にそう書いている。ゲイによる啓蒙思想についての論述をそのまま繰り返しているような書きぶりである。ただし、リオタールはゲイのことにはふれていない。その考えをリオタールは一年後に修正して、大半の部分で異教と重なるモダニティは「ポストモダン」と呼ぶのが最善であるが、というのも、そのモダニティは「人間《ピープル》」という集合名詞的な問題含みの概念を捨てて、その概念の統制的理念を失ったからである、と述べている。ただし、ポストモダニティはモダニティの終焉後の時期を示すための時期区分概念であることを、リオタールはきっぱりと否定している。つまりリオタールが言うのは、ポストモダニティは、モダニティの時期それ自体のなかに断続的にあらわれてくる衝動だということである。こう言ってもいいかもしれない。ポストモダンのモダンは、背後においてきたとそのモダンが思っていたもの、すなわち過去の異教が無気味《ウンハイムリッヒ》に回帰してくることにとりつかれている——正確に言えば、恵み深くとりつかれている——、と。その考え方は、ゲイによる総体としての啓蒙思想という読み方とそれほどちがってはいない。

たしかに、リオタールは啓蒙思想という普遍主義をしばしば痛烈に批判し、啓蒙思想の進歩についてのこざかしいメタ物語を激しく非難し、知識人でございという顔でものごとを全体化してしまう知識人たちを攻撃している(76)。結果としてリオタールは、現代の議論において、ポストモダン反啓蒙主義の闘士として、ユルゲン・ハーバーマスに敵対させられる立場にお決まりのように置かれることになる。[77] しかし、たとえばカール・ベッカーのような人の眼鏡ではなくピーター・ゲイの眼鏡で、哲学者たちをながめるなら、リオタールという標的がそれらの非難を受けてしかるべきだとは、もはや軽々には言えないだろう。というのも、リオタールを初めとする多くのポストモダニズムの思想家が攻撃している啓蒙思想は、世俗化した天上の都市の性格よりは、神を神と思わぬ異教の境界地域の性格によほど近いからである。確実な事柄より批評が幅をきかせ、言語ゲームどうしの境界が風穴だらけになることにさからっている、そんな異教の境界地域の性格に、である。[78]

その議論をひっくり返してみても、通約不可能な小さな語りや、言語ゲームが複数あることをリオタールが強調するにもかかわらず、かれが啓蒙思想のもつコスモポリタンな衝動を完全に脱しているかどうかはかならずしも明らかではない。ちなみに、ゲイはこの衝動を素直に称えているわけだ。声なき犠牲者たちの名にかけて語る行為から自分を引き離しつつ、リオタールは知識人たちのための墓碑銘をしばしば書いてきたのだが、とはいっても、教訓を垂れ処方箋を書きたがるリオタールの性癖——たとえ半分だけの本心からであっても、「子どもたちに」ポストモダニズムを語る性癖[79]——は、うさんくさく思われるほどおなじみになっているように見える。[80] リオタールに共感を寄せているふたりの批評家の言った「啓蒙思想という研究課題から自分を完全に引き離すことへのリオタールのためらい[81]」は、政治の世界をふくむ、世界への介入としての哲学を「演じ《パフォーム》」たいというかれの願いにはっきりあらわれている。

まとめれば、ピーター・ゲイ、ジャン＝フランソワ・リオタールという神をも畏れぬふたりの異教徒の思いがけない類似性をわたしたちがかりに認めるなら、現代の言説において広い範囲で常識となっていると思われるモダンとポストモダンとの通常の対立関係を無条件に受け入れるのはむずかしいことになってくる。というのも、世俗化を逆転させ、世界を改めて魔術化し、ロゴスの上にミュトスをもってくることに努めてきたペイガニズムはいくつもあったとはいえ、そうしたペイガニズムは、わたしが論じてきたペイガニズムとはまるで種類が異なるものであったからだ。そのことからわかるのは、最も偶像破壊的で批判的な衝動でさえも、抑圧されたものが驚くほど粘り強く回帰してくる事態を認めざるをえないことである。

第17章 ガヴリロ・プリンツィプの手枷

　プラハからテレジン――世界に知られているドイツ名ではテレージエンシュタット――に向けて北西に向かう一時間ほどのバスの旅は、ボヘミアでもたいへん美しい田園地帯を通ってゆく。一九九四年四月の朝、バスターミナルに遅れて着いた小さな一行にわたしも加わっていたのだが、わたしたちはそこまで、車中ずっと立ったままでいることを余儀なくされた。この旅が楽しい遊山にはなるまいという思いがこみあげてきた。ターミナルの建物を出て隣にある広場に降りてゆくと、どんより曇って風の吹きすさぶ天候にうら淋しい不安感がさらにつのった。そういう場所を訪ねるなら、雲ひとつなく晴れていたって気が滅入るのだから、それも当然だった。バスから出てきた人たちが広場であちこちに散ると、かえって広場に空漠な感じが広がったのもうす気味の悪いことだった。広場の真ん中にある庭園には子どもが何人か遊んでいるだけ。その庭園をこれといって特徴のないいくつかの建物が取り囲んでいた。陰惨な過去を感じさせるものはなにひとつない建物だ。
　すぐにわかったのだが、昔は学校兼保育所だったそれらの建物のひとつは博物館のようなものになっていた。悲惨きわまりない時期のテレージエンシュタットの出来事を記念して永久展示する計画の一環としての建物である。チェコスロヴァキアの共産党上層部がすでに立ち去ってしまっていたそのころには、その悲惨な物語も、かれら上層部が押しつけた反ユダヤ主義の屈折（一九八〇年代中葉におけるイスラエルの政治状況への「抗議」としての、プラハのゲットーにあるユダヤ教会堂の壁に精魂こめて書かれたホロコースト犠牲者たちの名前を消し去るというつまらない行動によって、たぶんいちばん鮮明に表現される屈折）なしに語ることができるものになっていた。その博物館が語っている物語は、ショーケースに入った強制収容所という物語である。ショーケースの強制収容所という構想は、暗殺される直前にラインハルト・ハイドリヒ*が計画していたものだが、一九四二年六月から一九四五年五月まで、ひとつのモデル・ゲットーとしてほぼ全面的にユダヤ人抑留者たちにあたえられていたものだった。抑留ユダヤ人たちはそこで、おそらくほんの小さな不便を感じる程度で、命をつなぐことを許されていた。その施設は、とくに外国に名を知られたユダヤ人を収容する目的をもたせられていた。有名であるがゆえに、その存在が消えてはまずいという思惑から有名人が集められたわけだ。たいへん高名なひとりにベルリンのラビ長レオ・ベック*がいた。そこに収容されるほど「幸運な」人たちは第一次世界大戦で勲章をもらったユダヤ人退役軍人、あるいはユダヤ人傷痍軍人であり、また老齢であるか若すぎるかで労役につくことができないユダヤ人であった。

一九四三年末から一九四四年初頭にかけて、「ユダヤ人定住地」と名前を変えられたその収容所を「美化」するという皮肉な作業がなされた。世界の目をくらますための作業だった。まさに末代までの恥になったのだが、デンマークとスイスの代表団から成る赤十字が、ナチスのぺてんをぺてんと見抜くことができず——あるいは、ぺてんを表沙汰にしないことを選び——、一九四四年六月に、その収容所に承認をあたえた。実は査察が入る前に、囚人たちの移送が始まっていて、アウシュヴィッツおよびビルケナウ（アウシュヴィッツ第二収容所〕というはるかに劣悪な条件の収容所に送られていたのだ。ごまかしのひとつとして、楽しくやっているという文面の葉書を、親戚に出すように強要された人たちもいた。テレージエンシュタットを通過した一四万人のユダヤ人のうち、赤軍〔ソ連陸軍〕が一九四五年にそこを解放したときまで生き残ったのはわずか一万七〇〇〇人から二万九〇〇〇人――資料によって数字に幅がある――にすぎなかった。

その新しい博物館の一階に、テレージエンシュタットの収容者たちが描いた絵画がいっぱい展示されている部屋がいくつかあった。ほとんどが子どもたちが描いた絵である。それらの絵は、収容所が解体される前に隠されていて、まさに奇跡的に残されたのだった。バークレー校に二、三年前、海外展示でやってきたおりに、わたしはその一部を見ていたのだが、描かれた当の場所で見る圧倒的な印象にわたしは打ちのめされた。子どもの無垢な目に映った強制収容所の日々の生活から、耐えがたいほど悲しい印象の絵が生まれていた。とくに、子どもたちのまわりにいたおとなたちの顔ひとつひとつを保存しようとしている絵は痛ましいかぎりだ。二階に上がると、収容所のさまざまな資料が展示されていた。コンサート、フロアショー、演劇のプログラム、ヒトラーの称した「保護されたユダヤ人」たちが耐え忍んだ陰惨な歴史の写真やそのほかの複製物などである。「保護されたユダヤ人」というのは、実際の意図を隠すためにナチスが作成した、テレージエンシュタット収容所のプロパガンダ映画でシニカルに用いられた言葉である。

もちろん、わたしたちが個人としての基礎の上で、犠牲者のひとりとか数人に自分を重ねるときにこそ、群衆の惨事をめぐるいろいろな物語はわたしたちを痛切につき動かす、というのはよく言われることである。わたしが自分を重ねる相手は、人生の選択、友人の選択を通じて自己定義をする敷居に立っている、そういう人生の段階にいるひとりの若者である場合がしばしばである。あの時代の意味と情念についての高ぶった感覚を覚えながら、わたしはあの時代の気配と不安定さをなんとなしに思い出し、だから、その時代が突然終焉を迎えたことに、ことさらな動揺を覚えてしまうのもやむをえないだろう。わたしの言い方に合致する人でテレージエンシュタットの犠牲者と言えば、ペトル・キーンという名前の戯曲家・詩人・画家である。かれの確信に満ちた素直そうな顔が、展示されている個人写真の一枚に映っていた。卒業式写真あるいは広告写真のような感じの写真だった。その隣にある箱のなかに、キーンの作成になるびっくりするほどみごとなラビの人形が入っている。あやつり人形芝居の古い伝統がチェコにはあるわけだが、そのあやつり人形が入っていたのだ。キーンの戯曲家としての才能がどれほどのものであったか、かれの作品が時代の波にどれほど耐えられるものであったか、それはわたしにはまるでわからない。ただ、人形をつくる腕前は抜群で、それだけでもかれの将来は嘱望されてしかるべきだったろう。

博物館を出て、わたしたち少数の一行は町の中心から一五分ほど歩き、テレージエンシュタットの物騒な部分に着いた。通称「小さな要塞《スモール・フォートレス》」である。ハプスブルク帝国の北の防衛の境界線として——テレージエンシュタットという地名は、皇帝ヨーゼフ二世が自分の母マリア・テレジアの名前からつけたものだ——エーガー川とエルベ川の合流部分に一八世紀末に初めて建てられたその要塞は、兵舎と小さな部屋からできていて、あのホロコースト*のさいに、ナチスの恐怖政治の犠牲者たちを収容するためだけでなく、町の中心で生活の慰安になかなか順応できないユダヤ人たちを処罰するためにも使われていた。第二次大戦のあいだに、テレージエンシュタットの「小さな要塞」でおよそ三万二〇〇〇人の収容者が過ごした。大半の人が結局はほかの収容所に移送されて死を迎えたのだが、広い中庭の端にある公開処刑のための絞首台が、たくさんの人がそこで苦しみながら迎えたであろう宿命を証言している。

そういう場所にある門にはえてしてそんな銘が刻まれているものだが、「小さな要塞」の門にもあの悪名高い「働けば自由になれる《アルバイト・マハト・フライ》」という銘が刻まれていた。その門から入る前に、わたしたちはそのあたりにたった一軒あるカフェに昼食をとるべく入った。その陰気なカフェはかつて、強制収容所を警護するのにつめていたナチス親衛隊のための飲食施設だったそうである。深刻な事態を茶化したユーモアを「絞首台の冗談」とよく言うけれども、暗い食事につきものの重苦しい雰囲気を追い払うべくそうした冗談を言いながら、わたしたちはこのときの訪問の印象について正面からの議論を始めていた。三人はアメリカのユダヤ人男性（ふたりは精神分析医にして大陸哲学の専門家で、わたしはヨーロッパ思想史の研究者）。三人ともずいぶん以前からポスト‐ホロコーストの問題に関心をもっていた。フランスの著述家アラン・フィンキエルクロートによって詳細に分析された「想像のユダヤ人」というアイデンティティがそうであるように、わたしたちのユダヤ人としてのアイデンティティは、犠牲者たちにわたしたちが自分を重ねることで獲得された部分がかなり多かった。その意味で、ユダヤ教の教えを熱心に奉じるとか、まえもって非ユダヤ人に同化しているイディッシュ文化を固守するとかで獲得される部分などは少ないのだ。フィンキエルクロートの記述を借りて、わたしたちはまったく容易に次のように言えるだろう。「わたしはホロコーストの真近に生まれたので、それを見て見ぬふりするわけにはいかなかった。しかし、ホロコーストの恐怖があったから、逆の意味でわたしにとって反ユダヤ主義の復活がありえぬことにもなった。少なくとも組織的な暴力の形の反ユダヤ主義はありえないのだった。ある意味でわたしは狂喜した。その戦争が身近にあることがわたしを強くもし保護してもくれた。ホロコーストは犠牲者たちに自分を同一化するようにわたしを誘う一方で、わたしが犠牲者のひとりになりえぬというまったく確実な保証をわたしにあたえてくれた[1]」。

わたしたちのその日に喜びなどはなく、ましてや「狂喜」などまったくなかったのだが、ホロコーストとのわたしたち三人の関係は、一行のほかの人たちとホロコーストとの関係とはまるで異なっていたこともまちがいない。ほかの人たちとは、哲学の教授であるアイルランドのふたりの女性、哲学・社会学理論を教えているデンマークの男性ひとりであった。ヨーロッパの人たちに比べれば、わたしたちアメリカ人のほうが犠牲者たちに肚の底から感じるような一体感を覚えるだけでなく、ホロコーストにたいするさまざまな反応のあり方にはるかにずっと親密な思いをいだくこともできるわけである。すなわち、ホロコーストについての学識レベル、民間レベル両方の記述・描写・再現をアメリカのわたしたちはずいぶん昔から見聞してきたし、アメリカで教職についている生き残りのたくさんの人たちに職業面でも私的にも関心を引きつけられてきたわけだから、わたしたちは、見るべきものを見て自分がどう反応するか——少なくとも、許される範囲でどう反応するか——までしっかりイメージに固定してテレージエンシュタットにやってきていた(わたしの場合、以前にダッハウとワルシャワ・ゲットーに悲痛な訪問をしていたので、実際に虐殺が行なわれた場所に立つという点でテレージエンシュタットが初めてではなかった)。

だから、わたしたちアメリカ人はわたしたちの反応がなにかに媒介されたものであることを存分に意識していたわけで、その点がヨーロッパの人たちと違っていたはずなのだ。過去数年間においてアメリカ人の知識人であること、とくにアメリカのユダヤ系知識人であるということは、語って記憶するそのあり方がホロコーストにあたえる屈折についてかなり敏感になっている、ということであった。プラハのユダヤ教会堂の壁を共産主義が白く塗りつぶしたことに比べればはるかに軽微な影響であっても、とにかくひとつの不可避の屈折をあたえることに敏感になっていたのである。ジェイムズ・ヤングの『ホロコーストについて書き、書き直す——語りと解釈の影響』、ソール・フリードランダー編の論文集『再現の限界を探る——ナチズムと「最終解決」』〔邦訳は、『アウシュヴィッツと表象の限界』上村忠男ほか訳、未來社、一九九四年〕、ベレル・ラングの論文集『書くこととホロコースト』、ドミニク・ラカプラの『ホロコーストを再現する――歴史・理論・トラウマ』といった著作が出ることによって、ホロコーストにかかわるさまざまな出来事を再現する場合の構築の契機を無視することはいよいよむずかしくなってきている。その記述がいかにドライで事実を伝えるだけのものであっても、である。ワシントンの「ホロコースト記念博物館」、ロサンゼルスの「ホロコースト研究サイモン・ヴィーゼンタール・センター」の「寛容博物館」で見物人たちが熱っぽい反応を見せていること、アメリカの諸大学で「ホロコースト研究」が急速に増えていること、にホロコーストの存在そのものを疑問視するいわゆるホロコースト修正主義者たちの驚くほどの台頭が影を落としていること、ホロコーストの「教訓」を右派シオニストたちが操作したりドイツの歴史学者たちが過去を「正常化」しようとしていることをめぐって激しい論争が生じていること、といった事態が入り交じって、ホロコーストの意味を改めて、またもういちど改めて考えてみることがどうしても避けられぬ事態になっている。「ショアービジネス」〔ショアはナチスによるユダヤ人大虐殺のこと。ホロコーストと同義〕と題された、暗澹たる思いにさせられる一九九三年の論文で、ドイツの『デア・シュピーゲル』誌がアメリカの「ホロコースト中毒」(2)と呼んだ事態の意味は、わたしのような立場の人間がかつての実際の強制収容所を訪れても、すでに台本になっているホロコーストの性格、過去の無数の考察や感情を濾過してできあがっているホロコーストの性格を脱する希望はもてない、ということだろう。なにしろ、テレージエンシュタットのひっそりした通りをとぼとぼ歩いているわたしの心の耳から、映画『シンドラーのリスト』〔アメリカ、一九九三年、スティーヴン・スピルバーグ監督〕全編に流れるあのバイオリンの哀切な短調の曲がなかなか離れてくれなかったのだから、ステレオタイプに毒されていると言われてもやむをえない。

＊

いっさいのものが転回の前兆のようなものに収斂していって、わたしたちの旅の決定的にしてまったく予期せぬ瞬間がやってきた。「小さな要塞」の、囚人の独房に使われていた小部屋のひとつで、わたしたちは壁に吊るされている手枷を見つけた。錆びてはいるものの、まだものすごい恐怖を覚えさせるしろものだった。手枷だとわかるちょっとしたしるしでもついていたのか、それともガイドブックに手枷だと書いてあったのか、忘れてしまったが、たいへん驚いたことに、その手枷はホロコーストの犠牲者の手枷ではなく、ガヴリロ・プリンツィプというまさに歴史上の人物がはめられていた手枷だった。一九一四年六月二八日、サラエヴォでフランツ・フェルディナント大公とその妻ゾフィーを暗殺し、第一次世界大戦の引き金を引いた男——というより、一九歳の男の子——の手枷だったのだ。

その旅を終えるとわたしはすぐさま図書館にゆき、どういう事情でプリンツィプがこの悲惨な場所にやってくることになったかを調べてみた。プリンツィプは銃弾を放ったあと服毒自殺をはかったのだが、一命を取り止めた。大公暗殺を計画しやり損ねたことのあるセルビアの民族主義的狂信者の陰謀集団「黒い手」のメンバーであったかれとほかの二名は、二重帝国の法律によって若年のために処刑をまぬがれ、テレージエンシュタットで収監された。そこは昔ギリシアの独立運動の闘士アレキサンダー・イプシランティ・ジュニア〔一七九二—一八二八年〕のような有名な政治犯たちも投獄されていたところである。もともと結核にかかっていたプリンツィプは、独房でまさに体が腐ってゆき、体じゅうがただれて、左の腕を切断されることになった。一九一八年四月二八日、かれは苦しみながら死んだ。かれが誘発したあの戦争が終結するわずか数か月前に死んだのだ。かれの死体はオーストリア政府の手で無名墓地に埋められた。オーストリア政府は、かれの墓が特定されると別のスラブ人の殉難者が出てくるかもしれぬと考えて、無名墓地に埋めたようだ。しかし、葬式に列席した兵士たちのひとりが反ハプスブルク家のチェコ人で、その人がプリンツィプが埋葬された墓地を覚えていたために、のちにセルビア人たちがかれの墓をあばいて、一九二〇年にサラエヴォで改めて敬意をこめて埋葬行事を行なった。

ガヴリロ・プリンツィプの手枷に意外なところで出会ったことは大きな出来事になったのだが、それは、ホロコースト現場としてのテレージエンシュタットの経験にその出会いがあたえた効果のためである。というより、その現場訪問においてわたしが決めていた筋書に変更を加えたその効果が大きかった。初めその手枷は全然別の文脈からずうずうしく侵入してきた困りものという感じだった。わたしがたいへん真剣に追いかけていた文脈をめちゃくちゃにされたという印象だったのである。いわば、『ミドルマーチ』〔ジョージ・エリオット作、一八七一年刊〕の頁に、だれかがこっそりと、たとえば『パルムの僧院』〔スタンダール作、一八三九年刊〕の一章を挿入していたようなものだった。後先見ない行動を起こして世界大戦を誘発したセルビア人民族主義者たるこの殉難者は、もうひとつの世界大戦で生まれた強制収容所でなにをしていたのか？　ほんのすぐ前まで、その早すぎた死がわたしを強くつき動かしたひとりの若者にわたしは自分を同一化したい思いがあったのに、ふたり目の若者が登場することで突然その思いがぐらつき始めたのはなぜなのか？　しかも、手枷をはめられていたふたり目の若者にわたしが共感する下地はまったくないというのに。無垢なる若い人形づくりの才腕をこころ楽しく夢想していたわたしの思いと、無名の暗殺者にはめられていた手枷の「現前《プレゼンス》」にわたしが感じたショックとにどう折り合いをつけたものだったろうか？

殉難者としてプリンツィプを哀悼した人びとがかれに帰したヒロイズムに歯止めをかけるべしの考えもまた強烈であった。かれを英雄の座からひきずり降ろそうとする流れは、かれがその引き金を引いた第一次大戦という恐ろしい虐殺状況によってつくられもしたし、また八〇年後のバルカン半島のさまざまな事件によってもつくられた。結局のところ、セルビアの民族主義はいまになってみれば、第一次大戦前のその擁護者たちが思っていたよりはるかに暗い顔を見せていた。一九二〇年に敬意をこめてプリンツィプを改めて埋葬した人びとは、一九九四年にボスニアの町サラエヴォやゴラジュデを葬ろうとしている人びととそれほど違いはない、とわたしは考えざるをえなかった。プリンツィプの錆びた手枷を手にとっていると、耳のなかのスピルバーグのバイオリン曲が消え始め、代わってあれらの不幸な都市を砲撃する大砲の音が高鳴り始めた。

とはいえ、手枷が予期せぬ形で侵入してきたことの効果のなかで最大の効果はたぶん、後代の人びとがホロコーストとかショアと呼ぶことになったあれらの事件の自律自足した比類のない性格にその侵入がつきつけた難問に関係した効果であったはずである。もちろん、ルーシー・ダヴィドヴィチがそう名づけて有名になった言葉で言えば、ジェノサイド〔人種の大量虐殺〕的な「ユダヤ人を敵にした戦争*」を、ソ連によるクラーク〔ロシアの富農〕根絶あるいはナチスによるポーランド人殺害など別種の事件と対照させることによって、ジェノサイドとしてのホロコーストの残虐さをできるだけ軽減させせようとする、問題の多い試みがかつてあった。そのようなホロコーストの「相対化」がユダヤ人が受けた苦痛をできるだけ小さいものにするとか、犠牲者に一歩先んずる卑怯なゲームを行なうとかの目的でなされるなら、そんな相対化は非難されてしかるべきである。

しかし、同じ程度に問題なのは、ホロコーストを大きな歴史的コンテクストから完全に切り離すこと、すなわち、かつてまったく類例がないのだから歴史上のどの事件とも類似性がありえないとして、メタ歴史的な現象にホロコーストをまつり上げることである。そうした操作をするなら、ホロコーストのもつ根源的な通約不可能性は、同じ程度に絶対的な理解隔絶性がホロコーストにはあるとする口実に使われる可能性が出てくる。わたしの同僚アモス・フンケンスタインによれば、理解隔絶性をホロコーストに認める考え方は、犠牲者たちが殺されなかったらもったかもしれぬ生きる意味を犠牲者たちから奪うという意味での、ナチス消滅後の勝利をナチスにもたらすものである[3]。

　プリンツィプの惨めな物語がヒトラーのポチョムキン村〔恥ずべき状態を隠すためにつくられた外観だけりっぱな見せかけの村〕の物語のなかにずかずかと侵入してきた事実は、過去においてホロコーストを生じせしめ、また現在も新たないろいろな残虐行為を生じせしめている、暴力と暴力のイデオロギー的正当化との入り組んだ網の目を思い出させることになった。というのも、多元的な意味をもった大きな出来事を個々人の行為のせいにすべきではないとわたしたちは言われているが、ただし、一見小さな行為がとんでもない結果をもたらすことはありうる――「クレオパトラの鼻がもうすこし低かったら、大地の全表面は変わっていただろう」というパスカルの有名な言葉にさかのぼる事実――からである。プリンツィプの運命的な銃弾が引き起こしたあの戦争が絶対欠かせぬ前提条件になって不平不満を醸し出し、その不平不満が二度目の世界大戦を引き起こした。ナチスが実にうまく教えた「民族浄化《エスニック・クレンジング》」のいろいろな教訓を、プリンツィプの大胆な行動を称えた人びとの子孫たちが忘れることはなかった。

　ホロコーストが美学的枠組みの境界内にふくまれるのは、ただハリウッド映画においてのみである。映画ならざる現実の生活では、ホロコーストはそれらの境界からにじみ出てきて、わたしたちの二〇世紀における無数の言説と入り交じることになる。こう言っていいかもしれない。ホロコーストの本当の恐ろしさは、それが意味する現実のジェノサイド的行為の範囲内には収まらないところにある、と。ホロコーストを歴史化するということの意味は、有史以来の時間の流れの節々にあった、無実の人たちを虐殺する

「あたりまえの《ノーマル》」現象のレベルにホロコーストを還元することでは必ずしもない。「あたりまえ化」することを断固として拒否することだけがホロコーストそれ自体にたいする正当なる反応なのだが、それと同じ拒否の心構えをもって、ともすれば早急に忘れられがちな出来事、暗黙のうちに許されがちないろいろな出来事を記憶にとどめておく、ということがホロコーストを歴史化するということの意味なのである。

　ガヴリロ・プリンツィプの錆びた手枷を手にしていて、できるだけ猛烈にその手枷を振り回したい衝動がわたしのなかに突き上げてきたのも自然ななりゆきだった。かつてその手枷をはめていた青年の幽霊にたいして、テレージエンシュタットの収容者たちなら十分すぎるほどその意味がわかっていたはずの、「うすのろ《シュマック》!!」という野卑な罵言を浴びせながら。

原注

序文

（1）Honoré de Balzac, *Louis Lambert*, trans. Katharine Prescott Wormeley (Boston, 1892), 4〔バルザック「ルイ・ランベール」水野亮訳、『バルザック全集』第二一巻、東京創元社、一九七五年〕.

（2）Derek Attridge, "Language as History/History as Language: Saussure and the Romance of Etymology," in *Post-structuralism and the Question of History*, ed. Derek Attridge, Geoff Bennington, and Robert Young (Cambridge, 1987).

（3）Maurice Olender, *The Language of Paradise*, trans. Arthur Goldhammer (Cambridge, Mass., 1992)〔オランデール『エデンの園の言語』浜崎設夫訳、法政大学出版局、一九九五年〕.

（4）『道徳の系譜』でニーチェは次のように述べている。「歴史家にとって以下のいくつかの格言ほど重要な格言はない。ひとつの事象のいろいろな起源の現実の原因と、その原因から結果として生じるいろいろな用法、すなわち原因がいろいろな目的の集合体に統合された様態のものとは、まったくかけ離れている、という格言。存在しているいっさいのものは、その起源がなんであれ、力をもった人びとによってそのつど新しい思惑から再解釈される、という格言。有機的世界にあるいっさいのプロセスは相手を凌駕し圧倒するプロセスである、という格言。相手を凌駕し圧倒する動きのいっさいは、再解釈、再調整を意味しており、そのさいに前の意味なり目的は必然的に曖昧になるか消失してしまう、という格言」(*The Birth of Tragedy and The Genealogy of Morals*, trans. Francis Golffing [Garden City, N. Y., 1956], 209)〔『道徳の系譜』木場深定訳、岩波文庫、一九六四年〕。

（5）Raymond Williams, *Keywords: A Vocabulary of Culture and Society* (New York, 1976), 13〔ウィリアムズ『キイワード辞典』岡崎康一訳、晶文社、一九八〇年〕.

(6) Raymond Williams, *Culture and Society: 1780-1950* (New York, 1960)〔ウィリアムズ『文化と社会』若松繁信ほか訳、ミネルヴァ書房、一九六八年〕.

(7) Quentin Skinner, “Language and Social Change,” in *Meaning and Context: Quentin Skinner and His Critics*, ed. James Tully (Oxford, 1988).〔邦訳に、スキナー『思想史とは何か』半澤孝麿訳、岩波書店、一九九〇年があるが、これは抄訳であって、“Language and Social Change” も省かれている〕

(8) Attridge, “Language as History/History as Language,” 202.

(9) 思想史家でなくても、それらの規範に気づいている歴史学者たちがいることもたしかである。たとえば社会史学者のジョーン・ウォラク・スコットが一例になる。彼女の次の文献を参照のこと。Joan Wallach Scott, *Gender and the Politics of History* (New York, 1988)〔スコット『ジェンダーと歴史学』荻野美穂訳、平凡社、一九九二年〕.

(10) この主題については、わたしの以下の論文を参照のこと。“Should Intellectual History Takes a Linguistic Turn ? Reflections on the Habermas-Gadamer Debate,” in *Fin-de-siècle Socialism and Other Essays* (New York, 1988)〔ジェイ『世紀末社会主義』今村仁司ほか訳、法政大学出版局、一九九七年〕, and “The Textual Approach to Intellectual History,” in *Force Fields: Between Intellectual History and Cultural Critique* (New York, 1993)〔ジェイ『力の場』今井道夫ほか訳、法政大学出版局、一九九六年〕. 後者には関連する文献の書誌が付されている。

(11) George Boas, *The History of Ideas: An Introduction* (New York, 1969), 11.

(12) Martin Jay, *Marxism and Totality: The Adventures of a Concept from Lukács to Habermas* (Berkeley, 1984)〔ジェイ『マルクス主義と全体性』荒川幾男ほか訳、国文社、一九九三年〕. メルロ＝ポンティの著作はむろん『弁証法の冒険』〔*The Adventures of the Dialectic*〕〔滝浦静雄ほか訳、みすず書房、一九七二年〕である。

(13) Martin Jay, “The Reassertion of Sovereignty in a Time of Crisis: Carl Schmitt and Georges Bataille” and “The Textual Approach to Intellectual History,” *Force Fields*.

(14) Theodor W. Adorno, “Words from Abroad,” in *Notes to Literature*, ed. Rolf Tiedemann, trans. Shierry Weber Nicholsen (New York, 1991), 2 vols., I: 189〔アドルノ『文学ノートI』三光長治ほか訳、イザラ書房、一九七八年〕. アドルノは、ドイツ人は言語の自律性にことに固執するといって筋違いの非難をして、「ガリアとローマンの要素がかなり早

くにまたかなり徹底的に入り交じったフランス語では、外来語うんぬんの意識がまったくないように思われる」と述べている（一八七頁）。〔英語をむやみに取り入れたくずれたフランス語を意味する〕「フラングレ」による汚染を根絶することに腐心している現在のパリの言語取り締まりは、アドルノの考えとは矛盾するわけだ。

（15）この論文は「理論と理論家たち」と題された講演論文集のひとつとして雑誌『セオリー・アンド・ソサイティ』〔*Theory and Society* 25.2（April 1996）〕に掲載された。講演論文には、ジャネット・グールドナー、マイケル・D・ケネディ、カレン・フィールズ、ジェローム・カラベルからの寄稿があった。

（16）Bill Readings, *Introducing Lyotard: Art and Politics*（London, 1991）, xxviii. レディングズは理論を「もろもろの概念とシニフィアンとの諸対立のひとつのネットワークをめぐる排他的な規則を確立させるべく動いている言説の一秩序」ととらえた。そのとらえ方は、わたしの論文「理論を奉じて」で展開されるいろいろな理論概念のひとつになっている。

（17）Martin Jay, "Hierarchy and the Humanities: The Radical Implications of a Conservative Idea," *Fin-de-siècle Socialism and Other Essays*.

（18）*Leviathan* 13（Athens 1993）; *New Formations* 20（Summer 1993）; *Rediscovering History: Culture, Politics and the Psyche*, ed. Michael Roth（Stanford, 1994）.

（19）Denis Hollier, *Georges Bataille après tout*（Paris, 1995）; *Constellations* 2.2（1995）.

（20）たとえば、コルネリウス・カストリアディスの次の英訳本にデイヴィッド・エイムズ・カーティス〔David Ames Curtis〕が寄稿した序文における、わたしのこのコラムへのカーティスの攻撃を参照のこと。Cornelius Castoriadis, *Politics and Social Writings*, vol. 3（Minneapolis, 1993）, xxiii.

（21）ただし、例外になるものとして次の論文がある。John S. Sitton, "Hannah Arendt's Argument for Council Democracy," in *Hannah Arendt: Critical Essays*, ed. Lewis P. Hinchman and Sandra K. Hinchman（Albany, 1994）.

（22）Elliot Neaman, "Fascism and Postmodernism: A Reply to Martin Jay," *Tikkun* 8.6（November/December 1993）; and Anjana Shrivastava, "German Neo-Fascism and the Politics of Meaning," *Tikkun* 9.4（July/August 1994）.

（23）Gertrud Koch, *Auge und Affekt: Wahrnehmung und Interaktion*（Frankfurt, 1995）. この論文の英語版は次の文献に掲

載されている。*The Semblance of Subjectivity: Essays in Adorno's Aesthetic Theory,* ed. Lambert Zuidevaart and Thomas Huhn（Cambridge, Mass., 1997).

（24） Martin Jay, "Unsympathetic Magic: Michael Taussig's *Nervous System* and *Mimesis and Alterity,*" *Visual Anthropology Review* 9.2（Fall 1993). タウシッグとポール・ストラー〔Paul Stoller〕が次の文献に反論を寄せた。この文献にはわたしの再反論も掲載されている。*Visual Anthropology Review* 10.1（Spring 1994).

（25） この論文に出てくる関連図書に以下の文献を加えたい。Hall Foster, *The Return of the Real: The Avant-Garde at the End of the Century*（Cambridge, Mass., 1996), 153-68 ; and Foster, "Obscene, Abject, Traumatic," and Rosalind Krauss, "Informe without Conclusion," *October* 78（Fall 1996).

（26） *Modernism/Modernity* 3.2（May 1996).

（27） 近刊予定の次の文献である。Mark Micale and Robert Dietle, eds., *Enlightenment, Culture, and Passion: Essays in Honor of Peter Gay*（Stanford, 1998).

第一章　理論を奉じて

（1） Alvin W. Gouldner, *For Sociology: Renewal and Critique in Sociology Today*（New York, 1973), 120〔グールドナー『社会学のために──現代社会学の再生と批判』村井忠政訳、杉山書店、一九八七年〕.

（2） この概念は次のところでたぶんいちばん徹底して論じられている。Alvin W. Gouldner, *The Future of Intellectuals and the Rise of the New Class*（New York, 1979), 28f〔グールドナー『知の資本論──知識人の未来と新しい階級』原田達訳、新曜社、一九八八年〕.

（3） いろいろな分野で理論という文字が増えていることを指標と見ていいのなら、理論というはずみが決して完全には衰えてはいないことはたしかである。しかし、現在の理論構築はここ何十年間に比べると元気がないという実感がある。つまり、ほとんどの著作はいろいろな理論を統合・総括したものにすぎないと見えるのである。たとえば以下のものを参照のこと。Anthony Giddens and Jonathan Turner, eds., *Social Theory Today*（Stanford, 1987); Peter Beilharz, ed., *Social Theory: A Guide to Central Thinkers*（North Sydney, Australia, 1991); Richard Münch, *Sociological Theory:*

From the 1850's to the Present (Chicago, 1994).

（4） Louis Althusser, *Essays in Self-Criticism*, trans. Grahame Lock (London, 1976)〔アルチュセール『自己批判』西川長夫訳、福村出版、一九七八年〕.

（5） たとえば次を参照のこと。Raymond Geuss, *The Idea of a Critical Theory: Habermas and the Frankfurt School* (Cambridge, 1981). 一九九〇年代になると、ハーバーマスは身を守るようにこう述べている。「なにもかもをひとつの理論の枠組みにつっこむことはわたしはしません。なにもかもをひとつの全体論的な理論をめぐるいろいろな基本的概念に吸収することもしません」（*The Past as Future*, interviews with Michael Haller, ed. and trans., Max Pensky (Lincoln, Neb., 1994), 114〔『未来としての過去』河上倫逸ほか訳、未來社、一九九二年〕）

（6） 一九九〇年のミエケ・バルのエッセイで、記号論において彼女自身の希望もふくめていろいろな希望が頓挫したことが述べられている次の記述を参照のこと。「理論構築は影が薄くなっている。学問的厳密さが実際に存立できることをほとんどの学者が信用しなくなったのである。主導的理論という考え方そのものが魅力をなくしたのだ」（一三五頁）。Mieke Bal, "Visual Poetics: Reading with the Other Art," in *Theory between the Disciplines: Authority, Vision, Politics*, ed. Martin Kreiswirth and Mark A. Cheetham (Ann Arbor, 1990).

（7） J. Hillis Miller, "Presidential Address 1986. The Triumph of Theory, the Resistance to Reading, and the Question of the Material Base," *PMLA* 102 (1987).「理論」という概念が一九八〇年代中葉に脱構築に利用されることになったいきさつは興味深い問題であるだろう。ミラーの就任演説のほんの数年後には、ジョナサン・アラクは次のように述べることになった。「イェール学派の批評家たちはアメリカ人の昔からの理論嫌いを支持している。というのも、ハイデガーとデリダのあと、知の凝視の内側に体系的に閉じこもることとしての『理論』の哲学的伝統は、イェール学派の批評家たちにとって権威を失ったからである」Jonathan Arac, "Afterword" to *The Yale Critics: Deconstruction in America*, ed. Jonathan Arac, Wlad Godzich, and Wallace Martin (Minneapolis, 1983), 188.

（8） Stanley Fish, "Consequences" (1985) reprinted in *Doing What Comes Naturally* (Oxford, 1989), 340-41.

（9） David Carroll, "Introduction: The State of 'Theory' and the Future of History and Art," *The States of "Theory": History, Art, and Critical Discourse* (New York, 1990), 1.

(10) Michael Haller, "What Theories Can Accomplish — and What They Can't," in Habermas interviewed by Michael Haller, *The Past as Future*, 99. ふまえておくべきことは、ハーバーマスはハラーの理論疲弊という診断にただちに異議をさしはさんで、現在において人にとって魅力のある理論もあり魅力のない理論もあることの原因を分析する発言をしていることである。

(11) Paul de Man, *The Resistance to Theory* (Minneapolis, 1986)〔ド・マン『理論への抵抗』大河内昌ほか訳、国文社、一九九二年〕.

(12) W. J. T. Mitchell, ed. *Against Theory* (Chicago, 1985).

(13) この問題を展開した議論として次の文献を参照のこと。Bill Readings, "Why Is Theory Foreign ?" in Kreiswirth and Cheetham, *Theory between the Disciplines*.

(14) David F. Gruber, "Foucault and Theory: Genealogical Critiques of the Subject," in *The Question of the Other: Essays in Continental Philosophy*, ed. Arleen B. Dallery and Charles E. Scott (Albany, 1989), 189. 同じ論点がこの論文集のなかの次の論文でも展開されている。Ladelle McWhorter's "Foucault's Move beyond the Theoretical."

(15) Gruber, "Foucault and Theory," 195.

(16) Max Horkheimer, "Traditional and Critical Theory," in *Critical Theory: Selected Essays*, trans. Matthew J. O'Connell et al. (New York, 1972), 188, 227〔ホルクハイマー『批判的社会理論』森田数実編訳、恒星社厚生閣、一九九四年〕.

(17) De Man, *The Resistance to Theory*, 17.

(18) Michaels and Knapp, "Against Theory," 12.

(19) Ibid., 30.

(20) 本章原注（9）を参照のこと。

(21) Martin Jay, "Scopic Regimes of Modernity," in *Force Fields: Between Intellectual History and Cultural Critique* (New York, 1993)〔ジェイ『力の場』今井道夫ほか訳、法政大学出版局、一九九六年〕.

(22) Michel Serres, "Panoptic Theory," in *The Limits of Theory*, ed. Thomas M. Kavanagh (Stanford Univ. Press, 1989)〔フランス語原著の邦訳では、セール「ヘルメスと孔雀」『五感』米山親能訳、法政大学出版局、一九九一年に所収〕.

(23) Martin Jay, *Downcast Eyes: The Denigration of Vision in Twentieth-century French Thought* (Berkeley, 1993).
(24) Hans-Georg Gadamer, *Truth and Method* (New York, 1975), 111〔ガダマー『真理と方法』轡田収ほか訳、法政大学出版局、一九八六年（全三冊のうち、現在はII部まで刊行）〕.
(25) Wlad Godzich, *The Culture of Literacy* (Cambridge, Mass., 1994), 20-21.
(26) Ibid., 21.
(27) Immanuel Kant, *Critique of Pure Reason* (London, 1929), 93〔カント『純粋理性批判』（全三冊）篠田英雄訳、岩波文庫、一九六一年〕.
(28) この観点からアドルノを読むには次を参照のこと。Fredric Jameson, *Late Marxism: Adorno, or, The Persistence of the Dialectic* (New York, 1990), 68.
(29) たとえば次を参照のこと。Clément Rosset, "Reality and the Untheorizable," in Kavanagh, *The Limits of Theory*.
(30) Hannah Arendt, *The Human Condition* (Chicago, 1958)〔アーレント『人間の条件』志水速雄訳、ちくま学芸文庫、一九九四年〕.
(31) その点にかんして概観を得るには次を参照のこと。Nicholas Lobkowicz, *Theory and Practice: History of a Concept from Aristotle to Marx* (Notre Dame, 1967).
(32) 西欧マルクス主義の信奉者たちは大衆から遊離したエリート理論家なり、として西欧マルクス主義を非難するのが典型的な論難だった。だからたとえば、ペリー・アンダーソンはかれの著作で強い調子でこう述べることができた。「[西欧マルクス主義者たちの著作を] 記述している言葉は、ますます特殊化し他人には理解しがたい性質を帯びることになった。理論は、歴史の全期間にわたって奥義めいた規律になってきた。理論の高度に技術的な用語の専門化の度合いが強まるほど、政治から遠くなった」。Perry Anderson, *Considerations on Western Marxism* (London, 1976), 53〔アンダーソン『西欧マルクス主義』中野実訳、新評論、一九七九年〕.
(33) Martin Heidegger, "The Self-Assertion of the German University," in *The Heidegger Controversy: A Critical Reader*, ed. Richard Wolin (New York, 1991), 31-32〔ハイデガー「ドイツ大学の自己主張」矢代梓訳、『現代思想』一九八九年七月号〕.

（34） 経験のさまざまな意味を、わたしは本書第四章「主体なき経験」、第五章「限界‐経験の諸限界」で読み解こうと試みた。

（35） Readings, "Why is Theory Foreign ?" 84. ときとして「理論」という言葉に相当する「読むこと」という概念が脱構築派の人びとによって、テクストとのいわば反内在論的関係を示唆するのに使われてきた場合がたしかにあった。たとえば次のヒリス・ミラーの記述を参照のこと。「まるで理屈に合わないだろうが、読むことの価値は、読んでいると思っているテクストから、読むことがどれほど離反しているか逸脱しているか、にある」。J. Hillis Miller, *The Ethics of Reading* (New York, 1987), 118〔ミラー『読むことの倫理』伊藤誓訳、法政大学出版局、二〇〇〇年〕.

（36） Seyla Benhabib, "Hannah Arendt and the Redemptive Power of Narrative," *Social Research* 57.1 (Spring 1990).

（37） Jürgen Habermas, *Knowledge and Human Interests*, trans. Jeremy J. Shapiro (Boston, 1971), 306f〔ハーバーマス『認識と関心』奥山次良ほか訳、未來社、一九八一年〕.

（38） Daniel Herwitz, *Making Theory/Constructing Art: On the Authority of the Avant-Garde* (Chicago, 1993).

（39） この点を詳しく論じているスタンリー・フィッシュの批評について、次の文献を参照のこと。Fred Botting, "Whither Theory," *Oxford Literary Review* 15.1-2 (1993): 215f.

（40） この仮定に立った批評として、次の文献を参照のこと。Vivek Dhareshwar, "The Predicament of Theory," in Kreiswirth and Cheetham, *Theory between the Disciplines*.

（41） Botting, "Whither Theory," 202.

第二章 ヨーロッパ思想史と多文化主義という亡霊

（1） H. Stuart Hughes, *Gentleman Rebel: The Memoirs of H. Stuart Hughes* (New York, 1990).

（2） John Murray Cuddihy, *The Ordeal of Civility: Freud, Marx, Lévi-Strauss, and the Jewish Struggle with Modernity* (New York, 1974)〔カディヒー『文明の試練』塚本利明ほか訳、法政大学出版局、一九八七年〕.

第三章　経験の歌

(1)　この論争は「歴史家論争」〔Historikerstreit〕と呼ばれるようになった。すこし広くとった意味での歴史の常態化〔normalization〕に賛同している人にエルンスト・ノルテ、アンドレアス・ヒルグルーバー、ミヒャエル・シュテュルマーがいる。論争を調停しようとする試みが次の文献に収められている。"*Historikerstreit*": *Die Dokumentation der Kontroverse um die Einzigartigkeit der nationalsozialistischen Judenvernichtung* (Munich, 1987)〔ハーバーマスほか『過ぎ去ろうとしない過去――ナチズムとドイツ歴史家論争』徳永恂ほか訳、人文書院、一九九五年〕.

(2)　ここのわたしの記述は以下の二つの論争文献から粗っぽく翻訳したものである。Habermas, *Eine Art Schadensabwickling* (Frankfurt, 1987)〔ハーバーマス「一種の損害補償」(『過ぎ去ろうとしない過去』に所収)〕, and Wehler, *Entsorgung der deutschen Vergangenheit ? Eine polemischer Essay zum "Historikerstreit"*〔ヴェーラー『ドイツの過去の清算？「歴史家論争」へのひとつの論争文』〕(Munich, 1988).

(3)　「過ぎ去ろうとしない過去」〔unmastered past〕という言葉は、自分たちのトラウマを見つめることをいやがるドイツ人の心性を批判する人たちが使っているものである。たぶん、一九六〇年代に次の論文を書いたテオドール・W・アドルノが最も有名な批判者であろう。Theodor W. Adorno, "Was bedeutet 'Aufarbeitung der Vergangenheit'"〔「『過去の清算』とは何か」〕. 英訳では次の文献に収録。*Bitburg in Moral and Political Perspective*, ed. Geoffrey H. Hartman (Bloomington, Ind., 1986).〔邦訳ではアドルノ『批判的モデル集・I』大久保健治訳、法政大学出版局、一九七一年に所収〕

(4)　次を参照のこと。Charles Maier, *The Unmasterable Past: History, Holocaust, and National Identity* (Cambridge, Mass., 1988) and Richard Evans, "The New Nationalism and the Old History: Perspectives on the West German *Historikerstreit*," *Journal of Modern History* 59.4 (December 1987): 761-97.

(5)　英語で読める最近の事例集として次を参照のこと。Richard Bessel, ed. *Life in the Third Reich* (Oxford, 1987)〔ベッセル編『ナチ統治下の民衆』柴田敬二訳、刀水書房、一九九〇年〕.

(6)　Evans, "The New Nationalism," 763.

(7)　一九八三年のミュンヘン「現代史研究所」での日常史をめぐるシンポジウムの記録として次のものを参照のこと。

Martin Broszat et al., *Alltagsgeschichte der NS-Zeit. Neue Perspektive oder Trivilisierung ?*〔『ナチス期の日常史　新しい視点か通俗化か?』〕(Munich, 1984)

(8) Kenneth D. Barkin, "Modern Germany: A Twisted Vision," *Dissent* (Spring 1987), 225.

(9) Mack Walker, *German Home Towns: Community, State, and General Estate 1648-1871* (Ithaca, 1971).

(10) Gertrude Himmelfarb, *The New History and the Old: Critical Essays and Reappraisals* (Cambridge, Mass., 1987).

(11) Michel de Certeau, *The Practice of Everyday Life,* trans. Steven F. Rendall (Berkeley, 1984)〔セルトー『日常的実践のポイエティーク』山田登世子訳、国文社、一九八七年〕; Agnes Heller, *Everyday Life,* trans. G. L. Campbell (London, 1984).

(12) de Certeau, *The Practice of Everyday Life,* xv.

(13) Detlev J. K. Peukert, "Alltag und Barbarei: Zur Normalität des Dritten Reiches,"〔デートレフ・ポイカート「日常と野蛮――第三帝国の常態化」〕in *Ist der Nationalsozialismus Geschichte ? Zu Historisierung und Historikerstreit*〔『国家社会主義は物語なのか?　史実密着と歴史家論争に向けて』〕, ed. Dan Diner (Frankfurt, 1987).〔ポイカート「日常と野蛮」は、邦訳のポイカート『ナチス・ドイツ――ある近代の社会史』(次の原注参照のこと) に所収〕

(14) Detlev J. K. Peukert, *Inside Nazi Germany: Conforming, Opposition, and Racism in Everyday Life,* trans. Richard Deveson (New Haven, 1987), 79〔ポイカート『ナチス・ドイツ――ある近代の社会史』木村靖二ほか訳、三元社、一九九一年〕.

(15) David Schoenbaum, *Hitler's Social Revolution: Class and Status in Nazi Germany, 1933-1939* (Garden City, N. Y., 1967), 174〔シェーンボウム『ヒットラーの社会革命』大島通義ほか訳、而立書房、一九七八年〕.

(16) Dan Diner, "Zwischen Aporie und Apologie: Über die Grenzen der Historisierbarkeit des Nationalsozialismus,"〔ディネア「アポリアと弁明のあいだ――国家社会主義の史実化可能性の限界を越えて」〕in Diner, *Ist der Nationalsozialismus Geschichte ?* 71.

(17) Claudia Koonz, *Mothers in the Fatherland: Women, the Family, and Nazi Politics* (New York, 1987)〔クーンツ『父の国の母たち』(上・下) 姫岡とし子監訳、時事通信社、一九九〇年〕.

(18) Anton Kaes, *Deutschlandbilder: Die Wiederkehr der Geschichte als Film* (Munich, 1987), 183〔カエス『ドイツ建設——映画としての歴史の回帰』〕.

(19) 次を参照のこと。Hans-Ulrich Wehler, "Neoromantik und Pseudorealismus in der neuen 'Alltagsgeschichte,'"〔ヴェーラー「新版『歴史家論争』におけるネオロマンティシズムと疑似リアリズム」〕in *Preussen ist wieder chic* (Frankfurt, 1983), and Kocka's remarks in *Alltagsgeschichte der NS-Zeit*, 51. ヴェーラーは、「素足の」〔俗語で、「ブレーキのきかない」の意味〕歴史家たちの動静を、環境保護団体がネオロマンティックな度合いを最悪に高めた場合の反近代化主義になぞらえている。

(20) R. G. Collingwood, *The Idea of History* (New York, 1956)〔コリングウッド『歴史の観念』小松茂夫訳、紀伊國屋書店、一九七〇年〕.

(21) E. P. Thompson, *The Poverty of Theory and Other Essays* (New York, 1978), and Perry Anderson, *Argument within English Marxism* (London, 1980).

(22) 次の文献におけるジョイス、ゲイツ、ベイカーのあいだの論争を参照のこと。*New Literary History* 18.2 (Winter 1987). また次のものも参照のこと。Barbara Christian, "The Race for Theory," *Cultural Critique* 6 (Spring 1987).

(23) Michael Oakeshott, *Experience and Its Modes* (Cambridge, 1933), 9.

(24) その使い方を始めたのはヘーゲルだとガダマーは見ている。それについてガダマーの次の文献を参照のこと。*Truth and Method* (New York, 1986), 316f.

(25) ディルタイによる経験についての考察はかれの多数の著作の全体においてなされている。それについて要領よくまとめたものとして次を参照のこと。Michael Ermarth, *Wilhelm Dilthey: The Critique of Historical Reason* (Chicago, 1978), 225f. ベンヤミンによる経験の分析もかれの著作の全体に及んでいる。それについては次を参照のこと。Richard Wolin, *Walter Benjamin: An Aesthetic of Redemption* (New York, 1982), chap. 7.

(26) Peter Bürger, *Theory of the Avant-Garde*, trans. Michael Snow, Foreword Jochen Schulte-Sasse (Minneapolis, 1984), 33〔ビュルガー『アヴァンギャルドの理論』浅井健二郎訳、ありな書房、一九八七年〕.

(27) 論争に参加した人たちのなかで経験という概念の問題をはらんだ側面に気づいていた少数のひとりにクラウス・テ

ンフェルデがいる。次を参照のこと。Klaus Tenfelde, "Schwierigkeiten mit dem Alltag,"〔「日常生活での困難」〕in *Geschichte und Gesellschaft* 10 (1984): 387.

第四章　主体なき経験

（1）　Hans-Georg Gadamer, *Truth and Method* (New York, 1986), 310〔ガダマー『真理と方法』轡田収訳、法政大学出版局、一九八六年〕.

（2）　Michael Oakeshott, *Experience and Its Modes* (Cambridge, 1933), 9.

（3）　Philip Rahv, "The Cult of Experience in American Writing," in Rahv, *Literature and the Sixth Sense* (New York, 1969)〔ラーブ『文学と直感』犬飼和雄訳、研究社、一九七二年〕, and Joan W. Scott, "The Evidence of Experience," *Critical Inquiry* 17.4. (Summer 1991).

（4）　Gary Smith, "Thinking through Benjamin: An Introductory Essay," in *Benjamin: Philosophy, Aesthetics, History,* ed. Smith (Chicago, 1989), xii.

（5）　Richard Wolin, *Walter Benjamin: An Aesthetic of Redemption* (New York, 1982); Marleen Stoessel, *Aura: Das Vergessene Menschliche* (Munich, 1983); Torsten Meiffert, *Die enteignete Erfahrung: Zu Walter Benjamin Konzept einer "Dialektik im Stillstand"* (Bielefeld, 1986); Michael Jennings, *Dialectical Images, Walter Benjamin's Theory of Literary Criticism* (Ithaca, 1987); Miriam Hansen, "Benjamin, Cinema and Experience: 'The Blue Flower in the Land of Technology'," *New German Critique* 40 (Winter 1987); Michael Makropolous, *Modernität als ontologischer Ausnahmezustand ? Walter Benjamins Theorie der Moderne* (Munich, 1989).

（6）　Walter Benjamin, *One-Way Street and Other Writings,* trans. Edmund Jephcott and Kingsley Shorter (London, 1979); "Erfahrung und Armut," in *Benjamin, Gesammelte Schriften,* 7 vols., ed. Rolf Tiedemann and Hermann Schweppenhäuser (Frankfurt, 1977), 2: 1 ; "The Storyteller" and "On Some Motifs in Baudelaire," in Benjamin, *Illuminations,* ed. Hannah Arendt, trans. Harry Zohn (New York, 1968).〔邦訳は次を参照のこと。「一方通行路」、『ベンヤミン・コレクション3』ちくま学芸文庫／「経験と貧困」「物語作者」、『ベンヤミン・コレクション2』／「ボードレールにおけるいく

つかのモティーフについて」、『ベンヤミン・コレクション1』〕

(7) Wilhelm Dilthey, *Das Erlebnis und Dichtung: Lessing, Goethe, Hölderlin*, 13th ed. (Göttingen, 1957)〔ディルタイ『体験と創作』(全二冊) 柴田治三郎ほか訳、岩波文庫、一九六一年〕. 経験についてのディルタイの用法については次を参照のこと。Michael Ermarth, *Wilhelm Dilthey: The Critique of Historical Reason* (Chicago, 1978), 97f.

(8) Edmund Husserl, *Experience and Judgement*, ed. Ludwig Landgrebe, trans. J. S. Churchill and K. Ameriko (Evanston, 1973).〔フッサール『経験と判断』長谷川宏訳、河出書房新社、一九七五年〕

(9) Ernst Jünger, *Der Kampf als innere Erlebnis* [1922], *Werke* 5 (Stuttgart, n.d.).

(10) Gadamer, *Truth and Method*, 317.

(11) Yosef Hayim Yerushalmi, *Zakhor: Jewish History and Jewish Memory* (New York, 1989)〔イェルシャルミ『ユダヤ人の記憶 ユダヤ人の歴史』木村光二訳、晶文社、一九九六年〕. 不思議なことに、この注目すべき本にベンヤミンへの言及はいちどもない。ベンヤミンとイェルシャルミとの関連については次を参照のこと。Susan A. Handelman, *Fragments of Redemption: Jewish Thought and Literary Theory in Benjamin, Scholem, and Levinas* (Bloomington, Ind., 1991), 164〔ハンデルマン『救済の解釈学』合田正人・田中亜美訳、法政大学出版局、二〇〇五年〕. ゲデヒトニス *Gedächtnis* (多くのものについての記憶) とエルイネルンク *Erinnerung* (過去の内面化) ないしアインゲデンケン *Eingedenken* (ひとつのものについての記憶)、という記憶の二つのタイプをベンヤミンが区別するのと、イェルシャルミによる記憶と歴史との区別を比較してみるのは有意義だろう。この問題をめぐるベンヤミンの考えについての有益な文献として次を参照のこと。Irving Wohlfahrt, "On the Messianic Structure of Walter Benjamin's Last Reflections," *Glyph* 3 (1978).

(12) ベンヤミンと似た考え方をラインハルト・コゼレックが次の文献で述べている。Reinhart Koselleck, "'Space of Experience' and 'Horizon of Expectation': Two Historical Categories," in Koselleck, *Futures Past: On the Semantics of Historical Time*, trans. Keith Tribe (Cambridge, Mass., 1985). コゼレックの考えでは、現代性《モダニティ》は、「さまざまな出来事が統合されて記憶されることになる過ぎた現在」(二七二頁) とかれが定義する経験と、現状から徹底して距離をとる期待の地平とのどんどん広がるギャップによって特色づけられる。かれはその変容を「総体的歴史」および「進歩」という概念と結びつけている。ちなみに、その二つの概念はベンヤミンがひどく嫌った概念である。

(13) 「萎縮」*Verkümmerung* という用語の意味については、次を参照のこと。Makropoulos, *Modernität als ontologischer Ausnahmezustand,* chap. 3.

(14) Benjamin, "On Some Motifs in Baudelaire," 165. エアファールンクを回復する大衆の能力にたいするベンヤミンの愛憎入り交じった感情については次の文献を参照のこと。Hansen, "Benjamin, Cinema and Experience." 彼女ハンセンは、ベンヤミンのアウラという概念と経験とのつながりを重視してこう述べている。「複製を称えアウラ的心象を侮蔑することで、ベンヤミンは暗に、大衆における美的経験の可能性を否定している」(一八六頁)。

(15) その文脈での唯物論的ということの意味について次を参照のこと。Wolin, *Walter Benjamin,* chap. 7 ; and "Experience and Materialism in Benjamin's *Passagenwerk,*" in Smith, *Benjamin: Philosophy, Aesthetics, History.*

(16) Gershom Scholem, *Walter Benjamin: The Story of a Friendship,* trans. Harry Zohn (New York, 1981), 60〔ショーレム『わが友ベンヤミン』野村修訳、晶文社、一九七八年〕. 本書でショーレムは、ヘルマン・コーエンの著作における経験という問題をめぐって一九一八年スイスのムリでベンヤミンと長々と議論したことを記している。

(17) Walter Benjamin, "On the Program of the Coming Philosophy," in Smith, *Benjamin: Philosophy, Aesthetics, History*〔ベンヤミン『来たるべき哲学のプログラム』道籏泰三訳、晶文社、一九九二年に所収〕. このエッセイの重要性について以下のものを参照のこと。Smith's introduction and Jennings, *Dialectical Images,* chap. 3. このエッセイを書く前、「自由学生連盟」に加入していたころにベンヤミンは「エアファールンク」という表題の短いエッセイを発表した〔一九一三年〕。このエッセイでかれは、若者にたいして経験が足らないくせにとえらそうな顔をする大人の態度にかみついている。次を参照のこと。Benjamin, *Gesammelte Schriften* 2: 1.

(18) Benjamin, "On the Program of the Coming Philosophy," 10.

(19) Ibid., 11.

(20) Ibid., 5.

(21) たとえば次を参照のこと。Peter Bürger, "Art and Rationality: On the Dialectic of Symbolic and Allegorical Form," in *Philosophical Interventions in the Unfinished Project of Enlightenment,* ed. Axel Honneth et al., trans. William Rehg

(Cambridge, Mass., 1992). この論文では、「その名前に値する」エアファールンクは、「わたしたちの前にたちあらわれるのではなく、わたしたちによってつくられる」ものと定義されている（二三四頁）。

(22) Benjamin, "On the Program of the Coming Philosophy," 9.

(23) Winfried Menninghaus, "Walter Benjamin's Theory of Myth," in *On Walter Benjamin: Critical Essays and Reflections*, ed. Gary Smith (Cambridge, Mass., 1988), 321-22. たしかに、ベンヤミンはある種の神話的思考に懐疑的だった。だから、「生の哲学」が神話に関心を寄せていることでファシズムの基盤になっているとしてその哲学を攻撃すらした。次を参照のこと。"On Some Motifs in Baudelaire," 158. しかし、メニングハウスは、単純な神話／啓蒙思想という二分法をベンヤミンが信用していなかったと述べている。

(24) Theodor W. Adorno, *Prisms*, trans. Samuel and Shierry Weber (London, 1967), 235〔アドルノ『プリズメン』渡辺祐邦ほか訳、ちくま学芸文庫、一九九六年〕.

(25) エアレープニスがデカルト主義を越えていると称していながら、実はデカルト主義にエアレープニスが依存しすぎているとして、ハイデガーはエアレープニスを批判している。次を参照のこと。*Grundfragen der Philosophie: Ausgewählte "Probleme" der "Logik," Gesamtausgabe* 45, ed. Friedrich-Wilhelm von Herrmann (Frankfurt, 1984), 149.

(26) それをするために次を参照のこと。Rainer Nägele, "Benjamin's Ground," in *Benjamin's Ground: New Readings of Walter Benjamin*, ed. Nägele (Detroit, 1988).

(27) Walter Benjamin, "Surrealism: The Last Snapshot of the European Intelligentsia," in Benjamin, *Reflections: Essays, Aphorisms, Autobiographical Writings*, ed. Peter Demetz, trans. Edmond Jephcott (New York, 1978), 179〔ベンヤミン「シュルレアリスム」、『ベンヤミン・コレクション1』ちくま学芸文庫〕.

(28) Georg Lukács, *The Theory of the Novel*, trans. Anna Bostock (Cambridge, Mass., 1971), 41, cited by Benjamin, "The Storyteller," 99〔ルカーチ『小説の理論』原田義人ほか訳、ちくま学芸文庫、一九九四年〕.

(29) Benjamin, "The Storyteller," 87.

(30) ベンヤミンによれば、「追想する作者にとって重要なことは、その作者の経験の内容ではなく、作者の記憶を織りなしているもの、すなわち想起という、織ってはそれをほどく根気のいる作業なのである」("The Image of Proust,"

in *Illuminations,* 205〔「プルーストのイメージについて」、『ベンヤミン・コレクション２』〕.

(31) Roland Barthes, "To Write: An Intransitive Verb ?" in Barthes, *The Rustle of Language,* trans. Richard Howard (Berkeley, 1989)〔バルト『言語のざわめき』花輪光訳、みすず書房、一九八七年〕.

(32) Walter Benjamin, "Theses on the Philosophy of History," in *Illuminations,* 257〔ベンヤミン「歴史哲学テーゼ」野村修訳、『ヴァルター・ベンヤミン著作集』第一巻、晶文社、一九七四年〕. リチャード・ウォーリンは、バルトが例となるような批評家たちは多重に肥大した意味にたいして形式主義的な不信をもっていたのだが、ベンヤミンだったらそんな不信は退けただろうと述べている。絶対的経験のいろいろな形式的契機は、そのような批評家たちが不可能と考えた経験的充実を必要とした、とベンヤミンは考えていたというわけである。

(33) Charles Bally, "Le style indirect libre en français moderne I et II," *Germanisch-Romanische Monatsschrift* (Heidelberg, 1912). スイスの言語学者アドルフ・トープラー〔Adolf Tobler, 1835-1910〕や神学者カプレフスキー〔Th. Kaplevsky〕の著作で議論されたなど先行例はいくつかあるのだが、きちんとつめた分析がなされるのはバイイを待たなければならなかった。ちなみにこのバイイは、ソシュールの講義を聞いて、その講義録たる『一般言語学講義』を一九一六年に編纂刊行した二人のうちのひとりである。「自由」とは統語法に拘束されていないという意味である。

(34) Marcel Proust, "About Flaubert's Style," in *Marcel Proust: A Selection from His Miscellaneous Writings,* trans. Gerard Hopkins (London, 1948)〔プルースト「フローベールの『文体』について」鈴木道彦訳、『プルースト全集』第一五巻、筑摩書房、一九八六年〕.

(35) Étienne Lorck, *Die "Erlebte Rede": Ein sprachliche Untersuchung* (Heidelberg, 1921); Otto Jespersen, *The Philosophy of Grammar* (London, 1924)〔イェスペルセン『文法の原理』半田一郎訳、岩波書店、一九五八年〕.

(36) V. S. Vološinov, *Marxism and the Philosophy of Language* [1930] trans. Ladislav Meteijka and I. R. Titunik (New York, 1973)〔ミハイル・バフチン『マルクス主義と言語哲学』未來社、桑野隆訳、一九八九年〕; Stephen Ullmann, *Style in the French Novel* (New York, 1964); Dorrit Cohn, *Transparent Minds: Narrative Modes for Presenting Consciousness in Fiction* (Princeton, 1978); Roy Pascal, *The Dual Voice: Free Indirect Speech and Its Functioning in the Nineteenth-Century European Novel* (Manchester, 1977); Hans Robert Jauss, "Literary History as a Challenge to Literary," in Jauss, *Toward*

an Aesthetic of Reception, trans. Timothy Bahti (Minneapolis, 1982)〔ヤウス『挑発としての文学史』轡田収訳、岩波書店、一九七六年〕; and Ann Banfield, *Unspeakable Sentences* (Boston, 1982).

(37) Dominick LaCapra, *"Madame Bovary" on Trial* (Ithca, 1982).

(38) フォスラーとフォスラー学派については、次を参照のこと。Vološinov, *Marxism*, 32.

(39) LaCapra, *"Madame Bovary,"* 138.

(40) Cited ibid., 57-58.

(41) 別の混乱にいたる不安も自由間接話法が用いられることで出てくるという憶測がなされた。登場人物と読者のあいだに出てくる不安である。一八世紀、道徳からはずれた登場人物たちとそれに共感する（しばしば女性である）読者たちとのあいだの境界が危険なほど曖昧になるという理由で、小説のもついろいろな道徳的意味あいが真剣な論議の的になった。むろん、小説『ボヴァリー夫人』自体が、感受性の強い女性読者たちが自分の生活と奔放な女性登場人物たちの生活とを取り違えるかもしれぬという恐れを、むしろ見越して書かれているわけである。

(42) 興味深いことに、体験話法 *erlebte Rede* について論じたフォスラー学派のもうひとりゲルトラウト・レルヒはその話法の根幹として感情移入〔*Einfühlung*〕というディルタイ的概念を使っている。次を参照のこと。Vološinov, *Marxism*, 150.

(43) Pascal, *The Dual Voice*, 25.

(44) Vološinov, *Marxism*, 155.

(45) Ann Banfield, "Where Epistemology, Style, and Grammar Meet Literary History: The Development of Represented Speech and Thought," *New Literary History* 9.3 (1978): 449.

(46) Emile Benveniste, *Problems in General Linguistics*, trans. Mary Elizabeth Meek (Coral Gables, Fla., 1971), chap. 14〔バンヴェニスト『一般言語学の諸問題』（抄訳）岸本通夫監訳、みすず書房、一九八三年〕.

(47) Jacques Derrida, "Différance," in Derrida, *Margins of Philosophy*, trans. Alan Bass (Chicago, 1982), 9〔デリダ「差延」、『哲学の余白』上、高橋允昭ほか訳、法政大学出版局、二〇〇七年〕.

(48) Barthes, "To Write," 19.

(49) 自動詞表現、中間態、自由間接話法といった観点でエクリチュールを分析しているものとして次を参照のこと。Ann Banfield, "Écriture, Narration and the Grammar of French" in *Narrative: From Malory to Motion Pictures*, ed. Jeremy Hawthorn (London, 1985). 彼女アン・バンフィールドが強調するのは、一九三〇年代にプラグマティストたちが「体験カリキュラム」〔The Experience Curriculum〕を廃止したとき、エクリチュールの非人称的文法要素はアメリカでは消失した、ということである（一七―一八頁）。ベンヤミン的言い方をすれば、エクリチュールという「絶対的経験」はエアレープニスそのものに取って代えられたのである。

(50) Ann Banfield, "Describing the Unobserved: Events Grouped Around an Empty Center," in *The Linguistics of Writing: Arguments between Language and Literature*, ed. Nigel Fabb et al. (Manchester, 1987); and "L'Imparfait de l'Objectif: The Imperfect of the Object Glass," *Camera Obscura* 24 (Fall 1991).

(51) Banfield, "L'Imparfait de l'Objectif," 77.

(52) Walter Benjamin, "A Short History of Photography," *Screen* 13.1 (Spring 1972). ベンヤミンによる視覚への関心と経験という問題との関連にかんする議論として次を参照のこと。Hansen, "Benjamin, Cinema and Experience."

(53) Berel Lang, *Act and Idea in the Nazi Genocide* (Chicago, 1990) and Hayden White, "Historical Emplotment and the Problem of Truth," in *Probing the Limits of Representation: Nazism and the "Final Solution,"* ed. Saul Friedländer (Cambridge, Mass., 1992)〔フリードランダー編『アウシュヴィッツと表象の世界』上村忠男ほか訳、未來社、一九九四年〕. ホワイトはこれらの問題を次の文献で探っている。"Writing in the Middle Voice," *Stanford Literature Review* 9.2 (Fall 1992).

(54) White, "Historical Emplotment," 49.

(55) Ibid., 52.

(56) Martin Jay, "Of Plots, Witnesses and Judgments," in Friedländer, *Probing the Limits of Representation*. ホロコーストを記述するにおいて、能動的な行為者と受身の犠牲者とを区別するのはさして意味あることではないわけだが、じつはどのような記述でもその区別はあまり意味がないのである。そういう区別だてをすると、ドイツのビトブルクにおいて、また歴史家論争のさいの一部の歴史家たちの著作において、公平な記憶という戯画にわたしたちはだまされる。

(57) Banfield, "Where Epistemology, Style, and Grammar Meet Literary History," 415.

(58) Vincent Pecora, "Ethics, Politics and the Middle Voice," *Yale French Studies* 79 (1991): 203-30.

(59) Ibid., 212.

(60) 次を参照のこと。Katerina Clark and Michael Holquist, *Mikhail Bakhtin* (Cambridge, Mass., 1984)〔クラーク/ホルクイスト『ミハイール・バフチーンの世界』川端香男里ほか訳、せりか書房、一九九〇年〕, chap. 6 ; and the translators' introduction to Vološinov, *Marxism*.

(61) LaCapra, "*Madame Bovary*," 149.

(62) Terry Eagleton, *Walter Benjamin: Or Towards a Revolutionary Criticism* (London, 1981)〔イーグルトン『ワルター・ベンヤミン――革命的批評に向けて』有満麻美子ほか訳、勁草書房、一九八八年〕. ここでイーグルトンが言うのは、バフチンのなかに、「いくつかの点でベンヤミンの神秘主義と同質のユダヤ-キリスト教的神秘主義」が存在しており、「『マルクス主義と言語哲学』(これをイーグルトンはバフチンが書いたものと見ている) は、その密かなコードとして、言葉の受肉的統一性への神学的執着を暗にふくんでいて、それは、ベンヤミン自身の思考を特徴づけている神学的執着と同じもの」(一五三―五四頁) だということである。

(63) Jürgen Habermas, "Consciousness-Raising or Redemptive Criticism: The Contemporaneity of Walter Benjamin," *New German Critique* 17 (Spring, 1979): 45-46.

(64) Leo Bersani, *The culture of Redemption* (Cambridge, Mass., 1990), 60. ベルサーニ自身の、経験をめぐる反贖罪的概念はかなりの程度、ジョルジュ・バタイユの『内的経験』(Georges Bataille, *Inner Experience*, trans. Leslie Anne Boldt, Albany, N. Y., 1988)〔バタイユ『内的体験』出口裕弘訳、現代思潮社、一九七〇年〕の影響を受けている。

第五章　限界-経験の諸限界

(1) Julia Kristeva, "Bataille, l'expérience et la pratique," in *Bataille*, ed. Philippe Sollers (Paris, 1973), 272.

(2) Hans-Georg Gadamer, *Truth and Method* (New York, 1986), 310〔ガダマー『真理と方法』轡田収訳、法政大学出版局、一九八六年〕. 日常史をめぐる論争に関連した議論を簡潔に記述したものとして、本書の第三章「経験の歌――

日常史をめぐる論争」を参照のこと。経験が主題になっている最近の論争についてもその章で言及されている。たとえば、マルクス主義歴史家であるE・P・トムソンとペリー・アンダーソンとの論争、アフリカ系アメリカ人文学批評家ジョイス・A・ジョイスやバーバラ・クリスチャンと、ヘンリー・ルイス・ゲイツ・ジュニアやヒューストン・ベイカーとの論争が言及されている。マルクス主義美術批評家ジョン・バーガーの著作を論じている別の分析については、次を参照のこと。Bruce Robbins, "Feeling Global: John Berger and Experience," in *Postmodernism and Politics*, ed. Jonathan Arc (Minneapolis, 1986). 経験についての文化人類学面での論争は次のもので論じられている。James Clifford, *The Predicament of Culture: Twentieth-Century Ethnography, Literature, and Art* (Cambridge, Mass., 1988), chap.1.

(3) 別の例として次を参照のこと。"The Demise of Experience: Fiction as Stranger than Truth ?" in Alice A. Jardine, *Gynesis: Configurations of Woman and Modernity* (Ithaca, 1985).

(4) Joan W. Scott, "The Evidence of Experience," *Critical Inquiary* 17.4 (Summer 1991): 797.

(5) Elizabeth J. Bellamy and Artemis Leontis, "A Genealogy of Experience: From Epistemology to Politics," *Yale Journal of Criticism* 6.1 (Spring 1993). 一九六〇年代に、反精神医学の立場のR・D・レインがラディカルな「社会的現象学」をあらわす鍵概念として「経験の政治学」という用語を用いた。かれの次のものを参照のこと。R. D. Laing, *The Politics of Experience and The Bird of Paradise* (London, 1968)〔レイン『経験の政治学』笠原嘉ほか訳、みすず書房、一九七三年〕.

(6) Bellamy and Leontis, "A Genealogy of Experience," 171.

(7) Ibid., 180.

(8) Jacques Derrida, *Of Grammatology*, trans. Gayatri Chakravorty Spivak (Baltimore, 1976), 60〔デリダ『根源の彼方に――グラマトロジーについて』(上・下) 足立和浩訳、現代思潮社、一九七二年〕.

(9) Louis Althusser, *Lenin and Philosophy and Other Essays*, ed. Ben Brewster (New York, 1971), 223〔アルチュセール『レーニンと哲学』西川長夫訳、人文書院、一九七〇年〕.

(10) Jean-François Lyotard, *The Differend: Phrases in Dispute*, trans. Georges Van Den Abbeele (Minneapolis, 1988), 45 and 88〔リオタール『文の抗争』陸井四郎ほか訳、法政大学出版局、一九八九年〕. 経験についてのヘーゲル的読解をリ

オタールがそのまま採用していることから、それとなくマルティン・ハイデガーの『ヘーゲルの経験概念』〔Martin Heidegger, *Hegel's Concept of Experience* (New York, 1970)〕〔『杣径』(『ハイデッガー全集』第五巻、創文社) のなかに「ヘーゲルの経験概念」が収められている〕が思い合わされる。ハイデガーのその著作では、弁証法的現象学という企図全体において経験概念が中心になっていることがつぶさに注解されているわけである。経験に向けられたポスト構造主義によるいろいろな異議の多くは――たとえば、見た目の疎外のプロセスのあとに自己へと現前する主体としての主観性という強力な観念に経験が依存していること、意識と科学とを仲介するにおいて経験が必須の役割をもっていること、への異議は――、ハイデガーによるヘーゲル注釈に先取りされている。

(11) ブーバーの体験神秘主義〔*Erlebnismystik*〕について次を参照のこと。Paul Mendes-Flohr, *From Mysticism to Dialogue: Martin Buber's Transformation of German Social Thought* (Detroit, 1989), chap. 3. ブーバーの語彙ではエアファールンクは、感覚所与によって生み出される世界への認識、すなわちカントの言う、世界についての総合的先験的判断を意味し、一方、エアレープニスはもっと感情的であり全人的である意味をもっていた。経験のその二つの概念をめぐるベンヤミンによるまことにさまざまな議論についての文献は多岐にわたっている。その論点をわたしが論じたものとして、本書第四章「主体なき経験――ヴァルター・ベンヤミンと小説」を参照のこと。

(12) たとえば、ベラミーとリオンティスの次の文献における、ベンヤミンのエアファールンク称賛についての批判を参照のこと。Bellamy and Leontis, "A Genealogy of Experience," 169. 同じような批判を『救いの文化』においてベルサーニがしている〔Leo Bersani, *The Culture of Redemption* (Cambridge, Mass., 1990)〕。かれはその本でベンヤミンについてこう書いている。「ベンヤミンのいっさいの思考の背後にあるいろいろな論理的仮定、すなわち失われた全体性・堕ちた存在にかかわるいろいろな仮定のなかに経験を置くのでなければ、ベンヤミンの言っていることのほとんどはなんの意味もない――そして、そのことは、エアレープニスとエアファールンクとの区別にかれがどこまでもこだわることについて、とくに言えることである」(五三頁)。

(13) そういう観点があてはまるもうひとりがフィリップ・ラクー＝ラバルトであるだろう。詩人パウル・ツェランを論じているかれの本、Philippe Lacoue-Labarthe, *La poésie comme expérience* (Paris, 1986)〔ラクー＝ラバルト『経験としての詩』谷口博史訳、未來社、一九九七年〕は、エアレープニスに対立するものとしてのエアファールンクの意味で経験という言葉を積極的に用いている。危険 *Periculum* という語と同じ語根が入っているラテン語 *experiri* という語の語源を強調しつつ、ラクー＝ラバルトはエアファールンクの意味で経験という言葉を用いているのである。「経験は初めから、またまずまちがいなく自分を危険なところに置く」（三一頁）とかれは述べている。その観点があてはまるもうひとりとしてモーリス・ブランショがいる。かれの一九四一年の『謎の男トマ』〔ブランショ「謎の男トマ」菅野昭正訳、『ブランショ小説選』（書肆心水、二〇〇五年）所収〕は、バタイユの『内的経験』をそっくりそのまま小説にしたものだと言われることがあった。たとえば、次を参照のこと。Michel Surya, *Georges Bataille: La Mort à l'œuvre* (Paris, 1987), 315〔シュリヤ『G・バタイユ伝』西谷修ほか訳、河出書房新社、一九九一年〕. フィリップ・ソレルスもあてはまるかもしれない。かれの『書くことと限界の経験』Philippe Sollers, *Writing and the Experience of Limits*, ed. David Hayman, trans. Philip Barnard and David Hayman (New York, 1983) はかなりの程度バタイユの影響を受けている著作である。ジャック・ラカンも、ある種の経験概念に明確な考え方をもっているポスト構造主義者ととらえていいだろう。その点については次を参照のこと。François Regnault, "Lacan and Experience," in *Lacan and the Human Sciences*, ed. Alexander Leupin (Lincoln, Neb., 1991).

(14) デューイのプラグマティズムをふまえて、その袋小路を突破しようとする最近の試みとして次を参照のこと。Timothy V. Kaufman-Osborne, "Teasing Feminist Sense from Experience," *Hypatia* 8.2 (Spring 1993).

(15) Michael Foucault, *The Archaeology of Knowledge and the Discourse on Language*, trans. A. M. Sheridan Smith (New York, 1972)〔フーコー『知の考古学』中村雄二郎訳、河出書房新社、一九八一年〕. 訳者のスミスは expérience を experiment〔実験〕と訳している。たしかにフランス語では expérience に experiment の意味があるが、しかし experience としたほうがやはり良かった。というのも、狂気と名づけられる原初の不定形な意識状態、その本が取り戻したいと願っているその意識状態をフーコーは expérience としているからである。次の本の序文を参照のこと。Michael Foucault, *Madness and Civilization: A History of Insanity in the Age of Reason*, trans. Richard Howard (New York, 1965)〔フーコー『狂気の歴史』田村淑訳、新潮社、一九七五年〕. その序文でフーコーは狂気を「未分化の経験、分割それ自体についてのいまだ分割していない経験」ととらえている。フーコーが経験概念を捨てたように見えたことで、一九六三年以後「人は『経験』という概念が完全に消失した事態にぶつかった」と言う評者がいるし（Allan

Megill, *Prophets of Extremity: Nietzsche, Heidegger, Foucault, Derrida* [Berkeley, 1985], 202)、フーコーが行なったことで重要なのは「現象学を認識論に転換した」ことであり、「いっさいのものが知であり、だからこそ、『野蛮な経験』などというものはないというか、知より劣ったものもなければ知より優れたものもないのである」と言う評者がいることになる（Gilles Deleuze, *Foucault*, trans. Seán Hand [Minneapolis, 1986], 109〔ドゥルーズ『フーコー』宇野邦一訳、河出書房新社、一九八七年〕）。フーコーについてのそういう読み方の源泉のひとつは、ガストン・バシュラールやジョルジュ・カンギレムのフランス科学哲学にフーコーが影響を受けているそのことである。経験主義の伝統におけるバシュラール、カンギレムによる経験への批判と、その批判のフーコーへの影響については、次を参照のこと。Dominique Lecourt, *Marxism and Epistemology: Bachelard, Canguilhem and Foucault*, trans. Ben Brewster (London, 1975). しかしながら、初期のフーコーにおける経験の意味についての別の解釈について、次を参照のこと。David Carroll, *Paraesthetics: Foucault, Lyotard, Derrida* (New York, 1987). キャロルの見立てによれば、『秩序の未経験の存在』と『狂気の存在』が経験にいろいろな限界があることの証拠になり、その二つは経験そのものとしては経験されえない、ということをフーコー自身の視点で考えることですら可能であるかもしれない。であれば、フーコーの謎めいた『経験』概念はじつは非経験である。わたしならそれを準経験と言いたい」（一九五頁）。言い換えれば、フーコーは素朴な現象学的経験概念を考えたことはなかったことになる。

(16) Michael Foucault, "How an 'Experience-Book' is Born," in *Remarks on Marx: Conversations with Duccio Trombadori*, trans. R. James Goldstein and James Cascaito (New York, 1991), 27.

(17) Ibid., 31.

(18) Ibid.

(19) Ibid., 36.

(20) Ibid., 8.

(21) Ibid., 40.

(22) ここでわたしはフロイトの *sekundäre Bearbeitung* という概念を借りている。これは「二次改訂」〔secondary revision〕とも訳される。夢の脈絡のないそのままの中身を、めざめたときに意味をもっている語りに加工する夢のメカニズムを、「二次加工」というわけである。

(23) James Miller, *The Passion of Michel Foucault* (New York, 1993)〔ミラー『フーコー——情熱と受苦』田村淑ほか訳、筑摩書房、一九九八年〕. また、ミラーの論文「伝記的視点におけるフーコーの政治学」〔"Foucault's Politics in Biographical Perspective"〕をふくむ、以下の人びとの論文をも参照のこと。Lynn Hunt, Richard Rorty, Alasdair MacIntyre and David M. Halperin in *Salmagundi* 97 (Winter 1993).

(24) Miller, "Foucault's Politics in Biographical Perspective," 42.

(25) Alexander Nehamas, *Nietzsche: Life as Literature* (Cambridge, Mass., 1985)〔ネハマス『ニーチェ——文学表象としての生』湯浅弘ほか訳、理想社、二〇〇五年〕. ネハマスによれば、ニーチェは「自分の経験と行動を取り込むプロセス、とぎれることなく連続しておりたえず拡大しているそのプロセスに従事した。すなわち、自分自身への責任を引き受けることをニーチェは『自由』と呼んだのだが、その『自由』を容れる器量を大きくするプロセスにニーチェは従事した」(一九〇—九一頁)。ミラーのもうひとりのモデルはジャン・スタロバンスキーである。そのスタロバンスキーも、ジュネーヴ学派が展開した現象学的方法を採って、さまざまなテクストと生とをひとつの一貫した企図ととらえているわけである。ジュネーヴ学派の経験を扱う手続き・仮説を論じているものとして次を参照のこと。Sarah Lawall, *Critics of Consciousness: The Existential Structures of Literature* (Cambridge, Mass., 1968). ラウォルによれば、ジュネーヴ学派の人たちは「ひとつの一貫した経験を言語に書き換えたものが文学」と見ている (viii)。

(26) Miller, *The Passion of Michel Foucault,* 30.

(27) Ibid., 87. アラスデア・マッキンタイアはこう述べている。「一九世紀ロマン主義から派生した極端な経験を崇拝する傾向はかならずしもニーチェの企図になじむものではない。……極端な経験がニーチェ主義の人たちの用法にどう応用されているかは明確[ではない]。ニーチェ主義の人たちがもったと思われる経験とはまるで異なるさまざまな経験に時間をさかのぼってひとつの意味を割り振る作業をすれば明確になるが、そうでなければどう応用されているかは明確ではないのである。つまるところ、ツァラトゥストラがサド・マゾヒズムの方向にわたしたちを招いているとは思われない」(Alasdair MacIntyre, "Miller's Foucault, Foucault's Foucault," *Salmagundi* 97 [Winter 1993] : 56.)

(28) Miller, *The Passion of Michel Foucault,* 88. この本で、ミラーはバタイユの『エロティシズム』と、フーコーの『言

葉と物』から引用している。Bataille, *Erotism: Death and Sensuality*, trans. Mary Dalwood (San Francisco, 1986), 23, and 116〔バタイユ『エロティシズム』渋澤龍彦訳、二見書房、一九七三年、『ジョルジュ・バタイユ著作集』第七巻〕; Foucault, *Les Mots et les choses* (Paris, 1966), 395〔フーコー『言葉と物』渡辺一民ほか訳、新潮社、一九七四年〕.

(29) ただし、そこには大きな違いがあって、それはヘーゲル的弁証法の解釈がエアファールンクの合理的位相を強調するのにたいして、ミラーのその解釈はその位相に頓着することがない点である。

(30) Miller, *The Passion of Michel Foucault*, 7.

(31) Ibid., 156. ここでミラーは、あたうかぎり寛容であろうとしつつ、因習的で否定されるべきステレオタイプ的サド・マゾヒズムを乗り越えようとしながら、しかし同時に、サド・マゾヒズムをまるで切手収集のように日常的なものととらえている。

(32) Ibid., 265.

(33) その引きこもりを、フランシス・マルマンドはバタイユの行動における「根本的断絶」ととらえている。次を参照のこと。Francis Marmande, *Georges Bataille Politique* (Lyon, 1985), 8.

(34) Bataille, *Inner Experience*, trans. Leslie Anne Boldt (Albany, N. Y., 1988)〔バタイユ『内的体験』出口裕弘訳、現代思潮社、一九七八年〕.『無神学大全』のほかの二巻は『有罪者』(*Le Coupable*, Paris, 1944)〔出口裕弘訳、現代思潮社、一九六七年〕と『ニーチェについて』(*Sur Nietzsche*, Paris, 1945)〔酒井健訳、現代思潮社、一九九二年〕である。ピエール・プレヴォによれば、「バタイユ自身の初めての『内的経験』は第二次大戦勃発のすぐあとにやってきた。パリで夜、自宅近くを歩いていて、雨がふりやんでいたのに傘が開いた。『それで、かれは笑いはじめた。高笑いして、傘を放してしまい、傘が顔にかぶさった。たちまちわけのわからぬ忘我状態に陥った。……その夜だった、かれの言う「内的経験」を発見したのは』」〔Prévost, *Rencontre Georges Bataille* [Paris, 1987], 74〕。

(35) Allan Stoekl, *Agonies of the Intellectual: Commitment, Subjectivity, and the Performative in the 20th-Century French Tradition* (Lincoln, Neb., 1992). その解釈は、のちのテクスト、たとえば『エロティシズム』において「主観的」、「経験」といった概念が前面に出てくる(三二一―三五頁)ことでお墨つきをあたえられる。しかしそのテクストにおいてもバタイユは、「さなぎの殻を破ってから、自分に抗う外の物を破るのではなく、自分自身を破るような感覚をもつ瞬間に、人は内的経験をもつにいたる」と述べている（三九頁）。

（36） Denis Hollier, *Against Architecture: The Writings of Georges Bataille,* trans. Betsy Wing (Cambridge, Mass., 1989), 45.

（37） Bataille, *Inner Experience,* 3-9. しかし、バタイユの次の発言を参照のこと。「神秘的経験の可能性――どういう相貌においてであれ、無信仰の人たちに用意されているあの可能性――を、いろいろなその宗教的先例から人は解き放つことができるものであろうか？　教条の苦行や宗教の雰囲気からその可能性を解き放つことができるか？　つまり、――裸形の無知にその可能性をつなぐところまで――神秘主義からその可能性を解き放つことができるのか？」（一六九頁）　しかしながら、あとのいろいろなテクストでは、バタイユはその問いを忘れてしまっているように見えると言わざるをえない。たとえば、『文学と悪』においてエミリー・ブロンテを考察しているところ（*Literature and Evil,* trans. Alastair Hamilton, New York, 1973), 14-15〔山本功訳、ちくま学芸文庫、一九九八年〕、あるいは『エロティシズム』（二三頁）では、その問いを忘れているように見える。

（38） Jacques Derrida, *Writing and Difference,* trans. Alan Bass (Chicago, 1978), 272〔デリダ『エクリチュールと差異』（上・下）阪上脩ほか訳、法政大学出版局、一九八三年〕.

（39） レベッカ・コーメイが、バタイユが失楽園という懐古的なレトリックを持ち出している一節をかなりの数取り上げている。彼女の次の文献を参照のこと。Rebecca Comay, "Gifts without Presents: Economics of 'Experience' in Bataille and Heidegger," *Yale French Studies* 78 (1990): 78.

（40） プレヴォによれば、バタイユは内的経験と忘我《エクスタシー》との関係を解明しようとした――ただし、プレヴォの見るところ、存分な解明にはいたらなかった。その二つの概念を単純に等価なものと見なすことへのバタイユの反感は、宗教的忘我《エクスタシー》は神との合一を目指すのにたいして、内的経験はその合一を否定する、という点をふまえて生まれている。次を参照のこと。Prévost, *Rencontre Georges Bataille,* 78. 同じ理由で、バタイユは神秘《ミスティック》という用語になじめない気持ちをもっていた、とプレヴォは見ている（一五三頁）。

（41） Bataille, *Inner Experience,* xxxii. バタイユはまたブランショの言う精神的生活〔spiritual life〕、「救いの欠如に、あらゆる希望の断念に、その原理と目的」（一〇二頁）をもっている精神的生活に賛成を示してもいる。

（42） Ibid., 8.『エロティシズム』においてバタイユは、ヘーゲルの体系は「いろいろな概念を寄せ集めるのだが、同時に寄せ集められた諸概念を経験から切り離している。それはどうやらかれの野心のようだ。というのも、ヘーゲルの思惑では直接的なものは悪であるからで、わたしの言う経験をヘーゲルなら直接的なものとかならずや同一視したことだろう」(二五五頁)。

(43) バタイユはさらにこうまで言っている。「内的経験は不定形の理性に導かれる。理性のみが内的経験の作用を元に戻す力をもっている。内的経験が組み立てたものを放り出す力は理性のみがもっている。……理性に支えてもらわなければ、わたしたちは『暗い白熱』にたどり着くことはない」(*Inner Experience*, 46-47.)

(44) Bataille, *Erotism*, 260.

(45) Bataille, *Inner Experience*, 22.〔原著ではここは *Erotism* となっているが、著者の誤認と思われる〕

(46) バタイユにおける至高性＝主権〔sovereignty〕という用語の特殊な使い方については、わたしの次の文献を参照のこと。Jay, "The Reassertion of Sovereignty in a Time of Crisis: Carl Schmitt and Georges Bataille" in *Force Fields: Between Intellectual History and Cultural Critique* (New York, 1993)〔ジェイ『力の場』今井道夫ほか訳、法政大学出版局、一九九六年〕.

(47) Jean-Michel Heimonet, *Négativité et communication* (Paris, 1990), 95.

(48) Bataille, *Inner Experience*, 46.

(49) 当然のことながら、サルトルはその有名な『内的経験』批判のなかで、この議論をことに問題ありととらえたであろう。というのは、この議論は、内的経験というテーマにたいしてありえぬ外的な視点をひとつしつらえ、志向性の力を軽視し、ハイデガーの言う「ひと(Das Man)」の非本来性に価値をあたえることで、内的経験がもっている未来に向いた時間の流れを認識できないことになるからだ。次を参照のこと。Jean-Paul Sartre, "Un Nouveau Mystique," *Cahiers de Sud* (Paris, 1947). サルトル/バタイユ論争についての信頼できる分析について、次を参照のこと。Michele H. Richman, *Reading Georges Bataille: Beyond the Gift* (Baltimore, 1982), chap. 5. 著書『内的経験』を総体的に論じている文献として、次を参照のこと。Surya, *Georges Bataille*, 332-39.

(50) ユンガーのその本は一九三四年に『わたしたちの母なる戦争』〔*La guerre notre mère*〕の書名で仏訳されているから、バタイユの軍隊観にその本が影響を及ぼしたことも考えられる。バタイユの一九三八年の講演「軍隊の構造と機能」

("The Structure and Function of the Army," in *The College of Sociology,* ed. Denis Hollier, trans. Betsy Wing, Minneapolis, 1988), 138〔オリエ編『聖社会学』兼子正勝ほか訳、工作舎、一九八七年〕についてのドゥニ・オリエの解説文を参照のこと。一九四一年にバタイユが書いたいくつかのノートをオリエは収録している。それらのノートではバタイユは、一九三九年の「死を前にしての歓喜の実践」のような初期のテクストにおいて明らかであった戦争との積極的な一体感から距離をとっている。その「死を前にしての歓喜の実践」は次の文献に再録されている。"The Practice of Joy before Death," in *Visions of Express: Selected Writings,* 1927-1939, ed. Allan Stoekl (Minneapolis, 1985)〔『死を前にしての歓喜の実践』生田耕作訳、奢覇都館、一九七七年〕。コーメイが、バタイユの立場とエアレープニスという概念との隔たり、そしてユンガーにおける同じ隔たりを的確に指摘している。次を参照のこと。Comay, "Gifts without Presents," 84.

(51) Bataille, "Formless," in *Visions of Excess,* 31. 同じ議論が、『文学と悪』においてジャン・ジュネ(および、ジュネを聖人にしようとするサルトルの試み)をバタイユが批判しているところに見られる。バタイユは、積極的で自足した至高性をわがものにしようとする無益な試みをするジュネを攻撃している。その至高性は、他人たちと交流することを不可能にするような純粋なる存在という様態そのものである。

(52) Bataille, *Inner Experience,* 13.

(53) Ibid., 7.

(54) Ibid.

(55) Foucault, "A Preface to Transgression," in *Language, Counter-Memory, Practice: Selected Essays and Interviews,* ed. Donald F. Bouchard (Ithca, 1977), 36.

(56) Kristeva, "Bataille, l'expérience et la pratique," 290. 一九七二年のこの論文は基本的に、毛沢東主義政治を目指してバタイユの反ヘーゲル的経験概念を採用しようとするアルチュセール的観点から書かれている。ラカンとバタイユとの関係についてはさらに次の文献を参照のこと。Carolyn J. Dean, *The Self and Its Pleasures: Bataille, Lacan, and the History of the Decentered Subject* (Ithca, 1992). ラカン、バタイユの視覚への関心を分析したものとして次を参照のこと。Martin Jay, *Downcast Eyes: The Denigration of Vision in Twentieth-Century French Thought* (Berkley, 1993).

(57) さらにクリステヴァは次のように述べている。「経験は力についての論争の場所であるから、すなわち力をもった主体（この主体を、社会は、とくに西洋社会は常々考えて目指してきたのだが）ではなく自由に異議申し立てする主体が形成される場所であるから、その経験は『内部』を大きく越えるいろいろな効果をもっている」("Bataille, l'expérience et la pratique," 287)。

(58) Bataille, *Inner Experience*, 27.

(59) バタイユはプレヴォに次のように述べている。「かくて経験はまずもって、経験を生きている主体からも、経験が発見する客体からも分離したものとして設定される。経験は主体と客体を問いのなかに入れることである。しかし、それはわたしという存在の経験という問題でないのは明らかである。だから、経験はまずもって存在のいろいろな限界を、とくに特定のその存在が自分を発見する孤絶状況のいろいろな限界を、問いのなかに入れることである」(*Rencontre Georges Bataille*, 104)。

(60) Bataille, *Literature and Evil*, 170.

(61) Comay, "Gifts without Presents," 85.

(62) Lacoue-Labarthe, *La poésie comme expérience*, 30.「荒海で自分の運を自由に試す海賊のように身をさらされること」をふくむ、危険と経験とのつながりをさらに論じている文献として次を参照のこと。Jean-Luc Nancy, *The Experience of Freedom*, trans. Bridget McDonald (Stanford, 1993), 20〔ナンシー『自由の経験』澤田直訳、未來社、二〇〇〇年〕.

(63) Jean-Luc Nancy, *The Inoperative Community*, ed. Peter Connor, trans. Peter Connor, Lisa Garbus, Michael Holland, and Simona Sawhney (Minneapolis, 1991)〔ナンシー『無為の共同体』西谷修ほか訳、以文社、二〇〇一年〕. ナンシーの著作を考察している文献として次を参照のこと。The Miami Theory Collective, eds., *Community at Loose Ends* (Minneapolis, 1991).

(64) Nancy, *The Inoperative Community*, 21.

(65) Ann Smock, translator's footnote to Maurice Blanchot, *The Writing of the Disaster*, trans. Ann Smock (Lincoln, Neb., 1986), 148. 彼女スモックは怠惰〔idleness〕、不活発〔inertia〕との近似性にもふれている。

(66) Nancy, *The Inoperative Community*, 19.

（67） Ibid., 15. 自我という概念をナンシーは、永遠の統一性にあるその実質と一致している主体、つまりヘーゲル的主体、という強い意味で用いている。

（68） ナンシーがこう述べている。「すなわち、コミュニケーションという言葉の意味に加えられる永遠の暴力という型に従って、わたしはバタイユの用法で『コミュニケーション』という言葉を使う。その言葉は主体性ないし相互主体性を含意しているという理由、その言葉はメッセージや意味を伝達することを意味しているという理由、の二つの理由からである。厳密に言えば、この言葉は筋が通らない。その言葉は『コミュニティ』と共鳴する部分があるからわたしはこの言葉を使うけれども、この言葉に『共有すること《シェアリング》』という言葉を重ねて（しばしば置き換えて）使うことにする」（一五七頁）。コミュニケーションにかかわるハーバーマスとバタイユの比較にさらにふみこんだ分析については次を参照のこと。Heimonet, *Négativité et communication*.

（69） フロイトの用語が「二次加工〔Secundäre Bearbeitung〕」であったことを想起されたい。無為の共同体〔communauté désœuvrée〕が否定する労働《ワーキング》という概念そのものを発動させるのがフロイトの「二次加工」である。

（70） Nancy, *The Inoperative Community*, 21.

（71） Nancy, *The Experience of Freedom*, 87.

（72） Ibid., 95.

（73） Jürgen Habermas, *The Philosophical Discourse of Modernity: Twelve Lectures*, Frederick Lawrence (Cambridge, Mass., 1987), 236〔ハーバマス『近代の哲学的ディスクルス』（1・2）三島憲一ほか訳、岩波書店、一九九〇年〕.

（74） Barbara Herrnstein Smith, *Contingencies of Value: Alternative Perspectives for Critical Theory* (Cambridge, Mass., 1988), 137f. そういう強制力を扱うバタイユの戦略を考察したものとして、次の文献を参照のこと。Steven Connor, *Theory and Cultural Value* (Oxford, 1992), 71-80.

（75） Richard Wolin, *The Terms of Cultural Criticism: The Frankfurt School, Existentialism, Poststructuralism* (New York, 1992), 14.

第六章　ソヴィエト連合に権力をあたえるな

（1）確実に言えることだが、レーニンは一九一七年の『国家と革命』において評議会という観点から「プロレタリア独裁制」をみずから定義した。この本では、パリ・コミューンという経験がブルジョワ議会制国家の代わりになるモデルとして挙げられている。しかしかれは、評議会は連合的に組織されるのでなく中央集権的に組織されることになると強調している。そういう組織が、かれがかつて権力を想定していた独裁制とはまったく異なる独裁制にいたる門を開く、というわけである。

（2）そうしたさまざまな状況におけるいろいろな評議会を歴史的に跡づけた文献として以下を参照のこと。Oskar Anweiler, *Die Rätebewegung in Russland, 1905-1921* (Leiden, 1958), and "Die Räte in der ungarischen," in *Osteuropa* 8 (1958); Branko Pribicevic, *The Shop Stewards' Movement and Workers' Control* (Oxford, 1959); and F. L. Carsten, *Revolution in Central Europe, 1918-1919* (Berkeley, 1972).

（3）メシア的ユダヤ思想との関連で「救いの」衝動を分析している最近の文献として次を参照のこと。Michael Löwy, *Rédemption at Utopia: Le judaïsme libertaire en Europe centrale* (Paris, 1988).

（4）Russell Jacoby, *Dialectic of Defeat: Contours of Western Marxism* (Cambridge, 1981), 77.

（5）たとえば以下の文献における分析を参照のこと。George Konrád and Ivan Szelényi, *The Intellectuals on the Road to Class Power: A Sociological Study of the Role of the Intelligentsia in Socialism*, trans. Andrew Arato and Richard E. Allen (New York, 1979), 175 ; and Ferenc Fehér and Agnes Heller, *Eastern Left, Western Left: Totalitarianism, Freedom and Democracy* (Oxford, 1987), 224.

（6）たとえば、『革命について』におけるアーレントの評議会への賛辞を参照のこと。Arendt, *On Revolution* (New York, 1963)〔アレント『革命について』志水速雄訳、ちくま学芸文庫、一九九五年〕.

（7）左翼のいろいろな運動目標のために共同体を求める願いを役立てようとする試みとしては、無政府主義者のグスタフ・ランダウアー〔ドイツの政治家・社会主義者（一八七〇―一九一九年）〕の試みがたぶんたいへんわかりやすいものであったろう。次を参照のこと。Eugene Lunn, *Prophet of Community: The Romantic Socialism of Gustav Landauer* (Berkeley, 1973). ランダウアーの同盟《ブント》という考えは、それがすべての社会組織に開かれ、すべての反都市化・反産業化の流れに開かれていたことを勘案すれば、労働者評議会それ自体とは異なるものであった。

（8）しかしながら、かならずしもすべての評議会主義コミニュストが評議会《ソヴィエト》と党の二重権力という理念を捨てたわけではなかった。たとえばヘルマン・ホルテル〔オランダの文学者・社会運動家（一八六四—一九二七年）〕は、党を評議会のなかに吸収するべきとしたオットー・リューレのような人びとに反対し、党の役割を擁護した。次の分析を参照のこと。Mark Shipway, "Council Communism," in *Non-Market Socialism in the Nineteenth and Twentieth Centuries* ed. Maximilien Rubel and John Crump (London, 1987), 120f.

（9）「連帯」が一〇年前にグダニスクで旗揚げされたとき、その要求のなかに「労働者評議会」の設置がふくまれていた。次の文献を参照のこと。Stanislaw Starski (pseudonym for Slawomir Magala), *Class Struggle in Classless Poland* (Boston, 1982), 146f. しかし近年で見れば、より抜本的な経済的政策がいくつも打ち出されて、強力な労働者の自主管理の余地はほとんどなくなったように思われる。

（10）それらの議論を簡潔に要約しているものとして次を参照のこと。David Held, *Models of Democracy* (Stanford, 1987)〔ヘルド『民主政の諸類型』中谷義和訳、御茶の水書房、一九九八年〕.

（11）Norberto Bobbio, *Which Socialism ?: Marxism, Socialism, Democracy*, ed. Richard Bellamy, trans. Roger Griffen (Minneapolis, 1987), 36f. いろいろな問題を論じながらボッビオは、国際国家体制の重要性がいまだ消失していないがゆえに、なんらかの程度に集権化されている国家機能が存続することが必要であると述べている。

（12）たとえば次を参照のこと。Issac D. Balbus, *Marxism and Domination: A Neo-Hegelian, Feminist, Psychoanalytic Theory of Sexual, Political, and Technological Liberation* (Princeton, 1982), 122f.

（13）次を参照のこと。Mark Poster, *The Mode of Information: Poststructuralism and Social Context* (Chicago, 1990)〔ポスター『情報様式論』室井尚ほか訳、岩波現代文庫、二〇〇一年〕.

（14）この問題を分析している文献として次を参照のこと。Paul Smith, *Discerning the Subject* (Minneapolis, 1988).

（15）Ernesto Laclau and Chantal Mouffe, *Hegemony and Socialist Strategy: Towards a Radical Democratic Politics*, trans. Winston Moore and Paul Cammack (London, 1985)〔ラクラウ／ムフ『ポスト・マルクス主義と政治——根源的民主主義のために』山崎カヲルほか訳、大村書店、一九九二年〕. 正統的マルクス主義からの反応として次を参照のこと。Ellen

Meiksins Wood, *The Retreat from Class: A New "True" Socialism* (London, 1986).

第七章 クリスタ・ヴォルフなんか恐くない

(1) Günter Grass, "Nötige Kritik oder Hinrichtung ?" interview with *Der Spiegel*, no. 29 (1990): 143.

(2) Cited in Ulrich Greiner, "Dumm & dümmlich," *Die Zeit*, July 20, 1990.

(3) Christa Wolf, "Stell dir vor, es ist Sozialismus, und keiner geht weg," November 4, 1989, printed in *Die Taz* (Berlin), November 2, 1989.

(4) Cited in Nigel Hamilton, *The Brothers Mann: The Lives of Heinrich and Thomas Mann, 1871-1950 and 1875-1955* (New Haven, 1978), 335.

(5) Wolf, "Der Schatten eines Traumes," foreword to Karoline von Günderrode, *Der Schatten eines Traumes*, ed. Christa Wolf (Berlin, 1979); "Nun ja ! Das nächste Leben geht aber heute an. Ein Brief über Bettina," afterword to Bettina von Arnim, *Die Günderrode* (Leipzig, 1980). フェミニズムのテクストになっているだけでなく、彼女のそれらのエッセイはロマン主義にかかわる東ドイツの公式の文学政策にたいして衝突することにもなった。

(6) Wolf, "Culture Is What You Experience — An Interview with Christa Wolf," *New German Critique* 27 (Fall 1982): 94.

(7) Ulrich Greiner, "Keiner is frei von Schuld," *Die Zeit*, August 3, 1990, 1.

(8) たとえば以下の文献を参照のこと。Paul Piccone, "The Changing Function of Critical Theory," *New German Critique* 12 (Fall 1977): 29-37 ; Tim Luke, "Culture and Politics in the Age of Artificial Negativity," *Telos* 35 (Spring 1978): 55-72.

(9) Gerald Graff, "Co-optation," in *The New Historicism*, ed. H. Aram Veeser (New York, 1989), 173〔ヴィーザー編『ニュー・ヒストリシズム』伊藤詔子訳、英潮社、一九九二年〕.

第八章 ポストモダンのファシズムか?

(1) Ernst Nolte, *Martin Heidegger: Politik und Geschichte im Leben und Denken* (Berlin, 1992).

(2) Ernst Nolte, *Three Faces of Fascism,* trans. Leila Vennewiz (New York, 1965).
(3) 次の書評を参照のこと。Klaus Epstein, "A New Study of Fascism," in *Reappraisals of Fascism,* ed. Henry A. Turner, Jr. (New York, 1975).
(4) George Lichtheim, "The European Civil War," *New York Review of Books,* February 3, 1966 ; reprinted in *The Concept of Ideology and Other Essays* (New York, 1967), 237.
(5) Saul Friedländer, "From Anti-Semitism to Extermination," in *Unanswered Questions: Nazi Germany and the Genocide of the Jews,* ed. François Furet (New York, 1989), 7.
(6) Nolte, *Three Faces of Fascism,* 40.
(7) Ibid., 38.
(8) Ibid., 537.
(9) Ibid., 537.
(10) Wolfgang Sauer, "National Socialism: Fascism or Totalitarianism," in Turner, *Reappraisals of Fascism,* 103.
(11) Nolte, *Three Faces of Fascism,* 567.
(12) Fredric Jameson, *Postmodernism: Or, the Cultural Logic of Late Capitalism* (Durham, N. C., 1991). この議論を展開させたものとして、次の文献におけるわたしの書評を参照のこと。*History and Theory* 32.3 (1992).
(13) Fredric Jameson, *Fables of Aggression: Wyndham Lewis, the Modernist as Fascist* (Berkeley, 1979), 14.

第九章　教育者たちを教育する

(1) Kurt Tucholsky,"Wir Negativen," *Die Weltbühne* 15 (March 13, 1919), reprinted in *Manifeste und Dokumente zur deutschen Literatur 1918-1933,* ed. Anton Kaes (Stuttgart, 1983), 36.
(2) J. P. Nettl, "Ideas, Intellectuals, and Structures of Dissent," in *On Intellectuals,* ed. Philip Rieff (New York, 1969).
(3) Andrew Ross, *No Respect: Intellectuals and Popular Culture* (New York, 1989), 213.
(4) Peter Sloterdijk, *Critique of Cynical Reason,* trans. Michael Eldred (Minneapolis, 1987), 546〔スローターダイク『シニ

カル理性批判』高田珠樹訳、ミネルヴァ書房、一九九六年〕.

(5) Greil Marcus, *Lipstick Traces: A Secret History of the Twentieth Century* (Cambridge, Mass., 1989).

第一〇章　美学のアリバイ

(1) Richard Serra, "Art and Censorship," *Critical Inquiry* 17.3 (Spring 1991). 次をも参照のこと。Barbara Hoffman, "Law for Art's Sake in the Public Realm," in the same issue.

(2) Serra, "Art and Censorship," 575.

(3) Ibid., 576. この言葉は、セアラが主張した芸術家の「道徳権」を保護すべく、エドワード・ケネディ上院議員が提出した法案に入っていた言葉である。この法案は「視覚芸術権利条項」として一九九〇年一〇月に通過した。その詳細と意義については、次を参照のこと。Hoffman, "Law for Art's Sake," 568f.

(4) 圧力が左派につながった実例として、女性用下着をつけている故シカゴ市長ハロルド・ワシントンをデイヴィッド・ネルソンが写真に撮った件についての一九八八年五月の論議が挙げられる。その写真は、それが出品されていた学生の展覧会から市当局によって押収され、ずたずたに切り刻まれて返還された。

(5) Jean-François Lyotard, *The Differend: Phrases in Dispute*, trans. Georges Van Den Abbeele (Minneapolis, 1988)〔リオタール『文の抗争』陸井四郎ほか訳、法政大学出版局、一九八九年〕.

(6) M. H. Abrams, "Art-as-Such: The Sociology of Modern Aesthetics," in *Doing Things with Texts: Essays in Criticism and Critical Theory*, ed. Michael Fischer (New York, 1989).

(7) Wilde as quoted in Ernest Raynaud, *Souvenirs sur le symbolisme* (Paris, 1895), 397.

(8) わたしが挙げたエイブラムズの論文に加えて以下の文献を参照のこと。Terry Eagleton, *The Ideology of the Aesthetic* (Cambridge, Mass., 1990)〔イーグルトン『美のイデオロギー』鈴木聡ほか訳、紀伊國屋書店、一九九六年〕; Luc Ferry, *Homo Aestheticus: L'Invention du goût à l'âge démocratique* (Paris, 1990); Howard Caygill, *Art of Judgement* (Cambridge, Mass., 1989).

(9) Pierre Bourdieu, *Distinction: A Social Critique of the Judgment of Taste*, trans. Richard Nice (Cambridge, Mass., 1984)

〔ブルデュー『ディスタンクシオン』(全二冊) 石井洋二郎訳、藤原書店、一九九〇年〕.

(10) Peter Bürger, *Theory of the Avant-Garde,* trans. Michael Shaw (Minneapolis, 1984).〔ビュルガー『アヴァンギャルドの理論』浅井健二郎訳、ありな書房、一九八七年〕

(11) Jacques Derrida, *The Truth in Painting,* trans. Geoff Bennington and Ian McLeod (Chicago, 1987)〔デリダ『絵画における真理』(上・下) 高橋允昭ほか訳、法政大学出版局、一九九七年〕; Philippe Lacoue-Labarthe and Jean-Luc Nancy, *The Literary Absolute: The Theory of Literature in German Romanticism,* trans. Philip Barnard and Cheryl Lester (Albany, 1988); Paul de Man, *The Rhetoric of Romanticism* (New York, 1984)〔ド・マン『ロマン主義のレトリック』山形和美訳、法政大学出版局、一九九八年〕and *The Resistance to Theory* (Minneapolis, 1986)〔『理論への抵抗』大河内昌ほか訳、国文社、一九九二年〕.

(12) この問題が、一九七〇年代末の『グリフ』誌〔*Glyph*〕におけるデリダと言語行為論の学者ジョン・サールとの有名な論争の中心課題であった。

(13) 別のところでも、わたしはこの批判の意味するところと取り組んでいる。次を参照のこと。Jay, "'The Aesthetic Ideology' as Ideology: Or What Does It Mean to Aestheticize Politics ?" in *Force Fields: Between Intellectual History and Cultural Critique* (New York, 1993)〔ジェイ『力の場』今井道夫ほか訳、法政大学出版局、一九九六年〕.

(14) それらの混乱については以下を参照のこと。Maurice Nadeau, *The History of Surrealism,* trans. Richard Howard with intro. by Roger Shattuck (London, 1987), chap. 14〔ナドー『シュールレアリスムの歴史』稲田三吉ほか訳、思潮社、一九九五年〕; and Helena Lewis, *The Politics of Surrealism* (New York, 1988), chap. 6.

(15) André Breton, "The Poverty of Poetry: The Aragon Affair and Public Opinion," in *Selected Writings,* ed. Franklin Rosemont (London, 1989), 77.

(16) Gayatri Chakravorty Spivak, "Criticism, Feminism, and the Institution," in *Intellectuals: Aesthetics, Politics, Academics,* ed. Bruce Robbins (Minneapolis, 1990); Rosi Braidotti, "The Politics of Ontological Difference," in *Between Feminism and Psychoanalysis,* ed. Teresa Brennan (London, 1989).

第一一章　ミメーシスとミメーシス論

（1）Roland Barthes, *S/Z* (Paris, 1970), 145〔バルト『S／Z』沢崎浩平訳、みすず書房、一九七三年〕.

（2）Jacques Derrida, "The Double Session," in *Dissemination*, trans. Barbara Johnson (Chicago, 1981), 245.

（3）Gilles Deleuze and Félix Guattari, *Mille plateaux* (Paris, 1980), 144〔ドゥルーズ／ガタリ『千のプラトー』宇野邦一ほか訳、河出書房新社、一九九四年〕.

（4）Jean-François Lyotard, "On the Strength of the Weak," in Lyotard, *Toward the Postmodern*, ed. Robert Harvey and Mark S. Roberts (Atlantic Highlands, N. J., 1993), 68.

（5）Paul de Man, *The Resistance to Theory* (Minneapolis, 1986), 11〔ド・マン『理論への抵抗』大河内昌ほか訳、国文社、一九九二年〕.

（6）ミメーシスにたいするプラトンの批判とポスト構造主義者たちの批判との比較について次を参照のこと。Christopher Prendergast, *The Order of Mimesis: Balzac, Stendhal, Nerval, Flaubert* (New York, 1986), chap. 1.

（7）Walter Benjamin, "On the Mimetic Faculty," in *Reflections: Essays, Aphorisms, Autobiographical Writings*, ed. Peter Demetz, trans. Edmund Jephcott (New York, 1978)〔『ベンヤミン・コレクション2』ちくま学芸文庫所収〕; "Doctrine of the Similar," *New German Critique* 17 (Spring 1979): 65-69〔ベンヤミン『来たるべき哲学のプログラムについて』道籏泰三訳、晶文社、一九九二年所収〕.

（8）Roger Caillois, *Le mythe et l'homme* (Paris, 1938)〔カイヨワ『神話と人間』久米博訳、せりか書房、一九八三年〕. カイヨワの次のものをも参照のこと。"Mimicry and Legendary Psychasthenia," *October* 31 (Winter 1984): 17-32.

（9）Max Horkheimer and Theodor W. Adorno, *Dialectic of Enlightenment*, trans. John Cumming (New York, 1972), for example, 180-81, 227〔ホルクハイマー／アドルノ『啓蒙の弁証法』徳永恂訳、岩波文庫、二〇〇七年〕.

（10）しかしながら『啓蒙の弁証法』では、『美の理論』のようなのちの著作におけるよりは、ミメーシスのいろいろな曖昧性が強調されている度合いが大きいと言えるだろう。さまざまな解放する契機から、還元する契機を引き離すことがミメーシスにはできないことをアドルノが認識していたとする議論について次の文献を参照のこと。Alexander García Düttmann, *Das Gedächtnis des Denkens: Versuch über Heidegger und Adorno* (Frankfurt, 1991).

(11) Theodor W. Adorno, *Aesthetic Theory*, ed. Gretel Adorno and Rolf Tiedemann, trans. C. Lenhardt (London, 1984), 453, 465〔アドルノ『美の理論』大久保健治訳、河出書房新社、一九八五年〕. しかし、ヘルベルト・マルクーゼはアドルノほど確信をもっていなかった。『美的次元――マルクス主義美学の批判に向けて』においてマルクーゼはこう述べている。「自由の領域はミメーシスを越えたところに存在している。……ミメーシスは現実の再‐提示にほかならない。ミメーシスという束縛は芸術のユートピア的性質と矛盾する」Marcuse, *The Aesthetic Dimension: Toward a Critique of Marxist Aesthetics* (Boston, 1978), 47〔マルクーゼ『美的次元』生松敬三訳、河出書房新社、一九八一年〕. しかしマルクーゼはまた、美的ミメーシスの役割を、過ぎた幸福の記憶を保存することに見出している（六七頁）。のちのユルゲン・ハーバーマスの批判理論では、ミメーシスの役割はかなり手薄なものになっており、ミメーシスという概念があらわれるとき、そのミメーシスはたいていは相互主体的合理性というかれのコミュニケーション概念と不可分のものになっている。たとえば、『ハーバーマスと現代性』〔*Habermas and Modernity*, ed. Richard J. Bernstein (Cambridge, Mass., 1985)〕のなかの「問いと反‐問い」〔"Questions and Counter-Questions"〕におけるハーバーマスの次の発言を参照のこと。「現代芸術はユートピアをひとつ宿している。そして、芸術作品において純化されているミメーシスのいろいろな力が、日常生活におけるバランスがとれて歪みのない相互主体性にかかわるミメーシス的諸関係に共鳴を見出す程度までに、そのユートピアはひとつの現実になる」（二〇二頁）。

(12) Michael Taussig, *Mimesis and Alterity: A Particular History of the Senses* (New York, 1993), 45 ; Fredric Jameson, *Late Marxism: Adorno or the Persistence of the Dialectic* (New York, 1990), 64. ほかの議論として以下を参照のこと。Martin Lüdke, *Anmerkungen zu einer "Logik des Zerfalls": Adorno–Beckett* (Frankfurt, 1981), chap. 5 ; Michael Cahn, "Subversive Mimesis: Theodor W. Adorno and the Modern Impasse of Critique," in *Mimesis in Contemporary Theory: An Interdisciplinary Approach*, ed. Mihai Spariosu (Philadelphia, 1984) ; Karla L. Schultz, *Mimesis on the Move: Theodor W. Adorno's Concept of Imitation* (New York, 1990) ; とりわけ次のものを参照のこと。Josef Früchtl, *Mimesis: Konstellation eines Zentralbegriffs bei Adorno* (Würzberg, 1986).

(13) わずかな例外がフリュヒトルになる。かれはジュリア・クリステヴァのアドルノとの関係に紙幅を割いている。かれの次の文献を参照のこと。Früchtl, *Mimesis*, 181.

(14) たとえば次を参照のこと。David Carroll, *Paraesthetics: Foucault, Lyotard, Derrida* (New York, 1987), 101-5.

(15) Philippe Lacoue-Labarthe, *Typography: Mimesis, Philosophy, Politics*, ed. Christopher Fynsk, introduction by Jacques Derrida (Cambridge, Mass., 1989). 何人かによって英訳されたそれらのテクストは、ラクー＝ラバルトの以下の論文集と単行本から選出して編まれている。*Le sujet de la philosophie: Typographies I* (Paris, 1979) and *L'imitation des modernes: Typographies II* (Paris, 1986); and *Mimesis: Des articulations* (Paris, 1975).

(16) この二次的伝統とはカント的伝統である。次の文献における批判的議論を参照のこと。Derrida, "Economimesis," *Diacritics II* (June 1981): 9.

(17) Adorno, *Aesthetic Theory*, 162.

(18) それだからこそ、ルカーチのようなヘーゲル的マルクス主義者が採用した「真理＝作られたもの」原理〔ヴィーコが唱えた考え〕をアドルノははっきりと否認することになった。わたしの次の論文を参照のこと。Jay, "Vico and Western Marxism," *Fin-de-siecle Socialism and Other Essays*〔ジェイ『世紀末社会主義』今村仁司ほか訳、法政大学出版局、一九九七年〕. 自然への本能的な適合《アダプテーション》は擬態《ミミクリー》と呼べるものだが、その適合が意識的・意図的な自然への折り重なり《ダブリング》になるときにかぎって、真のミメーシスになる (*Anmerkungen zu einer "Logik des Zerfall,"* 58)、とW・マルティン・リュドケが述べている。わたしの考えでは、そのことが言えるのは、その折り重なりをつくる衝動に、真似されるものを出し抜く意図がないと考えられる場合にかぎられる。

(19) その点について次を参照のこと。Cahn, "Subversive Mimesis," 6, n. 44.

(20) W. Tatarkiewicz, "Mimesis," *Dictionary of the History of Ideas*, vol. 3 (New York: Scribner, 1973), 226〔『西洋思想大事典』(全五巻) 平凡社、一九九〇年〕.

(21) 理性の反対物がミメーシスという立場を、たとえばデイヴィッド・ロバーツがとっている。「そうなると、アドルノの調和というユートピアは、いっさいの文明の後先にある救いのミメーシスというどこまでも非理性的な神秘主義に見せかけようとする理性的な衝動ととらえていいものになる」(David Roberts, *Art and Enlightenment: Aesthetic Theory after Adorno* [Lincoln, Neb., 1991], 70)。

(22) Jürgen Habermas, *The Theory of Communicative Action*, vol.1, trans. Thomas McCarthy (Boston, 1984), 382〔ハーバ

ーマス『コミュニケイション的行為の理論』（上・中・下）河上倫逸ほか訳、未來社、一九八五―一九八七年〕.『モダン・ポストモダンから弁証法へ――アドルノによる理性批判』〔*Zur Dialektik von Moderne und Postmoderne: Vernunftkritik nach Adorno*（Frankfurt, 1985)〕におけるアルブレヒト・ヴェルマー〔Albrecht Wellmer〕の試みがそれなのだが、ミメーシスを相互主体的なコミュニケーションの領域のなかに入れようとするハーバーマスの試みはフリュヒトルによって批判されている（Früchtl, *Mimesis*, 190）。興味深いことに、社会性におけるミメーシスの積極的な役割を先行して評価したのは、デイヴィッド・ヒュームやエドマンド・バークといった保守的な理論家であった。次の議論を参照のこと。Terry Eagleton, *The Ideology of the Aesthetic*（Cambridge, Mass., 1990), 53〔イーグルトン『美のイデオロギー』〕. 模倣《イミテーション》はガブリエル・タルドによって特権視され、のち古典的研究書『自殺論』においてエミール・デュルケムによって批判された。

(23) Adorno, *Aesthetic Theory*, 80, 453.

(24) Ibid., 453. タウシッグの『ミメーシスと他者性』（*Mimesis and Alterity*）の根本的な弱点は、事象への働きかけと迷信との区別づけをしていないことにある。次の文献におけるわたしの書評を参照のこと。*Visual Anthropology Review* 9.2（Fall 1993).

(25) その論点でカントとアドルノとを比較したものとして次を参照のこと。J. M. Bernstein, *The Fate of Art: Aesthetic Alienation from Kant to Derrida and Adorno*（University Park, Pa., 1992), 201-6.

(26) ガルシア・デュットマンが、『啓蒙の弁証法』では、「自然」という言葉は他者との諸関係を換喩的に指すものになっていると述べている（García Düttmann, *Das Gedächtnis des Denkens*, 118)。デュットマンの言うとおりなら、フランス語で l'autre（客体としての「他者」）と l'autrui（主体からみた「他者」）としてきちんと区別されているものが「自然」にふくまれていることを承知することが重要になるだろう。

(27) Adorno, *Aesthetic Theory*, 162. 無言である自然の苦悩はミメーシスのなかに表現されるのだが、その表現を可能にするには人間の介在が必要である（そして、その考え方はある意味で、「大きな存在」（Being）を求める存在（being）としての現存在《ダーザイン》と存在《ザイン》との関係性を語るハイデガーの考え方に重なっている）。

(28) アドルノによれば、「主体の経験を把握できず、その経験を越えるようなことをなにも語ることのない現実主義はただただ調和を真似るばかりである」（"Trying to Understand *Endgame*" in *Notes to Literature*, 2 vols., ed. Rolf Tiedemann, trans. Shierry Weber Nicholsen [New York, 1991], I: 250).

（29） ここにおいて、ベンヤミンの反‐構造主義言語学がアドルノに及ぼしたいろいろな影響が見出されるだろう。というのも、ベンヤミンは、ソシュールが記号の絶対的恣意性に固執するのを、原罪前の状態から言語が堕落したことの証拠と見ていたからである。名前と事物とのミメーシス的関係性がくっきりと存在していた原罪前の状態から言語が堕落した状態こそが記号の恣意性とベンヤミンは考えたのである。ベンヤミンの言語学と構造主義言語学との相違について次の文献を参照のこと。Irving Wohlfarth, "On Some Jewish Motifs in Benjamin," in *The Problems of Modernity: Adorno and Benjamin*, ed. Andrew Benjamin（New York, 1989).「影響」による単純な模倣にとどまらない、アドルノのベンヤミンとの「ミメーシス的」関係についての有益な分析として次を参照のこと。Jameson, *Late Marxism*, 52. ジェイムソンは、ミメーシスそれ自体にかんするかぎり、通常考えられているほどアドルノとベンヤミンは相似してはいない、と述べている（二五六頁）。

（30） ミメーシスと理性との弁証法をめぐるアドルノの議論についての明快な分析については次を参照のこと。Peter Osborne, "Adorno and the Metaphysics of Modernism: The Problem of a 'Postmodern' Art," in A. Benjamin, *The Problems of Modernity*, 29-32.

（31） Adorno, *Aesthetic Theory*, 174.

（32） Theodor W. Adorno, *Negative Dialectics*, trans. E. B. Ashton（New York, 1973), 14〔アドルノ『否定弁証法』木田元ほか訳、作品社、一九九六年〕.

（33） Adorno, *Aesthetic Theory*, 153.

（34） Lambert Zuidervaart, *Adorno's Aesthetic Theory: The Redemption of Illusion*（Cambridge, Mass., 1991), 181.

（35） Theodor W. Adorno, *Philosophy of Modern Music*, trans. Anne G. Mitchell and Wesley V. Blomster（New York, 1973), 64〔アドルノ『新音楽の哲学』龍村あや子訳、平凡社、二〇〇七年〕.

（36） Adorno, *Aesthetic Theory*, 455.

（37） Jameson, *Late Marxism*, 68. ミメーシスと語りとの関係性をめぐる別の分析については次を参照のこと。Prendergast, *The Order of Mimesis,* 216-72.

(38) もうひとつたしかな方法は、大衆文化や現代芸術における書字やエクリチュールについてのアドルノの議論を追ってみることである。そのことを、ミリアム・ハンセンが次の文献で指摘している。Miriam Hansen, "Mass Culture as Hieroglyphic Writing: Adorno, Derrida, Kracauer," *New German Critique* 56 (Spring/Summer 1992): 43-73.

(39) Adorno, "Parataxis: On Hölderlin's Late Poetry," in Tiedemann, *Notes to Literature,* 2: 130.

(40) Ibid., 131.

(41) Lacoue-Labarthe, *Typography,* 226. その対照は次でなされている。Ibid., 133. ラクー＝ラバルトのふみこんだアドルノ論はもっとのちの論文「宗教の休止」〔"The Caesura of Religion," in *Opera through Other Eyes,* ed. David J. Levin (Stanford, 1994), 45-77〕に見られる。この論文は、シェーンベルクの歌劇「モーゼとアロン」を論じたアドルノの論考「聖なる断片」にたいする批判である。ここでラクー＝ラバルトは、歌劇に救いの契機を見出しているアドルノを強く諫めている。救いの作品というよりは崇高なる作品をつくることにおけるその歌劇の台本の重要性をアドルノの論考は認識できていない、とラクー＝ラバルトは主張している。

(42) Lacoue-Labarthe, *Typography,* 208.

(43) Ibid., 214. アドルノとは違って、ラクー＝ラバルトはルネサンスのときに盛んであったような古代のものを模倣することの重要性を強調している。それは自然を模倣することとは反対の行為だとかれは見ている。タータ―キーヴィッツが次のように述べている。「古代のものの模倣という標語は早くも一五世紀に登場し、一七世紀末にはその標語が自然の模倣という概念にほぼそっくり取って代わった。このことは模倣という概念における最大の変革であった。その変革は古典的な芸術理論を学問的理論に変えた。模倣の原理に向けて、妥協の公式がひとつ案出された。すなわち、自然は模倣されるはずのものだが、ただし古代人たちによって自然が模倣された形で模倣される、という公式がつくられたのである」(Tartarkiewicz, "Mimesis," 229)。

(44) アドルノもそうなのだが、デリダもミメーシスなり模倣それ自体の同一性《アイデンティティ》について大きな見地からは否認している。次を参照のこと。Derrida, "The Double Session," 183. とはいえ、ミメーシスを、覆いを剝ぐこと (*alëtheia*) とか合意 (*homoiösis* or *adaequatio*) と定義されるようなどんな真理概念からも引き離すことでは、デリダはアドルノよりずっと熱心である。次を参照のこと。"The Double Session," 192, 207.

(45) Lacoue-Labarthe, *Typography*, 224.

(46) その点でのラクー＝ラバルトの考えは、次の文献のデリダの考えと同じである。"The Double Session," 207.

(47) Lacoue-Labarthe, *Typography*, 227.

(48) ベンヤミンが、ヘルダーリンによるソフォクレスの翻訳を、中世の悲劇《トラウエルシュピール》とギリシア悲劇が遅ればせに「バロック的」に融合した証拠ととらえている。次を参照のこと。*The Origin of German Tragic Drama*, trans. John Osborne (London, 1977)〔ベンヤミン『ドイツ悲劇の根源』川村二郎ほか訳、法政大学出版局、一九七五年〕. ベンヤミンとラクー＝ラバルトはバロック的なものに注意を促したのだが、そのバロック的なものを総括的に調和的に描いた劇作、すなわちフーゴー・ホーフマンスタールとザルツブルク祭に関連した劇作〔『ザルツブルク大世界劇場』〕を分析したものとして次を参照のこと。Mochael P. Steinberg, *The Meaning of the Salzburg Festival: Austria as Theater and Ideology, 1890-1938* (Ithaca, 1990), 23-41. スタインバーグは、ホーフマンスタールのバロックのイデオロギー的全体化をベンヤミンの批判に対置させるべく、アドルノの著作『ワーグナーを求めて』〔*In Search of Wagner*〕で述べられている劇〔theater〕とドラマ〔drama〕との区別を援用している。

(49) ラクー＝ラバルトの『ティポグラフィー』に序文としてデリダが寄稿した「ディジスタンス」〔"Desistance"〕でデリダが次のように述べている。「トラウエルシュピールが哀悼として演じられると、それは哀悼という作業を二重化する。思弁、弁証法、対立、同一化、郷愁的内面化にし、模倣の二重拘束にすらする。ただし、それは二重化されたものを避けることはない」(四二頁)。

(50) Lacoue-Labarthe, *Typography*, 258-59.

(51) アドルノの見せかけ《センブランス》についての考え方を分析しているものとして次を参照のこと。Zuidervaart, *Adorno's Aesthetic Theory*, chap. 8.

(52) Lacoue-Labarthe, *Typography*, 260.

(53) Adorno, *Aesthetic Theory*, 193.

(54) Ibid.

(55) Theodor Adorno, *Minima Moralia: Reflections from Damaged Life*, trans. E. F. N. Jephcott (London, 1974), 155〔アドルノ『ミニマ・モラリア』三光長治訳、法政大学出版局、一九七九年〕.

(56) Adorno, *Aesthetic Theory*, 191-92. 『ティポグラフィー』の序文でデリダは「ディジスタンス」〔desistance〕という言葉を用いて、ミメーシスと真理との関係性と戯れるラクー＝ラバルトの動きを意味させている。「ミメーシスはある意味で真理に『先行する』。前もって真理を不安定にすることによって、ミメーシスはホモイエーシス［一致、類似、相似］への欲望をかきたて、おそらくホモイエーシスを解き明かすことを可能にする。いっさいのものにとって、いわゆる主体を包含する程度にはミメーシスはその効果を及ぼすかもしれない」（二七頁）。

(57) この議論をめぐる別のアレゴリー的解釈について、ベンヤミンの非感覚的な類似性〔nonsensuous correspondence〕という概念をアドルノが取り込んでいると考えているテリー・イーグルトンを参照のこと。「このミメーシスをアレゴリーと呼んでもいいかもしれない。シニフィアンのほかの領域との相似性を示唆しながら、シニフィエとしての諸単位の相対的自律性を保証しつつも、差異性によって関係づけるような比喩表現であるアレゴリー」(Terry Eagleton, *The Ideology of the Aesthetic*, 356)。

(58) Philippe Lacoue-Labarthe and Jean-Luc Nancy, "The Nazi Myth," *Critical Inquiry* 16.2 (Winter 1990): 291-312.

(59) Ibid., 298. この主張に注釈を施している次の文献を参照のこと。Jean-François Lyotard, *The Differend: Phrases in Dispute*, trans. Georges Van Den Abbeele (Minneapolis, 1998), 152〔リオタール『文の抗争』陸井四郎ほか訳、法政大学出版局、一九八九年〕.

(60) Lacoue-Labarthe and Nancy, "The Nazi Myth," 312. ラクー＝ラバルトが「政治における超越論的目的」で述べているところによれば (Lacoue-Labarthe, "Transcendence Ends in Politics," *Typography*, 297)、そのことは、ハイデガーの転回《ケーレ》以前のもろもろの著作でも明らかである。そして、ハイデガーがもっているミメーシス的諸欠陥がかれの政治的「錯誤《エラー》」の原因になっているとラクー＝ラバルトは述べている。その立論を、後期ハイデガーを免責するための巧妙な議論と見ている文献として次を参照のこと。Richard Wolin, "French Heidegger Wars," in *The Heidegger Controversy: A Critical Reader*, ed. Richard Wolin (New York, 1991), 294-304.

(61) Horkheimer and Adorno, *Dialectic of Enlightenment*, 180.

(62) Lacoue-Labarthe, "Transcendence Ends in Politics," *Typography*, 300.

(63) Lacoue-Labarthe, *Heidegger, Art and Politics: The Fiction of the Political*, trans. Chris Turner (Oxford, 1990), 96〔ラクー＝ラバルト『政治という虚構』浅利誠ほか訳、藤原書店、一九九二年〕.

(64) Horkheimer and Adorno, *Dialectic of Enlightenment*, 186.

(65) Lacoue-Labarthe and Nancy, "The Nazi Myth," 311.

(66) 視覚優位へのラクー＝ラバルトによる批判は、最近の多くのフランス思想家たちと共通する批判になっている。それについて、わたしは次の著作で解明しようとした。Jay, *Downcast Eyes: The Denigration of Vision in Twentieth-Century French Thought* (Berkeley, 1993). 視覚をめぐる同様の議論について次を参照のこと。Derrida, "Economimesis." デリダのこのテクストでは、視覚の特権性が、かれが哀悼《モーニング》と同一視する象徴的回復に直接関連づけられている。その理由は、視覚は、否認できない対象によってほかの感覚ほどには直接影響されないから、ということになる（一九頁）。デリダの主張によれば、嘔吐する不快感がそのような哀悼のプロセスの邪魔をする。なぜなら、その不快感は、再吸収されえず、また象徴的に現前もされえないような諸対象を生み出すからである。自己影響という意味で、聴覚が自己の語りを聴くことであるかぎりで、その聴覚を、デリダが強く攻撃していることもまたまちがいない。

(67) Lacoue-Labarthe, *Typography*, 179.

(68) Ibid., 199.

(69) Derrida, introduction to ibid., 33.

(70) 事実、『啓蒙の弁証法』でアドルノとホルクハイマーは、服従させられている大衆が模倣行為《ミメーシス》に走らないように支配者たちが仕組むさまざまな手段のなかに、偶像《イメージ》を禁止することをふくめている（一八〇—八一頁）。ふたりがそのテクストで主張するのは、他者と同化する能力のレベルでは嗅覚がまさっているが——「見るときには、人は自分であるにとどまっている。しかし、匂いを嗅ぐときに、人は他者になってしまう」（一八四頁）——、『美の理論』で論じられたように、やはり視覚こそが、概念化にたいするミメーシス的抵抗として必須の役割を果たしている、ということである。

(71) Gertrud Koch, "Mimesis and *Bilderverbot*," *Screen* 34.3 (Autumn 1993): 211-22 ; Hansen, "Mass Culture as Hieroglyphic

Writing."

(72) Adorno, *Aesthetic Theory*, 141. アドルノが視覚の価値をどうとらえているか、ベンヤミンの「弁証法的イメージ」という概念にたいするそのとらえ方の関係はどうか、という議論については次を参照のこと。Susan Buck-Morss, *The Origin of Negative Dialectics: Theodor W. Adorno, Walter Benjamin, and the Frankfurt Institute* (New York, 1977), 102-10.

(73) Adorno, *Aesthetic Theory*, 141-42.

(74) Adorno, *Philosophy of Modern Music*, 155.

(75) Früchtl, *Mimesis*, 260.

(76) たとえば次の文献を参照のこと。Leo Bersani, *The Freudian Body: Psychoanalysis and Art* (New York, 1986), chap. 3〔ベルサーニ『フロイト的身体』長原豊訳、青土社、一九九九年〕.

(77) Theodor W. Adorno, "Looking Back on Surrealism," in *The Idea of the Modern in Literature and the Arts*, ed. Irving Howe (New York, 1967), 223. シュルレアリスムが無気味なものと死の欲動の強迫的反復に連動していることを主題にしている最近の文献として次を参照のこと。Hal Forster, *Compulsive Beauty* (Cambridge, Mass., 1993).

(78) とくに次の文献を参照のこと。Theodor W. Adorno, "The Position of the Narrator in the Contemporary Novel," *Notes to Literature*, vol. 1.

(79) 「エコノミメーシス」において、デリダはバタイユの区別を借りて、ミメーシスは循環の「限定されたエコノミー」でもなく、また浪費という「一般的エコノミー」でもなく、それ以外のものであると述べている(四頁)。

(80) Homi Bhabha, "Of Mimicry and Man: The Ambivalence of Colonial Discourse," October 28 (1984): 125-33. シャーマンと擬態をめぐる議論については次を参照のこと。Craig Owens, "Posing," in *Beyond Recognition: Representation, Power, and Culture*, ed. Scott Bryson, Barbara Kruger, Lynn Tillman, and Jane Weinstock (Berkeley, 1992), 83-85. 両論文とも、次の文献におけるラカンの擬態論に大きな影響を受けている。*The Four Fundamental Concepts of Psycho-analysis*, ed. Jacques-Alain Miller, trans. Alan Sheridan (New York, 1978), 97-100〔ラカン『精神分析の四基本概念』小出浩之ほか訳、岩波書店、二〇〇〇年〕.

第一二章　パフォーマンス・アーティストとしてのアカデミズムの女性

(1) Jerome Christensen, "From Rhetoric to Corporate Populism: A Romantic Critique of the Academy in an Age of High Gossip," *Critical Inquiry* 16 (Winter 1990). D・A・ミラーのあけすけなゲイの側面は、ロラン・バルトの遺稿集『インシデンツ』(Barthes, *Incidents*, trans. Richard Howard [Berkeley, 1992]) にミラーが書いた刮目すべき序文にもっとはっきりと表現されている。当初バルトのその遺稿集の序文として書かれたミラーの『ロラン・バルトを表に引き出す』(Miller, *Bringing Out Roland Barthes* [Berkeley, 1992]) は、原書の版元によって拒否されたため、独立に出版されたのだが、結局英訳版『インシデンツ』といっしょに一枚のカバーにくるまれて売られることになった。そのカバーには両著者の目が印刷されている。結果として、ゲイのポルノ館でいま流行になっている安全セックスの「男ふたりの小室《バディ・ブース》」を本にしたようなものになった。

(2) Avital Ronell, *Telephone Book: Technology–Schizophrenia–Electric Speech* (Lincoln, Neb., 1989); *Crack Wars: Literature Addiction Mania* (Lincoln, Neb., 1992).

(3) Jane Gallop, *Thinking through the Body* (New York, 1988). この本の序文でギャロップはその写真を使うことの妥当性についてあれこれ述べているけれど、母体と赤ん坊が誰であるかはあえてぼかすような書き方をしている。しかし、写真の権利所有者名をディック・ブローと記載しているから、身元はわかることになっている。

(4) Alvin W. Gouldner, *The Future of Intellectuals and the Rise of the New Class* (New York, 1979)〔グールドナー『知の資本論——知識人の未来と新しい階級』原田達訳、新曜社、一九八八年〕. グールドナーは「批判的言説の文化」〔the culture of critical discourse〕を頭文字でCCDと呼んでいるのだが、そのCCDが台頭しつつある知識人たちの「新しい階級」の言説的イデオロギーになっている、とかれは主張している。しかしながら、ほかのイデオロギーもそうだがこのイデオロギーも、階級の規定に包含されるのを拒むもろもろのアイデンティティが頑固に持続することによって破砕されることをみずから証明してみせた。

(5) Martin Jay, "Name-Dropping or Dropping Names? Modes of Legitimation in the Humanities," in *Force Fields: Between Intellectual History and Cultural Critique* (New York, 1993)〔ジェイ『力の場』今井道夫ほか訳、法政大学出版局、一

九九六年〕.

(6) Nancy K. Miller, *Getting Personal: Feminist Occasions and Other Autobiographical Acts* (New York, 1991). 興味深いことに、この本のカバーにこう書かれている。この本は「ミラーがそのなかでフェミニズムの批評的パフォーマンスのさまざまな様態を……制度的政治学のいろいろなミニ・ドラマを分析している、アカデミズムのいろいろなシーンをめぐって構成」されている、と。

(7) 教授法のための脱構築のいろいろな総体的影響をグレゴリー・アルマーが次の本でひとつひとつ分析している。Gregory Ulmer, *Applied Grammatology* (Baltimore, 1985). エレーヌ・シクスーなどの、脱構築に影響されたフランス・フェミニズムの理論家たちも、パフォーマンス・アートのスタイルのパイオニアに数えることができる。フランス理論、ジェンダー政治学、パフォーマンスの相互のつながりについてのすぐれた議論として次を参照のこと。Craig Owens, "Posing," in *Beyond Recognition: Representation, Power, and Culture*, ed. Scott Bryson, Barbara Kruger, Lynne Tillman, and Jane Weinstock (Berkeley, 1992).

(8) Gallop, *Thinking through the Body*, 92.

(9) この相関をめぐる議論について次を参照のこと。Andreas Huyssen, *After the Great Divide: Modernism, Mass Culture, Postmodernism* (Bloomington, Ind., 1986).

(10) 当然のことに、パーリアは、反正統性《ヘテロドクシー》と呼ばれる新右翼運動のお気に入りの人物になった。次を参照のこと。*The Heterodoxy Handbook: How to Survive the PC Campus*, ed. David Horowitz and Peter Collier (1994).

第一三章　力ずくで抑えられたアブジェクシオン

(1) Eduardo Cadava, Peter Connor, and Jean-Luc Nancy, eds., *Who Comes after the Subject?* (New York, 1991)〔『主体の後に誰が来るのか?』港道隆ほか訳、現代企画室、一九九六年〕.

(2) David Carroll, *The Subject in Question: The Language and the Strategies of Fiction* (Chicago, 1982).

(3) J. M. Bernstein, *The Fate of Art: Aesthetic Alienation from Kant to Derrida and Adorno* (University Park, Pa., 1992). 「われわれ」の危機についての興味深い注釈をミシェル・フーコーが用意している。集団的コンテクストにみずからを位

置づけるようにリチャード・ローティにうながされて、フーコーはこう答えた。「しかし問題はまさに、人が認知するいろいろな原理、人が受け入れるいろいろな価値観を擁護するために、『われわれ』のなかに自分自身を置くことが現実的に適切なのかどうかを決定することである。あるいは、その問いに磨きをかけることによって、『われわれ』を未来に編成することを可能にすることが必要なのかどうかを決定することがまさに問題なのだ。というのも、その問いに先行して『われわれ』があるはずがないとわたしには思われるからである。人が問いを提出する新しい文脈のなかにその問いが据えられるさいの、その問いの帰結——かならず一時的である帰結——こそ、『われわれ』がその問いに先行して存在しないということにほかならない」(*The Foucault Reader*, ed. Paul Rabinow [New York, 1984], 385)。この——たいへんサルトル的な——答えの含意は、「われわれ」はわれわれの過去の連帯によって決定されるのではなく、「われわれ」はつねに新しい連帯を選び取るということである。その含意は、いろいろな問いを設定しそれらの問いに答えようとする人たちが無から構成する力をもっているものと、たぶんあまりに安直にだが想定することになる。

(4) David Hollinger, "How Wide the Circle of the We ?" *American Historical Review* 98.2 (April 1993).

(5) Michael André Bernstein, *Bitter Carnival: Resentiment and the Abject Hero* (Princeton, 1992).

(6) John Fletcher, "Introduction," to John Fletcher and Andrew Benjamin, eds., *Abjection, Melancholia and Love: The Work of Julia Kristeva* (London, 1990), 4.

(7) Catherine Liu, "The Party of Affirmative Abjection," *Lusitania* 1.4 (n.d.). この記事は通常の意味での記事であるのではなく、むしろマーティムが絵を描きフィル・フィーリクスがせりふを入れる漫画である。

(8) Jack Ben-Levi, Craig Houser, Leslie C. Jones, Simon Taylor, "Introduction," *Abject Art: Repulsion and Desire in American Art*, June 23-August 29, 1993, p. 7.

(9) Julia Kristeva, *Powers of Horror: An Essay on Abjection*, trans. Leon S. Rudiez (New York, 1982) 〔クリステヴァ『恐怖の権力——〈アブジェクシオン〉試論』枝川昌雄訳、法政大学出版局、一九八四年〕.

(10) たとえば次のものがある。Georges Bataille, "L'Abjection et les formes misérables," in *Essais de sociologie*, in *Œuvres complètes* (Paris, 1970). ただし、バタイユの編集者ドゥニ・オリエが次のように述べている。「かれがアブジェクシ

オンの表題のもとに書いた部分はすべて未完のままになった。死後出版されたそれらはすべてテクストとしては欠陥をふくんでいる……」(Denis Hollier, "The Politics of the Signifier II: A Conversation on the *Informe* and the Abject," *October* 67 [Winter 1994]: 4)。

(11) Kristeva, *Powers of Horror*, 15.

(12) Ibid., 206. 同じ視点でモード・エルマンがT・S・エリオットについて考えている。Maud Ellman, "Eliot's Abjection," in Fletcher and Benjamin, *Abjection, Melancholy and Love*.

(13) Kristeva, *Powers of Horror*, 138.

(14) その黙示録的な暴風というものの意味をわたしは次のところで探っている。Jay, "The Apocalyptic Imagination and the Inability to Mourn," in *Force Fields: Between Intellectual History and Cultural Critique* (New York, 1993)〔ジェイ『力の場』今井道夫ほか訳、法政大学出版局、一九九六年〕.

(15) 錯乱〔délire〕をめぐる議論について次を参照のこと。Jean-Jacques Lecercle, *Philosophy through the Looking-Glass: Language, Nonsense, Desire* (London, 1985). クリステヴァ自身がセリーヌの反ユダヤ主義文書に「あからさまな妄想」があると述べている。次を参照のこと。Kristeva, *Powers of Horror*, 180.

(16) Jacques Derrida, "Economimesis," *Diacritics* II (June 1981): 25.

(17) しかし、その美術展のパンフレットで「マサチューセッツ工科大学リスト・ヴィジュアル・アーツ・センター」の館長は、ヒューマニズムの救いというもっと伝統的な要件を強調している。すなわち、「わたしたちの個人的にして社会的である肉体は癒しを求めている。……しかし、癒されるためにはわたしたちは注意を払わなければならない。そして、注意を払うためには見ることを恥じてはいけない」ということを、展示をした美術家たちは語っている、と彼女は述べている (Helaine Posner, "Separation Anxiety," in *Coporal Politics* [Boston, 1992], 30)。

(18) Allon White, "Prosthetic Gods in Atrocious Places: Gilles Deleuze/Francis Bacon," in *Carnival, Hysteria, and Writing* (Oxford, 1993), 177.

(19) Elizabeth Gross, "The Body of Signification" in Fletcher and Benjamin, *Abjection, Melancholy and Love*, 95.

(20) Judith Butler, *Bodies That Matter: On the Discursive Limits of "Sex"* (New York, 1993), 3.

(21) Craig Houser, "I, Abject," in *Abject Art*, 99.

(22) Simon Taylor, "The Phobic Object: Abjection in Contemporary Art," in *Abject Art*, 72.

(23) 興味深いことに、セリーヌが博士論文としてハンガリーの医師イグナーツ・ゼンメルヴァイス〔一八一八―一八六五年〕を扱っている。分娩時の母体を襲う産褥熱への予防措置を発見した医師である。セクシュアリティ、女性性、死とアブジェクシオンとのつながりにセリーヌが魅惑されたことは、ゼンメルヴァイスの分離し分割させる計画の裏返しである。次を参照のこと。Kristeva, *Powers of Horror*, 159f.

(24) Berstein, *Bitter Carnival*, 29.

(25) Kristeva, *Powers of Horror*, 17.

(26) Rosalind Krauss in "The Politics of the Signifier II: A Conversation on the *Informe* and the Abject," *October* 67 (Winter 1967): 3.

(27) Hollier, in ibid., 20.

(28) Kristeva, *Powers of Horror*, 134.

(29) Georges Bataille, *Literature and Evil*, trans. Alastair Hamilton (New York, 1973), 150〔バタイユ『文学と悪』山本功訳、ちくま学芸文庫、一九九八年〕.

(30) グロテスクの歴史については次を参照のこと。Geoffrey Gait Harpham, *On the Grotesque: Strategies of Contradiction in Art and Literature* (Princeton, 1982).「アブジェクト・アート」のカタログはデュシャンまでしかさかのぼっていない。

(31) White, "Prosthetic Gods in Atrocious Places," 172.

(32) Bernstein, *Bitter Carnival*, 22.

(33) Ibid., 182.

第一四章　無気味な一九九〇年代

(1) Sigmund Freud, "The 'Uncanny'," *Standard Edition*, vol. 17, trans. James Strachey (London, 1953), 224〔ホフマン／フロイト『砂男・無気味なもの』種村季弘訳、河出文庫、一九九五年〕.

（2） Hélène Cixous, "La fiction et ses fantômes: Une lecture de l'Unheimliche de Freud," *Poétique* 3 (1972), in English in *New Literary History* 7 (Spring 1976); Jacques Derrida, "La double séance," *La Dissémination* (Paris, 1972), in English in *Dissemination,* trans. Barbara Johnson (London, 1981).

（3） Anthony Vidler, *The Architectual Uncanny: Essays in the Modern Unhomely* (Cambridge, Mass., 1992)〔ヴィドラー『不気味な建築』大島哲蔵ほか訳、鹿島出版会、一九九八年〕. 現代の都市生活の意味を探るために無気味なものという概念を持ち出した点では、ヴィドラーが初めてではないことはたしかである。一九二八年に、ドイツの神学者パウル・ティリッヒが「象徴としての技術都市」(Paul Tillich, "Die Technische Stadt als Symbol") という論文を書いた。この論文は、ひとつは自然の無気味さを克服する手段、もうひとつは本来人間に発する無気味さがどんどん人間から離れてゆくことによって生まれる新しい無気味さをつくるものの両者としての、技術のもつ矛盾をふくんだ意味を探っている。これは次の文献に再録されている。Paul Tillich, *Auf der Grenze: Eine Auswahl aus dem Lebenswerk* (Munich, 1987).

（4） Hal Foster, *Compulsive Beauty* (Cambridge, Mass., 1993); Margaret Cohen, *Profane Illumination: Walter Benjamin and the Paris of Surrealist Revolutions* (Berkeley, 1993); Rosalind E. Krauss, "Corpus Delecti," in *L'Amour fou: Photography and Surrealism,* ed. Krauss and Jane Livingstone (New York, 1985). 無気味なものは彼女クラウスによる次の文献の主題になっている。*The Optical Unconscious* (Cambridge, Mass., 1993).

（5） Jean Siegel, "Uncanny Repetition: Sherrie Levine's Multiple Originals," *Art in America* 81 (October 1993).

（6） たとえば以下のものを参照のこと。James Donald, "The City, the Cinema, Modern Spaces," in *Visual Culture* ed. Chris Jenks (New York, 1995); and Andrew H. Miller, "Prosecuting Arguments: The Uncanny and Cynicism in Cultural History," *Cultural Critique* 29 (Winter 1994-95).

（7） Jeffrey Mehlman, *Walter Benjamin for Children: An Essay on His Radio Years* (Chicago, 1993), 59-61.

（8） Jeffrey Mehlman, *Revolution and Repetition: Marx/Hugo/Balzac* (Berkeley, 1977)〔メールマン『革命と反復』上村忠男ほか訳、太田出版、一九九六年〕. メールマンが脱構築と決別する前に書かれたこの論文は、デリダの『散種』(*Dissemination*) における無気味なものの分析に影響を受けていることがはっきりしている。

（9） Jacques Derrida, *Specters of Marx: The State of the Debt, the Work of Mourning, and the New International*, trans. Peggy Kamuf, intro. Bernd Magnus and Stephen Cullenberg (New York, 1994).

（10） Ibid., 37.

（11） 無気味なもの、なじみのもの、という二つの概念のつながりはラクー＝ラバルトの次の文献でも前面に出てくる。Lacoue-Labarthe, *Typographies: Mimesis, Philosophy, Politics*, ed. Christopher Fynsk (Cambridge, Mass., 1989). この本でラクー＝ラバルトはこう述べている。「その決定不可能性において、無気味なものは去勢（これもまたフロイトに出てくる）、すなわち抑圧された不安あるいは幼い不安の回帰、に関連しているだけではない。無気味なものは、最も基本的でナルシシスティックな確信（「わたしは死なない」「わたしは生き残る」という強い思い）をぐらつかせるものでもある。そのぐらつきにおいて、空想のものと現実のもの、フィクションのものとフィクションでないものとの差異は解消されることになる（そして結果として、ミメーシスが『表に出てくる』）」（一九五頁）。

（12） Georg Lukács, *Theory of the Novel*, trans. Anna Bostock (Cambridge, Mass., 1971), 41〔ルカーチ『小説の理論』原田義人ほか訳、ちくま学芸文庫、一九九四年〕.

（13） Derrida, *Specters of Marx*, 161.

（14） 以下の文献を参照のこと。Cecelia Applegate, *A Nation of Provincials: The German Idea of Heimat* (Berkeley, 1990); and Anton Kaes, *From Hitler to Heimat: The Reform of History as Film* (Cambridge, Mass., 1989).

（15） Mehlman, *Revolution and Repetition*, 6.

（16） Derrida, *Specters of Marx*, 81.

（17） Vidler, *The Architectural Uncanny*, 13.

（18） Foster, *Compulsive Beauty*, 210.

第一五章　心理主義という幽霊とモダニズム

（1） Judith Ryan, *The Vanishing Subject: Early Psychology and Literary Modernism* (Chicago, 1991).

（2） Carl E. Schorske, *Fin-de-Siècle Vienna: Politics and Culture* (New York, 1980)〔ショースキー『世紀末ウィーン』安井

塚麿訳、岩波書店、一九八三年〕.

(3) Ryan, *The Vanishing Subject,* 224.

(4) Louis A. Sass, *Madness and Modernism: Insanity in the Light of Modern Art, Literature, and Thought* (Cambridge, Mass., 1994), 13.

(5) 「心理主義」をめぐる論争についての最も新しく、またたいへんふみこんだ分析が次のものに見られる。Martin Kusch, *Psychologism: A Case Study of the Sociology of Philosophical Knowledge* (New York, 1995). 心理主義という言葉そのものは、ドイツの哲学者ヨハン・エドゥアルト・エルトマンが次の本で初めて使ったとクシュが述べている。Johann Eduard Erdmann, *Grundrisse der Geschiche der Philosophie* (Berlin, 1866). ヘーゲル主義者のエルトマンがその言葉を使ったのは、哲学者フリードリヒ・エドゥアルト・ベネケ〔一七九八―一八五四年〕の著作を論ずるためであったのだが、かならずしもそれを積極的に論じてはいない (Kusch, *Psychologism,* 101)。

(6) 歌劇に実例を求めることもできるだろう。エドゥアルト・ハンスリック〔オーストリアの音楽評論家。ブラームスの友人だった〕の「絶対音楽」擁護に始まり、ワーグナー以後のロマン主義の拒否を通って、シェーンベルクの一二音技法で頂点に達する実例である。オルテガ・イ・ガセットによる、モダニズムにおける「芸術の脱ヒューマニズム」の有名な分析がかりに正しいとすれば、その回転軸となる人物はドビュッシーになるだろう。ストラヴィンスキーにおける反心理主義の衝動を分析したものとして次を参照のこと。Richard Taruskin, "A Myth of the Twentieth Century: *The Rite of Spring,* the Tradition of the New, and 'The Music Itself'," *Modernism/Modernity* 2.1 (January 1995).

(7) Immanuel Kant, *Logic,* trans. Robert S. Hartman and Wolfgang Schwarz (Indianapolis, 1974), 16〔カント「論理学」(『カント全集』第一七巻) 湯浅正彦ほか訳、岩波書店、二〇〇一年。この『論理学』はカントの講義ノートをもとに、弟子のイエッシェが編纂刊行したものである〕. のちに心理主義と言われることになったものの起源はたぶん一七世紀末に、すなわちイギリス経験論が出てきたところにさかのぼることができる。ヨハン・ニコラウス・テーテンスを例とする人物たちを通じて、ドイツにおいて心理主義は強い影響力をもった。ちなみに、テーテンスの『人間の本性と発展についての哲学的考察』(*Philosophische Versuche über die menschliche Natur und ihre Entwicklung,* 2 vols. [Leipzig, 1777]) がカントの第一批判書〔『純粋理性批判』〕に引き継がれた部分は小さくなかった。心理学にかかわるカントをめぐる議論として次を参照のこと。Gary Hatfield, "Empirical, Rational, and Transcendental Psychology: Psychology as Science and as Philosophy" in *The Cambridge Companion to Kant*, ed. Paul Guyer (Cambridge, 1922). ドイツでは、一九世紀初頭にポスト・カント主義者のヤコプ・F・フリースやフリードリヒ・E・ベネケによって心理主義が復活してきた。次を参照のこと。John Fizer, *Psychologism and Psychoaesthetics: A Historical and Critical View of Their Relations* (Amsterdam, 1981), introduction.

(8) 実験心理学の発達とそれにたいする哲学者たちの防御的反応について次を参照のこと。Mitchell G. Ash, *Gestalt Psychology in German Culture, 1890-1967: Holism and the Quest for Objectivity* (Cambridge, 1995), especially chap. 3.

(9) Gottlob Frege, *The Foundation of Arithmetic*, 2d. rev. ed., trans. J. L. Austin (Evanston, 1980)〔フレーゲ「算術の基本法則」野本和幸編訳、『フレーゲ著作集』第三巻、勁草書房、二〇〇〇年〕.

(10) ニーチェにおいて心理学の傾向が強かったことについては次を参照のこと。Graham Parkes, *Composing the Soul: Reaches of Nietzsche's Psychology* (Chicago, 1994).

(11) Gottlob Frege, "Review of E. G. Husserl, *Philosophie der Arithmetik I*," in *Cottlob Frege: Collected Papers on Mathematics, Logic, and Philosophy*, ed. B. McGuinness (Oxford, 1984). フレーゲによるその批判とその意味をめぐる評価について次を参照のこと。Jitendranath N. Mohanty, *Husserl and Frege* (Bloomington, Ind., 1982), chap. 2〔モハンティ『フッサールとフレーゲ』貫成人訳、勁草書房、一九九一年〕. モハンティが述べているのは、一八九一年にはフッサールはすでに心理主義を越え始めており、フレーゲがフッサールに心理主義を過大に読み取っているのはまちがい、ということである。次をも参照のこと。Claire Ortiz Hill, *Word and Object in Husserl, Frege, and Russell: The Roots of Twentieth-Century Philosophy* (Athens, Ohio, 1991).

(12) 以下を参照のこと。David F. Lindenfeld, *The Transformation of Positivism: Alexius Meinong and European Thought, 1880-1920* (Berkeley, 1980), chap. 5；Thomas E. Willey, *Back to Kant: The Revival of Kantianism in German Social and Historical Thought, 1860-1914* (Detroit, 1978), 108f；Gillian Rose, *Hegel Contra Sociology* (London, 1981), chap. 1. 心理主義にたいするハイデガーの最初の批判である『心理主義における判断の教説』(Heidegger, *Die Lehre vom Urteil im Psychologismus: Ein kritischpositiver Beitrag zur Logik* [Leipzig, 1914]) が書かれたのは、かれが新カント主義者ハイン

リッヒ・リッケルトの学生であったときであることは注目しておくべきである。

(13) 「エネルギー論」は、いっさいの現象をエネルギーというカテゴリーのなかに包含する試みであった。その場合のエネルギーとは、流れを擬人化するようにひとつの世界にただ投影する「物質《マター》」である。

(14) オーギュスト・コントの社会学を反映させているデュルケムの社会学は、ウェーバーの社会学よりも方法論的個人主義に決然と反対していたが、そのウェーバーですら、行為についての純社会学的解釈は精神の心理学的状態に還元されえない、と主張した。心理主義に傾斜するディルタイの姿勢はフッサールの『論理学研究』を読んで強まった事実はあるが、しかし一八六〇年のころにはディルタイは心理主義を疑問視する様子を見せていた。それについて次を参照のこと。Michael Ermarth, *Wilhelm Dilthey: The Critique of Historical Reason* (Chicago, 1978), 182f.

(15) 著書『心理主義』でクシュは、心理主義か反心理主義かの対立は、ある種の心理主義を非難されたフッサールをふくめて両陣営のどちらにいるどの人物にかんしても、しょせんあいまいで不分明であったと指摘している。クシュはその対立を、実験心理学が台頭してくることで哲学につきつけられた制度的挑戦という文脈に据える。その実験心理学というのは、一八八〇年代末にヴィルヘルム・ヴント、ヘルマン・エビングハウス、ゲオルク・エリアス・ミュラー、カール・シュトゥンプフらが提起した心理学である。

(16) ダイフィン・フェレスダルがたぶん初めて強調したのだが (Dagfinn Føllesdal, "Husserl's Notion of Noema," *Journal of Philosophy* 66 [1969]: 680-87)、(分析哲学ではフレーゲが、現象学ではフッサールが重要という区別があるにせよ)分析哲学の伝統、現象学の伝統の両方とも反心理主義と同根であったことを知っておくのは有意義である。この意味で、英米系哲学と大陸系哲学との違いというものは言われているよりはずっと小さいのである。むろん、だからといって、その二つの伝統のどちらかに立っているのちの一部の思想家たちが心理学と哲学とのつながりという問題を改めて取り上げたことが否定されるものではない。たとえば、ゲシュタルト心理学に強い影響を受けたモーリス・メルロ=ポンティはその問題を取り上げた思想家であった。

(17) Cora Diamond, *The Realist Spirit: Wittgenstein, Philosophy, and the Mind* (Cambridge, Mass., 1991). また、ウィトゲンシュタインがフレーゲの反心理主義に入り組んだかたちで影響されていることについて次を参照のこと。Nicholas F. Gier, *Wittgenstein, Husserl, Heidegger, and Merleau-*

Ponty (Albany, 1981), 204-6.

(18) 一例を挙げれば、リュシアン・ゴルドマンは、心理というのが個人のリビドーにかかわる精神を意味する場合にかぎって心理主義に反対した。しかし、集合的・認識的精神という概念についてはかれは支持しつつ、認識の対象物にたいするいかなる人間的起源をも否定しようとしたとして新カント派の人たちについては非難した。かれの次のものを参照のこと。Goldmann, *Immanuel Kant*, trans. Robert Black (London, 1971), 153-56. 総じて、心理主義を批判するマルクス主義者たちは、フレーゲ、新カント派、フッサールにはっきり見られる論理の絶対視を否定した。その絶対視を、マルクス主義者たちは、抽象概念を物象化することと受け止めたわけである。マルクス主義者たちの反心理主義は、相互個人的・社会的視点ではなく心理学的視点で認識する主体をとらえる考え方に反対するものにほかならなかった。

(19) Frege, "Thoughts" in McGuinness, *Collected Papers*, 369.

(20) 陳述と判断との区別を反心理主義の視点からつぶさに分析したものとして次を参照のこと。Ralph Eaton, *General Logic: An Introductory Survey* (New York, 1959), 16f.

(21) フッサールとフレーゲとの比較対照について以下のものを参照のこと。Mohanty, *Husserl and Frege*, and Robert Hanna, "Logical Cognition: Husserl's *Prolegomena* and the Truth in Psychologism," *Philosophy and Phenomenological Research* 53.2 (June 1993).

(22) Frege, *The Foundations of Arithmetic*, vi.

(23) たとえば以下を参照のこと。J. Meiland, "Psychologism in Logic: Husserl's Critique," *Inquiry* 19 (1976), and John Aach, "Psychologism Reconsidered: A Re-evaluation of the Arguments of Frege and Husserl," *Synthese* 85.2 (November 1990): 315-38. アーシュによれば、B・F・スキナー〔アメリカの行動主義心理学者(一九〇四—一九〇年)〕流の行動主義心理学は、フレーゲとフッサールが連合心理学を心理学それ自体と誤って考えてしまった落とし穴を避けることができた。

(24) クシュが言っているのだが、第一次大戦それ自体は少なくともドイツでは、心理主義にたいする論争を休止させる大きな知的合意を生み出し、結果として現象学を勝者に仕立てた。またその大戦によって、応用心理学としての実験心理学に新しい役割が見えてきた。つまり、実験心理学者たちは思想的論争からわが身を引き離した。反科学的で反原子論的であるような一般的雰囲気のなかにある思想部門にとどまった人たちは、支配的である正統派思想とおだやかな関係を維持した。次を参照のこと。Kusch, *Psychologism*, chap. 8.

(25) Theodor W. Adorno, *Aesthetic Theory*, ed. Gretel Adorno and Rolf Tiedemann, trans. C. Lenhardt (London, 1984), 12〔アドルノ『美の理論』大久保健治訳、河出書房新社、一九八五年〕. カントは自己目的的とされる芸術作品におけるどんな関心もどんな欲求もきっぱりと拒否したのだが、アドルノはその拒否にどこまでも否をつきつける。「芸術についてのカントの考え方、フロイトの考え方とは逆に、芸術作品は関心と無関心との対話のなかに存在する」(一七頁)とアドルノは述べる。もっと前にアドルノは、フッサールの徹底した反心理主義を同じように対話の観点から考えていた。次を参照のこと。Adorno, *Against Epistemology: A Metacritique*, trans. Willis Domingo (Cambridge, Mass., 1983), chap. 1〔アドルノ『認識論のメタクリティーク』古賀徹ほか訳、法政大学出版局、一九九五年〕.

(26) ペーター・ビュルガーがその著書『アヴァンギャルドの理論』(Bürger, *Theory of the Avant-Garde*, trans. Michael Shaw [Minneapolis, 1984]〔『アヴァンギャルドの理論』浅井健二郎訳、ありな書房、一九八七年〕) でモダニズムとアヴァンギャルドとを区別して議論を呼んだのであるが、わたしのここの文脈ではその区別が役に立ってくれる。心理主義の汚染を心から恐れた芸術家たちが自分を素直にモダニストと認めたのにたいして、その汚染をさほど心配しなかった芸術家たち、たとえばシュルレアリスムというアヴァンギャルドの人びとは芸術と生活とを調和させようとした。

(27) Renato Poggioli, *The Theory of the Avant-Garde*, trans. Gerald Fitzgerald (Cambridge, Mass., 1968), 201〔ポッジョーリ『アヴァンギャルドの理論』篠田綾子訳、晶文社、一九八八年〕. 純粋性へのモダニズムの熱望についてはさらに次のものを参照のこと。Frederick R. Karl, *Modern and Modernism: The Sovereignty of the Artist, 1885-1925* (New York, 1985), 162-69. カールが述べるのは、純粋化への欲求の意味は煎じ詰めれば、「形式《スタイル》の権威性は別の形式に同化することに基づくのではなく、正直な感情表現に基づいているのであって、その表現が次に形式の個別性に変化する」(一五三頁)という意味である、ということである。そういうとらえ方は、心理的・感情的残余物から成る芸術作品を純粋なものにしたいというモダニズムの人びとの願いを軽視する考え方である。

(28) たとえば次の古典的文献を参照のこと。H. Stuart Hughes, *Consciousness and Society ; The Reorientation of European Social Thought 1890-1930* (New York, 1958)〔ヒューズ『意識と社会』生松敬三ほか訳、みすず書房、一九六五年〕.

(29) Andreas Huyssen, *After the Great Divide: Modernism, Mass Culture, Postmodernism* (Bloomington, Ind., 1986). ヒュイッセンは、ニーチェやフロイトの理論のようなその時期の女性差別的《ミソギニー》な心理学理論とモダニズムのエリート主義とのつながりを指摘しているが、反心理主義と女性差別とを結びつけている、それとは反対の関係性については無視している。作品が生産され受容されるコンテクストから作品を分離することによって、反心理主義は、諸作品はジェンダーの問題に左右されることのない、時間を越えた普遍的な産物であるという虚構を推し進めた。

(30) たとえば以下のものを参照のこと。Sanford Schwartz, *The Matrix of Modernism: Pound, Eliot, and Early Twentieth-century Thought* (Princeton, 1985), and Michael H. Levenson, *A Genealogy of Modernism: A Study of English Literary Doctorine 1908-1922* (Cambridge, 1984).「非人格性《インパーソナリティ》」という議論のやかましい概念について、とくに次を参照のこと。Brian Lee, *Theory and Personality: The Significance of T. S. Eliot's Criticism* (London, 1979).

(31) その説得力ある分析について以下のものを参照のこと。Levenson, *A Genealogy of Modernism*, chap. 6 ; Richard Shusterman, "Remembering Hulme: A Neglected Philosopher-Critic-Poet," *Journal of the History of Ideas* 46.4 (October-December 1985): 559-76 ; and Shusterman, *T. S. Eliot and the Philosophy of Criticism* (London, 1988), 30f. かれらは、ヒュームはベルクソンの影響を受けたのであるから、実際にはコールリッジ流のロマン派のなかにいた、というマリー・クリーガー (Murray Krieger, *The New Apologists for Poetry* [Minneapolis, 1956]) やフランク・カーモード (Kermode, *Romantic Image* [London, 1961]〔『ロマン派のイメージ』菅沼慶一ほか訳、金星堂、一九八二年〕) の早いころの主張に反対する視点で執筆している。

(32) ヒューム、T・S・エリオットにとっての分析哲学の重要性について次を参照のこと。Shusterman, *T. S. Eliot and the Philosophy of Criticism*.

(33) T. E. Hulme, *Speculations: Essays on Humanism and the Philosophy of Art*, ed. Herbert Read (London, 1924)〔ヒューム『ヒュマニズムと芸術の哲学』長谷川鑛平訳、法政大学出版局、一九七〇年〕.

(34) ドイツの新カント派、とくにはヴィンデルバントやリッケルトを中心としたバーデン学派において、たんなる有効性ではなく客観的価値を求める動きもすでに生じていた。しかしヒュームが、それらの動きに直接影響されたようには思われない。

(35) Wilhelm Worringer, *Abstraction and Empathy: A Contribution to the Psychology of Style*, trans. Michael Bullock (New York, 1943)〔ヴォリンゲル『抽象と感情移入』草薙正夫訳、岩波文庫、一九七六年〕. この本の副題が示しているように、ヴォリンガーは、ヒュームが否定しているタイプのさまざまな芸術家と時代の形式的配置についての心理学的解釈を提示しようとした。ヴォリンガーの著作が入り組んだかたちで受け入れられた事情について次を参照のこと。Neil H. Donahue, ed. *Invisible Cathedrals: The Expressionist Art History of Wilhelm Worringer* (University Park, Pa., 1995).

ドイツの哲学者テオドール・リップスが美的感情移入をたいへん力をこめて擁護したことは注目しておくべきだろう。レヴェンソンが述べている。「リップスはフッサールの『論理学研究』にも名前が出てきて、心理主義の支持者であるとして批判されている。事実として、抽象化に賛成してリップスに反対するヴォリンガーの立場は、フッサールの『純粋論理』擁護の立場とぴたりと重なっている。わたしに確証はないのだが、ふたりの理論は、ヒュームが熱心にふたりを擁護するなかで出会うことになった」(Levenson, *A Genealogy of Modernism*, 96)。

(36) 同じ議論がホセ・オルテガ・イ・ガセットの一九二五年の次の文献で展開されている。José Ortega y Gasset, *The Dehumanization of Art and Other Essays on Art, Culture, and Literature*, trans. Helene Weyl (Princeton, 1968)〔オルテガ・イ・ガセット『芸術の非人間化』川口正秋訳、荒地出版社、一九六八年〕.

(37) Hulme, *Speculations*, 118. 完全性は宗教の領域にのみ属しているものだから、人間的事象において完全性を実現させようとすることによってロマンティシズムは損われた。近代芸術は賢明にも、その完全性を芸術の領域にのみ求め、生活を美化するというロマンティシズムの救いの願望を差し控えた。

(38) ヒュームの政治的影響力を強調する議論として次を参照のこと。John R. Harrison, *The Reactionaries* (New York, 1967).

(39) フローベールが先鞭をつけた「没作者の文体《スピーカーレス》」の手法やラッセルの著作とのウルフのつながりを論じているウルフ論として次を参照のこと。Ann Banfield, "Describing the Unobserved: Events Grouped around an Empty Center," in *The Linguistics of Writing: Arguments between Language and Literature*, ed. Nigel Fabb et al. (Manchester, 1987). ウルフ

は精神分析の雰囲気をもった印象主義的心理学の経験論の実例を見せている、というジュディス・ライアンの『消える主体』（*The Vanishing Subject* [chap. 15]）における議論をうまく矯正する意見をバンフィールドが提出している。

（40） 次を参照のこと。Joseph Frank, "Spatial Form in Modern Literature," in *The Avant-garde Tradition in Modern Literature*, ed. Richard Kostelanetz（Buffalo, N. Y., 1982）, 72-76.

（41） T. S. Eliot, "Tradition and the Individual Talent," *Selected Essays, 1917-1932*（New York, 1932）, 10〔エリオット「伝統と個人的な才能」吉田健一訳、『エリオット選集』第一巻、弥生書房、一九五九年〕. この一節はサスの『狂気とモダニズム』（Sass, *Madness and Modernism*）でも初期モダニズムの没個性的美学の実例として引用されている。ロマンティシズムの関心の代わりに内的経験と独自なる自我を前面に出したのが初期モダニズムなのだが、そのモダニズムの没個性的美学の実例として引用されているのである。しかしながら、サスはさらに、内的経験と独自なる自我の代わりに、まもなく「視点の新しさを強調する」革新への切なる願いが浮かび上がってきた、と述べている（一三五頁）。

（42） Schwartz, *The Matrix of Modernism*, 166-67.

（43） エリオットがブラッドリーに影響を受けた点について、たとえば次を参照のこと。Lewis Freed, *T. S. Eliot: The Critic as Philosopher*（West Lafayette, Ind., 1979）.

（44） Schwartz, *The Matrix of Modernism*, 166.

（45） エリオットによる批評における主体という契機を分析しているものとして次を参照のこと。Shusterman, *T. S. Eliot and the Philosophy of Criticism*, chap. 3.

（46） Charles Altieri, *Painterly Abstraction in Modernist American Poetry: The Contemporaneity of Modernism*（University Park, Pa., 1989）, 38.

（47） ヒュームによれば、詩は「反言語ではなく、視覚に映る具体的な言語である。……詩はかならず人をとりこにし、つねに具体的なものを見るように仕向け、人が抽象的プロセスのなかを歩いてゆくのを差し止めようと努める」（Hulme, *Speculations*, 134）。

（48） Jonathan Crary, *Techniques of the Observer: On Vision and Modernity in the Nineteeth Century*（Cambridge, Mass., 1990）

〔クレーリー『観察者の系譜』遠藤知巳訳、以文社、二〇〇五年〕.

(49) Heinrich Wölfflin, *Principles of Art History: The Problem of the Development of Style in Later Art*, trans. M. D. Hottinger (New York, 1932), 229〔ヴェルフリン『美術史の基礎概念』海津忠雄訳、慶応義塾大学出版会、二〇〇〇年〕. すでにわたしが述べたように、ヴォリンガーも形式の心理学を探っていた。

(50) Norman Bryson, *Vision and Painting: The Logic of the Gaze* (London, 1983). クレアリーは、視覚についてのいろいろな新しいとらえ方が印象派に、とくにはマネにあたえた影響を探っている。Crary, "Unbinding Vision," *October* 68 (Spring 1994).

(51) Ryan, *The Vanishing Subject*, 17f.

(52) Maurice Merleau-Ponty, "Cézanne's Doubt," *Sense and Non-Sense*, trans. Hubert L. Dreyfus and Patricia A. Dreyfus (Evanston, 1964)〔メルロ＝ポンティ『意味と無意味』滝浦静雄ほか訳、みすず書房、一九八三年〕.

(53) 自然に戻って、文化的因習に決別することについてのセザンヌの発言について次の文献におけるセザンヌ論を参照のこと。Herschel B. Chipp, *Theories of Modern Art: A Source Book by Artists and Critics* (Berkeley, 1975).

(54) Merleau-Ponty, "Cézanne's Doubt," 15.

(55) Altieri, *Painterly Abstraction in Modernist American Poetry*, 178f.

(56) Thierry de Duve, *Pictorial Nominalism: On Marcel Duchamp's Passage from Painting to the Readymade*, trans. Dana Polan (Minneapolis, 1991), 77-78.

(57) この観点から、シュルレアリスムの絵画を思い浮かべるむきもあるだろう。

(58) アントワーヌ・コンパニョンによれば、「もともと、最初の抽象画家たるカンディンスキーの気持ちのなかでは、抽象化とは個人の心理を消すこと、意味とエネルギーの世界を探ること、人が精神的に親しく交わることができるような心象《イメージ》をつくり出すこと、と考えられていた」(Antoine Compagnon, *The Five Paradoxes of Modernity*, trans. Franklin Philip [New York, 1994], 67)。

(59) モンドリアンで頂点に達するモダニズムの抽象画の没個性化や普遍主義の哲学への縁続きは、次の文献でもふれられている。Donald Kuspit, *The Cult of the Avant-garde Artist* (Cambridge, 1993), 45f. クスピットはスピノザを、人間の感情の混沌から視覚を引き離した点での先駆者と見なしている。

（60） Clement Greenberg, "Modernist Painting," in *The New Art: A Critical Anthology*, ed. G. Battcock (New York, 1973), 67.

（61） たとえば次を参照のこと。John McGowan, *Postmodernism and Its Critics* (Ithaca, 1991), 9.

（62） Robert Storr, "No Joy in Mudville: Greenberg's Modernism Then and Now," in *Modern Art and Popular Culture: Readings in High and Low*, ed. kirk Varnadoe and Adam Gopnik (New York, 1990), 169f. 同化することへのグリーンバーグのユダヤ人としての不安に注目しつつ、ストーはその不安をエリオットのアングロ・カトリック派と比較し、次のように結論づけている。「美学的『個性消去』へのグリーンバーグの固執には、また芸術からキッチュといわれる世俗的存在のいっさいの痕跡を消すというかれの決意には、政治的視点あるいは芸術史的視点はあまりないのである。かれの視点は基本的に宗教的な視点であるからだ。ユダヤ人町、ゲットーからユダヤ人が脱出するという状況を背にするさいに、純粋・不純という二項対立は、新世界における文化的同化によってつきつけられる危険な選択のメタファーとして機能している」（一七五頁）。しかしながら、反心理主義の伝統という大きな視野で見るとき、グリーンバーグの考え方はかれの個人的苦境を案外そのままに反映したものと見える。

グリーンバーグとアドルノとの比較については次を参照のこと。Compagnon, *The Five Paradoxes of Modernity*, 47. アドルノの立場はコンパニョンが言うほどは内省的ではなかった。ただし、アドルノは通俗マルクス主義的還元主義には批判的であった。

（63） ガダマーとローティとの比較について次を参照のこと。Shusterman, *T. S. Eliot and the Philosophy of Criticism*.

（64） De Duve, *Pictorial Nominalism*.　かれの次の新しい論文も参照のこと。"Echoes of the Readymade: Critique of Pure Modernism," *October* 70 (Fall 1994): 61-98.

（65） 主体と客体との分断に先行して視覚が原初的に存在することを明らかにするというセザンヌの意志に、デュシャンはわずかにも関心をもつことはなかった。次を参照のこと。Jean-François Lyotard, *Les transformateurs Duchamp* (Paris, 1977), 68.

（66） Werner Hofmann, "Marcel Duchamp and Emblematic Realism," in *Marcel Duchamp in Perspective*, ed. Joseph Masheck

(Englewood Cliffs, N. J., 1975), 61.

(67) ヒューストンにおける「クリエイティヴ・アクト」会議でのデュシャンの講演と、それにつづく質疑は一九五七年四月五日付けとして、次のものに収録されている。*Marcel Duchamp: Work and Life*, ed. Pontus Hulten (Cambridge, Mass., 1993). デュシャンは再三再四エリオットの名前を出してローレンス・D・スティーフェル・ジュニアに話をし、その発言が次の文献に収録されている。Lawrence D. Steefel, Jr., "Dimension and development in the *The Passage from the Virgin to the Bible*," in Masheck, *Marcel Duchamp in Perspective*, 97.

(68) いろいろな父親像を回避するひとつの伝統への、逆説的な（男性）精通者としてのデュシャンの役割を分析しているものとして次を参照のこと。Amelia Jones, *Postmodernism and the Engendering of Marcel Duchamp* (Cambridge, 1994).

(69) たとえば次を参照のこと。Rosalind E. Krauss, *The Optical Unconscious* (Cambridge, Mass., 1993), chap. 3. このテクストで、デュシャンは知的営為ではなく肉体的欲望を自分の芸術に投入していると指摘されている。彼女クラウスは、ロジャー・フライのようなロンドンのブルームズベリー・グループの人たちの禁欲的・熟慮型の美学とデュシャンの美学とをはっきりと対比させている。ちなみに、クラウスの考えでは、そのブルームズベリー・グループはG・E・ムーアの反心理主義倫理学から派生したグループである。ただし、デュシャンの作品を徹底して心理学的な視野からとらえようとする、クラウスとはまるで異なる考え方が次のものに見られる。Jerrold Seigel, *The Private Worlds of Marcel Duchamp* (Berkeley, 1995). シーゲルによれば、「自分の個性を不安定化し、無関心の美学でもって趣味と習慣に流れる動きに逆らい、自分を矛盾においこむさまざまな戦略を前面に出して固定したアイデンティティという陥穽を回避するために、自分はすべてを投げ出してきたのだというデュシャンの主張の背後に、妥協のないほどに高揚している自我があった」（二〇六頁）。しかしながら、その自我は、ひとりの崇高な作者ではなく、選択者であった。偶然性によってしつらえられる「諸与件」やその自我を取り巻く文化の破片を背負って行動してきた選択者であった。

(70) ドイツの哲学者オード・マルクヴァルドの考えによれば、ほぼ一〇〇年前の精神分析の普及という時点においてすでに、「第二の心理主義」を見出すことができる。次を参照のこと。Odo Marquard, *Transcengentaler Idealismus, Romantische Naturphilosophie, Psychoanalyse* (Cologne, 1987).

(71) Pierre Bourdieu, *Distinction: A Social Critique of the Judgment of Taste*, trans. Richard Nice (Cambridge, Mass., 1984)

〔ブルデュー『ディスタンクシオン』（I・II）石井洋二郎訳、藤原書店、一九九〇年〕; John Guillory, *Cultural Capital: The Problem of Literary Canon Formation* (Chicago, 1993).

(72) たとえば、次の文献に収録されているいくつかの論文を参照のこと。*The Institution of Philosophy: A Discipline in Crisis?* ed. Avner Cohen and Marcelo Dascal (Lasalle, Ill., 1989).

(73) たとえば次を参照のこと。Wilhelm Wundt, "Psychologismus und Logizismus," in his *Kleine Schriften*, vol. 1 (Leipzig, 1910), 511-634.

(74) Richard Rorty, *Philosophy and the Mirror of Nature* (Princeton, 1979), 168〔ローティ『哲学と自然の鏡』野家啓一監訳、産業図書、一九九三年〕.

(75) Shusterman, *T. S. Eliot and the Philosophy of Criticism*, chap. 8. もっと前の論文「ヒュームを記憶する——軽視された哲学者・批評家・詩人」("Remembering Hulme: A Neglected Philosopher-Critic-Poet") において、シャスターマンは、典型的な反心理主義者と受け止められていたヒュームについても、エリオットについてと同じ解釈をしている。しかし、シャスターマンが持ち出す証拠は、ハーバート・リードが編纂にあたったヒュームの『省察』（邦訳『ヒュマニズムと芸術の哲学』）にリードが収めたヒュームの「燃えがら」(*Cinders*) に出てくる次の文章で始まるアフォリズムひとつだけである。「知の全部をいつまでもしっかり乗せて支えている岩のような絶対的原理なるものはひとつもない、というのが真理である……」（二三三—三四頁）。その原則をふまえてシャスターマンが主張するのは、絶対的原理よりも世界観〔*Weltanschauungen*〕のほうが重要であることを強調する反基礎づけ主義においてヒュームはローティに近い、ということである。「知の全部を……」で始まる絶対的原理に反対する文章に必然的にふくまれている遂行的矛盾は顧みずに、ヒュームは、経験的・倫理的・宗教的認識を大きな体系にまとめあげようとするヒューマニズムの試みを攻撃していたのであって、個別のいろいろな領域における基礎づけの可能性を攻撃したのではなかった、とわたしには思われる。それらの領域と、価値の諸問題における啓示宗教の権威性への信頼とを峻別することをヒュームが求めたことによって、ヒュームは、ローティの相対主義的啓蒙の哲学とははなはだ遠い存在になっている。

(76) Jacques Derrida, *Speech and Phenomena and Other Essays on Husserl's Theory of Signs*, trans. David B. Allison (Evanston,

1973), 12f〔デリダ『声と現象』高橋允昭訳、理想社、一九七〇年〕.

(77) この観点でのニュー・クリティシズムにたいするポール・ド・マンの反応について次を参照のこと。Lindsay Wasters, intro. to Paul de Man, *Critical Writings, 1953-1978,* ed. Lindsay Wasters (Minneapolis, 1989), xl-lii.

(78) 還元主義的心理主義と、作品の相対的完全性を尊重しつつ心理主義的に巧みに洞察を働かせることとを区別する試みとして、たとえば次を参照のこと。Roman Ingarden, "Psychologism and Psychology" *New Literary History* (Winter 1974): 215-23.

(79) Mohanty, *Husserl and Frege,* 115.

(80) だからこそ、多くの批評家がモダニズムの外観をしたシュルレアリスムを、さまざまなポストモダニズムの立場を先取りしていたものと見ているわけである。たとえば次を参照のこと。Hal Foster, *Compulsive Beauty* (Cambridge, Mass., 1993).

(81) たとえば次を参照のこと。Mohanty, *Husserl and Frege.*

(82) たとえば次を参照のこと。Alasdair MacIntyre, *After Virtue: A Study in Moral Theory* (Notre Dame, Ind., 1981)〔マッキンタイア『美徳なき時代』篠崎栄訳、みすず書房、一九九三年〕.

(83) マルクスをめぐるデリダについて次を参照のこと。Derrida, *Specters of Marx: The State of the Debt, the Work of Mourning, and the New International,* trans. Peggy Kamuf (New York, 1994).

第一六章　モダンのペイガニズムとポストモダンのペイガニズム

(1) 一九世紀フランスにおける、その事態を考察しているものとして次を参照のこと。Eugen Weber, "Religion or Superstition ?" *My France: Politics, Culture, Myth* (Cambridge, Mass., 1991).

(2) この言葉をめぐる最近の解釈として次を参照のこと。Prudence Jones and Nigel Pennick, *A History of Pagan Europe* (London, 1995), 1. この言葉でなくとも、この概念の起源を、モーゼとかれのエジプトの前任者アクナトンに追った文献として次を参照のこと。Jan Assmann, "The Mosaic Distinction: Israel, Egypt, and the Invention of Paganism," *Representation* 56 (Fall 1996). モーゼとアクナトンは、真の宗教と偽の宗教との区別、あるいは本物の宗教と偽物の宗教との区別をした初めての人たちだった、とアスマンは述べている。

（3） 近代初頭の魔術はキリスト教以前のペイガンの習俗の復活であったという考え方を、次のような著作においてエジプト学者マーガレット・マレーが熱心に主張した。Margaret Murray, *The Witch Cult in Western Europe* (Oxford, 1921). そして、その考え方をノーマン・コーンが巧みな記述で退けている。Norman Cohn, *Europe's Inner Demons* (London, 1975)〔コーン『魔女狩りの社会史——ヨーロッパの内なる悪霊』山本通訳、岩波書店、一九八三年〕.

（4） Jones and Pennick, *A History of Pagan Europe*, 197f.

（5） その「さまざまな対立項目」のひとつに世俗の合理主義があったことはふまえておくべきだろう。ペイガン神話としばしば対照された合理主義があったのである。その二項対立を徹底して退けようとしている文献として次を参照のこと。Hans Blumenberg, *Work on Myth*, trans. Robert M. Wallace (Cambridge, Mass., 1985).

（6） その点について次を参照のこと。Jean Seznec, *The Survival of the Pagan Gods: The Mythological Tradition and Its Place in Renaissance Humanism and the Arts* (Princeton, 1995). セズニクのすぐれた次のテクストも参照のこと。"Myth in the Middle Ages and the Renaissance," in *the Dictionary of the History of Ideas* (New York, 1973), vol. 3〔『西洋思想大事典』（全五巻）平凡社、一九九〇年〕.

（7） 聖像破壊的不安がいまも存在していることは、次を一例とする最近の文献で明らかにされている。Jacques Ellul, *The Humiliation of the Word*, trans. Joyce Main Hanks (Grand Rapids, Mich., 1985).

（8） 『歴史・批評事典』のなかのベールの「ユピテル」や『セリーナへの手紙』にあるトーランドの「偶像崇拝の起源」をふくむさまざまな文献について次を参照のこと。Burton Feldman and Robert B. Richardson, eds. *The Rise of Modern Mythology, 1680-1860* (Bloomington, Ind., 1972), part 1.

（9） Robert Weiss, *The Renaissance Discovery of Classical Antiquity* (Oxford, 1969).

（10） Peter Gay, *The Enlightenment: An Interpretation*, vol. 1, *The Rise of Modern Paganism* (New York, 1966), chap. 5.

（11） 古典期の価値観とキリスト教価値観とを折衷させる試みが一九世紀にいくつか、とくにイギリスにあったことはたしかである。しかし、リチャード・ジェンキンズが述べているように、「まことに偉大であるヴィクトリア朝の人びとのなかには、古代ギリシアに向かう情熱と自分のキリスト教への情熱との対立・葛藤を、かならずしもそれと意識せずに経験した者もいた」。Richard Jenkyns, *The Victorians and Ancient Greece* (Cambridge, Mass., 1980), 68.

（12）アーノルドはしばしば、「ギリシア文化」と「ヘブライ文化」とを統合しバランスをとろうとした。それについて次を参照のこと。Joseph Carroll, *The Cultural Theory of Matthew Arnold* (Berkeley, 1982), 69f.

（13）Keith Thomas, *Man and the Natural World: A History of the Modern Sensibility* (New York, 1983)〔トマス『人間と自然界』中島俊郎ほか訳、法政大学出版局、一九八九年〕. トマスは次のように述べている。「アングロサクソン族の時代以来、イギリス国教会が泉や川への崇拝に対立するものとしてあった。森・小川・山のペイガンの神々は追放されてしまっていて、その空白の場所に、魔術から目をさました世界がひとつしっかりと形づくられることになった」（二二頁）。その世界が、転倒されるまでいかないとしても、改変されることになった原因をたくさん挙げているのだけれど、そのひとつとして、古典期における理想郷的田園という伝統の再発見を挙げている。それと同じ感性が、フランスですこし遅れて出てきたについて次を参照のこと。D. G. Charlton, *New Images of the Natural in France* (Cambridge, 1984), chap. 2.

（14）E. M. Butler, *The Tyranny of Greece over Germany* (Boston, 1958); Henry Hatfield, *Aesthetic Paganism in German Literature* (Cambridge, Mass., 1964) and *Clashing Myths in German Literature: From Heine to Rilke* (Cambridge, Mass., 1974); Josef Chytry, *The Aesthetic State: A Quest in Modern German Thought* (Berkeley, 1989); and Suzanne L. Marchand, *Down from Olympus: Archaeology and Philhellenism in Germany, 1750-1970* (Princeton, 1996).

（15）ヴィーコと古典的レトリックについて次を参照のこと。John D. Schaeffer, *Sensus Communis: Vico, Rhetoric, and the Limits of Relativism* (Durham, N. C., 1990).

（16）Robert Darnton, "History of Reading," in *New Perspectives on Historical Writing*, ed. Peter Burke (University Park, Pa., 1991), 144〔バーク編『ニュー・ヒストリーの現在――歴史叙述の新しい展望』谷川稔ほか訳、人文書院、一九九六年〕.

（17）Prys Morgan, "From a Death to a View: The Hunt for the Welsh Past in the Romantic Period," in *The Invention of Tradition*, ed. Eric Hobsbawm and Terence Ranger (Cambridge, 1983)〔ホブズボウム／レンジャー編『創られた伝統』前川啓治ほか訳、紀伊國屋書店、一九九二年〕.

(18) ガリア人を先祖にもつことをフランスとしてのアイデンティティの象徴ととらえる、いまも強力な考え方について次を参照のこと。Eugen Weber, "Nos ancêtres les gaulois," *My France.* 貴族の家柄の人たち自身が、ペイガン世界に自分たちの先祖がいたことを前面に出して自分の家柄の由緒正しいことを主張することがしばしばあった点はふまえておくべきである。ここで、支配層の貴族たちは、いまでこそ自分は生身の歴史上の人物であるが、遠い昔には神に変えられていたと考えたから、古代の神を人間と解釈するエウヘメロス的読みに頼ることができた。

(19) Hugh Honour, *Romanticism* (New York, 1979), 206f.

(20) Jenkyns, *The Victorians and Ancient Greece*, 8.

(21) フロイトはシュリーマンを高く評価し、古代の文物を収集し、しばしば精神分析をトロイの発見になぞらえた。とはいえ、フロイトは、古典期の遺産についてはあいまいな立場をとった。つまり、その遺産がフロイトの目には、昇華された文化のひとつの伝統的モデル、不毛な反抗に代わるモデルと映って、これをかれはときに支持したわけである。フロイトが「選んだのは、ローマや中世ヨーロッパに象徴される絶えざる政治的混乱と紛争ではなく、ヴィンケルマンと古代ギリシアの古典的均衡であった」というとらえ方について次を参照のこと。William J. McGrath, *Freud's Discovery of Psychoanalysis: The Politics of Hysteria* (Ithaca, 1986), 228.

(22) 第一次大戦前のウィーンにおける母権イデオロギーの力と多彩さについて次を参照のこと。Jacques Le Rider, *Modernity and the Crises of Identity*, trans. Rosemary Morris (New York, 1993), chaps. 6, 7, and 8.

(23) ギリシア建築の多色彩飾をめぐる論争でのゼンパーの役割について次を参照のこと。Harry Francis Mallgrave, *Gottfried Semper: Architect of the Nineteenth Century* (New Haven, 1996).

(24) 文献のひとつとして次を参照のこと。Steven E. Aschheim, *The Nietzsche Legacy in Germany, 1890-1990* (Berkeley, 1992), 223-29.

(25) 『ドイツにおけるニーチェの遺産』でアッシュハイムは、新しい北欧ゲルマン系の宗教を復活させようとしたいわゆる「信仰運動」があっさりとナチズムに吸収された、と述べている。しかし、次の文献によれば、最高神オーディン崇拝をナチスは迫害した。John Yeowell, *Odinism and Christianity under the Third Reich* (London, 1993). さらに、アモス・フンケンスタインは、古典世界におけるペイガンの反ユダヤ主義とそれに輪をかけて悪意に満ちたキリスト教の反ユダヤ主義との不連続を重視し、ペイガニズムがさまざまな宗教を総じて容認するがゆえに「歴史に登場する『ペイガニズム』の意味がどうあれ、ともかくペイガニズムはキリスト教——あるいはユダヤ教——程度にはたしかに人道的であった」と述べている。Amos Funkenstein, *Perceptions of Jewish History* (Berkeley, 1993), 328. ペイガニズムと民族《フェルキッシュ》思想との関係をめぐる総体的な評価について次を参照のこと。Stefanie V. Schnurbein, *Religion als Kulturkritik: Neugermanisches Heidentum im 20. Jahrhundert* (Heidelberg, 1992).

(26) Martin Bernal, *Black Athena: The Afro-Asian Roots of Classical Civilization* (London, 1987).

(27) 渡米する前、一九三〇年代のイェーガーの妥協した役割について次を参照のこと。Marchand, *Down from Olympus,* chap. 9.

(28) Paul Delany, *The Neo-Pagans: Friendship and Love in the Rupert Brooke Circle* (London, 1987).

(29) Jenkyns, *The Victorians and Ancient Greece*, chap. 13.

(30) Camille Paglia, *Sexual Personae: Art and Decadence from Nefertiti to Emily Dickinson* (New York, 1991), 25〔パーリア『性のペルソナ』(全二巻) 鈴木晶ほか訳、河出書房新社、一九九八年〕.

(31) John Casey, *Pagan Virtue: An Essay in Ethics* (Oxford, 1990).

(32) バーナード・ウィリアムズの『道徳的幸運』(Bernard Williams, *Moral Luck* [Cambridge, 1981]) はケーシーの『ペイガンの徳』(Casey, *Pagan Virtue*, 201) に引用されている。

(33) Odo Marquard, "In Praise of Polytheism (On Monomythic and Polymythic Thinking)," *Farewell to Matters of Principle: Philosophical Studies*, trans. Robert M. Wallace (New York, 1989), 104. 次の文献におけるハーバーマスの反応を参照のこと。Habermas, "The Unity of Reason in the Diversity of Its Voices," in *Postmetaphysical Thinking: Philosophical Essays*, trans. William Mark Hohengarten (Cambridge, 1992), 147-48〔ハーバーマス『ポスト形而上学の思想』藤沢賢一郎ほか訳、未來社、一九九〇年〕.

(34) Jacques Merlaud, *Le renouveau païen dans la pensée française* (Paris, 1986).

(35) Carl L. Becker, *The Heavenly City of the Eighteen-Century Philosophers* (New York, 1932). 次の文献におけるゲイの記述を参照のこと。Gay, *The Party of Humanity: Essays in the French Enlightenment* (New York, 1964).

(36) Gay, *The Party of Humanity*, 46. むろん、「人間性という党派」の成員のかならずしも全員が古代の遺産に惹かれたわけではない。ゲイのその本を書評したフランクリン・L・フォードは、レッシングもルソーもその遺産に惹かれてはいないと述べている。Franklin L. Ford's review in *the American Historical Review* 73.3 (February 1968).

(37) Gay, *The Enlightenment*, 9, 8, 126.

(38) Cited in ibid., 70.

(39) ゲイの啓蒙思想読解と、かれののちの科学研究者フロイト擁護とのあいだの連続性を見分けるのはむずかしいことではない。フロイトは、かれを取り巻くウィーンのユダヤ的環境の個別性を意識するより、高度な学識・文化のコスモポリタンな伝統のほうを強く意識していたと考えられるからである。精神分析は「非合理性にかんして合理的であることが可能であるというより、むしろそれが必然的であることを明示した」とゲイは次の文献で述べている。Gay, *Freud, Jews and Other Germans: Masters and Victims in Modernist Culture* (Oxford, 1978), 71〔ゲイ『ドイツの中のユダヤ』河内恵子訳、思索社、一九八七年〕. ルキアノス、エラスムス、ヴォルテールとの架空の対話においてすでに、ゲイはヴォルテールに、フロイトを「二〇世紀の最も際立った代表的人物」と言わしめている。Gay, *The Bridge of Criticism* (New York, 1970), 91.

(40) Peter Gay, *The Enlightenment: An Interpretation*, vol. 2, *The Science of Freedom* (New York, 1965), 125〔ゲイ『自由の科学――ヨーロッパ啓蒙思想の社会史Ⅰ・Ⅱ』中川久定ほか訳、ミネルヴァ書房、一九八二―八六年〕. リオタールがしばしば普遍的な科学という外延的言語ゲームに向けて局所的である語りを対置させるのだが、しかし、ポストモダニズムのために、それが自分の目的に合致するからといって自動処理の教訓を利用するという安易な心掛けをリオタールがもっているわけではない。ゲイとしては、啓蒙思想の時代の歴史的語りの重要性を認識している。欠陥はいろいろもっていても、歴史的語りはなんといってもボリングブルック〔英国の政治家（一六七八―一七五一年）〕の言う「事例によって教える哲学」にとどまるものではないからだ。

(41) Ernst Cassirer, *The Philosophy of the Enlightenment*, trans. Fritz C. A. Koelln and James P. Pettegrove (Boston, 1951)〔カッシーラー『啓蒙主義の哲学』中野好之訳、紀伊國屋書店、一九六二年〕.

(42) Gay, *The Enlightenment*, I: 419.『ワイマール文化』(Gay, *Weimar Culture: The Outsider as Insider* [New York, 1968])

〔邦訳は、亀嶋庸一訳、みすず書房、一九八七年〕で、ゲイは次のように記して同じ感情を吐露している。「ベーコンやデカルトの教え、啓蒙思想の教えをグロピウス〔ドイツ生まれの建築家（一八八三―一九六九年）〕は教えたが、ドイツ人の大半はそれを教わりたくなかった。人は世界を前にしてそれを支配しなければならないし、近代化のいろいろな弊害を是正して、正しい種類の近代化を模索する必要がある、という啓蒙思想をドイツ人は教わりたくなかったのだ」（一〇一頁）。

（43） Ibid., 225.

（44） Peter Hanns Reill, *The German Enlightenment and the Rise of Historicism* (Berkeley, 1975), 174f. 次の文献も参照のこと。David Sorkin, *Moses Mendelssohn and the Religious Enlightenment* (Berkeley, 1996). ソーキンのそのテクストは、英国教会派のウィリアム・ウォーバートン、ルター派のジグムント・ヤコプ・バウムガルテン、カトリックのアンセルム・デシングなど宗教の啓蒙家まで話を広げている。

（45） Hans Kohn, "The Multidimensional Enlightenment," *Journal of the History of Ideas* 31.3 (July-September 1970): 469.

（46） Amos Funkenstein, *Theology and the Scientific Imagination: From the Middle Ages to the Seventeeth-Century* (Princeton, 1986), 357.

（47） その主題を論じているもっと若い学者であるマーガレット・C・ジェイコブは、フリーメーソンの意味について、ゲイの主張より穏やかなとらえ方をしている。『啓蒙思想を生きる――一八世紀ヨーロッパにおけるフリーメーソンと政治』（Jacob, *Living the Enlightenment: Freemasonry and Politics in Eighteenth-Century Europe* [New York, 1991]）で彼女ジェイコブは、フリーメーソンの儀礼と信仰にはペイガンの系統がしばしばあらわれてきたとし、「一部の歴史家が啓蒙思想に近代のペイガニズムの台頭を見出したわけが、たぶんわたしたちにはあっさりとわかるだろう」（一五三頁）と述べている。ただし、そのペイガニズムがギリシアのものであるよりは、ゲイが無視したエジプト由来のものであったことは注目しておくべきだろう。次の議論を参照のこと。Assmann, "The Mosaic Distinction."

（48） Paglia, *Sexual Personae*, 681.

（49） 次を参照のこと。Peter Gay, *Style in History* (New York, 1974).〔ゲイ『歴史の文体』鈴木利章訳、ミネルヴァ書房、一九七七年〕

(50) とはいえ、リオタールはそれまでの何年かは、根源的プロセスにおける解放する力についてもっと懐疑的であった。一九八四年の「排除された形像」("Figure Foreclosed," in *The Lyotard Reader*, ed. Andrew Benjamin [Oxford, 1989]) を例とするのちのいくつかの論文は精神分析の遺産についてもっと厳格な読み方を示している。

(51) ゲイは『啓蒙思想』の第二巻でバークの『崇高と美の観念の起原』(中野好之訳、みすず書房、一九九九年) (Burke, *Philosophical Enquiry into the Origin of Our Ideas of the Sublime and the Beautiful*) に短くふれていて、その本を「エネルギッシュで達者、いささか無責任、ときに当惑させられる、若書きの本」(三〇五頁) としている。

(52) Lyotard, *Dérive à partir de Marx et Freud* (Paris, 1973)〔リオタール『漂流の思想――マルクスとフロイトからの漂流』今村仁司ほか訳、国文社、一九八七年〕. その点についてのリオタールの記述として次を参照のこと。"A Memorial of Marxism: For Pierre Souyri," in Lyotard, *Peregrinations: Law, Form, Event* (New York, 1988)〔リオタール『遍歴――法、形式、出来事』小野康男訳、法政大学出版局、一九九〇年〕. リオタールは一九五四年から一九六六年まで、コルネリウス・カストリアディス、クロード・ルフォールが主導する雑誌『社会主義か野蛮か』の同人 (その最後の二年間は雑誌『労働者権力』〔*Pouvoir Ouvrier*〕のメンバー) だった。

(53) この時期にリオタールが書いたものとして次を参照のこと。Lyotard, *Political Writings*, trans. Bill Readings and Kevin Paul Geiman (Minneapolis, 1993).

(54) Lyotard, *Rudiments païens: genre dissertatif* (Paris, 1977)〔リオタール『異教入門』山県熙ほか訳、法政大学出版局、二〇〇〇年〕. このなかの何編かの論文は次のものに英訳されている。Lyotard, *Toward the Postmodern*, ed. Robert Harvey and Mark S. Roberts (Atlantic Highlands, N. J., 1993); *Instructions païennes* (Paris, 1977), translated in Benjamin, ed. *The Lyotard Reader*. *Au Juste*, with Jean-Loup Thébaud (Paris, 1979), in English as *Just Gaming*, trans. Wlad Godzich (Minneapolis, 1985). リオタールのペイガニズムの議論について次を参照のこと。Bill Readings, *Introducing Lyotard: Art and Politics* (London, 1991), and "Pseudoethica Epidemica: How Pagans Talk to the Gods," *Philosophy Today* 36 (Winter 1992); and Steven Best and Douglas Keller, *Postmodern Theory* (New York, 1991), 160f.

(55) Lyotard, *Just Gaming*, 31.

(56) Lyotard, "Lessons in Paganism," 123.

（57） Lyotard, "The Grip (Mainmise)," *Political Writings*, 156. 一九九〇年に書かれたこの論文は、リオタールのその後の著作において、ペイガンの理念が引きつづき、かならずしも前面に出されていなくとも重要になっていることを示している。

（58） Lyotard, *The Postmodern Condition: A Report on Knowledge*, trans. Geoff Bennington and Brian Massumi (Minneapolis, 1984)〔リオタール『ポスト・モダンの条件』小林康夫訳、風の薔薇、一九八六年〕. この原著は一九七九年に出ている。とはいえ、多神論はヤン・アスマンの言う「宇宙神論」の一形式であったと言えるだろう。さまざまな宗教の人物像はたとえば太陽などの単一の神から派生した存在と推定されると考えるのが宇宙神論である。次を参照のこと。Jan Assmann, "The Mosaic Distinction," 49. もしそうであるなら、ペイガニズムはリオタールが言うほどは同一規準で測れない性質を価値づけたのではなく、むしろ文化相互間の翻訳可能性を価値づけたことになる。

（59） Lyotard, *Just Gaming*, 16.

（60） Lyotard, *The Inhuman: Reflections on Time*, trans. Geoffrey Bennington and Rachel Bowlby (Stanford, 1991). リオタールの思考を育んだ反ヒューマニズムの総体的な風潮について次を参照のこと。Richard Wolin, "Antihumanism in the Discourse of Postwar French Theory," in *Labyrinths: Explorations in the Critical History of Ideas* (Amherst, Mass., 1995).

（61） Gay, *The Enlightenment: An Interpretation*, I: 178. Lyotard, *Instructions païennes*, 84.『リオタール・リーダー』(*The Lyotard Reder*) での英訳では、「レアリスム」が「理性《リーズン》」と誤訳されている。つまり、「理性はペイガンである」（一五二頁）とリオタールが述べているように誤訳されている。

（62） Lyotard, "Lessons in Paganism," 133. カントについてのこの読み方のもつ政治的意味をめぐっては現在かなりの文献がある。最も新しいものとして次を参照のこと。Kimberly Hutchings, *Kant, Critique and Politics* (New York, 1996).

（63） たとえば、トーマス・モルナーのようなユダヤ－キリスト教の超越論の擁護者たちによって、その非難がペイガニズムに向けられている。Thomas Molnar in *The Pagan Temptation* (Grand Rapids, Mich., 1987) and "Paganism and Its Renewal," *The Intercollegiate Review* 31.1 (Fall 1995).

（64） Lyotard, *Just Gaming*, 42.

(65) Lyotard, "Futility in Revolution" in *Toward the Postmodern*, 99.

(66) Ibid., 113.

(67) Lyotard, *The Differend: Phrases in Dispute*, trans. Georges Van Den Abbeele (Minneapolis, 1988), 151〔リオタール『文の抗争』陸井四郎ほか訳、法政大学出版局、一九八九年〕. レディングズが述べているのだが、ペイガニズムという言葉は『文の抗争』のころになると消えてしまう。たぶんその言葉には政治的判断という問題をロマン主義化する傾向があるからだろう（ペイガニズムがほかの宗教になるのを差し止めるのはむずかしい）」(*Introducing Lyotard*, xxxiii)。

(68) Lyotard, *Just Gaming*, 38. リオタールは、さらに絶対的自律について同じように批判する記述のなかで、ブラジルのカシナフア・インディオ族のことを持ち出している。

(69) Ibid., 39.

(70) しかしながらリオタールは次のようにも述べている。「原始ユダヤ教には『創造された自然』という主題はまったく欠落している。神は見えている世界をつくった存在ではない。創世記が公認されるのはのちのことでしかなかったし、その創世記ですらバアル神崇拝をまるごと引き継いだものだった」("Figure Foreclosed," *The Lyotard Reader*, 94)。ユダヤ的思考は、神には複数の意味があるとまで考えないにせよ、テクストに複数の意味があることを尊重してきたのだが、その点も考慮しておくべきかもしれない。スーザン・A・ハンデルマンが次のように述べている。「律法学者的思考は、多神論《ポリセイズム》と反対のものとしての多義性《ポリセミー》という原理を育ててきた。目に見えるかもしれぬたくさんの神々ではなく、『言葉』のなかで聞かれ読まれるかもしれぬ複数の意味という原理を育ててきたのだ」(Susan A. Handelman, *The Slayers of Moses: The Emergence of Rabbinic Interpretation in Modern Literary Theory* [Albany, 1982], 34〔ハンデルマン『誰がモーセを殺したか』山形和美訳、法政大学出版局、一九八七年〕)。

(71) 次を参照のこと。Lyotard, "Levinas's Logic," in *The Lyotard Reader*. ペイガニズムは偶像崇拝に連動していることが多いわけだが、その崇拝に通じる現在の総体的主題として視覚の優位性という問題があるわけで、その問題にかんしてリオタールがレヴィナスに影響されている点について次を参照のこと。Martin Jay, *Downcast Eyes: The Denigration of Vision in Twentieth-Century French Thought* (Berkeley, 1993), chap. 10.

(72)『リオタール・リーダー』に再録された一九八四年の論文「排除された形象」(“Figure Foreclosed”) で、リオタールは精神分析にとってユダヤ教が重要であることを強調している。とくに止揚、媒介、和解をユダヤ教が否定する点においての強調である。ニーチェが称賛したアポロン的衝動とディオニュソス的衝動との均衡という契機を、ギリシア文化につかのま花開いたにすぎぬものと見るリオタールが次のように述べている。「夜に満ち、形象的で可塑的なその流れのなかに、和解についての古くからの宗教性があることがわかる。その媒介の残滓をキリスト教に伝達し、その異教的魅力をカトリシズムにあたえるであろうような宗教性があるのだ」(七五頁)。もっと魅力のあるペイガニズムは、多元的で全体化されていない、競争的なものになるだろう、とリオタールは述べている。

(73) Lyotard, *Heidegger and "the jews,"* trans. Andreas Michel and Mark Roberts (Minneapolis, 1990), 22-23〔リオタール『ハイデガーと「ユダヤ人」』藤原書店、本間邦雄訳、一九九二年〕.

(74)『啓蒙思想』でゲイは、「世に知られた進歩理論ではなく」、ヘレニズムかヘブライ精神かという二者択一をふくむ歴史の二重の視点こそが「啓蒙思想を特徴づけている」と苦心した発言をしている (1: 33)。

(75) Lyotard, *Just Gaming*, 16.

(76) たとえば以下を参照のこと。ibid., 11 and "Tomb of the Intellectual," in Lyotard, *Political Writings*.

(77) たとえば以下を参照のこと。Richard Roty, "Habermas and Lyotard on Postmodernity," in *Habermas and Modernity*, ed. Richard J. Bernstein (Cambridge, Mass., 1985); and Peter Dews, introduction to Habermas, *Autonomy and Solidarity: Interviews*, ed. Peter Dews (London, 1986). ついでながら、ハーバーマスによる啓蒙思想擁護のなかに俗っぽいペイガニズムのレトリックはまったくないこと、それはふまえておくべきだろう。『近代の哲学的ディスクルス』でハーバーマスがこう述べている。『新ペイガニズム』というミスティシズムのなかでは、日常性の外にあるものの制約なきカリスマ性が結果として解放する性質に変わることはない。美学との関連ではそのカリスマ性が解放する性質に変わるのだが。それにまた、宗教的なものとの関連ではものを新しくする性質に変わるのにくらべて、ものを新しくする性質に変わることもない――そのカリスマ性はいんちきな刺激力をかなりの程度にもっていることになる」(Habermas, *The Philosophical Discourse of Modernity: Twelve Lectures*, trans. Frederick Lawrence [Cambridge, Mass., 1987], 184〔ハーバーマス『近代の哲学的ディスクルス』(I・II) 三島憲一ほか訳、岩波書店、一九九〇年〕)。この記述はデリダにふれた文脈でのものである。そのデリダがペイガンというミスティシズムから縁を切ったことを、ハーバーマスはデリダがユダヤ的一神論に足場をもっているせいだと見ている。

（78）サミュエル・ウェーバーを例とするような、脱構築のもっとラディカルな学者たちは、いろいろな言語ゲームの完全なる脱差異化に抵抗しているとして実際にリオタールをたしなめている。次を参照のこと。Samuel Weber's afterword to *Just Gaming*, 103. そのような脱差異化が結果としてどうなるかといえば、わたしがどこかで述べた「牛という牛が白黒のまだら模様になる夜」になるのではないか。その「夜」という定式は、ビル・レディングズがリオタールに関連して、正当にも退けているものである。次におけるレディングズの発言を参照のこと。Bill Readings, "Pseudoethica Epidemica," 381.

（79）Lyotard, *Le Postmoderne expliqué aux enfants: correspondance, 1982-1985* (Paris, 1986)〔リオタール『こどもたちに語るポストモダン』管啓次郎訳、ちくま学芸文庫〕.

（80）かなりの数の批評家が、全体化に向かう主張にひそかにリオタールが依存していることにふれている。たとえば以下を参照のこと。William Righter, *The Myth of Theory* (Cambridge, 1994), chap. 9 ; Kerwin Lee Klein, "In Search of Narrative Mastery: Postmodernism and the People without History," *History and Theory*, 34 (1995). 実際、『ジャスト・ゲーミング』は、リオタールの対談者が「ここでのあなたはたいへんすぐれた処方箋を書く人のような話し方をされていますね……」という言葉を受けて、（当惑した？）笑いでもって終わっている（一〇〇頁）。

（81）Robert Harvey and Mark S. Roberts, introduction to Lyotard, *Toward the Postmodern*, xiv.

第一七章　ガヴリロ・プリンツィプの手枷

（1）Alain Finkielkraut, *The Imaginary Jew*, trans. Kevin O'Neill and David Suchoff (Lincoln, Neb., 1994), 12.

（2）Henryk M. Broder, "Das Shoah-Business," *Der Spiegel*, no. 16 (1993): 249.

（3）Amos Funkenstein, "The Incomprehensible Catastrophe: Memory and Narrative," in *The Narrative Study of Lives*, ed. Ruthellen Josselson and Amia Leiblich (Newbury Park, Calif., 1993). フンケンスタインによれば、テレージエンシュタット収容所の画家たちの絵からわかるのは、自分たちの生にたいするある種の支配力を維持する能力を画家

たちがもっていることである。そして、そういう能力は、ほかのホロコーストの犠牲者たちがもつはずのなかった能力であった。

訳注

＊文頭にある数字は頁番号である。

三一　有名なエピソード——アイルランドの哲学者ジョージ・バークリーが、観念があってはじめて物質は存在するという観念論を主張していると聞いて、常識を重んじる英国人たるジョンソンは、大きな石を思いきり蹴っとばして、「わたしはこうして論駁する」と言った。（ジェイムズ・ボズウェル『ジョンソンとヘブリディーズ諸島を旅した日記』より）

三四　「パノプテス理論」Panoptic theory——パノプテス（別名アルゴス）がギリシア神話に出てくる百の眼をもつ巨人であるところから、パノプテスは厳重な見張人の意味に転じた。イギリスの功利主義思想の実践家ジェレミー・ベンサムが構想したパノプチコン（一望監視装置）をフーコーが『監視と処罰』（邦訳『監獄の誕生』）において、身体的訓練によって自発的服従が生まれる近代空間の例証として語っている。以来、近代において視覚が優位に立つことで、見る者と見られる者の分離、支配と被支配の分離の状況が生じたとする言説が多いのであるが、セールは、その逆転現象として、「メッセージの伝達者が夜警、監視者、あるいは観察者に打ち勝とうとしている。コミュニケーションと情報が（パノプテス的）理論を殺す」（米山親能訳『五感』法政大学出版局）状況が生まれていると述べている。

四〇　一一番目のテーゼ——「哲学者たちは世界をさまざまに解釈してきただけである。肝心なのは世界を変えることであるのに」（マルクス）。

四四　大きな物語 grand narrative——リオタールが『ポストモダンの条件』（一九七九年）でモダン（啓蒙時代以降）とポストモダンの文化を特徴づけるのに、大きな物語／小さな物語 local narrative という概念を提出した。理性・進歩などを普遍的な価値をもつものとして正当化する言説が「大きな物語」である。マルクス主義の唯物史観がその例になる。「大きな物語」に不信がつきつけられてそれが失墜し、「ポストモダン」に移行した。そのポストモダンの文化は、多種多様にして拡散した「小さな物語」local narrativeという局所的な物語に意義を見出している、というのがリオタールの見解である。

五〇 「いないいない／あった」〔*fort/da*〕遊び――フロイトが『快感原則の彼岸』で報告した幼児の遊びで、幼児がひものついた糸巻を「いないいない」にあたる「おーおーおー」の声を発しながら投げて、ひもをたぐり寄せて糸巻が出てくると「あった」と言って遊ぶ行動。フロイトはこの遊びを、自分に支配力のない状況において、幼児が代償的に支配力を主張しようとするものと考えた。たとえば、デリダは『絵葉書』*La Carte postale*（一九八〇年）のなかの「思弁する――フロイトについて」において、フロイトのその解釈を脱構築的にさまざまに再解釈している（一例として、ニーチェ流の永劫回帰および抑圧されたものの回帰＝反復という解釈）。

五八 ポリティカル・コレクトネス political correctness――マイノリティへの差別表現を摘発し、政治的公正を確立しようとする運動。

六一 ……レーガン大統領の試み――一九八五年五月五日、レーガン大統領が西ドイツのビトブルクのナチス親衛隊墓地を訪問した。これにたいして欧米のユダヤ人市民が抗議行動を起こした。

六七 陳腐さという悪 the evil of banality――アーレントのアイヒマン裁判傍聴記録『イェルサレムのアイヒマン』の副題が「悪の陳腐さについての報告」となっている。ユダヤ人大量虐殺の実行責任者の姿は、残虐性や人種差別の悪の化身ではなく、平凡な小役人、小市民にすぎなかった、という含意がその副題にある。非道の悪は陳腐なる外貌をもっているという比喩になっている。

七〇 「厚い記述」thick description――ギアツ『文化の解釈学』I・II（吉田禎吾ほか訳、岩波書店、一九八七年）の序章が「厚い記述」と題されている。理論を構築するための基本的課題は、抽象的規則性を構築することではなく、いくつもの事例を積み重ねて一般化すること、と考えるギアツは、その事例を一般化する記述を「厚い記述」と名づけている。

七五 ゲーテの純なる発言――『ファウスト』第一部「書斎」で、メフィストフェレスが学生に向かって次のように言う。

「ねえ、君、理論はみな灰色だけど、現実生活という黄金の木はいつも緑色だ」。

八六　「中間動詞 middle voice」――middle voice をそのまま訳せば「中間態」となるが、英語では普通 middle verb（日本の英文法では「中間動詞」）と称されているので、「中間動詞 middle voice」とした。目的語をとりうるが、受動態にはならない動詞が「中間動詞」である。

九〇　ヴォローシノフ V. S. Vološinov――ロシアの音楽学者・言語学者（一八九五年―没年不明）。いわゆる「バフチン・サークル」のひとり。本文でこのあと引用されるヴォローシノフの『マルクス主義と言語哲学』について、ミハイル・バフチンが晩年、この本は自分が書いたと語ったと言われている。ヴォローシノフの著書かバフチンのそれか、いまだに決着をみていない。

一三〇　「人間の顔」――一九六八年一月にチェコスロヴァキア共産党第一書記となったドゥプチェクは「人間の顔をした社会主義」のスローガンのもと、自由化路線を推進した。いわゆる「プラハの春」である。これがソ連を刺激して、八月にソ連がチェコスロヴァキアに侵入することになる。

一三〇　国際シチュアシオニスム International Situationism――一九五七年にイタリアで結成された政治集団の主張。イタリア、フランス、ドイツ、ベルギー、オランダ、アルジェリアなどに支部をもち、日常生活の変革を目的にし、ギー・ドゥボールが中心人物のひとりとなった。一九六八年のパリ「五月革命」で大きな役割を果たした。

一三〇　雑誌『社会主義か野蛮か』*Socialisme ou Barbarie*――フランス左翼の政治理論家クロード・ルフォール、コルネリウス・カストリアディスが中心になって一九四八年に発行を始め、一〇年後に廃刊になった。当初はリオタールもこの雑誌の一員だった。

一三二　「連帯」Solidarity――ポーランドの自主管理労働組合の全国組織。一九八〇年に結成され、八九年の非共産主義体制への移行において主導的役割を果たした。

一四〇　ヴァルター・フォン・モーロ Walter von Molo――ドイツの作家（一八八〇―一九五八年）。民族主義的立場から描いた壮大な歴史・伝説小説で知られる人気作家であったが、ナチス政権成立後は国内亡命者のようにして隠棲生活を送った。

一四〇　フランク・ティース Frank Thiess――ドイツの作家（一八九〇―一九七七年）。ナチス時代に祖国に残って心のなかで抵抗していたことを指す「国内亡命」という言葉を一九三三年に使った。亡命しない自分を釈明してその言葉を使ったとされる。

一四八　よく知られたジレンマ――「ユダヤ人評議会」はナチスの命令で各地につくられたのだが、ドイツの命令を先行させるか、まずユダヤ人の利益のために動くかのジレンマに終始悩まされることになった。その悩みが結果としてヒトラーを挑発することになった。

一五三　シャルル・モーラス Charles Maurras――フランスの詩人・思想家（一八六八―一九五二年）。一八九八年のドレフュス事件では反ドレフュス派として活躍、九九年「アクシオン・フランセーズ」を結成して論陣を張った。第二次大戦中は過激な国家主義者としてヴィシー政府に協力、戦後、対独協力者として終身禁固となった。

一六五　ハビトゥス habitus――とりわけ、フランスの社会学者ピエール・ブルデューの概念。さまざまな慣習行動を統一するのがハビトゥスであって、集団を特徴づける階級的行動原理にもなる。

一六六　リーヴィス、トリリング――リーヴィスは F. R. Leavis。イギリスの批評家（一八九五―一九七八年）／トリリングはライオネル・トリリング Lionel Trilling。アメリカの批評家（一九〇五―一九七五年）。

一七〇　ビーヴァス・アンド・バットヘッド Beavis and Butt-head――MTV（Music Television）のアニメ番組。ビーヴァスとバットヘッドという悪ガキ二人がいろいろと騒動を起こす。ストーリー全体がひたすら下品であるのを売りにしている。

一七三　「ポリティカル・コレクトネス（PC）」political correctness――訳注五八を見よ。

一七五　「パフォーマンス・アート」performance art――肉体の行為を、音楽・映像・写真を通じて表現しようとした芸術様式。一九七〇年代に始まった。

一七六　バウムガルテン Baumgarten――ドイツの哲学者（一七一四―一七六二年）。近代的な「美学」という概念の重要であることを主張した。一七五〇年に『美学』（松尾大訳、玉川大学出版部、一九八七年）を公刊した。

一八〇　クレメント・グリーンバーグ Clement Greenberg――アメリカの文学・美術批評家（一九〇九年生まれ）。一九三〇年代からマルクス主義の立場から文学・美術批評活動を行なっていたが、のちには、おのおのの芸術媒体はみずからにふさわしい属性を発見しその属性のみを発展させるべきで、たとえば政治などに関心を向けるべきではないとする形式主義的立場に立った。

一九〇　レファレンシャリズム referentialism――指示するもの（言葉）と指示対象とを一元的に対応づける考え方。

一九〇　〈批判理論〉Critical Theory――フランクフルト学派の代名詞。ホルクハイマーの一九三〇年代の論文「伝統理論と批判理論」に由来する。『批判理論』は、自らの知の成立根拠を問い、学問そのものが総体として分裂して矛盾に貫かれた社会の産物であることを意識化する」（細見和之『アドルノ』〔「現代思想の冒険者たち15」講談社、一九九六年〕六〇頁）。

一九八　類似療法 homeopathy――健康体にあたえるとその病気に似た症状を起こす薬品を患者に少量あたえて治療した一九世紀の方法。

一九八　交差対句法 chiasmus――対になった表現において、後ろの部分を前の部分と語順を逆にする修辞法。たとえば「意識が生活を規定するのではなく、生活が意識を規定する」（マルクス／エンゲルス『ドイツ・イデオロギー』古在由重訳）が交差対句法である。

二一六　モリス・ザップ Morris Zapp――イギリスの小説家・批評家デイヴィッド・ロッジ（一九三五年―）の連作キャンパス・ノベル（『交換教授』『小さな世界』高儀進訳、白水社、『素敵な仕事』高儀進訳、大和書房）に登場する、アメリカの英文学教授。

二二〇　「オランピア」*Olympia*――一八六五年のサロンに入選し、描かれた裸婦について「草上の昼食」以上の物議をかもした。オランピアという名前は当時の裸婦の通称。

二二一　フィリス・シュラフライ Phyllis Schlafly――アメリカの家族主義の運動家。彼女は一九七二年に家族主義を提唱する保守主義の全国組織を立ち上げて、これはいま「イーグル・フォーラム」と呼ばれている。大学などでしばしば、彼女はラディカルなフェミニストたちと論戦をかわしている。

二二七　ヘレナ・ルビンシュタイン Helena Rubinstein――ポーランド生まれの美容師・化粧品企業経営者（一八七〇―一九六五年）。一九一五年にニューヨークに移住し、国際的な化粧品王国を築いた。

二三一　フランシス・ベーコン Francis Bacon――イギリスの戦後絵画を代表する画家（一九〇九―一九九二年）。一九四五年のロンドンでの個展で大きな衝撃を美術界にあたえ、以後、一貫して独特の人物画を描きつづけた。人物とわかる形態は残しながら、人間のイメージを歪曲ないし破壊するような形態で描くのが、かれの独創性である。同名のエリザベス朝の哲学者の傍系の子孫にあたる。
二三三　クイア理論 queer theory――レズビアン、ゲイの社会的・文化的成り立ちを記述する理論。ジュディス・バトラーはクイア理論を使って、「ヘテロセクシュアリティ」（異性愛）は「フィクション」として政治的につくられたものだとし、ジェンダーには新しい定義が必要であると論じている。
二四〇　チャールズ・マンソン Charles Manson――カルト集団のリーダー。その「ファミリー」は、女優シャロン・テイト殺し（一九六九年）をふくむ、残忍な連続殺人を起こした。
二四四　逆ハイムリック法 Unheimlich Manoeuvre――ハイムリック法とは、喉にものを詰まらせた人をうしろから抱きかかえ急激に腹の上部を押し上げて、異物を吐き出させる応急救命法。
二五四　フォレスト・ガンプ Forrest Gump――同じ題名のアメリカ映画（ロバート・ゼメキス監督、一九九四年）の主人公。トム・ハンクスがガンプを演じた。ＩＱが人並みほどもない青年ガンプが時代の英雄として歴史をかけめぐってゆく物語。本物のケネディ大統領とガンプが握手するなどの視覚効果がある。
二八〇　テルトゥリアヌス Tertullian――ローマのキリスト教神学者（一六〇頃―二二〇年）。異教徒やユダヤ教徒を批判する書物を書いた。
二八一　反宗教改革 Counter-Reformation――宗教改革に誘発されて生じた、一六世紀から一七世紀におけるカトリック教会内部の自己改革運動。
二八三　ドルイド教 Druidism――現在のヨーロッパ西部、イギリス、アイルランドに住んでいた古代ケルト族のあいだで、キリスト教伝来以前に信仰されていた宗教。その聖職者はドルイドと呼ばれ、最高の学者・詩人・裁判官であると同時に、予言や魔術を行なったといわれる。四世紀ごろに消失した。
二八四　フランク人 Franks――三世紀ごろライン川流域に住んだゲルマン人。
二八六　ヴェルナー・イェーガー Werner Jaeger――ドイツの古典学者（一八八八―一九六一年）で、とくにアリストテレスの研究家。ヒトラー政権を避けてアメリカに渡った。古代の超時間的価値を強調した。
二八七　「ニューエイジ」New Age――西洋の価値観への疑問・批判に発して、東洋やアメリカ・インディアンの古来の考え方を採用して、哲学・宗教・医学・環境などの分野において全体論的なアプローチをする、一九八〇年代以降の潮流。

二八九　ペリクレス Pericles――アテナイの政治家（紀元前四九五―紀元後四二九年）。民主制を発展させる一方、デロス同盟を強化してアテナイの全盛時代をもたらした。

二九五　大きな物語 Master narrative――リオタールの概念。訳注四四を参照のこと。ここの文脈では、ジェイはキリスト教の終末論を「大きな物語」と想定していると思われる。

二九七　「恐怖時代」the Terror――フランス革命で最も暴力が吹き荒れた時期。一七九三年三月から翌年七月。

三〇四　ラインハルト・ハイドリヒ Reinhard Heydrich――ナチスの政治家、ゲシュタポの副長官。死刑執行人と通称された。一九四一年にボヘミアとモラヴィアの保護領総督となるが、翌年チェコ人によって暗殺された。その報復としてナチスはリディツェ村を完全に破壊し、皆殺しが行なわれた。

三〇四　レオ・ベック Leo Baeck――ユダヤの宗教的指導者（一八七三―一九五六年）。ベルリンでラビを務め、ナチス台頭のさいのドイツのユダヤ人社会の政治指導者だった。テレージエンシュタット強制収容所に送られたが、戦後イギリスで講話活動をした。

三〇六　あのホロコースト the Holocaust――定冠詞 the がつくことで、ナチスによるユダヤ人大虐殺を特定した意味になる。著者ジェイ自身が「序文」で強調しているように、歴史上のあらゆる虐殺事件からショアを区別するための「あの《ザ》」という定冠詞をかれは重視して、このエッセイで終始「あのホロコースト」と記述している。しかし、以下の訳文では煩瑣になるのを避けて、「あの」を省略することにする。

三一二　「ユダヤ人を敵にした戦争」war against the Jews――これを原題にした著書がダヴィドヴィチにある（一九七五年刊）。邦訳は、ルーシー・ダビドビッチ『ユダヤ人はなぜ殺されたか』（全二巻、大谷堅志郎訳、サイマル出版会、一九七八年）。

訳者あとがき

この本はMartin Jay, *Cultural Semantics: Keywords of Our Time*（Amherst, Mass.: University of Massachusetts Press, 1998）を全訳したものである。

マーティン・ジェイはカリフォルニア大学バークレー校のシドニー・ヘルマン・アーマン歴史学教授。「社会研究所」「フランクフルト学派」の思想史的研究で出発したジェイは、その学派の思想家たちの「批判理論」（critical theory）をアメリカからの視座において追究・分析する研究活動に入った。のち、二〇世紀ヨーロッパ（とくにフランス）思想を「視覚の名誉剝奪」の契機から読み解く思想史的分析などに研究対象を広げている。

著作に次のものがある。

The Dialectical Imagination: A History of the Frankfurt School and the Institute of Social Research, 1923-1950, Boston: Little, Brown and Co., 1973.（『弁証法的想像力――フランクフルト学派と社会研究所の歴史 1923-1950』荒川幾男訳、みすず書房、一九七五年）

Adorno, Cambridge, Mass.: Harvard Univ. Press, 1984.（『アドルノ』木田元・他訳、岩波書店、一九八七年）

Marxism and Totality: The Adventures of a Concept from Lukács to Habermas, Berkeley: Univ. of California Press, 1984.（『マルクス主義と全体性——ルカーチからハーバーマスへの概念の冒険』荒川幾男・他訳、国文社、一九九三年）
Permanent Exiles: Essays on the Intellectual Migration from Germany to America, New York: Columbia Univ. Press, 1985.（『永遠の亡命者たち——知識人の移住と思想の運命』今村仁司・他訳、新曜社、一九八九年）
Fin-de-siècle Socialism and Other Essays, New York: Routledge, 1988.（『世紀末社会主義』今村仁司・他訳、法政大学出版局、一九九七年）
Force Fields: Between Intellectual History and Cultural Critique, New York: Routledge, 1993.（『力の場——思想史と文化批判のあいだ』今井道夫・他訳、法政大学出版局、一九九六年）
Downcast Eyes: The Denigration of Vision in Twentieth-century French Thought, Berkeley: Univ. of California Press, 1993.
Cultural Semantics: Keywords of Our Time, Amherst: Univ. of Massachusetts Press, 1998.（本訳書）
Refractions of Violence, New York: Routledge, 2003.（『暴力の屈折——記憶と視覚の力学』谷徹・他訳、岩波書店、二〇〇四年）
Songs of Experience: Modern American and European Variations on a Universal Theme, Berkeley: Univ. of California Press, 2005.

近刊案内によると、*The Virtues of Mendacity: On Lying in Politics* (Richard Lectures: Univ. of Virginia Press,

2010）が四月に刊行されるという。

ジェイが編纂して、日本語訳としてのみ存在するものに『ハーバーマスとアメリカ・フランクフルト学派』（竹内真澄監訳、青木書店、一九九七年）、『アメリカ批判理論の現在――ベンヤミン、アドルノ、フロムを超えて』（永井務監訳、こうち書房、二〇〇〇年）がある。竹内真澄氏の要請を受けてジェイがアメリカのフランクフルト学派研究者たちの論文を精選し、それらを二分冊として邦訳したものがその二書である。前者には「遂行的矛盾をめぐる論争」と題するジェイ自身の論文が収められていて、これは『力の場』に収載されている論文と同じものである。なお、ジェイによる書き下ろしの「序論」が両書ともに収められている。

そのほか、「ワイマールと現在」（Weimar and now）という叢書の編集主幹をアントン・カエスと共に務めている。ワイマール文化・フランクフルト学派・ナチズムなどの問題をめぐるカリフォルニア大学出版局の叢書で、一九九〇年代に刊行が始まり、現在は二五冊を超える一大シリーズになっている。

レイモンド・ウィリアムズの「キーワード」（邦訳『キーワード辞典』平凡社、二〇〇二年）についての解釈を援用して、ジェイは本書で、意識的にであれ無意識的にであれ、現代人の思考と生活を織り成している基本的概念である「理論」「経験」「多文化主義」、文化的「転倒」、「排除」「無気味なもの」「文化の反復」「心理主義」「異教性《ペイガニズム》」などのキーワード・概念を分析し論述する。それらのキーワードの動き・働きをじっくり見届けることによって、言語が「経験」を形成すると考えるジェイは、その形成のダイナミクス・うごめきを見定めようとする。そのさい、あたりまえのものと思われる言葉・概念をいったん自分から切り離し、異化してみることによって、ジェイは周知のことと思い込まれている思考のあり方そのものにゆさぶりをかける。その作業はまさに、ホルクハイマー、アドルノらの「批判理論」の応用にほかならないわけで、「アメリカ・フランクフルト学派」たるジェイの面目がここに存分にうかがわれる。

そのあたりをふまえるなら、「現代のキーワード集」と銘打たれた本書で大事なのは、レイモンド・ウィリアムズ流の語源の意味、言葉の歴史を探ることなのではなく、言葉自体の意味機能はもとより、言葉内で演じられる機能に注視することである、というジェイの発言はまことに妥当である。表題の「意味論」にしても、言語行為論、言語および文化のダイナミックな語用論としての「意味論」であることをジェイはいくたびも表明している。語用論としての「意味論」とは本来的には言辞矛盾であろうが、表題をもいわば異化させてみせる「批判理論」の意味合いがそこにはあるのだろう。

学会や研究誌に発表した論文と、雑誌のコラムとして初出の文章が混在しているため、本書の構成に不統一が見られることをジェイは多少気にしているようだが、それは欠点とばかりは言えないだろう。アカデミズムの学究的議論とジャーナリスティックな議論とがそれぞれたがいを相対化し、また補完し合うことで、ある種の異化効果を発揮して、いわば〝交雑〟の妙味をもたらす利点もあるのではないか。「序文」に簡にして要を得たジェイの導入の記述があるので、訳者としてこの論集の解説めいた文を綴ることはしない。ただし、章ごとに最小限の、論じられるまさにキーワードだけを羅列しておこう。

第1章では、社会学者グールドナーの遺産について考察しながら、「理論《セオリー》」という概念に持たされた意味の有為転変ぶりがたどられる。第2章では「多文化主義」という事象が論じられる。ジェイによれば、ここではヨーロッパ思想史に向けられた非難、すなわち、思想史において白人のヨーロッパ男性に眼目が置かれていることの根底に頑ななエリート主義があるのではないかという非難から、当の思想史を救済しようとしている。第3、4、5章に通底する概念・キーワードは「経験」である。ナチズムを弁解する立場の「日常史」をめぐる「歴史家論争」の跡をたどりつつ「経験」の意味を考える第3章。ベンヤミンにおける「主体なき経験《エアファールンク》」の意味を追う第4章。バタイユとフーコーの「内的経験」「限界経験」という概念を追究する第5章。第6章では、ソ連（ソヴィエト連合）の崩壊をふまえて、ソヴィエト（労働者会議）というモデルがもはや左翼にとって依拠できるものにはならなくなった事情が語られる。第7章では、共産主義の崩壊を背景にした、東ドイツの小説家クリスタ・ヴォルフの私的事実をめぐる論争から、文化の「転倒《サブヴァージョン》」という左翼にとっての頼みの綱となった概念が分析される。第8章も、ドイツ統一の事態を見据えて、ファシズムという抑圧されたものの回帰とその克服という問題を語っている。第9章では、「転倒」をどう解釈するかという問題を、教育の「批評」という問題につなげて考察が展開される。

　第10章のキーワードは「芸術《アート》」になる。芸術というものの特権性が自明のものでなくなるとき、技術の伝統的な機能はどのようにして維持できるのか、という問題が論じられる。第11章では、アドルノによる美学擁護の内実を探りつつ、アドルノの「ミメーシス」概念が、ラクー＝ラバルトのミメーシス概念と対置・比較される。第12章はフェミニズム論、ジェンダー論であるが、ここでも「ミメーシス」の問題が「仮装」「擬態」との関連で展開されている。以下16章まで、「排除《アブジェクシオン》」「無気味なもの」「文化の反復」「心理主義」「異教性《ペイガニズム》」などのキーワード・概念が論じられる。最後の第17章では、ナチズムによる「ホロコースト」の心象が、ふいに第一次世界大戦の引き金となったガヴリロ・プリンツィプの手枷という生々しい遺物につながった経緯が切実に語られる。

　原書の裏表紙に、本書にも何度か登場する思想史家リチャード・ウォーリンによる推薦文が掲載されているので、それを紹介しておく。

マーティン・ジェイは長く現代の知的傾向を分析する第一人者でありつづけている。『文化の意味論』に収められたさまざまな論考において、たくましい解釈力はまた新たな頂点に達している。かれのこれらの端正な論考によって、ジェイの最高の側面がうかがわれる。探りが深く、ウィットに富み、洞察が的確、学識に富む側面がうかがわれるのだ。文化理論家であり、知的な啓蒙家であるかれはまさに類のない批評家である。

この翻訳作業については、一九九八年に原書が日本に届いてまもなく、訳者から法政大学出版局の稲編集長（当時）に「翻訳したい」旨を申し出て、ただちに了解を得て訳出を開始した。爾来、一二年が経過してしまった原因は訳者の怠慢以外のなにものでもない。全体についての荒削りな訳出が終わった段階で、食指がジェイの『ダウンカースト・アイズ』の訳出に動いてしまって、『文化の意味論』はひとまず放置することになった。『ダウンカースト・アイズ』もひと通り訳出したところで、これも放置。われながら情けない仕儀であり、ジェイ氏、原書出版社、法政大学出版局に、また日本の読者に多大の迷惑をかけることになった。申し訳ない思いにかられている。反省をこめて、今後『ダウンカースト・アイズ』の訳出刊行に向け邁進することにしたい。ちなみに、この『ダウンカースト・アイズ』は、ギリシアから現在までの、ジェイの言う「視覚中心の言説」の「概観的調査」を提起し、現代フランス哲学における視覚の問題（視覚の過剰特権化への批判）に入念に切り込んでいる、まことに刺激的にして面白さこの上ない本である。

昨年、編集部の郷間雅俊氏から叱咤を受け、本訳書の刊行に向けて作業を再開することになった。郷間氏は訳者の作業を叱咤激励するにとどまらなかった。幾多の不安定な訳文、誤訳を氏は具体的に指摘し、的確な意見を数多く届けてくれた。その意味では共訳者に匹敵する役割を氏は果たしてくれた。郷間さん、ありがとうございました。そして、初めに担当になってくださった秋田公士さん、ずいぶんご迷惑、ご心配をおかけしました。冥界におられる、稲さんにも感謝いたします。

浅野　敏夫

二〇一〇年二月二六日

叢書・ウニベルシタスより

(表示価格は税別です)

叢書・ウニベルシタスより

(表示価格は税別です)

著　者

マーティン・ジェイ（Martin Jay）

1944年生まれ．1977年ハーヴァード大学哲学博士（歴史学）．以来，カリフォルニア大学バークレー校でヨーロッパ思想史を担当．現在は同校教授．「フランクフルト学派」の「批判理論」の思想史的領野をアメリカからの視座で分析する研究を開始．のち，ヨーロッパ（とくにフランス）20世紀思想を「視覚の名誉剝奪」の契機から読み解く思想史的分析などに研究対象を広げている．邦訳書に，『弁証法的想像力』（みすず書房），『マルクス主義と全体性』（国文社），『アドルノ』（岩波現代文庫），『永遠の亡命者たち』（新曜社），『暴力の屈折』（岩波書店），『世紀末社会主義』『力の場』（以上，法政大学出版局），編著に『ハーバーマスとアメリカ・フランクフルト学派』（青木書店），『アメリカ批判理論の現在』（こうち書房）ほか．

訳　者

浅野敏夫（あさの・としお）

1947年生まれ．茨城大学文理学部英文学科卒業．現在茨城キリスト教大学教授．現代アメリカ文学専攻．訳書に，ゴッフマン『儀礼としての相互行為〈新訳版〉』，エドマンドソン『反抗する文学』，アイスラー『聖なる快楽』，テイラー『ノッツ nOts』，ワイス『危険を冒して書く』，ジラール『ミメーシスの文学と人類学』，カーン『時間の文化史』『空間の文化史』，パウエル『エロスと精気』，スタム『転倒させる快楽』，クンデラ『小説の精神』（共訳）――以上，法政大学出版局刊．アイスナー『カフカとプラハ』（共訳），テツマロ・ハヤシ編『スタインベックの創作論』――以上，審美社刊．『スタインベック書簡集』（共訳）――大阪教育図書刊．

《叢書・ウニベルシタス　933》
文化の意味論
現代のキーワード集

2010年3月25日　初版第1刷発行

マーティン・ジェイ
浅野敏夫訳
発行所　財団法人　法政大学出版局
〒102-0073 東京都千代田区九段北3-2-7
電話03(5214)5540 振替00160-6-95814
印刷：平文社　製本：誠製本

Printed in Japan

ISBN978-4-588-00933-4

人名索引

ア 行

アイモネ，ジャン＝ミシェル　Heimonet, Jean-Michel　116, 341, 344
アッシュハイム，スティーヴン　Aschheim, Steven　383
アドルノ，テオドール・W　Adorno, Theodor W.　2, 10-11, 20-21, 37-38, 59, 83, 170, 188, 190-200, 203-11, 213, 262, 271, 277, 316-18, 321, 323, 329, 351-60, 362, 372, 377
アーノルド，マシュー　Arnold, Mathew　166, 170, 180, 282, 382
アラク，ジョナサン　Arac, Jonathan　319
アラゴン，ルイ　Aragon, Louis　181-82, 350
アリストテレス　Aristotle　72, 200-02, 321
アルチュセール，ルイ　Althusser, Louis　27, 29, 30, 45, 70, 101, 102, 167, 319, 334, 342
アルティエリ，チャールズ　Altieri, Charles　267, 269
アーレント，ハンナ　Arendt, Hannah　17, 39, 44, 54, 67, 130, 132-33, 151-52, 164, 224, 289, 317, 321-22, 326, 345
アンダーソン，ペリー　Anderson, Perry　70, 321, 325, 334

イェイツ，ウィリアム・バトラー　Yeats, William Butler　263
イェスペルセン，オットー　Jespersen, Otto　87, 330
イェルシャルミ，ヨセフ・ハイーム　Yerushalmi, Yosef Hayim　79, 327
イェンス，ヴァルター　Jens, Walter　139
イーグルトン，テリー　Eagleton, Terry　96, 180, 333, 349, 354, 358

ヴィーコ，ジャンバティスタ　Vico, Giambattista　283, 291, 353, 382
ウィトゲンシュタイン，ルートヴィヒ　Wittgenstein, Ludwig　259, 370
ヴィドラー，アンソニー　Vidler, Anthony　246, 253, 366-67
ウィリアムズ，バーナード　Williams, Bernard　288, 384
ウィリアムズ，レイモンド　Williams, Raymond　6, 7, 100, 164, 315-16
ヴィンケルマン，ヨハン・ヨアヒム　Winckelmann, Johann Joachim　282, 284, 290, 383
ウェスト，コーネル　West, Cornel　216
ウェーバー，サミュエル　Weber, Samuel　246, 391
ウェーバー，マックス　Weber, Max　259, 370
ヴェーラー，ハンス＝ウルリヒ　Wehler, Hans-Ulrich　61-62, 69, 323, 325
ヴェルフリン，ハインリヒ　Wölfflin, Heinrich　268, 376
ウォイナロウィッツ，デイヴィッド　Wojnarowicz, David　231, 243
ウォーカー，マック　Walker, Mack　64, 324
ウォーリン，リチャード　Wolin, Richard　3, 56, 77, 125, 321, 325-26, 328, 330, 344, 358, 388

ヴォリンガー，ヴィルヘルム Worringer, Wilhelm 265, 374, 376
ヴォルフ，クリスタ Wolf, Christa 17-18, 128, 136, 138-44, 147, 149, 347
ヴォローシノフ, V・S Vološinov, V. S. 87, 90, 96, 330-31, 333
ウルフ，ヴァージニア Woolf, Virginia 93, 265, 374
ウルマン，スティーヴン Ullmann, Stephen 87, 330
ヴント，ヴィルヘルム Wundt, Wilhelm 370, 379

エイブラムズ，M・H Abrams, M. H. 176, 349
エヴァンズ，アーサー Evans, Arthur 284
エヴァンズ，リチャード Evans, Richard 62-64, 69, 323
エリオット，T・S Eliot, T. S. 18, 263, 266-67, 271, 273, 275-76, 311, 364, 373, 375, 377-79
エルトマン，ヨハン・エドゥアルト Erdmann, Johann Eduard 368

オークショット，マイケル Oakeshott, Michael 71, 76-77, 325-26
オースティン，J・L Austin, J. L. 7, 369
オストヴァルト，ヴィルヘルム Ostwald, Wilhelm 259
オリエ，ドゥニ Hollier, Denis 2, 15, 113, 238, 241, 317, 340, 342, 363-65
オルテガ・イ・ガセット Ortega y Gasset 368, 374

カ 行

カイヨワ，ロジェ Caillois, Roger 190, 210, 351
カエス，アントン Kaes, Anton 2, 69, 74, 325, 348, 367
カストリアディス，コルネリウス Castoriadis, Cornelius 129, 317, 387
ガダマー，ハンス=ゲオルク Gadamer, Hans-Georg 9, 30, 35, 72, 76-77, 79, 99, 316, 321, 325-27, 333, 377
ガタリ，フェリックス Guattari, Félix 188, 213, 351
カッシーラー，エルンスト Cassirer, Ernst 259, 291-92, 385
カーティス，デイヴィッド・エイムズ Curtis, David Ames 317
カディヒー，ジョン・マレー Cuddihy, John Murray 57, 164, 322
カーペンター，エドワード Carpenter Edward 285
カーモード，フランク Kermode, Frank 373
カール，フレドリック・R Karl, Frederick R. 352, 372
カルナップ，ルドルフ Carnap, Rudolf 259
カンギレム，ジョルジュ Canguilhem, Georges 337
カンディンスキー，ヴァシリー Kandinsky, Wassily 271, 376
カント，イマヌエル Kant, Immanuel 37-38, 71, 80, 82, 176, 180, 194, 224, 257-59, 271, 288, 292, 294, 296-97, 321, 335, 353-54, 362, 368-69, 372, 388

ギアツ，クリフォード Geertz, Clifford 70
ギャロップ，ジェーン Gallop, Jane 216-17, 219, 221, 361-62
ギュンデローデ，カロリーネ・フォン Günderrode, Karoline von 141
キーン，ペトル Kien, Petr 306

クシュ，マーティン Kusch, Martin 219, 228, 259, 365, 368, 370, 371-72
グッドマン，サム Goodman, Sam 236

グライナー，ウルリッヒ　Greiner, Ulrich　142, 144, 347
クラウス，ロザリンド　Krauss, Rosalind　237, 241, 247, 318, 325, 365-66, 378
クラカウア，ジークフリート　Kracauer, Siegfried　68, 356
クラーゲス，ルトヴィヒ　Klages, Ludwig　286
グラス，ギュンター　Grass, Günter　139, 347
グラフ，ジェラルド　Graff, Gerald　147, 347
グラムシ，アントニオ　Gramsci, Antonio　129
クリーガー，マリー　Krieger, Murray　373
クリステヴァ，ジュリア　Kristeva, Julia　99, 118, 124, 227-32, 235, 237-38, 242, 333, 342-43, 352, 363-65
グリーンバーグ，クレメント　Greenberg, Clement　180, 255, 270-71, 273, 377
グールドナー，アルヴィン　Gouldner, Alvin　2, 13, 27-29, 33, 45, 51, 166, 217, 317-18, 361
クレアリー，ジョナサン　Crary, Jonathan　268, 375-76
クレイ，アンドルー・ダイス　Clay, Andrew Dice　221
グロス，エリザベス　Gross, Elizabeth　232, 364
グロス，オットー　Gross, Otto　285
クーンツ，クラウディア　Koonz, Claudia　69, 324

ゲイ，ピーター　Gay, Peter　24, 56, 246, 279-80, 282, 289-95, 299-301, 318, 381, 384-88, 390
ゲイツ・ジュニア，ヘンリー・ルイス　Gates, Henry Louis Jr.　71, 216, 325, 334
ケーシー，ジョン　Casey, John　288, 384
ケネディ，エドワード　Kennedy, Edward　52, 349
ケリー，マイク　Kelley, Mike　236
ケール，エクハルト　Kehr, Eckhart　62

コーエン，ヘルマン　Cohen, Hermann　80, 258, 328
コーエン，マーガレット　Cohen, Margaret　247, 366
ゴジッチ，ウラード　Godzich, Wlad　36, 319, 321, 387
コゼレック，ラインハルト　Koselleck, Reinhart　9, 327
コッカ，ユルゲン　Kocka, Jürgen　62, 69, 325
コチャノヴィッツ，レゼク　Koczanowicz, Leszek　22
コッホ，ゲルトルート　Koch, Gertrud　2, 20, 208, 317, 359
ゴーバー，ロバート　Gober, Robert　231, 234
コーメイ，レベッカ　Comay, Rebecca　119-20, 340, 342-43
コリングウッド，R・G　Collingwood, R. G.　70, 76, 100, 325
ゴルドマン，ルシアン　Goldmann, Lucien　259, 371
コーン，ドリト　Cohn, Dorrit　87
コーン，ノーマン　Cohn, Norman　381
コーン，ハンス　Kohn, Hans　293
コント，オーギュスト　Comte, Auguste　370
コンパニョン，アントワーヌ　Compagnon, Antoine　376-77
コーンフォード，フランシス　Cornford, Francis　284

サ 行

ザイダーヴァート，ランバート　Zuidervaart, Lambert　2, 196, 355, 357
サイード，エドワード　Said, Edward　58
サス，ルイス・A　Sass, Louis A.　257, 368, 375
サスマン，ウォレン　Susman, Warren　65
サール，ジョン　Searle, John　7, 350
サルトル，ジャン=ポール　Sartre, Jean-Paul　111, 341, 342, 363

ジェイ，マーティン　Jay, Martin　316-18, 320-21, 332, 341-42, 350, 353, 359, 361, 364, 389
ジェイコブ，マーガレット・C　Jacob, Mararet C.　386
ジェイムズ，ウィリアム　James, William　82, 256
ジェイムソン，フレドリック　Jameson, Fredric　157, 159, 164, 197-98, 210, 321, 348, 352, 355
ジェニングズ，マイケル　Jennings, Michael　77, 326, 328
ジェンキンズ，リチャード　Jenkyns, Richard　381-84
シェーンベルク，アーノルト　Schönberg, Arnold　197, 208-09, 297, 356, 368
シェーンボウム，デイヴィッド　Schönbaum, David　324
シクスー，エレーヌ　Cixous, Hélène　246, 362, 366
ジッド，アンドレ　Gide, André　182-83
シャスターマン，リチャード　Shusterman, Richard　275, 373, 375, 377, 379
シャーマン，シンディ　Sherman, Cindy　212, 219, 360
シャルコー，ジャン・マルタン　Charcot, Jean Martin　220, 256
シュテーセル，マルレーン　Stoessel, Marleen　77, 326
シュテュルマー，ミヒャエル　Stürmer, Michael　150, 323
シュテルン，フリッツ　Stern, Fritz　151
ジュネ，ジャン　Genet, Jean　239, 342
シューラー，アルフレト　Schuler, Alfred　286
シュリヤ，ミシェル　Surya, Michel　111, 336, 341
シュワーツ，サンフォード　Schwartz, Sanford　266, 373, 375
ジョイス，ジョイス・A　Joyce, Joyce A.　71, 325, 334
ショースキー，カール・E　Schorske, Carl E.　15, 56, 163, 256, 367
ショーレム，ゲルショム　Scholem, Gershom　56, 80, 327-28
ジラール，ルネ　Girard, René　207

スキナー，クエンティン　Skinner, Quentin　7, 316, 371
スコット，ジョーン　Scott, Joan　316, 326, 334
スタージェス，ジョック　Sturges, Jock　173
スタロバンスキー，ジャン　Starobinski, Jean　338
ストークル，アラン　Stoekl, Allan　112-13, 339, 342
スピヴァク，ガヤトリ・C　Spivak, Gayatri C.　184, 216, 221, 334, 350
スミス，バーバラ・エルンスタイン　Smith, Barbara Herrnstein　344
スローターダイク，ペーター　Sloterdijk, Peter　169, 348

セアラ，リチャード　Serra, Richard

172, 174, 186, 349
ゼーガース，アンナ　Seghers, Anna　142
セザンヌ，ポール　Cézanne, Paul　265, 269-70, 297, 376-77
セジウィック，イヴ・コゾフスキー　Sedgwick, Eve Kosowsky　216
セズニク，ジーン　Seznec, Jean　381
セラノ，アンドレス　Serrano, Andres　173
セリーヌ，ルイ＝フェルディナン　Céline, Louis-Ferdinand　229-30, 238-39, 242, 364-65
セール，ミシェル　Serres, Michel　34, 320
セルトー，ミシェル・ド　Certeau, Michel de　65-66, 324
ゼンパー，ゴットフリート　Semper, Gottfried　285, 383

ソーキン，デイヴィッド　Sorkin, David　56, 386
ソシュール，フェルディナン・ド　Saussure, Ferdinand de　86-87, 315, 330, 355
ソレルス，フィリップ　Sollers, Philippe　333, 336

タ　行

ダイアモンド，コーラ　Diamond, Cora　259, 370
タウシッグ，マイケル　Taussig, Michael　20, 318, 352, 354
タルド，ガブリエル　Tarde, Gabriel　354
タルモン，J・L　Talmon, J. L.　152
ダーントン，ロバート　Darnton, Robert　65, 382

チョムスキー，ノーム　Chomsky, Noam　260

ツヴァイク，アルノルト　Zweig, Arnold　142
ツェラン，パウル　Celan, Paul　335
ツマルツ＝コチャノヴィツ，マリア　Zmarz-Koczanowicz, Maria　22

デイヴィス，ナタリー・ゼモン　Davis, Natalie Zemon　65
ティース，フランク　Thiess, Frank　140
ディドロ，ドニ　Diderot, Denis　202-03, 239, 290-91
ディネー，ダン　Diner, Dan　324
ティリッヒ，パウル　Tillich, Paul　366
ディルタイ，ヴィルヘルム　Dilthey, Wilhelm　9, 69, 72, 78-79, 82, 89, 102, 120, 259, 325, 327, 331, 370
テーテンス，ヨハン・ニコラウス　Tetens, Johann Nicolaus　368
デリダ，ジャック　Derrida, Jacques　58, 92, 102, 114-15, 118, 179-80, 188-89, 191, 200, 207, 210, 212, 230, 246, 248-53, 255, 275, 277, 319, 331, 334, 337, 340, 350-51, 353-54, 356-60, 362, 364, 366-67, 379-80, 391
デュシャン，マルセル　Duchamp, Marcel　47-48, 178, 272-73, 365, 376-78
デュルケム，エミール　Durkheim, Emile　115, 259, 354, 370
テンフェルデ，クラウス　Tenfelde, Klaus　325-26

トウズ，ジョン　Toews, John　100
トゥホルスキー，クルト　Tucholsky, Kurt　165, 348
ドゥルーズ，ジル　Deleuze, Gilles　188, 213, 337, 351, 364
ド・デューヴ，ティエリー　de Duve, Thierry　269, 376-77
ドビュッシー，クロード　Debussy,

Claude 368
トーマス，キース Thomas, Keith 283
ド・マン，ポール de Man, Paul 31, 33, 43, 50, 180, 189, 191, 320, 350-51, 380
トムソン，E・P Thompson, E. P. 70, 76, 100, 325, 334
ド・ラウレティス，テレサ de Lauretis, Teresa 101
トーランド，ジョン Toland, John 281, 381-82
トロンバドリ，ドゥーチョ Trombadori, Duccio 104-05, 107, 109, 337

ナ 行

ナップ，スティーヴン Knapp, Steven 31, 33, 320
ナンシー，ジャン＝リュック Nancy, Jean-Luc 120-24, 180, 204-06, 343-44, 350, 358-59, 362

ニスベット，ロバート・アレグザンダー Nisbet, Robert Alexander 164
ニーチェ，フリードリヒ Nietzsche, Friedrich 6, 25, 58, 105, 107-10, 112-13, 156, 159, 258, 276, 285, 293, 315, 337-39, 369, 373, 383, 390

ネトル，J・P Nettl, J. P. 166, 348
ネハマス，アレクサンダー Nehamas, Alexander 108, 112, 338

ノルテ，エルンスト Nolte, Ernst 150-59, 323, 347-48

ハ 行

バイイ，シャルル Bally, Charles 86, 330
ハイデガー，マルティン Heidegger, Martin 9, 41, 83-84, 95, 120, 122, 150-51, 156, 159, 199-200, 205, 249, 259, 298-99, 319, 321, 329, 335, 337, 340-41, 347, 351, 354, 358-59, 369-70, 390
ハイネ，ハインリヒ Heine, Heinrich 285, 290, 382
ハイム，シュテファン Heym, Stefan 142
ハイン，クリストフ Hein, Christoph 142
ハーウィッツ，ダニエル Herwitz, Daniel 48, 322
パウンド，エズラ Pound, Ezra 263, 373
バーガー，ジョン Berger, John 334
バーキン，ケネス・D Barkin, Kenneth D. 64, 324
ハーシュ，E・D Hirsch, E. D. 53
バシュラール，ガストン Bachelard, Gaston 337
パスカル，ロイ Pascal, Roy 87, 90, 96, 330, 331
バタイユ，ジョルジュ Bataille, Georges 2, 15-16, 36, 77, 99, 103-05, 109-25, 227, 237, 239, 316-17, 333, 336, 338-44, 360, 363, 365
バッハオーフェン，ヨハン・ヤコプ Bachofen, Johann Jakob 285, 287
ハーディ，トーマス Hardy, Thomas 286
バトラー，ジュディス Butler, Judith 216, 233, 364
バーナル，マーティン Bernal, Martin 286, 384
バーバ，ホミ Bhabha, Homi 212, 360
ハーバーマス，ユルゲン Habermas, Jürgen 21, 30, 61, 97, 122, 124, 133, 159, 193, 289, 301, 316, 319, 320, 322-23, 333, 344, 352-54, 384, 390-91
バフチン，ミハイル Bakhtin, Mikhail 96-97, 229, 330, 333
ハーマン，ヨハン・ゲオルク Hamann, Johann Georg 82

ハラー，マイケル　Haller, Michael　30, 319-20
パーリア，カミール　Paglia, Camille　21, 221-22, 288, 293, 362, 384, 386
ハリソン，ジェーン・エレン　Harrison, Jane Ellen　284
バル，ミエケ　Bal, Mieke　319
バルザック，オノレ・ド　Balzac, Honoré de　5, 10, 248, 315, 351, 366
バルト，ロラン　Barthes, Roland　330, 331, 351, 361
バンヴェニスト，エミール　Benveniste, Emile　91-92, 95, 331
バーンスタイン，J・M　Bernstein, J. M.　225, 354, 362
バーンスタイン，マイケル・アンドレ　Bernstein, Michael Andre　226, 235, 239-41
ハンスリック，エドゥアルト　Hanslick, Eduard　368
ハンセン，ミリアム　Hansen, Miriam　77, 208, 326, 328, 332, 356, 359
バンフィールド，アン　Banfield, Ann　87, 90, 93, 95, 331-33, 374-75
パンネクク，アントン　Pannekoek, Anton　129

ビーアマン，ヴォルフ　Biermann, Wolf　138, 140
ヒメルファーブ，ガートルード　Himmelfarb, Gertrude　65, 251, 324
ヒュイッセン，アンドレアス　Huyssen, Andreas　263, 362, 373
ヒューズ，スチュアート　Hughes, H. Stuart　52-53, 59, 322, 373
ヒューム，デイヴィッド　Hume, David　292, 354
ヒューム，T・E　Hulme, T. E.　263-67, 276, 373-75, 379
ビュルガー，ペーター　Bürger, Peter　73, 179, 325, 328, 350, 372
ヒラー，クルト　Hiller, Kurt　129
ヒルグルーバー，アンドレアス　Hillgruber, Andreas　150, 323

フィッシュ，スタンリー　Fish, Stanley　29, 31, 45, 216, 319, 322
フィンキエルクロート，アラン　Finkielkraut, Alain　307, 391
フォスター，ハル　Foster, Hal　2, 23, 247, 253, 318, 366-67, 380
フォスラー，カール　Vossler, Karl　87, 90, 96, 331
フーコー，ミシェル　Foucault, Michel　15-16, 30, 32, 58, 66, 99, 103-12, 118-19, 124-25, 146, 164, 220, 320, 336-39, 342, 353, 362-63
フッサール，エドムント　Husserl, Edmund　77-78, 258-61, 263-66, 275, 327, 369-72, 374, 379-80
ブーバー，マルティン　Buber, Martin　335
フライ，ロジャー　Fry, Roger　270, 378
ブライソン，ノーマン　Bryson, Norman　268, 360, 362, 376
ブラッドリー，F・H　Bradley, F. H.　266, 375
プラトン　Plato　189, 196, 201, 203, 207, 281, 289, 291, 295, 351
ブランショ，モーリス　Blanchot, Maurice　93, 105, 118, 121, 336, 340, 343
フリース，ヤコプ・F　Fries, Jakob F.　258, 369
フリード，マイケル　Fried, Michael　270
フリードランダー，ソール　Friedländer, Saul　152, 308, 332, 348
フリードリヒ，カール・ヨアヒム　Friedrich, Carl Joachim　152
フリュヒトル，ジョゼフ　Früchtl, Josef　209, 352, 354
プリンツィプ，ガヴリロ　Princip,

Gavrillo　25, 303, 310-14, 391
ブルース，レニー　Bruce, Lenny　221
プルースト，マルセル　Proust, Marcel　85-86, 92, 329-30
ブルック，ルパート　Brooke, Rupert　287, 384
ブルデュー，ピエール　Bourdieu, Pierre　45, 178, 349-50, 378-79
ブルトン，アンドレ　Breton, Andre　111, 181-83, 350
ブルーム，アラン　Bloom, Alan　53
フレイザー，ジェイムズ　Frazer, James　194, 281
プレヴォ，ピエール　Prévost, Pierre　339-40, 343
フレーゲ，ゴットロープ　Frege, Gottlob　258-61, 263-65, 267, 369-71, 380
ブレドッティ，ロシ　Braidotti, Rosi　184 350
ブレヒト，ベルトルト　Brecht, Bertolt　142
ブレンターノ，フランツ　Brentano, Franz　256, 258, 261
フロイト，ジグムント　Freud, Sigmund　55, 58-59, 209, 220, 245-46, 249, 256, 284, 294, 322, 337, 344, 360, 365-66, 372-73, 383, 385, 387
ブロッホ，エルンスト　Bloch, Ernst　250
フローベール，ギュスタヴ　Flaubert, Gustav　86-87, 89, 93, 265, 330, 351, 374
フンケンスタイン，アモス　Funkenstein, Amos　293, 313, 383-84, 386, 391
フンボルト，ヴィルヘルム・フォン　Humboldt, Wilhelm von　89

ベイカー，ヒューストン　Baker, Houston　71, 325, 334
ヘーゲル，G・W・F　Hegel, G. W. F.　28, 72, 102, 109, 114-15, 120, 156, 224, 325, 334-35, 339-42, 344, 353, 368-69
ペコーラ，ヴィンセント　Pecora, Vincent　95-96, 333
ベーコン，フランシス　Bacon, Francis　231, 240, 364
ベッカー，カール　Becker, Carl　290, 293, 301, 384
ベッセル，リチャード　Bessel, Richard　323
ベネケ，フリードリヒ　Beneke, Friedrich　258, 368-69
ヘラー，アグネス　Heller, Agnes　65, 324-45
ベル，クライヴ　Bell, Clive　270
ベール，ピエール　Bayle, Pierre　281, 381
ベルクソン，アンリ　Bergson, Henri　85, 264, 373
ベルサーニ，リオ　Bersani, Leo　97, 333, 335, 360
ヘルダー，J・G・A　Herder, J. G. A.　283
ヘルダーリン，フリードリヒ　Hölderlin, Friedrich　83-84, 107, 199-201, 327, 356-57
ベンヤミン，ヴァルター　Benjamin, Walter　15, 68, 72-73, 76-84, 86, 88, 92-97, 103, 119-20, 179, 190, 194-95, 199, 201, 207, 247, 252, 325-30, 332-33, 335, 351, 355, 357-58, 360, 363-64, 366, 387

ポイカート，デートレフ・J・K　Peukert, Detlev, J. K.　66-67, 324
ポスター，マーク　Poster, Mark　2, 56, 133, 346
ポッジョーリ，レナート　Poggioli, Renato　262, 372
ボッビオ，ノルベルト　Bobbio, Norberto　132, 346
ボティング，フレッド　Botting Fred　50, 322

ボードリヤール，ジャン　Baudrillard, Jean　133
ホニグ，ビル　Honig, Bill　2, 19, 161-66, 168, 170
ホフマン，E・T・A　Hofmann, E. T. A. 245, 247, 365
ホフマン，ワーナー　Hofmann, Werner 273, 377
ホーフマンスタール，フーゴー・フォン Hofmannstahl, Hugo von　357
ホームズ，オリヴァー・W　Holmes, Oliver W.　57
ホリンガー，デイヴィッド　Hollinger, David　2, 225-26, 363
ホルクハイマー，マックス Horkheimer, Max　32-33, 129, 170, 190, 205-06, 320, 351, 358-59
ボルツマン，ルートヴィヒ　Boltzmann, Ludwig　259
ホルテル，ヘルマン　Gorter, Hermann 129, 346
ホルネッファー，アウグストとエルンスト　Horneffer, August and Ernst　286
ホワイト，アロン　White, Allon　231, 240, 364-65
ホワイト，ヘイドン　White, Hayden 15, 94, 332

マ　行

マイケルズ，ウォルター・ベン Michaels, Walter Benn　31, 33, 320
マイフェルト，トルシュテン　Meiffert, Torsten　77, 326
マーカス，グレイル　Marcus, Greil 170, 349
マクロポロウス，ミヒャエル Makropolous, Michael　77, 326
マッキンタイア，アラスデア MacIntyre, Alasdair　338, 380
マッハ，エルンスト　Mach, Ernst　256, 259
マティク，パウル　Mattick, Paul　129
マドンナ　Madonna　174, 183, 221
マルクヴァルド，オード　Marquard, Odo　288, 378, 384
マルクス，カール　Marx, Karl　27, 40, 55, 58-59, 70, 165, 194, 248-49, 251-52, 255, 271, 277, 294, 321, 322, 337, 366-67, 380, 387
マルクーゼ，ヘルベルト　Marcuse, Herbert　145, 164, 166, 169, 246, 352
マルロー，ジャック　Marlaud, Jacques 289
マレー，マーガレット　Murray, Margaret　381
マン，トーマス　Mann, Thomas　140, 143
マン，ハインリヒ　Mann, Heinrich　129

ミラー，D・A　Miller, D. A.　216, 361
ミラー，J・ヒリス　Miller, J. Hillis　29-30, 319, 322
ミラー，ジェイムズ　Miller, James 107-13, 119-20, 124-25, 338-39
ミラー，ジョン　Miller John　236
ミラー，ナンシー・K　Miller, Nancy K. 218, 362

ムーア，ジョージ・E　Moore, George 259, 264, 266, 378
ムッソリーニ，ベニト　Mussolini, Benito　153
ムフ，シャンタル　Mouffe, Chantal 101, 134, 346

メイプルソープ，ロバート Mapplethorpe, Robert　173, 185, 243
メイヤー，チャールズ　Maier, Charles 62, 323
メニングハウス，ヴィンフリート Menninghaus, Winfried　83, 329
メールマン，ジェフリー　Mehlman,

Jeffrey 247-48, 251, 366-67
メルロ=ポンティ，モーリス Merleau-Ponty, Maurice 10, 149, 269, 316, 370, 376

モハンティ，ジテンドラネイス Mohanty, Jitendranaith 369, 371, 380
モーラス，シャルル Maurras Charles 153, 156, 264
モルナー，トーマス Molnar, Thomas 388
モーロ，ヴァルター・フォン Molo, Walter von 140

ヤ 行

ヤウス，ハンス・ロベルト Jauss, Hans Robert 87, 330-31
ヤング，ジェイムズ Young, James 308

ユンガー，エルンスト Jünger, Ernst 77-78, 117, 327, 341-42

ラ 行

ライアン，ジュディス Ryan, Judith 256, 268, 367-68, 375-76
ライク，テオドール Reik, Theodor 207
ライツ，エドガー Reitz, Edgar 64, 250
ライル，ペーター・ハンス Reill, Peter Hanns 292, 386
ラウォル，セイラ Lawall, Sarah 338
ラヴジョイ，アーサー Lovejoy, Arthur 9, 56
ラカプラ，ドミニク LaCapra, Dominick 15, 59, 87, 96, 309, 331, 333
ラカン，ジャック Lacan, Jacques 118, 189, 207, 242, 246, 336, 342, 360
ラクラウ，エルネスト Laclau, Ernesto 101, 134, 346
ラクー=ラバルト，フィリップ Lacoue-Labarthe, Philippe 20-21, 179, 188, 191, 200-11, 213, 246, 335-36, 343, 350-51, 353, 356-59, 367
ラセール，ピエール Lasserre, Pierre 264
ラッセル，バートランド Russell, Bertrand 259, 264, 266, 275, 369, 374
ラーブ，フィリップ Rahv, Philip 76, 326
ラング，ベレル Lang, Berel 94, 309, 332
ランダウアー，グスタフ Landauer, Gustav 345

リオタール，ジャン=フランソワ Lyotard, Jean-François 13, 24, 77, 102, 109, 175, 188, 191, 213, 225, 279-80, 289, 293-301, 317, 334, 337, 349, 351, 353, 358, 377, 385, 387-91
リオンティス，アーテミス Leontis, Artemis 100-01, 334-35
リクール，ポール Ricœur, Paul 165
リッケルト，ハインリヒ Rickert, Heinrich 370, 373
リップス，テオドール Lipps, Theodor 374
リード，ハーバート Read, Herbert 373
リヒトハイム，ジョージ Lichtheim, George 151, 155, 348
リュドケ，ヴェルナー・マルティン Lüdke, Werner Martin 353
リューレ，オットー Rühle, Otto 129, 346

ルアリー，ボリス Lurie, Boris 236
ルイス，ウィンダム Lewis, Wyndham 157-58, 265, 348
ルカーチ，ジェルジ Lukács, Georg 28, 59, 84, 129, 249, 259, 316, 329, 353,

367
ルークス，スティーヴン　Lukes, Steven 164
ルソー，ジャン＝ジャック　Rousseau, Jean-Jacques　78, 290, 297, 385
ルーマン，ニクラス　Luhmann, Niklas 48-49

レイン，R・D　Laing, R. D.　334
レヴァイン，シェリー　Levine, Sherrie 247, 366
レヴィナス，エマニュエル　Levinas, Emmanuel　298, 327, 389
レヴェンソン，マイケル・H　Levenson, Michael, H.　373-74
レッシング，ゴットホルト・エフライム　Lessing, Gotthold Ephraim　290, 327, 385
レディングズ，ビル　Readings, Bill　13, 27, 43, 317, 320, 322, 387, 389, 391
レントリッキア，フランク　Lentricchia, Frank　216

ロイド，デイヴィッド　Lloyd, David 180
ロウ，ドナルド・M　Lowe, Donald, M. 57
ロス，アンドルー　Ross, Andrew　169, 348
ローゼンベルク，ハンス　Rosenberg, Hans　62
ロッジ，デイヴィッド　Lodge, David 216
ロッツェ，ルドルフ・ヘルマン　Lotze, Rudolf Hermann　258
ローティ，リチャード　Rorty, Richard 31, 226, 274-75, 338, 363, 377, 379
ロネル，アヴィタル　Ronell, Avital　2, 216-17, 361
ロラン，ロマン　Rolland, Romain　182-83
ロルク，エティエンヌ　Lorck, Étienne 87-90, 330
ロレンス，D・H　Lawrence, D. H.　286

ワ　行

ワイルド，オスカー　Wilde, Oscar　177, 216, 222, 285, 349